스테이블코인
실전 투자

스테이블코인 실전 투자

이관호(OldMiner), 파구정보(Paguinfo), 여정규(Airdrop hunter), 강기태 지음

BM (주)도서출판 성안당

공급이 수요를 만든다

　스테이블코인을 이해하려면 가장 먼저 블록체인에 대해 알아야 합니다. 블록체인은 기존 금융의 문제점을 해결하기 위해 만들어진 것으로, 그 대표적인 결과물이 바로 비트코인(Bitcoin, BTC)입니다. 여기에 일종의 전자 계약인 스마트 컨트랙트를 추가한 것이 이더리움(Ethereum)이고 이들을 기반으로 만들어진 블록체인 기축통화(基軸通貨, World Currency)가 바로 '스테이블코인'입니다.

　비트코인이나 이더리움이 쓸모없다는 '무용론'은 오래전부터 제기되었으며 여전히 그렇게 생각하는 사람들도 많습니다. 하지만 이들의 기반이 되는 블록체인과 스마트 컨트랙트를 이해한다면 생각이 바뀔 것이라 생각합니다.

　블록체인과 스마트 컨트랙트는 이제 새로운 시대를 맞이하고 있습니다. 그 이유는 바로 공급을 사용할 만한 새로운 수요처가 만들어지고 있기 때문입니다. 과거 인터넷도 단순한 컴퓨터의 연결 수단에 불과했지만, 이것이 계속 확장되면서 새로운 수요가 발생하여 지금의 모습이 만들어졌습니다. 블록체인이나 스마트 컨트랙트를 일반인이 모두 이해할 필요는 없습니다. 그러나 스테이블코인은 이제 우리가 피부로 느낄 만큼 가까이 다가왔습니다.

매일 뉴스에서 스테이블코인에 대한 이야기를 하고 있고 금융의 중심지인 미국이 그 선봉에 서 있습니다.

　미국의 변화는 곧 우리나라의 변화를 의미합니다. 우리나라는 법이 만들어져야 사업이 가능한 구조이며 지금 국회에서는 법제화 작업이 진행 중입니다. 아마도 2026년부터는 우리의 삶에 스테이블코인이 급속도로 침투할 것입니다. 따라서 스테이블코인을 이용하는 방법을 빨리 배워야 합니다.

네 번째의 충격, 블록체인과 스테이블코인

　필자는 20년 동안 3번의 직장 생활을 했습니다. 직장을 선택할 때는 돈보다 그 산업의 발전 가능성에 투자했습니다.

　첫 번째 직장은 '컴퓨터 월간지 회사(한경PC라인)'였습니다. 학부 시절에는 컴퓨터를 워드프로세서와 도면을 그리는 도구 정도로만 사용했습니다. 하지만 사용할수록 그 활용성이 무궁무진하다는 것을 느꼈습니다. 회사에서 업무용으로만 사용하는 컴퓨터가 집에서도 사용할 수 있을 것이라는 생각이 들었습니다. 컴퓨터를 좋아해서 컴퓨터 월간지 회사에서 아르바이트를 시작했고 졸업하기 전에 이곳에 취업했습니다. 1990년대 중반부터 PC는 본격적으로 개인들에게 보급되었고 PC 통신과 게임 산업이 성장하면서 이에 대한 정보 수요도 늘어나 필자가 다니던 회사도 크게 성장했습니다.

　두 번째 직장은 '인터넷 정보 제공 업체(K벤치)'였습니다. 컴퓨터 월간지를 만들면서 최신 정보를 찾기 위해 처음에는 미국의 최대 PC 통신 서비스인 컴퓨서브를 국제 전화로 접속해 정보를 찾았습니다. 그리고 얼마 후 인터넷을 처음 경험하면서 전 세계의 가장 최신 정보를 내 컴퓨터에서 찾아볼 수 있게 되었습니다.

　　과거에는 각 기업체가 제공하는 정보나 해외 매체로부터 제공되는 정보를 참고하여 기사를 만들었지만 인터넷을 이용하면서 실시간으로 정보를 접할 수 있게 되었습니다. 하지만 월간지의 특성상 실시간 정보를 한 달에 한 번밖에 제공할 수 없다는 한계에 부딪혔습니다. 고민 끝에 저는 인터넷으로 실시간 정보를 제공하는 벤처 기업으로 자리를 옮겼습니다. 인터넷의 특성을 잘 살려 최신 정보를 가장 빠르게 제공하면서 많은 이용자를 확보하며 회사도 성장했습니다.

　　세 번째 직장은 '온라인 쇼핑 정보 제공 업체(다나와)'였습니다. 인터넷을 통해 다양한 제품의 정보를 제공하면서 느낀 한계가 하나 있었습니다. 아무리 좋은 정보를 제공하더라도 소비자들의 관심은 결국 '가격'이었습니다. 수많은 쇼핑몰에서 해당 제품을 찾고 그 가격을 비교하는 수고를 덜어 줄 방법이 필요했습니다. 필자는 이를 충족시켜 줄 수 있는 곳을 찾아 입사했습니다. 직원이 30명이던 이 업체는 나중에 코스닥에 상장까지 했습니다. 필자는 이곳에서 20년을 근무했습니다.

　　이제 필자의 네 번째 직장은 블록체인 분야입니다. 블록체인은 세 번째 직장에서의 업무 연관성 때문에 배우기 시작했습니다. PC를 이용해 비트코인과 이더리움을 채굴할 수 있었기 때문에 자연스럽게 블록체인에 대해 공부하게 되었고 스마트 컨트랙트의 활용법을 배웠습니다. 실제로 이더리움 채굴에도 뛰어들어 5,000만 원 이상의 투자를 통해 이더리움 1,000개 정도를 채굴했습니다. '전직 광부(Old Miner)'는 당시에 사용한 닉네임입니다.

　　이더리움 채굴보다 훨씬 더 큰 충격은 이더리움이 스마트 컨트랙트를 도입하면서 본격적인 금융이 가능해졌다는 것입니다. 이때 '디파이(Decentralized Finance, DeFi)'라고 부르는 완전히 새로운 금융이 탄생하게 되었습니다.

세 번째 직장을 퇴직한 후 본격적으로 디파이 투자를 시작하면서 금융의 신세계를 좀 더 공부할 수 있게 되었습니다. 과거에는 상상하지도 못했던 수많은 투자 기법을 배우면서 투자 수익률 또한 엄청나게 증가했습니다. 특히 스테이블코인을 이용한 투자를 통해 손실 없이도 수익을 극대화할 수 있는 방법을 배웠습니다.

저축은 착한 일, 대출은 나쁜 짓?

우리는 오랜 세월 동안 '저축은 곧 미덕'이라는 생각을 하며 살아왔습니다. 돈을 벌면 늘 저축을 염두에 두고 살았고 남에게 돈을 빌리는 것은 뭔가 나쁜 짓을 저지르는 일처럼 생각했습니다. 은행에 예금하러 갈 때는 당당하지만 대출을 받기 위해 창구를 찾을 때는 한없이 위축되곤 했습니다.

돈을 벌기 시작한 지 30년이 지난 지금 돌이켜보면, 열심히 저축한 사람들은 서민으로 살고 있으며 대출을 통해 투자한 사람들은 경제적 자유를 누리는 경우가 많습니다. 도대체 뭐가 문제일까요?

필자 또한 저축을 열심히 하며 살았지만 서민의 삶에서 벗어나긴 어려웠습니다. 하지만 블록체인을 경험한 후로는 생각이 많이 바뀌었습니다.

코로나 팬데믹 시기에 통화량이 10% 이상 증가했고 지금도 매년 6% 이상 늘어나고 있습니다. 은행의 금리는 많아야 2% 정도입니다. 즉, 현금을 그대로 보유하고 있으면 매년 실질 가치가 하락해 손해를 보는 셈입니다. 최소한 6% 이상의 수익이 나는 투자를 해야 본전 이상입니다. 여러분께서 투자를 생각하신다면 무조건 6% 이상을 목표로 잡아야 합니다.

현재 부동산 담보 대출의 이자는 평균 3~4% 정도입니다. 6% 이상의 수익을 낼 수 있는 투자처가 있다면 대출을 받아 투자하는 게 답일 수도 있습니다.

우리는 안타깝게도 학창 시절 투자에 대해 배우지 못했습니다. 누가 가르쳐 주는 사람도 없었습니다. 대출을 받는다고 하면 대부분 안 좋은 시각으로 바라봤습니다.

서민은 한 푼이라도 아껴서 잘 살아보려고 하고 부자는 더 많이 벌어서 소비를 충당하려고 합니다. 과거의 필자가 전자라면 지금의 필자는 후자의 삶을 살아가려고 합니다.

새로운 금융 세상을 배우려면

스테이블코인은 비교적 안전한 투자 방법 중 하나로 인식되고 있습니다. 금융 투자에서는 일반적으로 더 낮은 위험을 추구할수록 기대할 수 있는 수익률 또한 낮아지는 경향이 있으며, 반대로 더 높은 수익률을 얻기 위해서는 그에 상응하는 위험을 감수해야 합니다. 가장 큰 수익률을 얻는 방법은 변동성이 큰 밈코인(Memecoin)을 레버리지로 선물(Future) 포지션을 잡는 것입니다. 하지만 이것은 원금 손실 발생 가능성이 매우 높습니다.

블록체인 세계에는 1달러 가치에 연동되는 스테이블코인을 활용해 은행 이자보다 몇 배 높은 수익을 낼 수 있는 투자 기회가 많습니다. 보다 높은 수익을 올리려면 레버리지를 일으키는 방법을 배워야 합니다.

일반 금융에서의 대출은 난이도가 높습니다. 그러나 블록체인에서는 클릭 한 번으로 대출이 가능합니다. 일반적으로 대출 이자가 예금 이자보다 높지만 가끔은 이와 반대인 경우가 있습니다. 이런 프로모션(Promotion) 하에서 예금과 대출을 반복하면 수익률이 커집니다. 만기 상품의 원금과 이자를 분리하여 투자하는 '펜들(Pendle)'과 같은 상품을 이용해 유동성을 공급함으로써 수익을 낼 수도 있습니다. 펜들은 이자 발생 자산(Yield-bearing Assets)의 원금(Principal Token, PT)과 미래 이자(Yield Token, YT)를 분리하여 거래할 수 있는 디파이 분야의 선구적인 수익 파생 상품 플랫폼입니다.

스테이블코인을 이용해 일반 코인을 구입하고 델타 뉴트럴(Delta Neutral, 델타 중립, 기초 증권의 가치에 약간의 변동이 발생하더라도 포트폴리오의 가치는 변하지 않는 관련 금융 증권들로 구성된 포트폴리오)한 포지션을 이용해 안정적으로 이자를 받을 수 있는 투자 방법도 있습니다.

금융의 변화를 즐기면서 새로운 금융에 눈뜨기

금융 산업은 이미 블록체인과 스테이블코인으로 인해 엄청난 변화가 일어나고 있습니다. 모든 결제는 몇 년 안에 스테이블코인으로 이루어질 것이며 대출의 상당 부분은 디파이가 담당하게 될 것입니다. 누군가는 수익이 낮더라도 마음 편한 기존 금융 서비스에 안주하지만, 다른 누군가는 스스로 투자에 뛰어들어 고수익을 누립니다.

신용카드 사의 역할은 크게 축소될 것이고 은행도 지금의 위치를 유지하기 어려울 것입니다. 그 자리를 디파이와 스테이블코인이 차지할 것입니다. 우리는 미리 이 부분을 경험하면서 새롭게 변화하는 세상을 편안하게 즐길 수 있을 것입니다. 변화하는 세상에서 남들보다 빨리 새로운 금융에 눈뜨기를 바랍니다.

2025년 12월

Old Miner(전직 광부)

이관헌(전직 광부, OldMiner)

다나와 부사장으로 근무하다 퇴사하고 남들이 은퇴를 준비할 시기에 블록체인에 빠져 제4의 인생을 사는 디지털 노마드가 되었습니다. 블록체인에 관심을 갖게 되면서 이더리움 채굴에 뛰어들었고 스마트컨트랙트를 경험하기 위해 디파이(DeFi) 투자를 시작했습니다. 여러 번의 좌절을 극복하고 현재까지도 활발하게 블록체인 투자를 하고 있습니다. 주변의 50대 이상 시니어 금융 투자자들과 기업들에게 블록체인에서 스테이블코인을 기반으로 쉽고 안전한 고수익 투자 방법을 소개하기 위해 노력하고 있습니다.

- 클래스101 강의: 블록체인 스테이블코인 투자, 소자본 에어드롭받기, 고수익 디파이 투자(https://class101.net/ko에서 'oldminer' 검색)
- 텔레그램: https://t.me/oldminer_lee
- X: https://x.com/ehunny_lee

파구정보(Paguinfo)

2020년부터 디파이를 주제로 블로그, 카카오톡 오픈 채팅, 텔레그램 채널을 운영하는 1세대 디파이 인플루언서입니다. 상사의 권유로 2017년 최초로 리플코인을 사면서 크립토에 흥미를 갖게 되었고 이후 김치 프리미엄 매매로 큰돈을 벌었지만, 연이은 투자 실패로 2020년에 전세금을 담보로 한 대출금까지 날리며 좌절을 겪었고 이후 디파이 투자로 모든 빚을 갚고 현재 자산 우상향을 이루고 있습니다. 여러 디파이 프로토콜들에 어드바이저 역할을 하였고 현재는 그래비티(GRVT), 히다치(Hibachi) 등의 탈중앙화 선물 거래소의 어드바이징을 하고 있으며 여러 채널을 통해 커뮤니티 참여자들에게 디파이 정보를 공유하고 있습니다.

- 텔레그램: https://t.me/pgyinfo
- 카카오톡 오픈 채팅: https://open.kakao.com/o/g4c0nOVc
- X: https://x.com/newpaguinfo

어정규(Airdrop hunter)

연세대학교에서 수학과 수학교육학을 전공했습니다. 코로나19 팬데믹 시기, 전 세계적인 양적 완화와 자산 가격 상승을 목격하며 경제 공부와 투자의 필요성을 깨달았으며 부동산과 주식이 이미 포화된 시장이라 판단하고 새로운 기회의 영역인 암호화폐 분야에 주목했습니다. 현재는 리스크를 최소화한 스테이블코인 디파이 및 에어드롭 투자를 중심으로 연구하며 암호화폐 초보자들을 대상으로 교육 관련 커뮤니티를 운영하고 있습니다.

- 텔레그램: https://t.me/airdropcoinresearch
- 카카오톡 오픈 채팅: https://open.kakao.com/o/gfOuFYCh

강기태

중앙대학교에서 경제학을 전공하고 교보생명에서 사회생활을 시작했습니다. 열심히 일해도 좀처럼 나아지지 않는 현실 속에서 경제적 자유를 꿈꿨고 마침내 투자를 통해 그 꿈을 이루었습니다. 현재는 유튜브 '세력' 채널을 통해 6만 명이 넘는 구독자들과 함께 투자 인사이트를 나누고 있으며 콘텐츠 기업 '비욘드프리(BeyondFree)'를 운영하고 있습니다. 앞으로도 더 많은 사람이 경제적 여유를 이루고 소중한 사람들과의 시간을 온전히 누릴 수 있도록 돕는 일을 이어가고자 합니다.

- 저서: 『파이어드』, 『서른살 비트코인으로 퇴사합니다』, 『비트코인 수업』
- 유튜브: 세력(http://youtube.com/@r_sepower, 구독자 6만 명)
- 인스타그램: @_kt_92

차례

4장 스테이블코인의 기술적 구조

5장 주요 스테이블코인

2부 스테이블코인 전략

6장 주요 국가별 스테이블코인 정책

1부

스테이블코인 시작하기

'돈의 역사'는 곧 '신뢰의 역사'라고 할 수 있습니다. 그렇다면 가치를 교환하기 위한 매개물에 우리는 어떻게 믿음을 부여해 왔을까요? 인류는 조개껍데기부터 금속, 종이에 이르는 다양한 수단을 통해 이 까다로운 질문에 답해 왔습니다.

그리고 디지털 혁명의 거대한 파도가 휘몰아치는 오늘날, 우리는 또 한 번의 근원적인 변화를 목격하고 있습니다. 블록체인이라는 강력한 신뢰 네트워크가 등장했고 그 위에 국경도, 중개인도 없는 금융 시스템이 태동하고 있습니다. 이는 바로 스테이블코인과 탈중앙화 금융, 즉 디파이(DeFi)가 주도하는 금융 산업의 혁명입니다. 이 거대한 흐름은 새로운 기술의 단순한 등장을 넘어 수세기 동안 이어져 내려온 기존 금융 시스템의 권위에 도전하는 진정한 패러다임의 전환을 의미합니다.

1장

스테이블코인에 대한이해

금융의 지형을 뒤흔드는 거대한 지각 변동이 이미 시작되었습니다. 블록체인 기술은 이제 단순한 암호화폐의 범주를 넘어, 기존 금융 시스템의 근간을 혁신할 수 있는 강력한 잠재력을 스스로 증명해 보이고 있습니다.

이 거대한 변화의 소용돌이 중심에는 바로 '스테이블코인'과 '디파이(DeFi)'가 자리 잡고 있습니다. 가격 변동성이라는 오랜 굴레를 벗어던진 디지털 화폐, 그리고 은행 없는 금융을 현실로 구현해 낸 이 새로운 생태계는 과연 우리가 알던 금융의 미래를 어떻게 재정의하게 될까요?

1. 금융의 산업 혁명: 블록체인, 스테이블코인, 디파이

2008년 9월 15일, 158년 역사의 투자 은행 리먼 브라더스가 파산 보호를 신청했습니다. 월스트리트를 떠받치던 거대한 기둥 하나가 무너져 내리는 순간, 전 세계 금융 시스템에 대한 신뢰도 함께 추락했습니다. 소수의 금융 엘리트가 만들어 낸 복잡한 파생 상품과 그들의 탐욕이 빚어 낸 이 재앙은 수십 년간 인류가 굳게 믿어 왔던 '중앙화된 신뢰' 시스템의 근본적인 취약성을 만천하에 드러냈습니다. 국가가 보증하고 거대 은행이 관리하며 규제 당국이 감독하는 이 시스템이 사실은 얼마나 허약한 기반 위에 서 있었는지를 여실히 보여 줬습니다.

역설적이게도 불신과 혼란이 이어지던 바로 이 시기에 새로운 시스템의 싹이 움텄습니다. 6주 후인 10월 31일, '사토시 나카모토(Satoshi Nakamoto)'라는 익명의 존재가 암호학 메일링 리스트에 「비트코인: P2P 전자 화폐 시스템(Bitcoin: A Peer-to-Peer Electronic Cash System)」이라는 제목의 9쪽짜리 논문 한 편을 공개했습니다. 이는 특정 기관의 보증이 아닌, 수학과 코드의 힘으로 작동하는 새로운 신뢰 시스템의 청사진이었습니다.

바로 이 순간이 21세기 '금융 산업 혁명'의 진정한 시작점이었습니다. 18세기 증기 기관이 인간을 물리적 한계에서 해방시켰듯이 블록체인 기술은 '신뢰의 비용'이라는 굴레를 떨치게 할 잠재력을 품고 등장했습니다. 지난 수세기 동안 금융 시스템의 역사는 본질적으로 '중개'의 역사였습니다. 은행, 정부, 신용카드사와 같은 강력한 중앙 기관들은 거래의 양 당사자 사이에 존재하면서 그 거래가 안전하고 정확하게 이루어졌다는 것을 보증하는 역할을 수행해 왔습니다. 금융 서비스 소비자들은 이들의 명성과 권위를 믿는 대가로 보이는 비용과 보이지 않는 비용을 지불했습니다. 국제 송금의 경우 6% 이상의 수수료를 치러야 했으며 신용카드 가맹점 또한 거래액의 2~3%에 달하는 수수료를 내야만 했습니다.

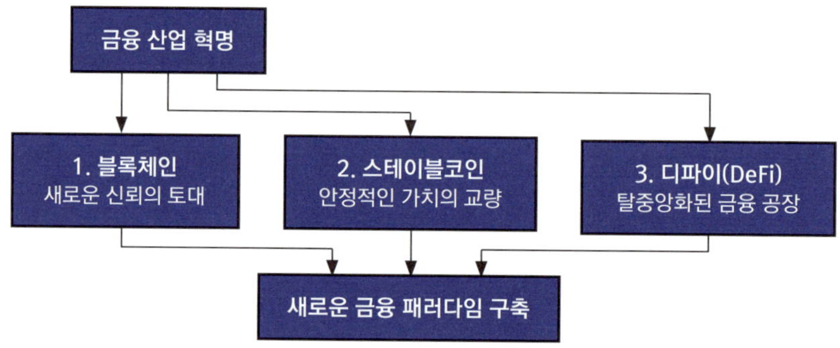

[그림 1-1] 블록체인, 스테이블코인, 디파이가 형성하는 금융의 산업 혁명

복잡한 계약을 체결하기 위한 법률 및 행정 비용 등도 이 중앙화된 신뢰를 유지하기 위한 사회적 비용이었습니다.

「하버드 비즈니스 리뷰」(Harvard Business Review, 2017. 01.)는 '블록체인이 중개 기관이 부과하는 각종 거래 비용을 획기적으로 줄이는 기술'이라고 설명하며 이를 기존 가치 교환 구조를 근본적으로 재편할 혁신으로 평가했습니다. 「더 이코노미스트」(The Economist, 2015)는 이런 사실을 바탕으로 블록체인을 '신뢰 기계(The Trust Machine)'라고 명명했습니다. 블록체인은 특정 주체가 독점하던 신뢰 생성의 권한을 네트워크에 참여하는 모두에게 분산

시키는 구조적 혁신을 통해 이 문제를 해결합니다. 거래 기록은 '블록'이라는 단위로 암호화되어 '체인' 형태로 연결되며 이 장부는 네트워크의 모든 참여자에게 복제 및 공유됩니다. 한번 기록된 내용은 사실상 위·변조가 불가능하며 모든 과정은 누구나 검증할 수 있도록 투명하게 공개됩니다.

하지만 혁신이 일상의 금융 시스템에 침투하기까지는 더 많은 조건이 필요했습니다. 특히 최초의 암호화폐인 비트코인은 극심한 가격 변동성 때문에 화폐의 핵심 기능(교환의 매개, 가치 저장, 가치 척도)을 제대로 수행하지 못하고 투기적 자산에 머물렀습니다. 이 간극을 메운 결정적인 존재가 바로 '스테이블코인'입니다.

스테이블코인은 미국 달러와 같은 법정화폐(Fiat Money)의 가치에 일대일로 고정(Pegging)되도록 설계된 디지털 토큰으로, 블록체인의 기술적 장점과 법정화폐의 안정성을 결합한 융합형 자산입니다. 이는 블록체인의 빠르고 저렴하며 국경 없는 가치 전송 능력을 변동성이라는 위험 없이 활용할 수 있게 하는 핵심적인 교량 역할을 합니다. 오늘날 암호화폐 시장의 거래 대부분이 스테이블코인을 통해 이루어지고 있으며 그 시가총액 또한 수천억 달러를 넘어서고 있습니다.

스테이블코인은 국경 간 송금과 결제 시장을 혁신하고 있기도 합니다. 이러한 현실은 스테이블코인이 더 이상 주변부가 아닌 디지털 금융의 중심축이라는 것을 증명합니다.

한편 블록체인이라는 새로운 영토가 발견되고 스테이블코인이라는 안정적인 통화 시스템이 구축되자 그 위에서 '디파이', 즉 탈금융화 금융이라는 새로운 산업이 폭발적으로 성장하기 시작했습니다. 디파이는 은행, 증권사, 보험사 등 전통적인 금융 중개 기관을 '스마트 컨트랙트'라는 자동화된 코드로 대체하여 예금, 대출, 투자, 보험 등 모든 금융 서비스를 P2P(Peer-to-Peer)

방식으로 제공하는 새로운 금융 생태계입니다. 사용자들은 스마트 컨트랙트를 통해 자신의 디지털 자산을 담보로 즉시 대출을 받거나 자산을 예치하여 은행보다 높은 이자 수익을 얻을 수 있습니다.

모든 규칙과 거래 기록은 블록체인 위에 투명하게 공개되며 인간의 개입 없이 24시간 365일 작동합니다. 즉, 블록체인이라는 신뢰의 기반, 스테이블코인이라는 안정적인 가치 척도 그리고 디파이라는 혁신적인 애플리케이션, 이 3가지 요소가 서로 맞물려 돌아가며 기존 금융 시스템의 구조를 근본적으로 뒤바꾸는 거대한 변화를 일으키고 있습니다. 가치와 신뢰가 생성되고 이동하는 방식 자체에 대한 패러다임의 전환, 즉 진정한 의미의 금융 산업 혁명입니다.

'금융의 산업 혁명'이라는 표현이 과장된 것은 아닌가요?

과장된 표현이 아닙니다. 과거 산업 혁명이 증기 기관이나 인터넷을 통해 생산과 정보 유통의 패러다임을 바꾼 것처럼 블록체인 기술은 '신뢰'를 생성하고 '가치'를 이전하는 방식을 근본적으로 바꾸고 있습니다. 이는 중앙 기관의 독점적 권한을 네트워크 참여자에게 분산시키는 구조적 변화로, 수수료 절감, 거래 속도 향상, 금융 접근성 확대 등 산업 전반에 걸쳐 파괴적인 혁신을 가져올 잠재력을 지니고 있기 때문에 '혁명'이라 부르기에 충분합니다.

블록체인의 '탈중개성'이 금융 안정성을 해칠 수도 있지 않나요?

그럴 수 있습니다. 은행과 같은 전통적인 중개 기관은 위기 시 최종 대부자 역할을 하는 중앙은행의 지원을 받거나 정부의 규제 감독을 통해 시스템 리스크를 관리합니다. 하지만 탈중앙화된 블록체인 시스템에는 이러한 중앙화된 통제탑이 없습니다. 코드의 취약점을 이용한 해킹이나 시스템의 설계 오류가 발생했을 때 피해를 구제하거나 시장의 연쇄 붕괴를 막을 명확한 주체가 없다는 점은 금융 안정성 측면에서 중요한 과제로 남아 있습니다.

기업이 블록체인과 디파이를 비즈니스에 어떻게 활용할 수 있을까요?
다양한 활용이 가능합니다. 첫째, 국제 무역 결제에 스테이블코인을 도입하여 송금 시간과 수수료를 획기적으로 절감할 수 있습니다. 둘째, 공급망 관리에 블록체인을 적용하여 생산부터 유통까지 모든 과정을 투명하게 추적하고 위·변조를 방지할 수 있습니다. 셋째, 디파이 프로토콜을 통해 기업의 유휴 자금을 예치하여 전통적인 은행 예금보다 높은 이자 수익을 얻거나 자산을 담보로 빠르고 저렴하게 운영 자금을 대출받을 수 있습니다.

2. 화폐의 진화: 법정화폐→암호화폐→스테이블코인

인류의 경제 발전사는 '돈'이라는 사회적 약속이 진화해 온 과정과 궤를 같이합니다. 물물 교환의 비효율성을 극복하기 위해 등장한 곡물류의 상품 화폐에서부터 내재 가치와 희소성을 지닌 금과 은(금속 화폐)을 거쳐 근대 국가의 성립과 함께 그 권위를 등에 업은 종이 지폐(법정화폐)에 이르기까지 화폐는 더 효율적이고 신뢰할 수 있는 형태로 끊임없이 진화해 왔습니다.

20세기 중반, 인류는 금이라는 실물에 고정된 달러를 중심으로 전 세계 통화 시스템을 안정시키려는 '브레턴우즈 체제'라는 거대한 실험을 진행했습니다. 하지만 이 실험은 1971년, 국가의 재정적 필요 앞에서 금과의 연결고리가 끊어지며 막을 내렸고 세계는 실물 담보가 없는 순수한 '믿음'에 기반한 법정화폐의 시대로 본격 진입했습니다.

　　오늘날 통용되는 대부분의 돈은 '법정화폐'입니다. 이는 각국 정부가 신용을 뒷받침하지만, 가치를 보증할 실물 담보가 없는 돈을 의미합니다. 현대 법정화폐 시스템의 시작은 1971년 8월, 리처드 닉슨 미국 대통령이 달러와 금의 교환을 정지시킨 '닉슨 쇼크'로 거슬러 올라갑니다. 이전까지 세계는 '금 1온스당 35달러'로 고정된 달러를 중심으로 하는 브레턴우즈 체제하에 있었습니다. 하지만 베트남 전쟁 비용 등으로 미국의 재정 적자가 심화되고 달러 가치에 대한 의구심이 커지자 각국은 달러를 금으로 바꿔 달라고 요구하기 시작했습니다. 이를 감당할 수 없었던 미국은 일방적으로 금태환 정지(Suspension of Gold Convertibility, 지폐나 은행권을 금(gold)으로 바꿔 주는 것을 국가가 일시적 또는 영구적으로 중단하는 조치)를 선언했으며 이로써 돈은 금이라는 실물의 족쇄에서 풀려났습니다. 이 시스템은 중앙은행이 경기에 따라 통화량을 조절할 수 있는 유연성을 부여했지만, 동시에 정부가 필요에 따라 돈을 무한정 찍어 낼 수 있는 길을 열어 줌으로써 인플레이션 위험을 내재하게 되었습니다. 2008년 금융 위기는 바로 이 중앙화된 시스템의 관리 실패가 어떤 결과를 낳는지 보여 주었고 이는 새로운 대안을 모색하는 결정적인 계기가 되었습니다.

　　이러한 시대적 배경 속에서 2009년 1월 3일, 비트코인의 첫 번째 블록인 '제네시스 블록'이 생성되었습니다. 이 블록에는 'The Times 03/Jan/2009 Chancellor on brink of second bailout for banks(타임스, 2009년 1월 3일, 은행들에 대한 2차 구제 금융을 앞둔 영국 재무장관)'이라는 메시지가 새겨져 있었습니다. 이는 비트코인이 기존 금융 시스템 실패에 대한 직접적인 응답이었음을 명백하게 보여 줍니다. 비트코인은 정부나 중앙은행 대신, 블록체인 기술을 통해 P2P(개인 간) 네트워크가 집단적으로 거래를 검증하고 화폐를 발행하는 탈중앙화 시스템을 구현했습니다.

총 발행량이 2,100만 개로 제한되어 인플레이션으로부터 자유롭고(디지털 희소성), 특정 주체가 거래를 막거나 자산을 동결할 수 없다는(검열 저항성) 점은 법정화폐의 단점에 대한 명확한 대안이었습니다. 그러나 비트코인은 극심한 가격 변동성으로 인해 화폐의 3대 기능(교환의 매개, 가치 저장, 가치 척도)을 안정적으로 수행하지 못했고 '디지털 금'과 같은 자산으로 자리 잡게 되었습니다.

이 마지막 간극을 메운 것이 바로 스테이블코인입니다. 스테이블코인은 법정화폐의 '안정성'과 암호화폐의 '기술'이라는 서로 대립하는 듯한 두 개념의 장점만을 결합한 실용적 산물입니다. 미국 달러와 같은 법정화폐를 일대일로 담보를 잡아 가치를 고정함으로써 사용자들은 변동성의 위험 없이 블록체인의 빠르고 저렴하며 국경 없는 전송 능력을 마음껏 활용할 수 있게 되었습니다.

실제로 이는 암호화폐를 투기적 자산의 영역에서 실용적 금융 도구의 영역으로 끌어올리는 결정적인 역할을 했습니다. 디파이 생태계의 기축통화로, 또 국경 간 송금의 혁신적 대안으로 자리 잡은 스테이블코인은 화폐가 신뢰의 대상을 바꾸며 끊임없이 진화하고 있다는 것을 보여 주는 증거입니다.

포커스 FAQ

법정화폐가 실물 자산의 보증 없이도 가치를 유지하는 근본적인 이유는 무엇인가요?

근본적인 이유는 2가지입니다. 첫째는 '법적 강제력'입니다. 정부는 세금을 해당 국가의 법정화폐로만 납부하도록 강제하며 이는 화폐에 대한 지속적인 수요를 창출합니다. 둘째는 '사회적 합의'입니다. 해당 경제권 내의 모든 사람이 그 돈이 가치가 있다고 믿고 교환의 수단으로 받아들이기 때문에 가치가 유지됩니다. 즉, 정부의 힘과 사람들의 믿음이 법정화폐 가치의 핵심 기반입니다.

암호화폐의 '검열 저항성'이란 구체적으로 어떤 의미인가요?

검열 저항성이란, 특정 정부나 은행과 같은 중앙 기관이 개인의 거래를 임의로 막거나, 계좌를 동결하거나, 자금을 압수하는 것을 기술적으로 불가능하게 만드는 성질을 의미합니다. 비트코인 네트워크는 전 세계에 분산된 수많은 컴퓨터에 의해 운영되므로 특정 주체가 거래를 검열하려면 네트워크의 과반수 이상을 통제해야 하는데, 이는 현실적으로 거의 불가능합니다. 이는 정치적으로 불안정한 국가의 국민이나 금융 시스템에서 소외된 사람들에게 중요한 의미를 가집니다.

스테이블코인의 등장이 중앙은행에 위협이 될 수 있나요?

그렇습니다. 페이스북(현 메타)의 리브라(후에 디엠으로 변경) 프로젝트처럼 거대 기업이 발행하는 스테이블코인이 전 세계적으로 통용되면 사실상 민간 기업이 중앙은행의 고유 권한인 통화 발행권을 침해하게 됩니다. 이는 각국의 통화 정책 효과를 반감시키고 금융 시스템의 안정성을 위협할 수 있어 많은 국가가 중앙은행 디지털 화폐(CBDC) 연구를 서두르거나 스테이블코인에 대한 강력한 규제를 모색하는 계기가 되었습니다.

앞으로 또 다른 형태의 화폐가 등장할 수 있을까요?

충분히 가능합니다. 예를 들어, 특정 커뮤니티나 플랫폼 내에서만 통용되는 '소셜 토큰', 개인의 명성이나 시간을 기반으로 발행되는 '개인 토큰' 또는 인공지능(AI)이 경제 상황을 분석하여 발행량을 자동으로 조절하는 새로운 개념의 알고리즘 화폐 등이 등장할 수 있습니다. 기술이 발전하고 사회 구조가 변함에 따라 '신뢰'를 담보하는 방식 또한 계속해서 진화할 것이기 때문입니다.

스테이블코인은 암호화폐의 '탈중앙성' 이념을 배신한 것이 아닌가요?

이는 관점에 따라 다르게 볼 수 있습니다. 순수한 탈중앙성을 추구하는 입장에서는 달러라는 중앙화된 자산에 가치를 의존하는 스테이블코인이 탈중앙 이념에 부합하지 않는다고 비판할 수 있습니다. 하지만 실용적인 관점에서는 변동성 문제를 해결하여 블록체인 기술이 실생활에 적용되도록 만든 중요한 혁신으로 평가합니다. 즉, 이상적인 이념과 현실적인 효용 사이의 타협점으로, 암호화폐 생태계의 대중화를 이끈 결정적인 가교 역할을 했다고 볼 수 있습니다.

3. 스테이블코인의 정의와 필요성

암호화폐라는 격랑 속에서 투자자와 개발자들은 오랫동안 안전하게 정박할 항구를 찾아 헤맸습니다. 블록체인 기술이 제시한 탈중앙화라는 가능성은 매력적이었지만, 비트코인과 이더리움 같은 초기 암호화폐들은 그 자체로 예측 불가능한 파도와 같았기 때문입니다. 이러한 한계 속에서 디지털 경제의 실용적인 '닻(Anchor)'이 되고자 탄생한 것이 바로 스테이블코인입니다. 스테이블코인은 단어 그대로 '안정적인(Stable) 가치를 지닌 암호화폐(Coin)'로, 특정 국가의 법정화폐(주로 미국 달러)나 특정 실물 자산(Real-World Assets, RWA)의 가치를 일대일로 추종하도록 설계된 블록체인 기반의 디지털 토큰을 총칭합니다.

사실 이는 기술적 조합이라기보다는 개념적 합의에 가깝습니다. 즉, 법정화폐 시스템이 수백 년간 쌓아온 '가치의 안정성'이라는 사회적 신뢰와 블록체인 기술이 제공하는 '프로그래밍 가능한 효율성'을 결합한 것입니다. 그 결과, 우리는 변동성에 대한 공포 없이 국경을 넘어 초 단위로 가치를 전송하고, 복잡한 금융 계약을 인간의 개입 없이 코드로 실행하며, 은행 계좌가 없는 수십억 명의 인구에게 글로벌 금융 시스템 접근 기회를 제공하는, 역사 상 가장 진보된 형태의 화폐를 이용할 수 있게 되었습니다. 스테이블코인의 등장은 암호화폐를 단순한 투기 자산에서 실용적인 금융 인프라로 격상시킨 결정적 변곡점이며 그 필요성은 디지털 경제가 확장될수록 더욱 절실해지고 있습니다. 가상과 현실을 잇는 이 견고한 다리가 왜, 그리고 어떻게 현대 금융의 필수불가결한 요소가 되었는지 2장에서 심층적으로 살펴보겠습니다.

① 스테이블코인의 3가지 요소

스테이블코인을 정확히 이해하기 위해서는 그 구조를 구성하는 3가지 요소, 즉 '가치 고정(Pegging)', '담보(Collateral)' 그리고 '메커니즘(Mechanism)'을 살펴봐야 합니다. '가치 고정'은 해당 스테이블코인이 어떤 자산의 가치를 추종할 것인지를 나타내는 요소입니다. 현재 시장의 스테이블코인 다수는 미국 달러에 고정되어 있지만, 이론적으로는 유로, 엔, 금, 석유 등 가치를 측정할 수 있는 모든 것이 기준 자산이 될 수 있습니다.

'담보'는 바로 이 가치 고정을 뒷받침하는 실질적인 보증물입니다. 이 보증물이 무엇인지에 따라 스테이블코인의 신뢰도와 유형이 결정됩니다. 마지막으로 '메커니즘'은 이 담보를 활용하여 어떻게 가치 고정을 안정적으로 유지하는지에 대한 운영 방식, 즉 스마트 컨트랙트와 거버넌스의 총체를 의미합니다.

이 3가지 요소의 조합에 따라 스테이블코인은 크게 법정화폐 담보형, 암호 자산 담보형 그리고 알고리즘 기반(또는 하이브리드)으로 나뉩니다. 이들은 각기 다른 장단점과 리스크를 가지며 시장의 필요에 따라 서로 경쟁하고 진화하고 있습니다. 이에 대한 자세한 설명은 3장을 참고하기 바랍니다.

② 스테이블코인이 필요한 이유

그렇다면 이토록 복잡한 공학적 노력을 들여 스테이블코인을 만들어야 하는 근본적인 이유는 무엇일까요? 그 이유는 크게 4가지 차원에서 설명할 수 있으며 이들 모두는 암호화폐 생태계의 존립과 확장에 필수적인 기능들입니다.

첫째, 스테이블코인은 혼돈의 암호화폐 시장에서 '신뢰할 수 있는 가치 저장 수단(Store of Value)', 즉 안전 자산의 역할을 합니다. 암호화폐 시장은 극심한 변동성이 일상입니다. 단 몇 분 만에 10% 이상 급등락하는 사례가 흔하게 발생합니다. 이러한 상황에서 트레이더나 투자자가 자신의 자산을 보호할 수 있는 유일한 방법은 변동성 자산을 안정적인 자산으로 전환하는 것입니다. 과거에는 이를 위해서 복잡하고 느린 은행 시스템을 통해 법정화폐로 환전해야만 했습니다. 하지만 스테이블코인의 등장으로, 투자자들은 단 몇 초 만에 자신의 비트코인을 안전 자산으로 전환하여 암호화폐 생태계를 떠나지 않고도 시장의 폭풍우를 피할 수 있게 되었습니다. 이는 단순한 편의를 넘어 시장의 유동성을 유지하고 투자자들이 다음 기회를 모색할 수 있는 기반을 제공하는 핵심적인 기능입니다.

둘째, 스테이블코인은 '디지털 경제의 보편적인 교환 매개체(Medium of Exchange) 및 회계 단위(Unit of Account)'로 기능합니다. 특히, 디파이 생태계에서 절대적인 역할을 수행합니다. 예를 들어, 에이브(Aave)와 같은 탈중앙화 대출 프로토콜을 생각해 볼 수 있습니다. 만약, 대출 원금과 이자가 모두 비트코인으로 계산된다면 대출자와 예금자 모두 극심한 변동성 리스크에 노출됩니다. 건전한 금융 계약을 위해서는 안정적인 가치 척도가 요구되며 스테이블코인은 바로 이 '안정적인 가치 척도'의 역할을 수행합니다. 대출, 예금, 파생 상품 거래 등 모든 디파이 활동의 기준이 되는 것입니다. 모든 상품과 서비스가 '달러'로 가격이 매겨져야 시장이 원활하게 작동하듯이 디파이라는 새로운 경제 시스템은 스테이블코인이라는 디지털 달러 위에서 비로소 작동할 수 있습니다.

셋째, 스테이블코인은 낡고 비효율적인 '글로벌 결제 및 송금 시스템을 혁신'하는 가장 현실적인 대안입니다. 세계은행에 따르면, 국제 송금에 드는 평균 비용은 여전히 6%를 상회하며 송금이 완료되기까지는 며칠이 소요되는 것이 일반적입니다. 수많은 중개 은행을 거치는 스위프트(SWIFT) 망의 구조적 한계 때문입니다. 스테이블코인은 이 모든 중개자를 제거하고 인터넷을 통해 개인의 지갑에서 상대방의 지갑으로 가치를 전송합니다. 이 과정은 단 몇 분 만에 완료되며 수수료 또한 무료 또는 1달러 미만에 그칩니다.

마지막으로, 스테이블코인은 '금융 포용(Financial Inclusion)'을 위한 강력한 도구입니다. 전 세계에는 여전히 은행 계좌를 갖지 못한 수십억 명의 '언뱅크드(Unbanked)' 인구가 존재합니다. 이들은 기본적인 저축, 송금, 대출 서비스에서 소외되어 경제적 자립에 큰 어려움을 겪습니다. 하지만 스마트폰과 인터넷만 있다면 이들은 단 몇 분 만에 암호화폐 지갑을 만들고 P2P 거래를 통해 스테이블코인을 구매할 수 있습니다. 사실상 국경 없는 '달러 예금 계좌'를 즉시 개설하는 것과 같습니다. 이를 통해 이들은 자국 통화의 하이퍼 인플레이션으로부터 자산을 보호하고 해외로부터 저렴하게 송금을 받으며 디파이를 통해 소액 대출을 받는 등 이전에는 상상할 수 없었던 금융 서비스에 접근할 수 있게 됩니다. 이처럼 스테이블코인은 단순한 기술을 넘어 금융의 혜택을 전 세계 사람에게 확장하는 가장 실용적이면서도 강력한 수단으로 자리매김하고 있습니다.

스테이블코인의 준비금 감사는 얼마나 믿을 수 있나요?

이는 발행사와 감사 기관에 따라 신뢰도 차이가 큽니다. 최상의 경우, 미국 증권거래위원회(SEC)의 규제를 받는 신탁 회사가 준비금을 관리하고 세계적인 회계 법인(빅4 등)이 매달 상세한 내역을 포함한 '증명(attestation) 보고서'를 발행하는 것입니다. 반면, 감사 주기가 길거나, 감사 기관의 명성이 낮거나, 보고서 내용이 불분명할수록 신뢰도는 떨어집니다. 투자자나 사용자는 반드시 스테이블코인 발행사의 공식 홈페이지에서 최신 감사 보고서를 직접 확인하는 습관을 가져야 합니다.

스테이블코인은 모두 미국 달러에만 연동되나요?

아닙니다. 미국 달러에 연동된 스테이블코인이 시장의 대부분을 차지하지만 유로(EUR), 일본 엔(JPY), 대한민국 원(KRW) 등 다른 국가의 법정화폐에 연동된 스테이블코인도 존재합니다. 또한 달러뿐만 아니라 금(XAU)과 같은 실물 자산의 가치를 추종하는 스테이블코인도 있습니다. 앞으로 다양한 자산을 기반으로 하는 스테이블코인이 등장하여 선택의 폭이 넓어질 것으로 예상됩니다.

스테이블코인 사용 시 사용자가 주의해야 할 기술적 위험은 무엇인가요?

몇 가지 주의가 필요합니다. 첫째, '개인 키(Private Key) 관리'입니다. 스테이블코인을 보관하는 개인 지갑의 개인 키를 분실하면 자산을 영원히 찾을 수 없습니다. 둘째, '네트워크의 호환성'입니다. 이더리움, 솔라나, 폴리곤 등 다양한 블록체인 네트워크에 동일한 이름의 스테이블코인(예 USDC)이 존재하는데, A 네트워크의 주소로 B 네트워크의 코인을 보내면 자산이 소실될 수 있습니다. 셋째, '스마트 컨트랙트 위험'입니다. 디파이 플랫폼에 스테이블코인을 예치할 경우, 해당 플랫폼의 스마트 컨트랙트에 버그나 취약점이 있으면 해킹으로 자산을 탈취당할 수 있습니다.

4. 스테이블코인의 성장 추세

혁신적 기술의 성패는 결국 시장에서 판가름 납니다. 고결한 이상과 정교한 기술로 무장했다 하더라도 실제 사용자의 필요를 충족시키지 못하면 역사의 뒤안길로 사라질 뿐입니다. 이런 관점에서 스테이블코인은 지난 몇 년간 블록체인 산업 전체를 통틀어 압도적이면서도 명백한 '성공'을 증명해 왔습니다. 2020년 이전까지만 해도 암호화폐 거래소의 보조 수단 정도로 여겨졌던 이 디지털 달러는 '디파이 서머(DeFi Summer)'라고 불리는 2020년의 여름을 기점으로 디지털 금융의 핵심 인프라로 자리 잡았습니다.

이것은 단순히 투기적 수요에 기인한 거품이 아닙니다. 오히려 암호화

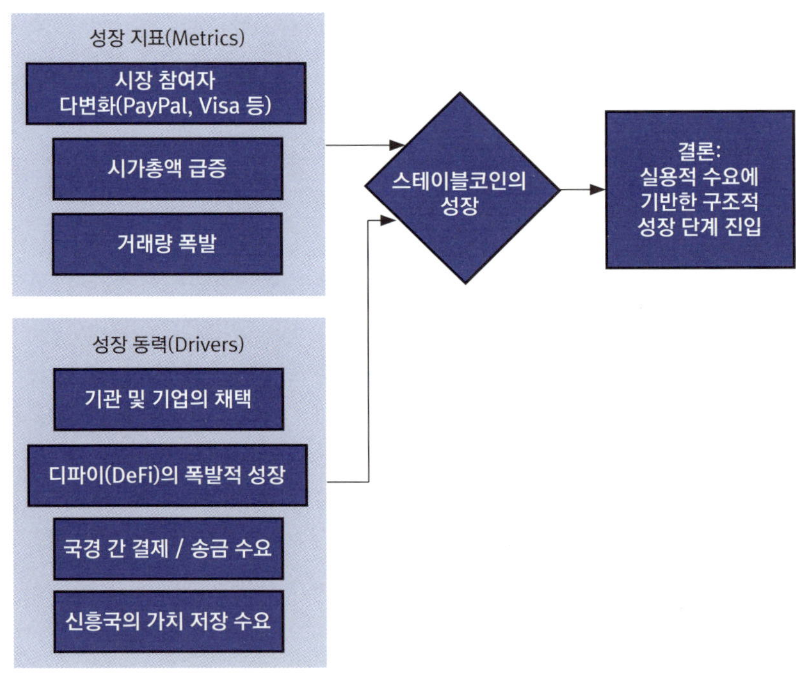

[그림 1-2] 스테이블코인의 성장 지표와 동력

폐 시장의 극심한 변동성과 기존 금융 시스템의 비효율성이라는 2가지 문제에 대한 가장 명확한 '해결책'으로 채택된 결과입니다. 디파이라는 새로운 금융 시스템의 혈액이 되고 낡은 국제 송금망을 대체하는 대안으로 부상하며 마침내 거대 금융 기관들의 시선까지 사로잡기 시작한 스테이블코인의 성장 추세는 이제 거스를 수 없는 거대한 흐름이 되었습니다.

스테이블코인의 성장을 가장 직관적으로 보여 주는 지표는 단연 시장 전체의 시가총액 변화입니다. 2020년 초, 약 200억 달러에 불과했던 전체 스테이블코인 시가총액은 디파이 생태계의 폭발적인 성장과 함께 기하급수적으로 팽창하기 시작했습니다. 2022년 초에는 1,800억 달러를 돌파하며 불과 2년 만에 9배가 넘는 경이로운 성장을 기록했습니다.

2022년 5월 테라-루나 사태와 연이은 암호화폐 시장의 침체로 인해 잠시 규모가 축소되기도 했지만, 이는 결과적으로 시장의 옥석 가리기를 촉진하는 계기가 되었습니다. 견고한 담보와 규제 준수를 앞세운 스테이블코인들이 시장의 신뢰를 회복하며 2025년 10월 기준, 전체 시가총액은 2,800억 달러를 넘어서며 사상 최고치를 경신하고 있습니다. 이는 스테이블코인이 일시적인 유행이 아닌, 시장의 구조적 필요에 의해 성장하는 필수 자산이라는 것을 명백히 입증하는 증거입니다.

시가총액의 성장보다 더욱 주목해야 할 것은 실제 사용량을 보여 주는 온체인 거래량입니다. 2024년 한 해 동안 주요 블록체인 네트워크에서 처리된 스테이블코인의 총 정산액(Transaction Volume)은 27.6조 달러를 넘어설 것으로 예상되며 온체인 거래량은 15.6조에 이르렀습니다. 이는 글로벌 거대 결제 네트워크인 비자(Visa)의 연간 처리액을 넘어서는 수준입니다. 물론 이는 최종 소비자의 결제 뿐만 아니라 디파이 거래, 거래소 간 이동 등 모든 온체인 활동을 포함한 수치이기는 하지만 스테이블코인이 이미 디지털 경제의 핵심 정산 및 결제 계층(Settlement Layer)으로 기능하고 있다는 것을 보여 주는 강력한 증거입니다.

　이러한 성장의 이면에는 시장을 주도하는 소수의 주역들이 있습니다. 전통적으로 스테이블코인 시장에서는 최초의 성공 모델인 테더(USDT)가 압도적인 점유율을 차지해 왔습니다. 하지만 준비금의 투명성 문제와 규제 리스크가 꾸준히 제기되면서 미국 규제 당국의 감독을 받는 금융 기관에 준비금을 예치하고, 정기적인 감사를 통해 투명성을 강조하는 서클(Circle) 사의 유에스디코인(USDC)이 무섭게 추격하는 양상이 펼쳐졌습니다. 이 두 스테이블코인이 전체 시장의 80% 이상을 점유하며 사실상의 과점 체제를 구축하고 있습니다. 한편, 최근의 주요 추세는 전통 금융 및 빅테크 기업들의 본격적인 시장 진출입니다. 글로벌 결제 기업 페이팔(PayPal)이 자체 스테이블코인인 페이팔 USD(PYUSD)를 출시한 것은 시장에 큰 파장을 일으켰습니다. 이는 수억 명의 페이팔 사용자가 손쉽게 디지털 달러를 경험할 수 있는 통로를 열었을 뿐만 아니라, 스테이블코인이 더 이상 암호화폐 시장만의 전유물이 아니라는 것을 보여 주는 상징적인 사건이었습니다. 비자카드와 마스터카드 역시 자체적인 블록체인 결제망에서 스테이블코인을 활용한 정산 테스트를 활발히 진행하며 미래를 준비하고 있습니다.

　이러한 폭발적인 성장의 이면에는 여러 요인이 있습니다. 가장 핵심적인 동력은 바로 '디파이'입니다. 디파이 시장의 총 예치 자산(TVL) 규모는 스테이블코인의 시가총액과 거의 완벽한 동조 현상을 보입니다. 스테이블코인이 풍부하게 공급되어야만 디파이의 대출, 예금, 파생 상품 시장이 활성화될 수 있기 때문입니다. 투자자들은 변동성 자산을 스테이블코인으로 교환하여 디파이 프로토콜에 예치하고 연 5~10%에 달하는 안정적인 이자 수익을 얻습니다. 이는 전통 은행의 제로 금리 시대에 매우 매력적인 대안이 되었으며 스테이블코인 수요를 견인하는 가장 강력한 엔진으로 작동하고 있습니다.

또 다른 핵심 동력은 국경을 넘나드는 개인과 기업의 수요입니다. 특히, 라틴 아메리카, 아프리카, 동남 아시아 등 자국 통화 가치가 불안정하거나 금융 인프라가 낙후된 지역에서 스테이블코인은 가치 저장 수단이자 효율적인 국제 송금 도구로 각광받고 있습니다. 아르헨티나처럼 극심한 인플레이션을 겪는 국가의 국민들은 월급을 받자마자 스테이블코인으로 환전하여 구매력을 보존하려 합니다. 또 해외에 있는 가족에게 돈을 보낼 때 웨스턴 유니언 대신 스테이블코인을 사용하여 시간과 비용을 획기적으로 절약하곤 합니다. 이러한 실용적 수요는 스테이블코인이 투기적 자산을 넘어 전 세계 수십억 명의 삶을 개선할 수 있는 강력한 금융 포용 도구라는 것을 증명합니다.

스테이블코인 시가총액이 증가한다는 것은 구체적으로 무엇을 의미하나요?
암호화폐 생태계로 순유입되는 법정화폐(주로 달러)의 양이 늘어난다는 것을 의미합니다. 사용자들이 1,000달러를 스테이블코인 발행사에 보내면 1,000개의 1달러 스테이블코인이 새로 발행되어 시가총액이 그만큼 증가합니다. 따라서 시가총액의 성장은 디지털 자산 시장에 대한 신규 자금 유입과 시장 참여자들의 활동(거래, 예치, 대출 등)이 활발해지고 있다는 것을 나타내는 핵심적인 지표입니다.

USDT와 USDC의 시장 점유율 경쟁이 중요한 이유는 무엇인가요?
스테이블코인 시장의 미래 방향성을 결정하기 때문입니다. USDT는 규제로부터 상대적으로 자유로운 환경에서 성장하며 넓은 시장 접근성을 확보한 반면, USDC는 규제 준수와 투명성을 통해 제도권 금융과의 연결을 중시합니다.

USDC의 점유율이 높아진다는 것은 시장이 더 규제 친화적이고 기관 투자자에게 매력적인 방향으로 성숙하고 있다는 것을, USDT의 점유율이 높다는 것은 여전히 암호화폐 시장 본연의 자유로운 거래 수요가 강력하다는 것을 의미합니다. 이들의 경쟁은 시장의 '규제'와 '자유' 사이의 균형점을 보여 줍니다.

페이팔 같은 거대 기업이 스테이블코인을 발행하는 것의 전략적 이점은 무엇인가요?

첫째, 기존 결제망을 거치지 않는 자체적인 글로벌 결제 네트워크를 구축하여 막대한 중개 수수료를 절감할 수 있습니다. 둘째, 자사 플랫폼 내에서 쇼핑, 송금, 투자 등 모든 금융 활동이 스테이블코인으로 이루어지게 하여 사용자를 생태계 안에 묶어 두는 '록인(Lock-in) 효과'를 극대화할 수 있습니다. 셋째, 미래 디지털 금융의 핵심 인프라를 선점함으로써 새로운 수익 모델을 창출하고 시장의 '룰 메이커'가 될 수 있습니다.

5. 암호화폐의 변동성 문제 해결

블록체인이라는 혁신적인 기술은 금융의 신대륙을 가리키는 나침반이었지만, '변동성'이라는 폭풍우는 이 기술이 실용적인 항구에 닻을 내리는 것을 번번이 좌절시켰습니다. 아리스토텔레스 시대부터 경제학에서는 화폐가 3가지 핵심 기능을 수행해야 한다고 정의했습니다. 가치를 매기는 척도(Unit of Account), 가치를 저장하는 수단(Store of Value) 그리고 상품과 서비스를 교환하는 매개(Medium of Exchange)가 바로 그것입니다.

하지만 비트코인을 비롯한 초기 암호화폐들은 극심한 가격 변동성 때문에 이 3가지 시험을 모두 통과하지 못했습니다. 오늘(2025년 10월) 1비트코인이

1억 7,000만 원의 가치를 지녔다가 내일 1억 원으로 하락한다면 누구도 비트코인을 안정적인 가치 저장 수단이나 교환 매개로 신뢰할 수 없습니다.

암호화폐의 변동성은 어디에서 비롯될까요? 그 본질을 이해하려면 가격을 결정하는 요인을 살펴봐야 합니다.

첫째, 암호화폐 가격은 내재적 가치보다는 '투기적 수요'에 의해 크게 좌우됩니다. 주식이 기업의 수익이라는 명확한 가치 기반을 갖는 것과 달리, 암호화폐는 미래에 대한 기대감과 시장 참여자들의 심리에 따라 가격이 결정되는 경향성을 보입니다. 긍정적인 뉴스가 나오면 폭등하고 부정적인 규제 소식이 들리면 폭락하는 현상이 반복되는 이유입니다.

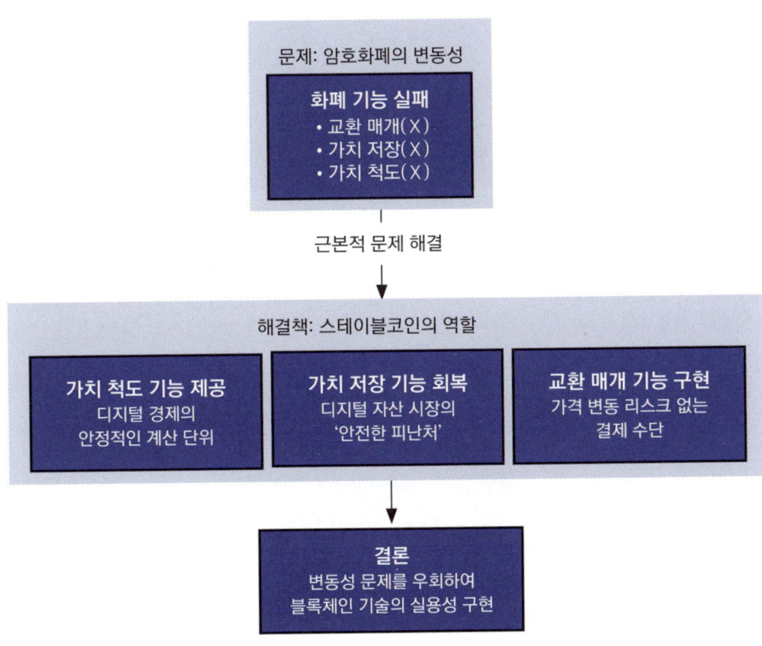

[그림 1-3] 암호화폐 변동성 문제를 해결하는 스테이블코인의 역할

둘째, '공급의 비탄력성'입니다. 비트코인은 총공급량이 2,100만 개로 고

정되어 있어 수요가 급증하더라도 공급을 즉각적으로 늘려 가격을 안정시킬 수 없습니다. 이는 작은 수요 변화에도 가격이 크게 출렁이는 결과를 낳습니다. 셋째, '규제의 불확실성'입니다. 각국 정부의 암호화폐에 대한 정책 방향이 여전히 유동적이기에 규제 관련 소식 하나하나가 시장 전체를 뒤흔드는 주요 변수로 작용합니다.

이러한 변동성은 암호화폐의 대중적 채택에 치명적인 장벽이 됩니다. 암호화폐의 변동성으로 인해 상품 가격이 시시각각 급등락하는 상황이 펼쳐진다면, 대부분의 기업과 소비자는 이를 일상적인 결제 수단으로 채택하기를 꺼릴 수밖에 없습니다. 결국 변동성은 암호화폐를 '화폐'가 아닌 '고위험 변동성 자산'에 머무르게 만드는 가장 큰 족쇄인 셈입니다.

스테이블코인은 암호화폐의 변동성 문제를 완벽하게 '우회'하는 새로운 길을 제시합니다. 스테이블코인이 어떻게 화폐의 3가지 기능을 회복시키는지 살펴보면 이를 명확히 이해할 수 있습니다. 첫째, '안정적인 가치 저장 수단(Store of Value)'의 회복입니다. 암호화폐 투자자는 시장의 변동성이 커질 때 자신의 자산을 비트코인에서 달러 연동 스테이블코인으로 즉시 전환할 수 있습니다. 암호화폐 자산을 법정화폐로 인출하는 복잡한 절차 없이도 가치를 안정적으로 보존할 수 있습니다. 즉, 스테이블코인은 디지털 자산 세계의 '현금' 또는 '안전 자산' 역할을 수행하며, 투자자들이 변동성의 파도를 피할 수 있는 피난처로 기능합니다.

둘째, '효율적인 교환의 매개(Medium of Exchange)'로 작동합니다. 상품 가격이 10달러라면 소비자는 10USDT를 지불하면 됩니다. 판매자는 다음 날에도 그 10USDT가 10달러의 가치를 지닐 것이라 기대할 수 있습니다. 이렇듯 스테이블코인은 디지털 경제 생태계 전체가 공통으로 사용하는 '계산 단위' 역할을 수행하며, 모든 복잡한 금융 상품과 서비스가 작동할 수 있는 안정적인 기반을 제공합니다.

마지막으로 스테이블코인은 '신뢰할 수 있는 가치의 척도(Unit of Account)'를 제공합니다. 현재 거의 모든 디파이 프로토콜과 NFT 마켓플레이스는 자산의 가격을 이더리움이나 비트코인이 아닌, 스테이블코인으로 표시합니다. 대출 계약의 원금과 이자를 계산하거나 디지털 아트의 가치를 평가할 때 그 기준으로 동작할 수 있기 때문입니다. 이렇듯 스테이블코인은 디지털 경제 생태계 전체가 공통으로 사용하는 '계산 단위' 역할을 하며 모든 복잡한 금융 상품과 서비스가 작동할 수 있는 안정적인 기반을 제공합니다.

요약하면 스테이블코인은 암호화폐의 변동성이라는 거대한 폭풍우를 잠재운 것이 아닙니다. 그 대신, 폭풍우의 영향을 받지 않는 견고하고 안정적인 항구를 건설한 것에 가깝습니다. 이 플랫폼 위에서 사람들은 비로소 안심하고 거래하며 저축하고 대출하는 등 새로운 디지털 경제를 건설할 수 있게 되었습니다. 변동성이라는 태생적 한계를 극복하지 못해 투기 자산에 머물렀던 블록체인 기술이 스테이블코인이라는 실용적 도구를 통해 마침내 현실 세계의 문제를 해결하는 혁신적인 금융 인프라로 자리 잡을 수 있는 것입니다.

포커스 FAQ

스테이블코인은 비트코인의 변동성을 직접적으로 줄여 주나요?

아니요. 직접적으로 줄여 주지는 않습니다. 스테이블코인의 존재가 비트코인의 가격을 안정시키는 것은 아닙니다. 비트코인의 가격은 여전히 시장의 수요와 공급, 투자 심리에 따라 변동합니다. 스테이블코인은 비트코인의 변동성이라는 '문제'를 해결하는 것이 아니라 그 문제를 겪고 싶지 않은 사람들에게 '대안'을 제공하는 것입니다. 즉, 변동성을 감수하고 싶은 투자자는 비트코인을,

안정성을 원하는 사용자는 스테이블코인을 선택할 수 있게 함으로써 시장 참여자의 목적에 맞는 도구를 제공하는 역할을 합니다.

스테이블코인으로 급여를 받는 것이 현실적으로 가능한가요? 장점은 무엇인가요?

네. 기술적으로는 이미 가능하며 일부 기업들은 이를 시행하고 있습니다. 가장 큰 장점은 국경 없는 급여 지급입니다. 다국적 기업이 전 세계에 흩어져 있는 직원이나 프리랜서에게 급여를 보낼 때 각국의 은행 시스템을 거칠 필요 없이 스테이블코인으로 빠르고 저렴하게 지급할 수 있습니다. 받는 사람 역시 은행 계좌 없이 디지털 지갑만으로 급여를 수령하고 이를 현지 화폐로 환전하거나 디파이에 예치하여 추가 수익을 얻는 등 다양한 활용이 가능합니다.

변동성 문제를 해결한 스테이블코인의 다음 과제는 무엇일까요?

다음 과제는 '신뢰'와 '규제'의 문제입니다. 첫째, 발행사의 준비금이 정말 투명하고 안전하게 일대일로 유지되고 있는지에 대한 신뢰를 제도적으로 확보해야 합니다. 이를 위해 더 엄격하고 표준화된 감사 절차가 필요합니다. 둘째, 각국 정부의 규제 프레임워크 안으로 편입되어야 합니다. 자금 세탁 방지(AML), 테러 자금 조달 방지(CFT) 등 기존 금융 시스템이 요구하는 규제들을 준수하여 사용자들이 안심하고 사용할 수 있는 합법적인 지불 수단으로 인정받는 것이 대중화를 위해 중요한 다음 단계입니다.

6. 중앙은행 디지털 화폐와의 비교

스테이블코인과 각국 중앙은행의 디지털 화폐(CBDC)는 어떤 관계일까요? 거대한 민간 철도 회사가 등장해 전국에 훌륭한 철로를 구축한 상황을 상상해 봅시다. 처음에는 이를 방관하던 정부가 그 막강한 영향력을 깨달습니다. 뒤늦게 나서서 더 곧고, 더 완벽하게 통제되는 '국영 고속도로'를 건설하려는 상황이 펼쳐집니다. 이것이 바로 지금 스테이블코인과 중앙은행 디지털 화폐(Central Bank Digital Currency, CBDC) 사이에서 벌어지고 있는 풍경입니다. 민간 기업들이 주도하는 스테이블코인 시장의 폭발적인 성장은 각국 중앙은행에게 더 이상 피할 수 없는 질문을 던졌습니다. '미래의 돈은 누가 발행하고 누가 통제해야 하는가?' CBDC는 이 질문에 대한 국가의 대답입니다. 이는 단순히 실물 현금을 디지털 형태로 바꾸는 기술적 개선을 넘어 민간 부문이 주도하는 디지털 화폐 혁신에 대응하여 통화 주권을 지키려는 중앙은행의 전략적 행보라고 할 수 있습니다. 스테이블코인이 시장의 비효율성을 파고든 '민간의 혁신'이라면 CBDC는 금융 시스템의 안정과 통제력 유지를 목표로 하는 '공공의 대응'입니다. 두 디지털 화폐는 블록체인 기술을 활용하고 즉각적인 결제를 추구한다는 점에서 외형적으로 닮았지만, 그 탄생 배경과 철학, 작동 방식과 사회에 미칠 영향은 근본적으로 다릅니다. 미래 디지털 금융의 패권을 둘러싼 두 주체의 경쟁은 이미 시작됐습니다.

[표 1-1] 민간 스테이블코인과 정부 주도 CBDC와의 비교

구분	스테이블코인	중앙은행 디지털 화폐
핵심 목표	수익	안정과 통제
발행 주체	민간 기업	국가 중앙은행
신뢰 기반	발행 기업의 부채(준비금)	국가의 부채(법정화폐)
위험 요소	파산, 담보 부실	과도한 감시, 프라이버시 침해

중앙은행 디지털 화폐에 대한 핵심적인 정의는 중앙은행이 해당 디지털 화폐의 가치를 직접 보증하고 그에 대한 책임을 지는 디지털 형태의 돈이라고

요약됩니다. '중앙은행의 직접적인 부채(Direct Liability)'라고 표현할 수도 있습니다. 즉, CBDC는 우리가 지갑에 넣어 다니는 실물 현금(지폐와 동전)처럼 중앙은행이 그 가치를 직접 보증하는 가장 안전한 형태의 무위험 자산입니다. CBDC는 크게 2가지 형태로 논의됩니다. 금융 기관 간의 거액 결제 시스템 효율화를 위한 '거액 결제용(Wholesale) CBDC' 형태와 일반 대중이 일상적인 거래에 사용하는 '소액 결제용(Retail) CBDC' 형태가 바로 그것입니다. 현재 전 세계적인 관심이 집중되는 것은 바로 후자인 소액 결제용 CBDC입니다. CBDC와 스테이블코인의 근본적인 차이는 크게 4가지로 정리할 수 있습니다.

첫째, '발행 주체와 법적 성격'이 다릅니다. 테더, 서클과 같은 민간 기업이 발행하는 스테이블코인은 해당 기업의 부채이자 일종의 '민간 어음'입니다. 기업이 파산하면 그 가치를 보장받기 어려울 수 있습니다. 반면, CBDC는 국가의 중앙은행이 발행하는 '법정화폐' 그 자체입니다. 국가가 존속하는 한 그 가치가 보장되는 신용 위험이 '0'에 가까운 본원 통화입니다.

둘째, '중앙화의 수준'이 극명하게 다릅니다. 스테이블코인은 퍼블릭 블록체인 위에서 발행되어 상대적으로 분산된 네트워크를 지향하지만 CBDC는 설계상 완벽하게 '중앙화된 시스템'입니다. 중앙은행은 CBDC의 발행, 유통, 회수 전반을 통제하며 모든 거래 기록에 접근할 수 있는 궁극적인 권한을 갖습니다.

셋째, '추구하는 목표'가 다릅니다. 스테이블코인은 국경 간 송금의 비효율성을 해결하고 디파이 생태계에 유동성을 공급하는 등 시장의 필요에 부응하여 수익을 창출하는 것을 목표로 합니다. 반면, CBDC는 현금 사용 감소 시대에 대응하여 공공 결제 시스템을 유지하고 통화 정책의 효율성을 높이며 금융 소외 계층을 포용하는 등 공공 정책적 목표를 우선시합니다.

마지막으로 가장 첨예한 대립 지점은 '개인정보 보호(Privacy)' 이슈입니다. 스테이블코인은 익명의 디지털 지갑 주소를 통해 거래가 이루어져 어느 정도의 프라이버시를 보장합니다. 하지만 CBDC는 잠재적으로 정부가 모든 국민의 금융 거래를 실시간으로 들여다볼 수 있는 '빅브라더'의 도구가 될 가능성을 가집니다. 정부는 자금 세탁 방지를 위해 투명성이 필요하다고 주장하겠지만, 이는 국가가 개인의 모든 경제 활동을 감시하고 통제할 수 있는 강력한 권한을 쥐게 됨을 의미하기 때문에 민감한 논란으로 이어질 수 있습니다.

이러한 차이점들로 인해 미래 디지털 화폐 시스템은 CBDC와 스테이블코인이 서로의 영역을 두고 경쟁하거나 보완하며 공존하는 형태로 전개될 가능성이 높습니다. 중앙은행의 입장에서 CBDC는 민간 스테이블코인의 잠재적 위험으로부터 금융 시스템을 보호하고 통화 주권을 강화하는 필수적인 방어 수단입니다. 만약, 특정 민간 스테이블코인이 기축통화처럼 사용된다면 해당 기업의 부실이 국가 경제 전체를 위협하는 시스템 리스크로 번질 수 있기 때문입니다. 또한 CBDC를 통해 국민에게 직접 돈을 지급하는 등 이전보다 훨씬 정교하고 효과적인 통화 정책을 펼칠 수 있게 됩니다.

반면, 시장의 관점에서 스테이블코인은 '혁신의 원동력'입니다. 전 세계의 개발자들이 스테이블코인을 기반으로, 허가 없이 자유롭게 새로운 금융 상품과 서비스를 만들어 내는 디파이 생태계의 역동성은, 정부 주도의 CBDC 시스템에서는 구현되기 어렵습니다. 과도한 규제와 통제를 동반할 수 있는 CBDC가 민간의 창의성과 경쟁을 저해할 수 있다는 비판도 제기됩니다. 따라서 미래는 '2계층 운영 모델(Two-Tier Model)'과 같이 두 시스템이 공존하는 형태일 수 있습니다. 중앙은행이 안전한 기반이 되는 '거액 결제용 CBDC'를 발행하고 민간 기업들은 이를 100% 담보로 하여 다양한 특성과 기능을 가진 '민간 스테이블코인'을 발행해 소매 시장에서 경쟁하는 모델입니다. 이는 공공 인프라의 안정성과 민간 혁신의 역동성을 결합하는 현실적인 대안으로 논의되고 있습니다.

CBDC는 블록체인 기술을 꼭 사용해야 하나요?

반드시 그런 것은 아닙니다. 많은 CBDC 프로젝트가 분산 원장 기술(DLT)을 기반으로 연구되고 있지만, 중앙은행이 전적으로 통제하는 중앙화된 데이터베이스 방식으로도 구현이 가능합니다. 블록체인 기술을 사용하는 이유는 거래의 투명성과 위·변조 방지 그리고 시스템의 회복 탄력성을 높일 수 있기 때문이지 탈중앙화 자체가 목적은 아닙니다. 따라서 CBDC는 블록체인의 '기술적 특성'을 차용할 뿐, 그 '탈중앙 철학'을 따르는 것은 아닙니다.

일반 사용자가 느끼기에 CBDC와 현재의 전자 결제(신용카드, 간편 결제)는 무엇이 다른가요?

최종 사용자 경험(UX) 측면에서는 큰 차이를 느끼지 못할 수도 있습니다. 스마트폰 앱을 통해 결제하는 방식은 유사할 것이기 때문입니다. 하지만 법적인 본질이 다릅니다. 현재의 전자 결제는 상업 은행 계좌에 있는 돈을 이체하는 것이지만, CBDC 결제는 중앙은행이 직접 보증하는 현금을 직접 이전하는 것입니다. 이는 은행 파산과 같은 신용 위험이 전혀 없는 가장 안전한 결제 수단이라는 것을 의미합니다.

스테이블코인이 CBDC보다 혁신에 더 유리한 이유는 무엇인가요?

'허가 없는 혁신(Permissionless Innovation)'이 가능하기 때문입니다. 이더리움과 같은 퍼블릭 블록체인 위에서 발행된 스테이블코인은 전 세계 누구나 접근할 수 있는 개방된 인프라입니다. 따라서 전 세계의 개발자들이 중앙의 허락을 받을 필요 없이 자유롭게 스테이블코인을 활용하여 새로운 디파이 서비스나 결제 앱을 만들고 경쟁할 수 있습니다. 반면, CBDC는 정부가 관리하는 폐쇄적인 시스템이 될 가능성이 높아서, 허가된 소수의 금융 기관만이 관련 서비스를 개발할 수 있게 되어 혁신의 속도와 다양성이 저해될 수 있습니다.

CBDC와 스테이블코인이 공존하는 '2계층 모델'은 구체적으로 어떻게 작동하나요?

중앙은행은 금융 기관(상업 은행 등)을 대상으로 거액 결제용 CBDC(1단계)를 발행합니다. 상업 은행은 이 CBDC를 중앙은행에 100% 예치하고 그 예치금을 담보로 일반 대중에게 사용할 수 있는 자체 브랜드의 스테이블코인(2단계)을 발행합니다. 이렇게 되면 사용자가 쓰는 스테이블코인은 민간 기업의 혁신적인 서비스와 결합되지만, 그 가치는 중앙은행이 보증하는 CBDC에 의해 100% 뒷받침되므로 안전합니다. 즉, 중앙은행은 '안전한 인프라' 제공에 집중하고 민간은 '혁신적인 서비스' 개발에 집중하는 역할 분담이 이루어집니다.

만약, CBDC가 널리 쓰이면 USDT나 USDC 같은 민간 스테이블코인의 필요성이 줄어들지 않을까요?

역할이 축소될 수는 있지만, 완전히 사라지지는 않을 것입니다. 국내 결제에서는 안전한 CBDC가 선호될 수 있지만, 국경 간 거래나 디파이와 같은 글로벌하고 개방된 환경에서는, 특정 국가의 통제를 받는 CBDC보다 중립적이고 유연한 민간 스테이블코인이 여전히 경쟁력을 가질 수 있습니다. 또한 CBDC가 제공하지 못하는 특정 기능(예) 높은 수준의 익명성, 다른 암호화폐와의 자유로운 연동 등)을 가진 스테이블코인은 틈새 시장에서 계속 살아남을 가능성이 높습니다.

7. 스테이블코인의 리스크

첨단 기술로 지어진다고 하더라도 구조적 결함이나 지반의 약점을 간과해서는 안 됩니다. '안정성'이라는 이름 아래 폭발적인 성장을 거듭해 온 스테이블코인 역시 마찬가지입니다. 암호화폐의 변동성을 막아 주는 방파제 역할을 훌륭히 수행해 왔지만, 완벽하게 안전하다고 단언할 수 없습니다. 그 이면에는 투자자와 사용자가 반드시 인지해야 할 다양한 종류의 리스크가 잠재되어 있습니다. 스테이블코인의 '안정성'이라는 약속은 여러 개의 톱니바퀴가 맞물린 정교한 시스템 위에서 유지되고 있습니다. 발행사의 윤리성, 기반 기술의 견고함, 규제 환경의 예측 가능성 그리고 시장 참여자들의 집단적 신뢰 중 어느 하나라도 삐걱거리기 시작하면 가치가 신기루처럼 흔들릴 수 있습니다. 따라서 스테이블코인을 단순한 '디지털 달러'로 여기기 전에 우리는 그 약속이 깨질 수 있는 4가지 핵심 위험 요소인 신용 리스크, 기술적 리스크, 규제 리스크 그리고 이 모든 것이 현실화되는 디페그 리스크를 면밀히 들여다봐야 합니다.

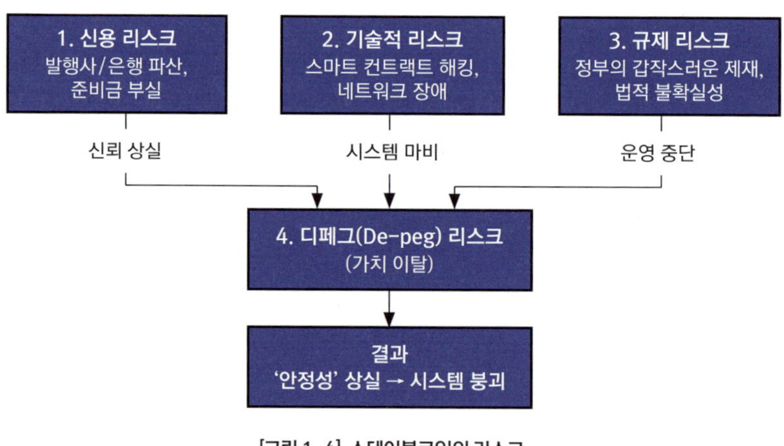

[그림 1-4] 스테이블코인의 리스크

① 신용 리스크

스테이블코인의 가장 근본적인 리스크는 '신용 리스크(Credit Risk)' 또는 '거래 상대방 리스크(Counterparty Risk)'에서 비롯됩니다. 이는 스테이블코인 발행사가 상환 의무를 이행하지 못할 위험을 의미합니다.

오늘날 시장의 대부분을 차지하는 법정화폐 담보 스테이블코인은 사용자들이 '발행사가 1코인당 1달러의 준비금을 실제로 안전하게 보유하고 있을 것'이라는 신뢰를 기반으로 작동합니다. 만약, 발행사가 파산하거나, 준비금을 부실하게 관리하거나, 약속한 상환 의무를 이행하지 못할 경우, 해당 스테이블코인은 가치를 잃고 휴지 조각이 될 수도 있습니다.

이러한 신용 리스크의 핵심에는 '준비금의 질(Quality of Reserves)' 이슈가 있습니다. 이상적으로는 모든 준비금이 현금이나 단기 미국 국채와 같이 신용 위험이 거의 없는 자산으로 100% 구성되어야 합니다. 하지만 과거 일부 스테이블코인 발행사들은 준비금의 일부를 기업 어음(CP), 회사채 등 상대적으로 위험이 높은 자산으로 운용하여 수익을 추구한다는 의혹을 받았습니다. 준비금 포트폴리오가 투명하게 공개되지 않는다면 잠재적 부실 위험이 커질 수밖에 없습니다.

또한 준비금을 보관하는 수탁 은행이 파산하는 경우에도 심각한 문제가 발생할 수 있습니다. 2023년 실리콘밸리은행(SVB) 파산 당시 USDC 발행사 서클이 준비금의 일부를 해당 은행에 예치하고 있었다는 사실이 알려지면서 USDC 가격이 일시적으로 1달러 아래로 떨어졌던 사건은 이러한 위험을 명백하게 보여 줍니다.

② 기술적 리스크

스테이블코인의 신뢰 기반이 발행사의 윤리성(신용 리스크)에만 있는 것은 아닙니다. 아무리 발행사가 튼튼한 준비금을 쌓아 두고 투명하게 운영하더라도 그 돈이 오가는 디지털 경로와 보관처가 부실하다면 신뢰를 쉽게 잃을 수 있습니다. '기술적 리스크(Technological Risk)'는 바로 이 인프라의 견고함에 대한 문제입니다. 스테이블코인은 블록체인과 스마트 컨트랙트라는 최첨단 소프트웨어 위에서 운영되기 때문에 기술 자체의 내재적 결함이나 외부의 악의적인 공격에 항상 노출되어 있습니다. 이는 마치 은행 건물의 기초가 부실하거나 금고 설계에 치명적인 결함이 있는 것과 같습니다.

기술적 리스크의 첫 번째이자 가장 치명적인 원천은 '스마트 컨트랙트 취약점'입니다. 스테이블코인의 발행, 상환, 담보 관리 등 모든 핵심 기능은 스마트 컨트랙트라는 자동화된 코드에 의해 제어됩니다. 하지만 이 코드 역시 인간이 작성하는 것이기 때문에 사소한 논리적 오류나 예상치 못한 버그가 숨어 있을 수 있습니다.

블록체인의 '불변성(Immutability)'이라는 특성은 이 문제를 더욱 심각하게 만듭니다. 일단 배포된 스마트 컨트랙트는 수정이 거의 불가능하므로 취약점이 발견되더라도 즉각적인 패치가 어렵습니다. 해커들은 바로 이 점을 노리고 공개된 코드를 샅샅이 분석하여 단 하나의 허점이라도 발견하면 이를 악용해 컨트랙트에 예치된 자금 전부를 탈취하려 시도합니다. 실제로 2022년, 빈스토크 프로토콜(Beanstalk Protocol)은 스마트 컨트랙트의 거버넌스 구조 취약점을 이용한 플래시 론 공격(Flash Loan Attack)으로 인해 약 1억 8,200만 달러의 자산을 탈취당했던 바 있습니다.

두 번째는 '블록체인 네트워크 자체의 리스크'입니다. 스테이블코인은 이더리움, 솔라나, 트론 등 특정 블록체인 네트워크 위에서 발행됩니다. 만약, 근간이 되는 블록체인 네트워크가 위험에 처한다면, 이에 기반한 스테이블코인의 안전 역시 보장할 수 없습니다. 예를 들어, 솔라나 네트워크는 과거 몇 차례에 걸쳐 네트워크 전체가 중단되는 사태를 겪었습니다. 네트워크가 멈추는 동안 솔라나 기반의 USDC를 포함한 모든 자산의 거래와 전송은 불가능해졌습니다. 이러한 리스크는 일시적인 불편을 넘어 급변하는 시장 상황에서 자산을 처분하거나 이동시켜야 하는 사용자에게는 치명적인 손실로 이어질 수 있습니다.

또한 이론적으로는 특정 주체가 블록체인 네트워크의 과반수가 넘는 해시 파워나 지분을 장악하여 거래 기록을 위조하는 '51% 공격'의 가능성도 존재합니다. 물론 이더리움과 같이 거대한 네트워크에서는 거의 불가능에 가까운 위험 시나리오이지만, 상대적으로 규모가 작은 네트워크에서는 여전히 유효한 위협입니다.

마지막으로, 빈번하게 발생함에도 불구하고 종종 간과되는 것이 바로 '사용자 측면의 운영 리스크'입니다. 이는 기술의 문제가 아닌, 기술을 사용하는 인간의 실수나 부주의에서 비롯됩니다. 탈중앙화된 세계의 모토는 '당신의 키가 아니면 당신의 코인이 아니다.(Not your keys, not your coins.)'입니다. 스테이블코인을 보관하는 개인 지갑의 비밀번호(개인 키 또는 시드 구문)를 분실하거나 타인에게 노출하는 순간, 그 안의 자산은 영원히 잃어버리거나 도난당하게 됩니다. 중앙화된 은행처럼 비밀번호를 재설정해 주거나 자산을 복구해 줄 주체가 존재하지 않기 때문입니다. 또한 '이메일 주소를 사칭한 피싱(Phishing) 사기', '유명인을 사칭한 가짜 에어드롭 이벤트' 등 사용자를 속여 지갑 연결을 유도하거나 악성 파일을 설치하게 하여 자산을 탈취하는 사회 공학적 해킹은 지금 이 순간에도 끊임없이 일어나고 있습니다. 블록체인 거래는 되돌릴 수 없으므로 단 한 번의 실수로 전 재산을 잃을 수 있다는 점은 사용자가 항상 명심해야 할 기술적 리스크의 또 다른 측면입니다.

③ 규제 리스크

견고하게 지어진 건물이라도 정부가 도시 계획을 변경하여 그 건물이 서 있는 땅의 용도를 바꾸거나 철거를 명령한다면 그 가치는 하루아침에 사라질 수 있습니다. '규제 리스크(Regulatory Risk)'는 바로 이와 같이 법률이나 정부 정책의 변화가 특정 자산의 가치나 효용성에 중대한 영향을 미칠 수 있는 외부적이고 예측하기 어려운 위험입니다. 혁신적인 기술일수록 기존의 법적 테두리와 충돌할 가능성이 높다는 점을 감안하면 간과해서는 안 될 리스크입니다.

오늘날 전 세계 정부와 금융 당국이 스테이블코인을 예의 주시하는 이유는 복합적입니다.

첫째, '통화 주권(Monetary Sovereignty)'에 대한 위협입니다. 만약, 특정 민간 기업이 발행한 글로벌 스테이블코인(과거 페이스북의 '리브라' 프로젝트가 그 대표적인 예시)이 전 세계적으로 통용된다면, 이는 사실상 중앙은행의 고유 권한인 화폐 발행권을 침해하는 결과를 낳을 수 있습니다. 또한 이는 각국 정부가 자국의 경제 상황에 맞춰 통화 정책을 운용하는 능력을 심각하게 저해할 수 있습니다.

둘째, '금융 안정성(Financial Stability)'에 대한 우려입니다. 수천억 달러 규모로 성장한 스테이블코인 시장에서 대규모 뱅크런이 발생할 경우, 발행사가 준비금으로 보유하고 있던 국채나 기업 어음을 시장에 급매도하면서 전통 금융 시장에까지 충격이 전이될 수 있는 시스템 리스크의 가능성이 제기됩니다.

셋째, '소비자 보호'와 '불법 자금 방지' 문제입니다. 명확한 규제 없이 운영되는 스테이블코인 발행사의 파산이나 해킹 시 투자자들이 자산을 보호받을 장치가 미비하며 익명성을 가진 거래가 자금 세탁이나 테러 자금 조달에 악용될 수 있다는 우려 또한 큽니다.

이러한 우려에 대응하는 각국의 규제 접근 방식은 각기 다른 양상으로 나타나고 있습니다. 유럽연합(EU)은 세계 최초의 포괄적인 암호 자산 규제 법안인 'MiCA(Markets in Crypto-Assets)'를 선보이며 선제적인 움직임을 보였습니다. MiCA는 스테이블코인 발행사에게 은행에 준하는 엄격한 라이선스 취득, 충분한 유동성 준비금 보유, 투명한 정보 공개 및 상환권 보장 등의 의무를 부과합니다. 이는 명확한 규칙을 제시하여 시장의 불확실성을 해소하고 소비자를 보호하려는 '포괄적 규율' 접근법입니다.

미국은 트럼프 1기와 바이든 정부 시절에는 규제 중심이었지만 트럼프 2기가 들어서면서 친암호화폐 정책을 펴기 시작했습니다. 「지니어스 법(GENIUS Act)」으로 규제에 대한 명확성을 확립했으며 민간 주도로 스테이블코인 사업을 확대하고 있습니다. 전 세계에서 가장 빠르게 암호화폐 산업을 키우고 있습니다.

이외에 중국이나 인도와 같이 보다 엄격한 통제를 선호하는 국가들은 민간 스테이블코인의 유통을 사실상 금지하고 그 자리를 자국의 CBDC로 대체하려는 움직임을 보이기도 합니다. 이처럼 통일되지 않고 때로는 상충하는 규제 환경은 글로벌하게 운영되는 스테이블코인 프로젝트에게 가장 예측하기 어려운 리스크 요인으로 작용합니다. 갑작스러운 정부의 자산 동결 명령이나 특정 주소에 대한 블랙리스트 요구 등은 스테이블코인의 가치와 신뢰도를 한순간에 무너뜨릴 수 있습니다.

④ 디페그

앞서 논의된 모든 리스크(신용, 기술, 규제)가 응축되어 가시적인 현상으로 폭발하는 마지막 단계가 바로 '디페그(De-peg)'입니다. 디페그란, 스테이블코인의 시장 가격이 목표 가치(주로 1달러)에서 의미 있는 수준으로 이탈하는 현상을 의미합니다. 이는 스테이블코인의 존재 이유인 '안정성'이라는 약속이 깨졌다는 것을 의미하는 신호이며 해당 시스템에 대한 시장의 신뢰가 무너지고 있다는 것을 보여 주는 직접적인 증거입니다. 디페그는 그 원인과 회복 가능성에 따라 건전한 자산도 겪을 수 있는 일시적인 '유동성 위기'와 시스템의 근본적 결함에 따른 영구적인 '가치 붕괴'로 나눌 수 있습니다.

일시적인 디페그의 대표적인 사례가 앞서 언급한 2023년 3월 USDC 위기 사태입니다. USDC의 담보 자산 자체에 문제가 생겼기 때문이 아니라, 준비금의 일부를 보관하던 실리콘밸리은행이 파산하면서 '준비금을 즉시 상환하지 못할 수도 있다.'라는 공포가 시장을 덮쳤기 때문이었습니다. 이는 본질적으로 전통 은행에서 발생하는 '뱅크런'과 동일한 메커니즘입니다. 투자자들은 너도나도 USDC를 다른 안전 자산으로 교환하기 위해 매도 주문을 쏟아냈고 이 갑작스러운 매도 압력을 시장이 모두 소화하지 못하면서 가격이 한때 0.87달러까지 하락했습니다. 하지만 미국 정부가 실리콘밸리은행 예금 전액을 보증하고 서클이 상환 능력을 증명하자 시장의 신뢰는 빠르게 회복되었고 USDC는 며칠 만에 1달러 페깅을 되찾았습니다. 담보 자산의 근본 가치가 훼손되지 않았다면 신뢰의 위기로 인한 일시적 디페그는 회복될 수 있다는 것을 보여 주는 사례입니다.

반면, 영구적인 가치 붕괴로 이어진 최악의 디페그 사례도 있습니다. 바로 2022년 5월의 테라 USD(UST) 붕괴입니다. UST(TerraUSD)의 디페그는 단순한 신뢰의 위기가 아닌, 페깅을 유지해야 할 알고리즘 메커니즘 자체가 시스템을 파괴하는 방향으로 작동한 '설계 결함'의 결과였습니다. UST 가격이 소폭 하락하자 이를 1달러 가치의 LUNA로 교환하려는 차익 거래가 폭주했습니다. 하지만 이는 LUNA의 공급량을 무한 팽창시켜 가격을 폭락시켰고 담보 역할을 하던 LUNA의 가치가 사라지자 UST를 1달러로 되돌릴 방법 자체가 소멸해 버렸습니다. 이 악순환은 시스템이 스스로를 파괴하는 피드백 루프를 만들며 UST의 가치를 0으로 수렴시켰습니다.

즉, 디페그라는 현상은 동일해 보일지라도 그 이면에 있는 원인이 무엇인지 그리고 시스템이 그 위기를 극복하고 페깅을 회복시킬 수 있는 견고한 담보와 메커니즘을 갖추고 있는지가 스테이블코인의 생사를 가르는 결정적인 차이라고 할 수 있습니다.

스마트 컨트랙트 감사를 받았다면 기술적 리스크는 없는 건가요?

아닙니다. 감사를 받았다고 해서 리스크가 0이 되는 것은 아닙니다. 스마트 컨트랙트 감사는 알려진 종류의 취약점이나 논리적 오류를 찾아내는 과정이지만, 모든 버그를 100% 발견할 수는 없습니다. 특히, 이전에 알려지지 않은 새로운 유형의 공격(제로 데이 공격)에 대해서는 취약할 수 있습니다. 또한 여러 스마트 컨트랙트가 복잡하게 상호 작용하는 디파이 환경에서는 개별 컨트랙트는 안전하더라도 그 상호 작용 과정에서 예기치 못한 문제가 발생할 수도 있습니다. 감사는 리스크를 크게 줄여 주지만, 완전히 제거하지는 못합니다.

미국 「지니어스 법」이 전 세계 스테이블코인 시장에 어떤 영향을 미칠까요?

글로벌 규제의 '표준' 역할을 할 가능성이 높습니다. 「지니어스 법」은 전 세계 금융의 중심인 미국에서 만든 법안이기 때문에 글로벌한 기준이 되어가고 있습니다. 스테이블코인 발행사들은 미국이 요구하는 기준(투명한 준비금, 상환권 보장 등)을 맞추면 전 세계를 대상으로 사업을 확대할 수 있습니다. 이는 전반적으로 시장의 투명성과 소비자 보호 수준을 높이는 긍정적인 효과를 가져오겠지만, 규제를 준수하기 어려운 소규모 프로젝트들은 시장에서 도태될 수 있습니다.

스테이블코인 가격이 1달러에서 아주 약간(예 0.998달러) 벗어나는 것도 위험한 신호인가요?

반드시 그런 것은 아닙니다. 유동성이 큰 시장에서도 일시적인 대규모 매수/

매도 주문이나 거래소 간의 미세한 가격 차이로 인해 1달러에서 아주 약간 벗어나는 '미세한 변동'은 정상적으로 발생할 수 있습니다. 보통은 차익 거래자들에 의해 즉시 1달러로 복귀합니다. 하지만 가격 이탈 폭이 크거나(예 1~2% 이상), 장시간 동안 1달러로 복귀하지 못한다면 이는 단순한 시장 변동이 아닌 해당 스테이블코인의 신뢰도에 근본적인 문제가 생겼다는 위험 신호일 수 있습니다.

정부가 특정 스테이블코인 주소를 동결할 수 있나요?

네. 기술적으로 가능하며 실제로 일어난 사례도 있습니다. USDT나 USDC와 같은 중앙화된 스테이블코인의 스마트 컨트랙트에는 발행사가 특정 주소의 거래를 막거나 자금을 동결할 수 있는 '블랙리스트' 기능이 포함되어 있습니다. 이는 사법 당국의 요청에 따라 불법 자금(해킹, 테러 자금 등)의 이동을 차단하기 위한 것입니다. 하지만 이 기능은 정부가 자의적으로 개인의 자산을 통제할 수 있다는 의미이기도 하므로 탈중앙성을 중시하는 사용자들에게는 비판의 대상이 되기도 합니다.

2장

스테이블코인의 주요 활용처

혁신적 기술의 진정한 가치는 현실의 난제를 얼마나 효과적으로 해결하느냐에 따라 증명됩니다. 스테이블코인은 '가격 변동성'이라는 암호화폐의 치명적인 아킬레스건을 극복함으로써 블록체인 기술이 단순한 투기 자산을 넘어 실용적인 금융 도구로 진화하는 결정적인 문을 열었습니다.

이제 '안정성'이라는 강력한 엔진을 장착한 디지털 화폐는 국경의 장벽을 허무는 송금 수단이자 복잡한 금융 거래의 기준점, 그리고 가상 세계의 새로운 경제를 떠받치는 든든한 기둥으로 자리매김했습니다. 2장에서는 암호화폐 거래소의 심장부에서부터 금융 소외 계층의 개인 지갑에 이르기까지 스테이블코인이 21세기 디지털 경제의 지형을 어떻게 새롭게 그려 나가고 있는지 그 구체적인 활용처를 살펴보겠습니다.

1. 거래소: 암호화폐 거래의 기준 통화

2013년만 해도 전 세계 비트코인 거래의 70%가 도쿄 시부야의 한 사무실에서 처리되고 있었습니다. 본래 게임 카드 온라인 거래 사이트에서 출발했던 '마운트곡스(Mt. Gox)'라는 이름의 거래소였습니다. 이곳에서 알트코인을 사려면 먼저 엔화나 달러를 비트코인으로 바꿔야 했고 다시 그 비트코인으로 다른 코인을 사는 복잡한 과정을 거쳐야만 했습니다. 문제는 이 모든 과정의 기준이 되는 비트코인의 가격 자체가 하루에도 수십 퍼센트씩 널뛰었다는 점입니다. 내가 가진 돈의 가치와 내가 사려는 물건의 가치 그리고 그 물건 값을 치르는 기준 화폐의 가치까지 3개의 변수가 동시에 요동치는 아수라장이었습니다. 이는 초기 암호화폐 거래소가 직면했던 근본적인 딜레마, 즉 '기준 없는 시장'의 혼돈을 상징적으로 보여 줍니다.

모든 시장은 가치를 측정하는 공통의 '자(ruler)'가 필요합니다. 이 기준이 되는 '기준 통화(Base Currency)'가 안정적일 때 비로소 다른 자산의 가치를 합리적으로 평가하고 손익을 계산하며 효율적으로 거래할 수 있습니다. 하지만 초기 암호화폐 시장에는 그런 안정적인 '자'가 존재하지 않았습니다. 유일한 대안이었던 비트코인은 그 자체가 변동성이 큰 자산이었기 때문에 기준 통화의 역할을 제대로 수행할 수 없었습니다.

이 구조적 문제를 해결하기 위해 등장한 구원 투수가 바로 스테이블코인이었습니다. 달러의 안정성과 블록체인의 속도를 결합한 이 새로운 디지털 자산은 혼돈의 시장에 '달러'라는 절대적인 기준을 제공하며 현대적인 암호화폐 거래소의 탄생을 가능하게 한 주춧돌이 되었습니다.

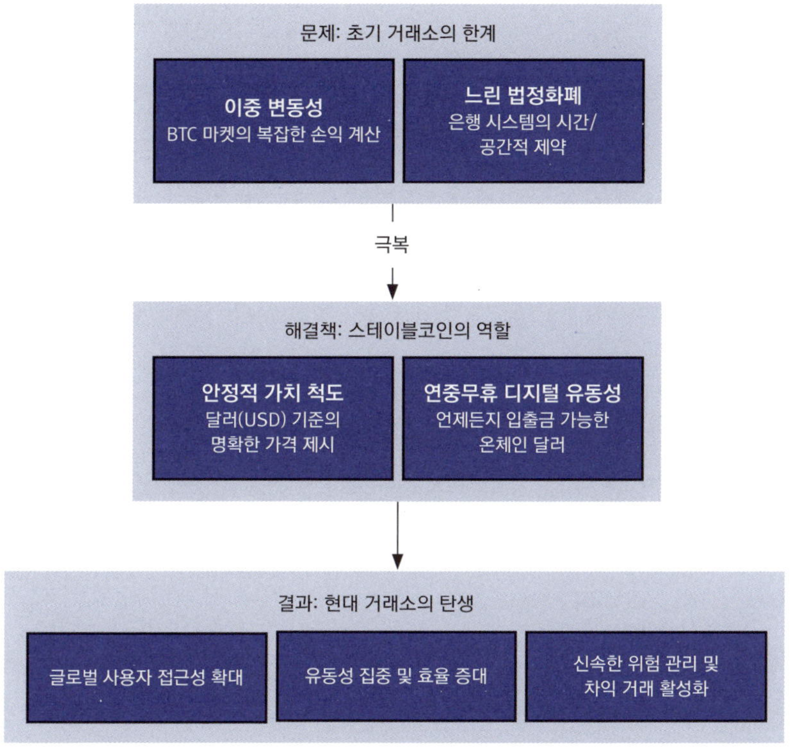

[그림 2-1] 거래소와 스테이블코인

암호화폐 거래소의 모든 거래는 '거래 쌍(Trading Pair)'의 형태로 이루어집니다. 'BTC/USDT'와 같은 거래 쌍에서 슬래시(/) 앞의 BTC는 거래 대상이 되는 자산(Base Asset)을, 뒤의 USDT는 가격을 매기는 기준이 되는 통화(Quote Asset 또는 Base Currency)를 의미합니다. 즉, 이 거래 쌍은 '1 비트코인의 가격이 얼마의 테더인지'를 보여 줍니다.

효율적인 시장이 형성되려면 수많은 암호화폐 거래의 공통 분모가 될 수 있는 강력한 기준 통화가 필요합니다. 초기에 그 역할은 미국 달러(USD)나 한국 원(KRW)과 같은 법정화폐가 담당했습니다. 법정화폐 기반 거래 쌍은 몇 가지 한계를 지니고 있는데, 가장 큰 문제는 '속도와 시간의 불일치'입니다. 암호화폐 시장은 24시간, 365일 쉬지 않고 돌아가지만, 법정화폐를 입출금하는 은행 시스템은 정해진 업무 시간에만 작동하며 주말과 휴일에는 멈춥니다. 해외 거래소로 달러를 보내려면 국제 은행망(SWIFT)을 이용해야 하는데, 이는 며칠씩 걸리는 시간과 복잡한 절차, 비싼 수수료를 감수해야 함을 의미합니다. 이는 급변하는 시장 상황에 즉각적으로 대응해야 하는 트레이더들에게 주어지는 엄청난 기회비용을 의미합니다. 또한 각국의 규제 때문에 특정 국가의 사용자는 해외 거래소의 법정화폐 입출금이 원천적으로 차단되는 경우도 많습니다. 이러한 마찰 때문에 법정화폐는 글로벌 암호화폐 시장의 보편적인 기준 통화가 되기에는 너무나 무겁고 느렸습니다.

그 대안으로 비트코인이나 이더리움을 기준 통화로 사용하는 거래 쌍(예 SOL/BTC)도 널리 사용되었습니다. 이는 법정화폐의 제약에서는 자유로웠지만, '이중 변동성(Derived Volatility)'이라는 또 다른 문제를 낳았습니다. 예를 들어 SOL/BTC 거래 쌍에서 솔라나(SOL) 가격이 10% 상승했더라도 같은 시간 비트코인 가격이 20% 하락했다면 달러 가치로 환산한 트레이더의 자산은 오히려 감소하게 됩니다. 이처럼 두 암호화폐의 가격 변동성에 동시에 노출되기 때문에 실제 손익을 직관적으로 계산하기 어렵고 위험 관리가 매우 복잡해집니다.

스테이블코인은 바로 이 2가지 문제, 즉 '법정화폐의 느린 속도'와 '암호화폐의 높은 변동성'을 동시에 해결하는 대안입니다. 달러 가치에 고정되어 있으므로 이중 변동성 문제가 발생하지 않아 손익 계산이 명확하며 블록체인 위에서 작동하기 때문에 은행 시스템의 제약 없이 24시간 내내 즉각적인 전송이 가능합니다. 이러한 압도적인 효용성 덕분에 스테이블코인은 전 세계 거의 모든 암호화폐 거래소에서 가장 중요한 기준 통화의 지위를 차지하게 되었습니다. 실제로 2025년 현재, 바이낸스, 코인베이스(Coinbase) 등 글로벌 최상위 거래소들의 일일 거래량을 분석해 보면 BTC/USDT, ETH/USDT와 같은 스테이블코인 기반 거래 쌍의 거래량이 BTC/USD와 같은 법정화폐 거래 쌍이나 ETH/BTC와 같은 암호화폐 간 거래 쌍을 압도하는 것을 쉽게 확인할 수 있습니다.

트레이더의 입장에서 스테이블코인을 기준 통화로 사용하면 다양한 이점을 누릴 수 있습니다. 첫째, '신속한 위험 관리'가 가능합니다. 시장 하락이 예상될 때 보유 중인 비트코인을 USDT나 USDC로 즉시 전환하여 가치 하락을 방어할 수 있습니다. 이후 시장이 안정되면 다시 그 스테이블코인으로 비트코인을 재매수하면 됩니다. 법정화폐로 인출하는 과정을 거쳤다면 며칠의 시간까지도 소요될 수 있습니다. 둘째, '원활한 차익 거래'의 기회를 제공합니다. 거래소마다 암호화폐 가격은 미세하게 다른데, 스테이블코인을 이용하면 A 거래소에서 암호화폐를 싸게 사서 B 거래소로 즉시 전송한 후 비싸게 팔아 차익을 남기는 전략이 가능해집니다.

거래소의 입장에서도 스테이블코인 사용을 장려할 이유가 충분합니다. 전 세계 각국의 은행과 개별적으로 제휴를 맺고 복잡한 규제를 준수하며 법정화폐 입출금 서비스를 제공하려면 엄청난 비용과 운영 부담이 뒤따릅니다. 하지만 스테이블코인을 기준 통화로 채택하면 이러한 부담을 크게 덜 수 있습니다. 전 세계 사용자들은 자국의 법정화폐를 스테이블코인으로 바꾸기만 하면 해당 거래소의 모든 서비스를 제약 없이 이용할 수 있게 됩니다. 이는 거래소의 운영을 단순화하고 글로벌 사용자 접근성을 극대화하는 효과를 가져옵니다. 결국 스테이블코인은 거래자와 거래소 모두에게 '윈-윈' 솔루션을 제공하며 오늘날 우리가 보는 거대하고 유동성이 풍부한 글로벌 암호화폐 거래 시장을 가능하게 한 일등 공신이라 할 수 있습니다.

왜 '기준 통화'가 거래소에 꼭 필요한가요?

기준 통화가 없다면 수천 개의 암호화폐를 각각 서로 교환하는 수백만 개의 거래 쌍을 만들어야 합니다(BTC/ETH, BTC/SOL, ETH/SOL 등). 이는 유동성을 극도로 분산시켜 거래가 잘 체결되지 않고 가격 차이(스프레드)가 커지는 비효율을 낳습니다. 소수의 기준 통화(예 USDT)를 중심으로 모든 거래(BTC/USDT, ETH/USDT, SOL/USDT)를 집중시키면 유동성이 한 곳에 모여 더 빠르고 저렴하며 효율적인 거래가 가능해집니다.

거래소에서 가장 많이 사용되는 스테이블코인은 무엇이며 그 이유는 무엇인가요?

단연 '테더'입니다. 가장 먼저 시장에 출시되어 '선점 효과'를 누렸고 가장 많은 거래소와 블록체인 네트워크에서 지원되어 압도적인 '네트워크 효과'를 구축했기 때문입니다. 트레이더들은 가장 유동성이 풍부한 곳에서 거래하기를 원하고 USDT가 바로 그 유동성의 중심에 있습니다. 비록 준비금 투명성에 대한 비판이 있지만, 오랜 기간 동안 큰 문제 없이 작동해 온 역사와 압도적인 유동성 때문에 여전히 시장의 표준처럼 사용되고 있습니다.

'온램프(On-ramp)'와 '오프램프(Off-ramp)'는 무슨 뜻인가요?

전통 금융 시스템과 암호화폐 생태계를 연결하는 통로를 비유하는 말입니다. '온램프'는 법정화폐(예 달러)를 암호화폐(주로 스테이블코인)로 전환하는 과정을

2. 국경 간 송금, SWIFT도 스테이블코인 사용

기존의 국제 송금(Remittance) 시스템은 비효율성으로 악명이 높습니다. 북아프리카 국가에서 남아프리카 공화국으로 일하러 간 이주 노동자가 고향의 가족에게 200달러를 보내는 상황을 생각해 보겠습니다. 21세기의 첨단 기술 시대에 이 돈이 가족의 손에 닿기까지는 며칠의 시간이 걸리고 그 과정에서 평균 6%에 달하는 금액이 수수료라는 명목으로 사라집니다. 오늘날 전 세계 이주민들이 본국으로 보내는 송금액 규모는 2025년 기준 8,000억 달러를 훌쩍 넘어섭니다. 이 거대한 자금의 흐름 위에는 사라지는 '중개 수수료'가 매년 수백억 달러에 이르는 셈입니다.

유엔(UN)은 지속 가능 발전 목표(SDG)를 통해 2030년까지 국제 송금 비용을 3% 미만으로 낮추겠다는 목표를 제시했지만, 지난 10년간 이 수치는 거의 제자리걸음입니다. 이 교착 상태를 바로 스테이블코인이 풀어냅니다. 단순히 수수료를 조금 낮추는 수준의 개선이 아닙니다. 복잡한 중개 은행 미로를 제거하고 인터넷을 통해 송금인과 수취인을 직접 연결함으로써 송금의 패러다임 자체를 바꾸는 근본적인 혁신입니다. 이처럼 스테이블코인은 수수료 명목으로 사라지던 가치를, 그것이 가장 절실한 사람들에게 되돌려 줄 수 있는 현실적인 해법이 되었습니다.

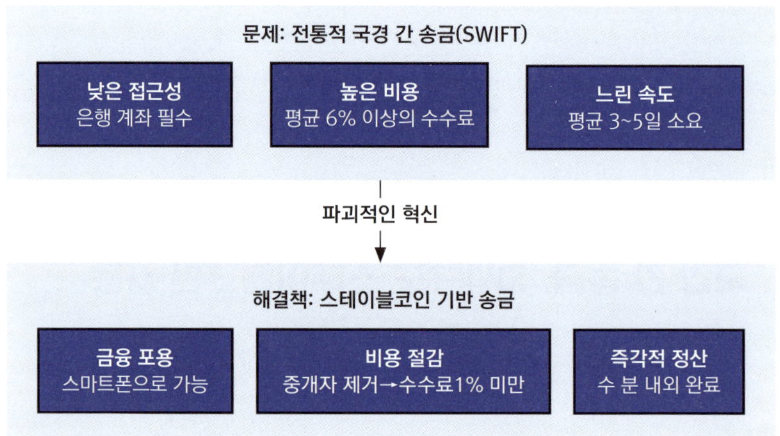

[그림 2-2] 국경 간 송금을 혁신하는 스테이블코인

현재의 국제 송금 시스템이 왜 그토록 느리고 비싼지를 이해하려면 그 기반이 되는 '스위프트(SWIFT) 망'과 '환거래 은행(Correspondent Bank)' 시스템의 복잡한 구조를 살펴보면 됩니다. 스위프트는 은행 간에 결제 지시 정보를 주고받는 안전한 메시징 네트워크일 뿐, 실제로 돈을 직접 이체하는 시스템이 아닙니다. 실제 자금의 이동은 각 은행이 서로 다른 은행에 개설해 둔 당좌 예금 계정, 즉 '노스트로/보스트로(Nostro/Vostro) 계정'을 통해 이루어집니다.

예를 들어, 한국의 A 은행에서 멕시코의 B 은행으로 송금할 때 두 은행이 직접적인 계좌 관계가 없다면 돈은 제3, 제4의 은행을 거치게 됩니다. 그리고 종종 다른 국가를 거치기도 하는 각 단계마다 시간 지연과 수수료 발생이 뒤따릅니다. 각국의 시간대와 은행 영업일, 휴일이 모두 다르기 때문에 평균 3~5일이 소요되는 것이 일반적이며 각 중개 은행은 통행세처럼 수수료를 떼어갑니다. 이것이 바로 기존 국제 송금 시스템의 구조적인 한계입니다.

스테이블코인은 이 모든 문제를 '탈중개(Disintermediation)'라는 하나의 키워드로 해결합니다. 스테이블코인을 이용한 국경 간 송금은 더 이상 여러 중개 은행을 거칠 필요가 없습니다. 이는 마치 이메일을 보내는 것처럼 보내는 사람의 디지털 지갑에서 받는 사람의 디지털 지갑으로, 인터넷 망을 통해 P2P(Peer-to-Peer) 방식으로 직접 전송됩니다. 전 세계 어디에 있든 중간에 거쳐야 할 기관도, 기다려야 할 영업 시간도 없습니다.

이 구조적 차이는 압도적인 효용성으로 직결됩니다. 중개 수수료와 불투명한 환전 수수료가 사라지고 오직 블록체인 네트워크에 지불하는 최소한의 거래 수수료(가스비)만 발생합니다. 트론(TRON), 솔라나(Solana)와 같이 수수료가 저렴한 블록체인을 이용하면 수수료는 송금액에 상관없이 무료에서 1달러 미만입니다. 3~5일씩 걸리던 송금 시간은 몇 초에서 몇 분으로 단축됩니다. 또한 은행 계좌가 없는 사람도 스마트폰에 디지털 지갑 앱만 설치하면 전 세계 누구와도 돈을 주고받을 수 있는 금융 인프라에 즉시 접속하게 됩니다.

이러한 잠재력은 더 이상 이론에 머무르지 않습니다. 스위프트 역시 블록체인을 국가 간 전송에 사용하는 로드맵을 만들었습니다. 해외 송금으로 이미 많은 사용자를 확보한 웨스턴유니언도 스테이블코인 송금을 2026년부터 시작할 예정입니다. 세계 최대 송금 기업 중 하나인 머니그램 (MoneyGram)은 스텔라(Stellar) 블록체인 네트워크 위에서 USDC를 활용한 혁신적인 서비스를 제공하고 있습니다. 사용자는 비브란트(Vibrant)나 롭스터 (Lobstr) 지갑 앱을 설치하고 USDC를 입금한뒤, 이를 다시 전 세계의 수신자에게 보내고 수신자는 가까운 머니그램 지점이나 제휴 은행에서 그 USDC를 현지 화폐로 즉시 인출할 수 있습니다. 비자(Visa) 역시 자사의 결제 네트워크인 비자 다이렉트(Visa Direct)에 스테이블코인을 연동하여 기업들이 국경 간 대금을 더 빠르고 효율적으로 정산할 수 있는 파일럿 프로그램을 진행하고 있습니다.

**포커스
FAQ**

스테이블코인 송금이 그렇게 저렴하다면 왜 아직도 모든 사람이 사용하지 않나요?

몇 가지 장벽이 있기 때문입니다. 가장 큰 장벽은 '온·오프램프(On/Off-ramp)' 문제입니다. 즉, 현지 법정화폐를 스테이블코인으로 바꾸고(온램프), 받은 스테이블코인을 다시 현지 법정화폐로 인출하는(오프램프) 과정이 여전히 번거롭고 추가 비용이 발생할 수 있습니다. 또한 디지털 지갑 사용법 등 기술적인 장벽과 스테이블코인 자체에 대한 규제 불확실성 및 신뢰도 문제도 대중화를 막는 요인으로 작용합니다.

SWIFT도 기술 혁신을 하고 있지 않나요?

SWIFT 역시 'SWIFT GPI(Global Payments Innovation)'와 같은 새로운 서

비스를 도입하여 송금 속도를 개선하고 추적 기능을 강화하는 등 노력을 기울이고 있습니다. 하지만 이는 기존의 중개 은행 시스템을 '개선'하는 것에 가깝습니다. 이 때문에 스위프트도 컨센서스 등과 함께 블록체인 위에서 스테이블코인을 이용한 송금 서비스를 개발하고 있습니다. 지금은 테스트 상태이며 2026년에는 실제 서비스가 오픈될 것으로 예상합니다.

스테이블코인 송금에 사용되는 블록체인 네트워크(예 이더리움, 솔라나, 트론)에 따라 차이가 있나요?

네. 매우 큰 차이가 있습니다. 각 블록체인 네트워크는 '속도'와 '수수료(가스비)'가 다릅니다. 이더리움은 가장 탈중앙화되어 있고 안전하지만, 사용자가 몰릴 때는 수수료가 수십 달러까지 치솟아 소액 송금에는 부적합할 수 있습니다. 반면, 트론(Tron), 스텔라(Stellar)와 같은 네트워크는 수수료가 거의 0에 가깝고 속도가 매우 빨라 국경 간 송금과 같은 소액 다빈도 결제에 훨씬 더 유리합니다. 따라서 목적에 맞는 네트워크를 선택하는 것이 중요합니다.

스테이블코인으로 송금할 때 자금 세탁 문제에 대한 우려는 없나요?

매우 큰 우려가 있으며 이것이 규제 당국이 가장 주시하는 부분입니다. 익명의 디지털 지갑 간에 자금이 자유롭게 오갈 수 있어 불법 자금의 이동 통로로 악용될 수 있기 때문입니다. 이를 해결하기 위해 대부분의 스테이블코인 발행사와 거래소들은 'KYC(고객 신원 확인)' 및 'AML(자금 세탁 방지)' 절차를 도입하고 있습니다. 또한 체이널리시스(Chainalysis)와 같은 블록체인 분석 기업들은 거래 흐름을 추적하여 의심스러운 활동을 감시하고 사법 당국과 협력하고 있습니다.

'라스트 마일(Last-mile)' 문제란 무엇인가요?

국경 간 송금에서 '라스트 마일'은 수신자가 받은 디지털 자산(스테이블코인)을 실제로 사용할 수 있는 현지 법정화폐로 최종 인출하기까지의 마지막 단계를 의미합니다. 이 단계에서 현지 은행이나 환전소의 지원이 부족하거나 높은 수수료를 부과한다면 스테이블코인 송금의 장점이 반감될 수 있습니다. 머니그램의 사례처럼 이 '라스트 마일'을 얼마나 편리하고 저렴하게 해결하느냐가 스테이블코인 송금 서비스의 성패를 가르는 핵심 과제입니다.

3. 상거래 결제 수단, 제로 수수료 도전

온라인 쇼핑몰을 운영하는 소상공인 B 씨는 매달 말 정산 보고서를 볼 때마다 깊은 한숨을 내쉽니다. 매출에서 신용카드 수수료 3%가 추가로 빠지기 때문입니다. 여기에 부당한 지불 거절(Chargeback)로 인한 손실까지 더하면 영업 이익의 상당 부분이 결제 과정에서 증발해 버립니다. 이는 비단 B 씨만의 고민이 아닙니다. 21세기 상거래의 상당 부분을 지탱하는 신용카드 결제 시스템은 그 편리함의 대가로 모든 판매자에게 보이지 않는 '민간 세금'을 징수합니다.

수십 년간 이 구조는 너무나 견고해서 감히 도전할 수 없는 영역처럼 보였습니다. 하지만 블록체인 위에서 움직이는 안정적인 디지털 달러, 즉 스테이블코인은 이 비싸고 폐쇄적인 '유료 도로'를 우회할 가능성을 제시합니다. 판매자와 구매자를 P2P로 직접 연결하여 중개자를 제거할 수 있기 때문입니다. 결과적으로 이는 상거래의 비용 구조를 근본적으로 바꾸고 더 빠르고, 더

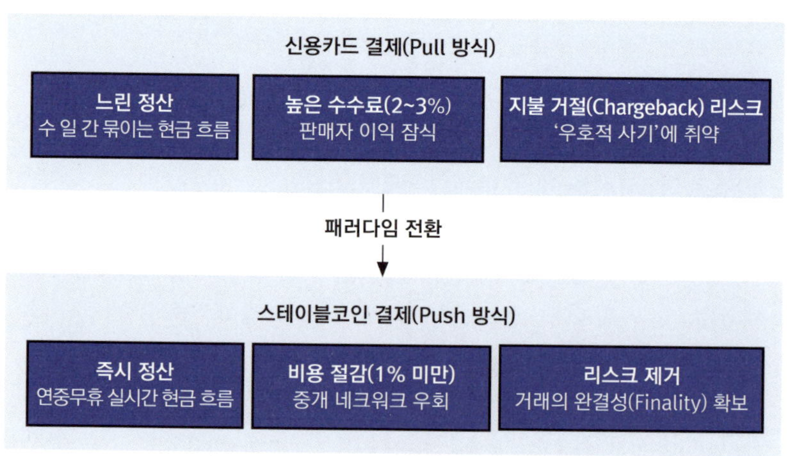

[그림 2-3] 신용카드 결제 문제를 해결하는 스테이블코인 결제

안전하며 더 개방적인 글로벌 거래의 가능성을 열어 냅니다. 단순한 결제 수단의 추가가 아닌, 상거래의 혈관이라 할 수 있는 결제 '인프라' 자체의 혁명이라는 평가가 나오는 이유입니다.

기존 디지털 결제 시스템의 문제점을 이해하려면 신용카드 결제가 이루어지는 복잡한 과정을 들여다볼 필요가 있습니다. 고객이 카드를 긁는 순간, 해당 정보는 판매자의 단말기에서 시작하여 결제 처리 업체, 신용카드사(비자카드·마스터카드 등), 고객의 카드 발급 은행 그리고 판매자의 거래 은행을 거치는 복잡한 여정을 시작합니다. 이 과정에 참여하는 수많은 중개 기관이 각자의 몫으로 떼어가는 수수료가 모여 최종적으로 판매자는 평균 2~3%에 달하는 가맹점 수수료를 부담하게 됩니다. 이는 특히 마진이 박한 소상공인이나 유통업체에게는 상당한 재무적 압박으로 작용합니다.

더 큰 골칫거리는 '지불 거절(Chargeback)'입니다. 소비자는 신용카드사에 이의를 제기하여 이미 승인된 결제를 취소할 수 있는 권리를 갖습니다. 이는 소비자를 보호하기 위한 제도이지만, 일부 소비자가 정상적인 구매를 하고도 상품을 받은 후 허위로 분실이나 불량을 주장하며 결제를 취소하는 '환불 사기(Friendly Fraud)'로 악용되는 경우가 비일비재합니다. 이 경우, 판매자는 상품과 판매 대금을 모두 잃는 것은 물론, 상당한 수준의 지불 거절 처리 수수료까지 물어야 합니다. 여기에 결제 대금이 즉시 정산되지 않고 며칠 뒤에나 입금되는 '정산 지연' 문제까지 더해져 판매자들은 '불필요한 비용'과 '불안정성' 그리고 '현금 흐름의 압박'이라는 삼중고를 겪고 있습니다.

스테이블코인 결제는 이러한 문제들에 대한 명쾌한 해법을 제시합니다. 핵심은 신용카드사의 복잡한 중개 네트워크를 완전히 건너뛰고 구매자의 디지털 지갑에서 판매자의 디지털 지갑으로 직접 가치를 이전하는 구조입니다. 이는 상거래의 비용 구조와 운영 방식을 근본적으로 변화시킬 수 있습니다.

첫째, '수수료의 혁신적인 절감'입니다. 중간에 거쳐가는 수많은 중개 기관이 사라지므로 2~3%에 달했던 수수료는 거의 '0'에 가깝게 줄어듭니다. 판매자가 부담하는 비용은 블록체인 네트워크에 지불하는 소액의 거래 수수료(수십 센트 수준)와 결제 솔루션을 제공하는 업체의 저렴한 서비스 이용료(보통 1% 미만)뿐입니다. 이는 판매자의 이익률을 직접적으로 개선하는 강력한 효과를 가져옵니다.

둘째, '지불 거절 리스크의 원천 차단'입니다. 블록체인 거래의 특징으로는 일단 완료되면 되돌릴 수 없는(Irreversible), '비가역성'을 들 수 있습니다. 이는 판매자에게 '거래의 완결성(Finality)'을 보장하며 환불 사기를 포함한 모든 형태의 부당한 지불 거절 위험을 원천적으로 제거합니다. 반대로 소비자의 입장에서는 환불 시 판매자와 직접 협의를 해야 하는 불편함이 생깁니다.

셋째, '즉각적인 자금 정산'입니다. 며칠씩 기다릴 필요 없이 고객이 결제를 완료하는 순간, 판매자의 디지털 지갑으로 자금이 즉시 입금됩니다. 24시간 365일 언제든 정산이 이루어지므로 기업의 현금 흐름을 획기적으로 개선하고 재고 관리 및 운영 계획 수립을 쉽게 만들어 줍니다.

이러한 혁신은 이미 현실화되고 있습니다. 세계 최대의 전자 상거래 플랫폼 중 하나인 쇼피파이(Shopify)는 수백만 명의 입점 판매자들이 USDC를 포함한 다양한 암호화폐 결제를 받을 수 있도록 여러 암호화폐 결제 게이트웨이와 파트너십을 맺고 있습니다. 판매자들은 앱을 설치하는 것만으로 손쉽게 전 세계 고객들로부터 스테이블코인 결제를 받을 수 있습니다. USDC 발행사인 서클은 기업들이 자사의 웹 사이트나 앱에 손쉽게 스테이블코인 결제 기능을 통합할 수 있도록 다양한 API와 개발자 도구를 제공하며 생태계를 확장하고 있습니다(Digital dollar payments for internet businesses-Circle). 아직 일상적인 사용이 보편화되지는 않았지만, 고가의 디지털 상품이나

B2B 거래, 글로벌 마켓플레이스 등의 특정 영역에서 빠르게 채택되고 있습니다. 거스를 수 없는 거대한 흐름이 이렇게 시작됐습니다.

소비자가 스테이블코인으로 결제하려면 무엇이 필요한가요? 복잡하지 않나요?

소비자는 2가지를 준비해야 합니다. 스테이블코인을 보관할 '디지털 지갑(예 메타마스크, 팬텀)'과 그 지갑에 스테이블코인을 채워 넣을 '구매 과정'입니다. 처음에는 거래소에서 법정화폐로 스테이블코인을 구매하여 개인 지갑으로 옮기는 과정이 다소 복잡하게 느껴질 수 있습니다. 이것이 대중화의 가장 큰 허들입니다. 하지만 최근에는 신용카드로 지갑 내에서 직접 스테이블코인을 구매할 수 있는 서비스들이 등장하며 사용자 경험이 점차 개선되고 있습니다.

'지불 거절(Chargeback)'이 없다는 것은 소비자에게 불리한 것 아닌가요?

그럴 수 있습니다. 지불 거절은 사기 판매자로부터 소비자를 보호하는 중요한 장치이기도 합니다. 블록체인 거래의 비가역성은 판매자에게는 유리하지만 소비자가 사기를 당하거나 불량품을 받았을 때 구제받기 어렵게 만듭니다. 이 문제를 해결하기 위해 거래 대금을 잠시 보관했다가 구매가 확정되면 판매자에게 지급하는 '에스크로' 기능을 가진 스마트 컨트랙트나 평판 시스템, 분쟁 해결 프로토콜 등 소비자 보호를 위한 보완적인 장치들이 개발되고 있습니다.

스테이블코인 결제를 도입하려면 기업이 직접 블록체인 기술을 다뤄야 하나요?

아닙니다. 대부분의 기업은 코인베이스 커머스(Coinbase Commerce), 비트페이(BitPay), 서클과 같은 '암호화폐 결제 게이트웨이' 솔루션을 이용합니다. 이들 업체는 기업의 기존 쇼핑몰이나 POS 시스템에 쉽게 연동할 수 있는 API나 플러그인을 제공합니다. 고객이 스테이블코인으로 결제하면 게이트웨이 업체가 이를 처리하여 판매자가 원하는 통화(스테이블코인 또는 자동으로 환전된 법정화폐)로 정산해 줍니다. 따라서 기업은 블록체인에 대한 깊은 기술적 이해 없이도 스테이블코인 결제를 도입할 수 있습니다.

스테이블코인 결제가 활성화되면 비자카드나 마스터카드는 어떻게 되나요?

단기적으로는 큰 영향이 없겠지만, 장기적으로는 비즈니스 모델의 근본적인 변화에 직면하게 될 것입니다. 이들 기업 역시 위기를 인지하고 있으며 단순히 기존 카드 결제망을 고수하는 대신 블록체인 기술을 적극적으로 수용하는 방향으로 나아가고 있습니다. 예를 들어, 자사의 글로벌 네트워크를 활용하여 다른 블록체인 간의 스테이블코인 결제를 중개하거나 기업들을 위한 스테이블코인 기반의 새로운 금융 서비스를 개발하는 등 미래 결제 인프라 시장에서도 핵심적인 역할을 하기 위해 변신을 꾀하고 있습니다.

4. 디파이: 대출, 예금, 유동성 공급

만약, 금융 시스템을 처음부터 다시 요소별로 구성할 수 있다면 어떤 모습일까요? 은행이라는 거대한 시스템 대신, 예금, 대출, 교환 등 기본적인 금융 기능만을 가진 작은 블록들을 만들고 누구나 이 블록들을 자유롭게 가져다가 원하는 방식으로 조합하여 새로운 금융 상품을 창조하는 시스템은 어떨까요? 이것이 바로 '머니 레고(Money Legos)'라고 불리는 탈중앙화 금융, 즉 디파이의 핵심 철학입니다. 디파이는 은행, 증권사, 보험사 등 전통적인 금융 중개 기관을 스마트 컨트랙트라는 자동화된 코드로 대체하여 더 투명하고, 더 효율적이며, 더 개방적인 금융 시스템을 구축하려는 혁명적인 실험입니다.

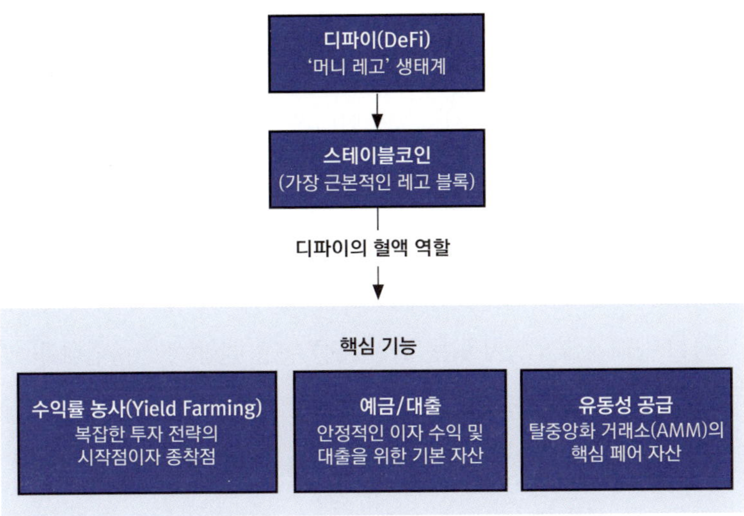

[그림 2-4] 디파이 생태계에서 스테이블코인의 역할

이 거대한 실험실에서 각종 블록을 연결하고 모든 거래의 가치를 측정하며 시스템 전체를 순환하는 혈액의 역할을 하는 것이 바로 스테이블코인입니다. 변동성이라는 모래 위에서는 대출과 예금이라는 정교한 금융의 성을 지을 수 없습니다. 디파이 생태계의 심장부에서 스테이블코인이 어떻게 예금, 대출 그리고 유동성 공급의 3가지 핵심 기능을 수행하며 새로운 경제를 움직이고 있는지 살펴보겠습니다.

디파이의 기본적인 활용처는 '탈중앙화 예금 및 대출 프로토콜'입니다. 이는 은행의 예대마진 업무를 프로그램화한 것으로 볼 수 있으며 에이브나 컴파운드와 같은 플랫폼을 통해 구현됩니다. 전통 은행에서는 예금자가 돈을 맡기면 은행이 그 돈을 대출자에게 빌려 주고 중간에서 이자 수익을 얻습니다. 반면, 디파이 프로토콜에서는 '대출 풀(Lending Pool)'이라는 거대한 스마트 컨트랙트가 그 역할을 대신합니다. 사용자는 자신이 보유한 자산을 이 풀에 공급(예치)하고 그 대가로 이자를 받습니다. 또 다른 사용자는 자신의 자산을 담보로 맡기고 원하는 자산을 빌리며 그에 대한 이자를 지불합니다.

이 과정에서 스테이블코인은 양쪽 모두에게 핵심적인 역할을 합니다. 첫째, '디지털 예금 통장'으로서의 기능입니다. 사용자들은 USDC나 USDT와 같은 스테이블코인을 대출 풀에 예치함으로써 전통 은행의 예금 금리보다 훨씬 높은 안정적인 이자 수익을 추구할 수 있습니다. 가치가 달러에 고정되어 있어 원금의 변동성 위험 없이 순수한 이자 수익을 얻을 수 있기 때문에 디파이 생태계에서 인기 있는 '안전 자산' 운용 전략 중 하나입니다. 2025년 10월 기준, 주요 디파이 프로토콜의 전체 예치 자산(Total Value Locked, TVL) 중 스테이블코인이 차지하는 비중은 40%를 넘어서고 있습니다.

둘째, 스테이블코인은 가장 선호되는 '대출 자산'입니다. 투자자들은 자신이 보유한 비트코인이나 이더리움을 매도하지 않고 담보로 예치한 후 스테이블코인을 대출받아, 이를 생활비로 사용하거나 다른 자산에 재투자하는 레버리지 전략을 구사할 수 있습니다.

디파이의 또 다른 축은 '탈중앙화 거래소(Decentralized Exchange, DEX)'입니다. 여기서 스테이블코인은 '유동성 공급'의 핵심 요소로 기능합니다. 유니스왑(Uniswap)과 같은 대부분의 DEX는 중앙화 거래소처럼 판매자와 구매자의 주문을 일일이 매칭하는 오더북 방식 대신, '자동화된 시장 조성자(Automated Market Maker, AMM)' 모델을 채택하고 있습니다. AMM은 2가지 다른 자산으로 구성된 '유동성 풀(Liquidity Pool)'을 기반으로 합니다. 예를 들어, 'ETH/USDC 유동성 풀'에는 이더리움과 USDC가 50:50의 가치 비율로 예치되어 있어, 거래자들은 이 풀을 상대로 자신의 자산을 즉시 교환할 수 있습니다.

이 유동성 풀은 중앙화된 주체가 아닌, 전 세계의 불특정 다수인 '유동성 공급자(Liquidity Provider, LP)'들에 의해 조성됩니다. 누구나 자신이 보유

성안당 e러닝

◆ 소방 분야

강좌명	수강료	학습일	강사
소방기술사 전과목 마스터반	620,000원	365일	유창범
[쌍기사 평생연장반] 소방설비기사 전기 x 기계 동시 대비	549,000원	합격할 때까지	공하성
소방설비기사 필기+실기+기출문제풀이	370,000원	170일	공하성
소방설비기사 필기	180,000원	100일	공하성
소방설비기사 실기 이론+기출문제풀이	280,000원	180일	공하성
소방설비산업기사 필기+실기	280,000원	130일	공하성
소방설비산업기사 필기	130,000원	100일	공하성
소방설비산업기사 실기+기출문제풀이	200,000원	100일	공하성
소방시설관리사 1차+2차 대비 평생연장반	850,000원	합격할 때까지	공하성
소방공무원 소방관계법규 문제풀이	89,000원	60일	공하성
화재감식평가기사·산업기사	240,000원	120일	김인범

◆ 위험물 · 화학 분야

강좌명	수강료	학습일	강사
위험물기능장 필기+실기	280,000원	180일	현성호,박병호
위험물산업기사 필기+실기	245,000원	150일	박수경
위험물산업기사 필기+실기[대학생 패스]	270,000원	최대4년	현성호
위험물산업기사 필기+실기+과년도	344,000원	150일	현성호
위험물기능사 필기+실기	240,000원	240일	현성호
화학분석기사 필기+실기 1트 완성반	310,000원	240일	박수경
화학분석기사 실기(필답형+작업형)	200,000원	60일	박수경
화학분석기능사 실기(필답형+작업형)	80,000원	60일	박수경

한 자산을 유동성 풀에 예치할 수 있으며 그 기여도에 따라 해당 풀에서 발생하는 거래 수수료의 일부를 수익으로 분배받게 됩니다. 여기에서도 스테이블코인은 절대적인 역할을 수행합니다. 대부분의 주요 유동성 풀이 ETH/USDC, BTC/USDT처럼 변동성 자산과 스테이블코인의 조합으로 이루어져 있기 때문입니다.

스테이블코인은 풀의 가치를 안정적으로 유지하는 '앵커' 역할을 하며 거래자에게는 명확한 가격 기준을 제시하고 유동성 공급자에게는 수익률 계산과 위험 관리를 용이하게 해 줍니다. 더 나아가 유동성 공급의 대가로 받은 LP 토큰을 다른 프로토콜에 예치하여 추가 수익을 올리는 '이자 농사(Yield Farming)' 전략 역시 스테이블코인 기반의 유동성 풀이 있기에 가능한 정교한 금융 활동입니다. 결국 스테이블코인은 예금과 대출 시장의 기반이 될 뿐만 아니라 탈중앙화 거래소의 유동성을 창출하고 유지하는 가장 근본적인 요소라 할 수 있습니다.

포커스 FAQ

디파이 예금은 은행 예금보다 금리가 높은데, 안전한가요?

은행 예금보다 높은 수익을 제공하는 만큼 더 높은 리스크를 수반합니다. 은행 예금은 예금자 보호 제도의 적용을 받지만, 디파이 예금은 그렇지 않습니다. 가장 큰 리스크는 프로토콜의 '스마트 컨트랙트 리스크'입니다. 코드에 버그나 취약점이 있어 해킹을 당하면 예치한 자금 전액을 잃을 수 있습니다. 따라서 높은 금리만을 쫓기보다는 오랜 기간 안정적으로 운영되고 여러 보안 감사를 통과한 대형 프로토콜(예 Aave, Compound)을 이용하는 것이 상대적으로 안전합니다.

은행 없이 어떻게 대출이 가능한가요? 신용 평가는 어떻게 하나요?

디파이 대출은 개인의 신용을 평가하는 대신, 자산을 담보로 잡는 '초과 담보 대출' 방식을 사용합니다. 예를 들어, 2,000달러 가치의 이더리움을 스마트 컨트랙트에 담보로 맡기고 그 가치의 일부(예 50~70%)인 1,000~1,400달러 상당의 스테이블코인을 빌리는 식입니다. 대출자의 신원이 아닌, 담보물의 가치에만 의존하기 때문에 신용 평가 절차 없이 누구나 즉시 대출을 받을 수 있습니다.

'자동화된 시장 조성자(AMM)'는 기존 증권 거래소와 무엇이 다른가요?

가장 큰 차이는 '거래 상대방'입니다. 기존 거래소(오더북 모델)에서는 '사려는 사람'과 '팔려는 사람'의 주문 가격과 수량이 일치해야 거래가 체결됩니다. 반면, AMM에서는 거래 상대방이 사람이 아닌, 스마트 컨트랙트로 관리되는 '유동성 풀'입니다. 사용자는 언제든지 이 풀을 상대로 자신이 원하는 자산을 즉시 교환할 수 있으며 가격은 풀 안에 있는 두 자산의 비율에 따라 알고리즘에 의해 실시간으로 결정됩니다.

왜 대부분의 디파이 활동이 이더리움 위에서 이루어지나요?

이더리움이 최초로 스마트 컨트랙트 기능을 구현하여 디파이 생태계가 처음 탄생한 플랫폼이기 때문입니다. 가장 먼저 시작하여 가장 많은 개발자, 사용자 자금이 모여 강력한 '네트워크 효과'를 구축했습니다. 마치 실리콘밸리에 기술 기업들이 모이는 것처럼 대부분의 새로운 디파이 프로젝트들은 이미 검증되고 유동성이 풍부한 이더리움 위에서 시작하는 것을 선호합니다. 다만, 높은 수수료 문제 때문에 최근에는 솔라나, 아발란체 등 더 빠르고 저렴한 대안 블록체인 위에서도 디파이 생태계가 빠르게 성장하고 있습니다.

5. 신흥국 가치 저장 수단, 돈의 가치를 지켜라

아르헨티나 부에노스아이레스의 작은 가게 주인인 C 씨는 매일 아침 상품 가격표를 새로 고쳐 씁니다. 어제의 1,000페소였던 상품이 오늘의 1,020페소, 내일은 1,050페소가 됩니다. 평생 모은 은행 예금 가치가 한 달 만에 20%씩 증발하는 현실에서 저축은 그야말로 어리석은 행위가 되어버립니다. 이러한 인플레이션은 비단 아르헨티나만의 이야기가 아닙니다. 터키, 나이지리아, 베네수엘라 등 전 세계 수억 명의 사람들은 정부의 잘못된 통화 정책과 고삐 풀린 인플레이션으로 인해 평생의 노력이 물거품이 되는 고통을 겪고 있습니다.

이들에게 금융이란, 현재의 가치를 필사적으로 지켜내야 하는 생존의 문제일 수 있습니다. 전통적으로 이들의 유일한 피난처는 실물 미국 달러뿐이었습니다. 하지만 정부의 엄격한 자본 통제와 외환 규제로 인해 달러를 확보하기 어렵고 때론 위험합니다.

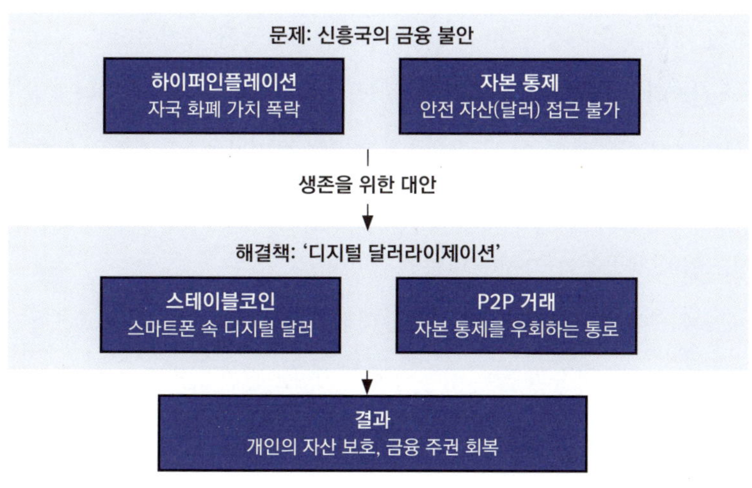

[그림 2-5] 스테이블코인은 신흥국 소비자의 디지털 달러라이제이션 매개체

바로 이 절박한 필요의 틈새를 스마트폰 속 디지털 달러인 스테이블코인이 파고들고 있습니다. 선진국에서 스테이블코인이 '편리한 투자 도구'라면 신흥국에서 스테이블코인은 가치 붕괴로부터 나의 자산을 지키는 '디지털 구명보트'입니다. 어쩌면 이는 스테이블코인의 가장 본질적이고 강력한 활용 사례일지도 모릅니다.

자국 화폐에 대한 신뢰가 무너진 국가의 국민들은 본능적으로 더 안정적인 자산을 추구하게 되는데, 이러한 현상을 '달러라이제이션(Dollarization)'이라 부릅니다. 이는 국민들이 자국 통화 대신 미국 달러를 실질적인 가치저장 수단이자 교환 매개로 사용하기 시작함을 의미합니다. 스테이블코인은 바로 이 지점에서 '디지털 달러라이제이션(Digital Dollarization)'이라는 새로운 대안을 제시합니다. 사람들은 더 이상 위험을 무릅쓰고 암시장에서 실물 달러를 구할 필요가 없습니다. 대신 스마트폰만 있으면 P2P(Peer-to-Peer) 거래 플랫폼을 통해 자신의 현지 통화로 USDT나 USDC와 같은 달러 연동 스테이블코인을 손쉽게 구매할 수 있습니다. 정부의 금융 통제망을 우회하는 개인 간의 직거래에 해당합니다. 체이널리시스의 2024년 보고서에 따르면, 암호화폐 채택률이 가장 높은 상위 10개국 중 8개국이 나이지리아, 우크라이나, 파키스탄, 베트남 등 중하위 소득 국가인 것으로 나타났습니다. 이는 이들 국가에서 암호화폐, 특히 스테이블코인이 투기가 아닌 생존을 위한 필수 금융 도구로 자리 잡았음을 명백히 보여 주는 증거입니다. 신흥국에서 스테이블코인이 제공하는 가치는 다층적입니다.

첫째, '탁월한 접근성'이 있습니다. 은행 계좌가 없는 '언뱅크드(Unbanked)' 인구 비율이 높은 신흥국에서 스마트폰만 있으면 누구나 만들 수 있는 디지털 지갑은 전 세계에서 가장 안정적인 자산인 미국 달러에 즉시 접근할 수 있는 창구가 됩니다. 이는 수십 년간 금융 시스템에서 소외되었던 사람들에게 전례 없는 금융 포용성을 제공합니다.

둘째, '자산 통제권의 회복(Self-Custody)'입니다. 스테이블코인을 개인의 비수탁형 지갑에 보관하면 정부나 은행이 임의로 계좌를 동결하거나 자산을 압류할 수 없습니다. 이는 자산에 대한 완전한 통제권이 개인에게 있다는 것을 의미하며 불안정한 정치·경제 상황 속에서 개인의 재산을 보호하는 강력한 방어 수단이 됩니다.

셋째, '글로벌 경제로의 연결성'이라는 의미를 지닙니다. 일단 스테이블코인을 보유하게 되면, 각 보유자는 더 이상 국경 내 경제에만 머무르지 않게 됩니다. 전 세계를 대상으로 하는 온라인 쇼핑몰에서 물건을 사거나, 해외의 프리랜서 플랫폼에서 일하고 대금을 받거나, 앞서 살펴본 디파이 프로토콜에 자산을 예치하여 이자 수익을 얻는 등 글로벌 디지털 경제에 온전히 참여하는 경제 주체가 될 수 있습니다. 이는 단순한 자산 피난처를 넘어 개인에게 경제적 자립과 새로운 기회를 제공하는 능동적인 도구로 기능한다는 것을 의미합니다. 결국 신흥국에서의 스테이블코인 열풍은 중앙화된 금융 시스템이 실패한 곳에서 개인들이 스스로 대안을 찾아 나선 '조용한 혁명'이라 할 수 있습니다.

'디지털 달러라이제이션'이 국가 경제에 미치는 부정적인 영향은 무엇인가요?
이는 해당 국가의 중앙은행이 통화 정책을 통해 경제를 통제할 수 있는 힘을 상실하게 만듭니다. 국민들이 자국 통화를 외면하고 스테이블코인을 사용하면 중앙은행이 금리를 조절하거나 통화량을 늘려도 시장에 거의 영향을 미치지 못하게 됩니다. 또한 대규모 자본이 공식적인 금융 시스템을 벗어나 정부의 통제 밖으로 유출되어 세수 확보가 어려워지고 국가 경제의 건전성을 파악하기 힘들어지는 등 통화 주권의 상실로 이어질 수 있습니다.

신흥국에서 스테이블코인을 현지 화폐로 바꾸는 것은 어렵지 않나요?

P2P 플랫폼의 활성화로 인해 이전보다 훨씬 쉬워졌습니다. 바이낸스 P2P와 같은 플랫폼에는 수많은 현지 환전상(Merchant)이 활동하고 있어 경쟁적인 환율로 스테이블코인을 현지 화폐로 교환할 수 있습니다. 사용자는 자신과 거래 기록이 좋고 환율이 유리한 상대를 선택하여 현지 은행 이체나 모바일 결제 등 다양한 방법으로 돈을 받을 수 있습니다. 이는 스테이블코인 생태계의 매우 중요한 '라스트 마일' 인프라 역할을 합니다.

스테이블 코인 사용이 신흥국의 인플레이션을 더 악화시킬 수도 있나요?

그럴 수 있습니다. 더 많은 사람이 자국 통화를 버리고 스테이블코인을 찾을수록 자국 통화에 대한 수요는 더욱 감소하고 매도 압력은 커집니다. 이는 자국 통화의 가치를 추가로 하락시켜 인플레이션을 더욱 부추기는 악순환을 만들 수 있습니다. 개인의 입장에서는 합리적인 자산 보호 행위이지만, 국가 경제 전체적으로는 통화 위기를 심화시키는 요인으로 작용할 수 있는 딜레마가 존재합니다.

선진국 국민이 신흥국의 이러한 스테이블코인 활용 사례에 관심을 가져야 하는 이유는 무엇인가요?

이는 화폐의 미래와 금융 시스템의 취약성에 대한 중요한 교훈을 주기 때문입니다. 신흥국에서의 스테이블코인 채택은 기술이 실제로 사람들의 삶의 문제를 어떻게 해결하는지를 보여 주는 극적인 사례입니다. 또한 이는 우리가 당연하게 여기는 자국 통화의 안정성과 금융 시스템이 결코 영원하지 않을 수 있다는 것을 시사합니다. 미래의 글로벌 금융 위기 시 선진국 국민들 역시 비슷한 이유로 스테이블코인과 같은 대안 자산을 찾게 될 가능성을 배제할 수 없습니다.

3장

스테이블코인의 종류

스테이블코인 시장은 하나의 균질한 덩어리가 아닙니다. 그 안에서 각자의 개성을 가진 여러 유형이 치열하게 경쟁하고 있습니다. 시장의 절대 강자로 군림하는 법정 화폐 담보형 스테이블코인의 안정적인 메커니즘부터 탈중앙성의 이상을 추구하는 암호 자산 담보형의 정교한 설계 그리고 혁신과 위험의 양날의 검을 품은 알고리즘 기반 스테이블코인의 야심 찬 실험에 이르기까지 각 유형의 작동 원리와 대표 주자들의 명암을 분석합니다.

1. 법정화폐 담보형: USDT, USDC

카지노에서는 칩이 현금처럼 통용됩니다. 언제든 다시 창구에 가져가면 일대일 비율의 현금으로 바꿀 수 있습니다. 이 간단한 신뢰의 메커니즘이 바로 법정화폐 담보형 스테이블코인(Fiat-Collateralized Stablecoin)의 핵심 원리라 할 수 있습니다. 오늘날 스테이블코인을 구현하는 가장 직관적이고 가장 성공적인 방식입니다.

그 구조는 단순합니다. 발행사가 1개의 코인을 발행할 때마다 은행과 같은 제3의 신탁 기관에 그 가치에 상응하는 1달러의 실물 법정화폐를 '준비금(Reserve)'으로 예치하는 것입니다.

오늘날 스테이블코인 영역의 90%에 이르는 거대한 시장을 양분하며 때로는 협력하고 때로는 치열하게 경쟁하는 두 거인이 있습니다. 최초의 개척자인 테더(Tether)의 'USDT'와 투명성을 앞세운 도전자인 서클의 'USDC'입니다.

법정화폐 담보형 스테이블코인의 생명 주기는 '발행(Minting)'과 '상환(Redemption)'이라는 2가지 핵심 프로세스로 이루어집니다. 공인된 기관(주로 대규모 암호화폐 거래소나 기관 투자자)이 스테이블코인 발행사(예 서클)에 1억 달러를 송금하면 서클은 그 즉시 1억 개의 USDC를 새로 발행하여 기관의 디지털 지갑으로 보냅니다. 반대로 기관이 1억 USDC를 서클에 돌려 주면 서클은 해당 USDC를 소각(Burn)하고 기관의 은행 계좌로 1억 달러를 송금합니다. 이처럼 유통되는 모든 코인이 항상 일대일 비율의 준비금과 대응되도록 유지하는 것이 이 모델의 핵심입니다.

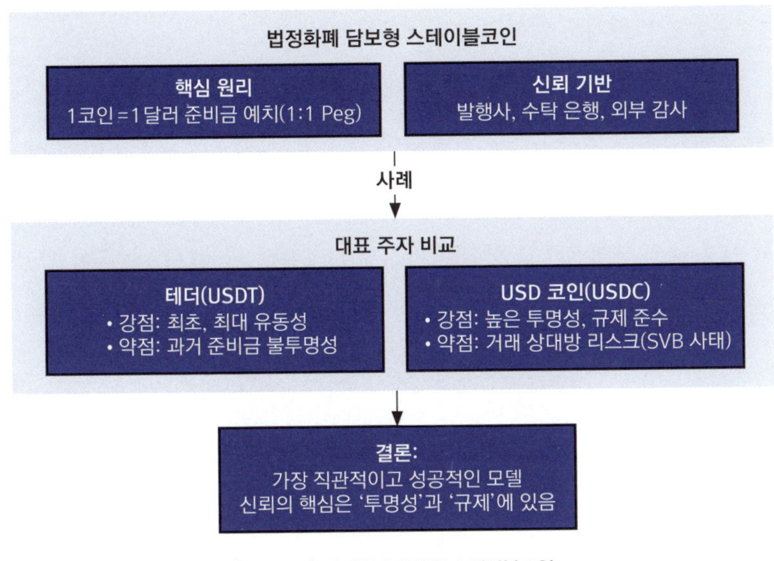

[그림 3-1] 법정화폐 담보형 스테이블코인

이 시스템의 신뢰성은 전적으로 '준비금'이 얼마나 안전하고 투명하게 관리되는지에 달려 있습니다. 만약, 준비금이 약속대로 100% 존재하지 않거나 현금화하기 어려운 위험한 자산에 투자되어 있다면 대규모 상환 요청이 발생했을 때 발행사는 지급 불능 상태에 빠질 수 있습니다. 이 때문에 주요 발행사들은 딜로이트(Deloitte), BDO와 같은 세계적인 회계 법인을 통해 매달 자사의 준비금 내역을 검증받고 그 결과를 '증명 보고서(Attestation Report)' 형태로 대중에게 공개합니다.

이 보고서는 특정 시점에 발행사의 자산이 부채(유통되는 코인의 총량)와 같거나 그 이상이라는 것을 제3자가 확인함으로써 스테이블코인의 신뢰를 담보하는 중요한 문서입니다.

시장의 절대 강자 테더는 법정화폐 담보형 스테이블코인의 개념을 처음으로 대중화한 선구자입니다. 2014년에 등장한 USDT는 대부분의 암호화폐 거래소가 은행 시스템과 직접 연결되기 어려웠던 시절, 거래소의 기준 통화 역할을 완벽하게 수행하며 폭발적으로 성장했습니다.

하지만 그 성장 과정은 '준비금이 정말 100% 존재하는가?'라는 의심과 논란으로 점철된 역사이기도 했습니다. 테더는 오랫동안 준비금의 상세 내역을 투명하게 공개하지 않았고 준비금의 상당 부분을 현금이 아닌 기업 어음(CP)과 같은 상대적으로 위험한 자산으로 보유하고 있다는 의혹이 일었습니다.

이러한 불투명성은 2021년 뉴욕 검찰(NYAG)과의 법적 분쟁으로 절정에 달했습니다. 당시 테더는 준비금 부족 사실을 은폐했다는 혐의로 거액의 벌금을 납부해야 했으며 정기적인 준비금 내역 공개를 명령받았습니다.

역설적으로 이 사건은 테더가 변화하는 계기가 되었습니다. 이후 테더는 기업 어음의 보유량을 '0'으로 줄이고 대부분의 준비금을 안전 자산인 미국 단기 국채(T-bills)로 전환했으며 실시간에 가까운 준비금 데이터를 공개하는 등 투명성을 강화하기 위한 노력을 기울였습니다. 끊임없는 논란에도 불구하고 막강한 선점 효과와 압도적인 유동성을 바탕으로 USDT는 여전히 시장 점유율 1위를 굳건히 지키고 있습니다.

USDT의 불투명성에 대한 대안으로 등장한 강력한 경쟁자가 바로 서클과 코인베이스가 손잡고 만든 'USD 코인(USDC)'입니다. 2018년에 출시된 USDC는 처음부터 '규제 준수'와 '투명성'을 최우선 가치로 내세웠습니다. 준비금은 골드만삭스, BNY 멜론 등 세계적인 금융 기관에 보관되며 100% 현금과 단기 미국 국채로만 구성되어 있다는 것을 매달 세계적인 회게 법인의 증명 보고서를 통해 명확히 공개합니다. 이러한 전략은 USDC를 '안전하고 신뢰할 수 있는 스테이블코인'으로 포지셔닝하는 데 크게 일조했습니다. 특히, 기관 투자자와 규제를 중시하는 기업들이 크게 호응했습니다.

하지만 그런 USDC에게도 위기가 있었습니다. 2023년 3월, 미국의 실리콘밸리은행이 파산하면서 USDC 준비금의 일부인 약 33억 달러가 해당 은행에 묶여 있다는 사실이 알려졌던 것입니다. 이 소식에 시장은 패닉에 빠졌고 USDC가 1달러 가치를 상환해 주지 못할 것이라는 공포가 확산되며 가격이 한때 0.87달러까지 폭락하는 '디페그' 현상이 발생했습니다. 이 사건은 아무리 투명한 법정화폐 담보형 스테이블코인이라도 준비금을 보관하는 전통 금융 시스템의 실패(거래 상대방 리스크)로부터 자유로울 수 없다는 중요한 교훈을 남겼습니다. 이후 미국 정부의 신속한 예금 전액 보호 조치와 서클의 적극적인 대응으로 USDC는 빠르게 1달러 가치를 회복했지만, 이는 스테이블코인의 안정성이 얼마나 여러 요소에 복합적으로 의존하는지를 보여 준 생생한 사례였다는 평가입니다.

2. 암호 자산 담보형: DAI, sUSD

법정화폐 담보형 스테이블코인이 현실의 자본과 규제에 한 발을 딛고 서 있다면, 암호 자산 담보형 스테이블코인은 오직 코드와 암호학의 힘으로만 균형을 잡으려 한다고 표현할 수 있습니다.

이 모델의 출발점은 지극히 근본적인 질문이었습니다.

'중앙화된 기업과 그들의 은행 계좌를 전혀 신뢰하지 않고, 오직 블록체인 위에서 투명하게 작동하는 진정한 의미의 탈중앙화 스테이블코인을 만들 수는 없을까?'

암호 자산 담보형 스테이블코인은 이 질문에 대한 정교하면서도 야심 찬 대답입니다. 이 방식은 현실 세계의 달러 대신, 비트코인이나 이더리움과 같은 다른 암호 자산을 담보로 하여 스테이블코인을 발행합니다. 이는 마치 자동화된 사설 전당포에 비유할 수 있습니다. 사용자는 자신이 소유한 변동성 높은 암호 자산(금 시계)을 스마트 컨트랙트라는 '투명한 금고'에 맡기고 그 담보 가치의 일정 비율만큼 안정적인 가치를 지닌 디지털 현금(스테이블코인)을 빌려갈 수 있습니다.

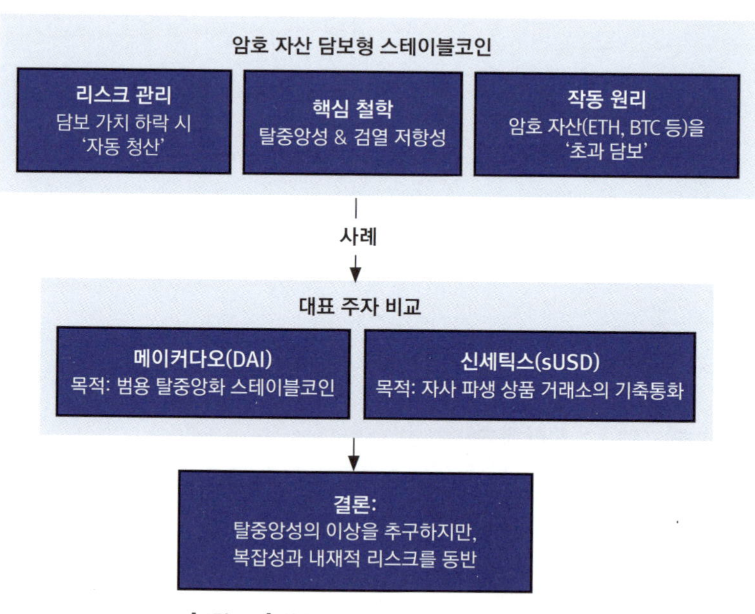

[그림 3-2] 암호 자산 담보형 스테이블코인 개요

이 모델의 목표는 특정 기업의 파산이나 정부의 규제로부터 자유로운, 검열 저항성을 갖춘 스테이블코인입니다. 이 야심 찬 실험을 시도하고 현실화한 프로젝트 중 하나가 바로 탈중앙화 금융의 살아 있는 역사, 메이커다오(MakerDAO)의 '다이(DAI)'입니다.

일단 '초과 담보(Over-collateralization)'라는 개념을 이해할 필요가 있습니다. 담보로 사용되는 이더리움이나 비트코인 자체의 가격이 변동하기 때문에 시스템의 안정성을 유지하기 위해서는 빌리려는 금액보다 훨씬 더 많은 가치의 자산을 담보로 예치해야만 합니다. 예를 들어, 메이커다오 프로토콜에서 100DAI(100달러 가치)를 발행(대출)하기 위해서는 최소 150달러 가치의 이더리움을 '볼트(Vault)'라는 개인 금고 스마트 컨트랙트에 예치해야 합니다(담보 비율 150%). 이 50%의 추가 담보가 바로 담보 자산의 가격이 하락할 때 시스템의 건전성을 지켜 주는 완충 장치 역할을 합니다.

만약, 담보로 맡긴 이더리움의 가치가 하락하여 담보 비율이 사전에 설정된 '최소 담보 비율(예 125%)' 아래로 떨어지면 '청산(Liquidation)' 절차가 자동으로 실행됩니다. 이때 프로토콜은 해당 볼트를 동결하고 담보로 잡혀 있던 이더리움을 시장에 강제로 매각하여 발행되었던 다이 부채와 벌금(청산 페널티)을 회수합니다.

이 자동화된 청산 메커니즘은 유통되는 모든 다이가 항상 그 가치 이상의 담보물에 의해 뒷받침되도록 보장하는 필수적인 자기 방어 시스템입니다. 이러한 담보 비율, 안정화 수수료, 청산 페널티 등 모든 위험 매개변수는 특정 회사가 아닌, 거버넌스 토큰(MKR) 보유자들의 투표를 통해 결정된다는 점에서 탈중앙화의 철학을 구현합니다.

탈중앙화 스테이블코인의 상징인 '다이'는 2017년 이더리움 블록체인 위에서 탄생한 이래 디파이 생태계의 기축통화 중 하나로 확고히 자리 잡았습니다. 다이의 가치는 사용자들이 자발적으로 참여하는 차익 거래와 프로토콜의 금리 정책을 통해 1달러에 가깝게 유지됩니다.

예를 들어, 만약 시장에서 다이의 가격이 1.01달러로 상승하면 사용자들에게는 자신의 이더리움을 담보로 맡겨 1DAI당 1달러의 비용으로 새로운 다이를 발행한 후 이를 시장에 1.01달러에 팔아 차익을 얻으려는 동기가 발생합니다. 이 과정에서 다이의 공급량이 늘어나므로 가격은 다시 1달러로 하락 압력을 받게 됩니다. 반대로 다이의 가격이 0.99달러로 하락하면 이미 다이를 빌린 사용자들로서는 시장에서 값싼 다이를 사서 자신의 부채를 상환할 만한 이유가 생깁니다. 이 과정에서 다이의 공급량이 줄어들고 가격은 다시 1달러로 상승 압력을 받게 됩니다.

이에 더해 메이커다오 커뮤니티는 '다이 저축 금리(Dai Savings Rate, DSR)'라는 정책 금리를 조절하여 페깅 위험을 완화합니다. 다이의 가격이 1달러 아래로 떨어지면 DSR을 인상하여 다이 보유자들이 자신의 다이를 DSR 컨트랙트에 예치하고 더 높은 이자를 받도록 유도하는 것입니다. 이는 시중의 다이 공급량을 줄여 가격을 끌어올리는 효과를 냅니다. 이처럼 다이는 중앙화된 발행사의 개입 없이 오직 코드에 의해 설계된 경제적 유인 구조와 탈중앙화된 거버넌스를 통해 스스로 안정성을 찾아가는 정교한 금융 기계라고 할 수 있습니다.

또 다른 독특한 암호 자산 담보형 스테이블코인으로는 신세틱스(Synthetix) 프로토콜의 'sUSD'가 있습니다. sUSD는 다이처럼 범용적인 스테이블코인을 지향하기보다는 신세틱스라는 '탈중앙화 파생 상품 거래소' 생태계의 기축통화 역할을 하도록 특수하게 설계되었습니다. 사용자는 신세틱스의 네이티브 토큰인 SNX를 스마트 컨트랙트에 담보로 예치(스테이킹)하고 그 대가로 sUSD를 발행합니다. 이때 요구되는 담보 비율은 500% 이상으로 매우 높습니다.

이렇게 발행된 sUSD의 주된 용도는 신세틱스 거래소 내에서 다른 '합성 자산(Synth)'을 거래하는 것입니다. 합성 자산이란, 비트코인(sBTC), 이더리움(sETH), 금(sXAU) 심지어 테슬라 주식(sTSLA) 등 다른 자산의 가격을 추종하는 파생 토큰입니다. 사용자들은 sUSD를 이용하여 이 모든 합성 자산을 거래소 내에서 지연이나 슬리피지(Slippage) 없이 즉시 교환할 수 있습니다.

즉, sUSD는 그 자체로 가치를 저장하거나 외부로 송금하기보다는 신세틱스라는 거대한 파생 상품 시장의 모든 거래를 뒷받침하는 부채이자 유동성의 근원 역할을 합니다. 이는 암호 자산 담보 모델이 범용적인 화폐를 넘어 특정 금융 생태계에 최적화된 특수 목적의 화폐를 만드는 데도 활용될 수 있다는 것을 보여 주는 혁신적인 사례입니다.

3. 알고리즘 기반: UST, Frax

고대와 근대의 연금술사들은 오랫동안 값싼 금속으로 금을 만들려고 시도했습니다. 21세기에도 디지털 연금술사라 불릴 만한 이들이 존재합니다. 그들은 실물 담보라는 물리적 제약 없이 오직 순수한 코드와 시장의 보이지 않는 손에 의해서만 그 가치가 1달러로 영원히 유지되는 '돈'을 창조하려 시도했습니다. 이것이 바로 '알고리즘 스테이블코인(Algorithmic Stablecoin)'이 출현하게 된 배경입니다. 이들은 법정화폐 담보형의 중앙화된 신용 리스크와 암호 자산 담보형의 자본 비효율성이라는 2가지 한계로부터 자유로운, 완벽한 화폐를 꿈꿨습니다.

이 원대한 이상은 2022년 5월, 50조 원 규모의 테라(Terra) 생태계의 UST(TerraUSD)가 불과 며칠 만에 붕괴하며 한순간에 악몽으로 변했습니다. 알고리즘이라는 보이지 않는 손은 시장의 신뢰가 무너지는 순간, 시스템 전체를 파괴하는 괴물로 돌변했습니다.

UST의 비극은 알고리즘 스테이블코인 설계에 큰 교훈을 남겼습니다. 프랙스(Frax)는 이미 그 이전부터 알고리즘과 담보를 결합한 하이브리드 모델을 제시하고 있었고 UST의 붕괴 이후 이러한 접근 방식이 더욱 설득력을 얻기 시작했습니다.

알고리즘 스테이블코인의 핵심 아이디어는 '디지털 중앙은행'의 역할을 코드로 구현한다는 시도입니다. 시중 통화량이 많아져 화폐 가치가 떨어지면 중앙은행은 으레 금리를 올리거나 채권을 매입해 통화량을 줄입니다. 이처럼 알고리즘 스테이블코인 프로토콜은 스테이블코인의 시장 가격이 1달러를 벗어나면 연동된 또 다른 토큰을 활용하여 공급량을 자동으로 조절합니다. 이 모델을 가장 극단적으로 구현했던 것이 바로 테라 프로토콜의 스테이블코인인 'UST'와 그 가치를 뒷받침하도록 설계된 자매 토큰인 '루나(LUNA)'였습니다. UST는 달러나 이더리움과 같은 외부 담보가 전혀 없었습니다. 그 유일한 담보는 언제나 '1UST를 1달러 가치의 LUNA로 교환해 주겠다.'라는 프로토콜의 약속뿐이었습니다.

이 시스템이 동작하는 엔진은 차익 거래 유인입니다. 만약 시장에서 UST 가격이 0.99달러로 하락하면 차익 거래자들은 시장에서 저렴한 UST를 매수하여 테라 프로토콜에서 1달러 가치의 LUNA로 교환함으로써 1센트의 이익을 얻게 됩니다. 이 과정에서 UST가 소각되어 공급량이 줄어들므로 가격은 다시 1달러로 상승 압력을 받습니다. 반대로 UST 가격이 1.01달러로 상승하면 차익 거래자들은 1달러 가치의 LUNA를 소각하여 1UST를 발행한 후 이를 시장에 1.01달러에 팔아 차익을 남기려는 유인(Incentive)을 갖게 됩니다. 이 과정에서 UST 공급량이 늘어나므로 가격은 하락 압력을 받습니다. 이론적으로, 이 무한한 차익 거래 기회가 UST의 가격을 항상 1달러 근처에 묶어 두는 보이지 않는 손의 역할을 한다는 설계입니다.

하지만 이 정교해 보이는 메커니즘에는 치명적인 설계 결함이 있었습니다. 시스템 전체가 'LUNA의 가치가 영원히 유지될 것'이라는 시장의 집단적인 신뢰, 단 하나에만 의존하고 있었다는 점입니다. 2022년 5월, 대규모 자금이 테라의 디파이 프로토콜인 앵커에서 빠져 나가고 누군가 시장에 막대한 양의 UST를 매도하며 가격이 1달러 아래로 미세하게 하락하자 이 신뢰에 균열이 발생했습니다. 투자자들은 공포에 휩싸여 너도나도 UST를 루나로 교환하기 시작했고, 이는 '죽음의 소용돌이(Death Spiral)'라는 파국적인 연쇄 반응을 일으켰습니다.

UST를 루나로 교환하려는 수요가 폭증하자, 프로토콜은 알고리즘에 따라 기하급수적인 양의 루나를 새로 발행하여 시장에 쏟아냈습니다. LUNA의 공급량이 무한대로 늘어나자, 그 가치는 순식간에 99.99% 폭락하여 휴지 조각이 되었습니다. 유일한 담보였던 루나의 가치가 사라지자, '1UST를 1달러 가치의 루나로 교환해 주겠다.'라는 프로토콜의 약속은 삽시간에 허물어졌습니다. 결국 UST의 가격 역시 0에 가깝게 수렴하며 시스템은 완전히 붕괴해버렸습니다.

이 비극적인 실패 위에서 알고리즘 스테이블코인에 대한 더 신중하고 점진적인 접근법이 주목받기 시작했습니다. 그 대표 주자가 바로 '부분 담보 알고리즘(Fractional-Algorithmic)' 모델을 채택한 프랙스 파이낸스(Frax Finance)의 '프랙스(FRAX)'입니다. 프랙스는 UST처럼 100% 알고리즘에 의존하는 대신, 실물 담보와 알고리즘을 결합한 하이브리드 방식을 사용합니다. 프랙스의 가치는 일정 비율의 USDC와 같은 외부 실물 담보와 나머지 비율의 자체 거버넌스 토큰인 FXS(Frax Share)에 의해 뒷받침됩니다.

프랙스의 핵심 혁신 중 하나는 시장 상황에 따라 담보 비율(Collateral Ratio)이 동적으로 변한다는 점입니다. 프랙스의 시장 가격이 1달러 이상에서 안정적으로 거래되면 시장이 프랙스의 안정성을 신뢰하고 있다고 판단하여 프로토콜은 점진적으로 USDC 담보의 비율을 낮추고 알고리즘(FXS)의 비율을 높입니다. 반대로 프랙스 가격이 1달러 아래로 떨어지면 프로토

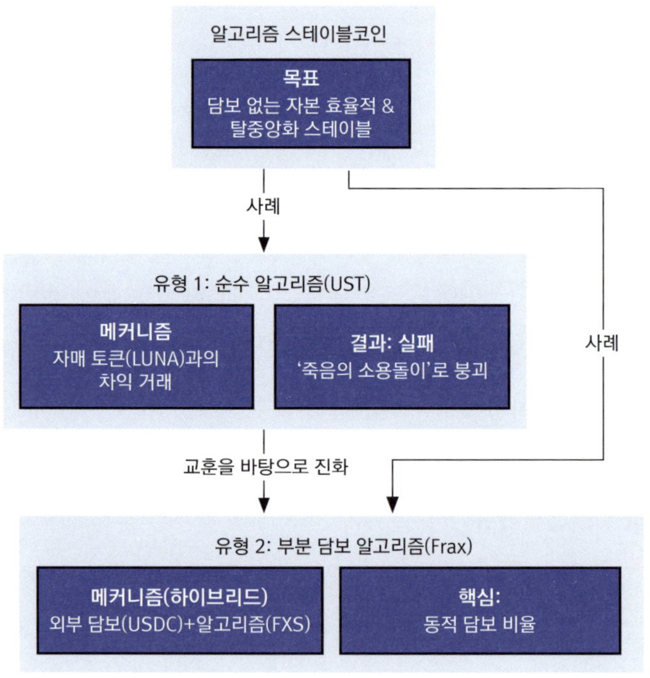

[그림 3-3] 알고리즘 스테이블코인 UST/Frax

콜은 시장의 신뢰가 약화되었다고 보고 담보 비율을 높여 USDC 담보의 비중을 늘립니다(Protocol Design-Frax Finance Docs). 이처럼 프랙스는 시장의 신뢰도를 실시간으로 측정하여 완전 담보 상태와 부분 알고리즘 상태 사이를 유연하게 오가는 자기 안정화 메커니즘을 추구합니다.

4. RWA 기반: USDY, USDF

지금까지의 탈중앙화 금융이 스스로의 연료(암호 자산)로만 작동하는 고립적 성격을 지녔다면, '실물 자산(Real-World Asset, RWA)' 토큰화는 이를 현실 세계로 연결하는 매개체 역할을 합니다. 부동산, 미술품, 매출 채권, 미국 국채 등 블록체인 바깥에 존재하는 수천 조 달러 규모의 실물 자산을 디지털 토큰의 형태로 블록체인 위로 가져오려는 시도입니다.

그리고 이러한 특징으로 인해 RWA는 디파이가 다음 단계로 도약하기 위한 중요한 혁신으로 주목받고 있습니다. 이러한 흐름 속에서 스테이블코인 또한 한 단계 더 진화하고 있습니다. 단순히 은행 예금의 '디지털 영수증' 역할을 넘어 더 구체적이고, 더 생산적이며 심지어 스스로 수익을 창출하는 실물 자산을 기반으로 하는 새로운 스테이블코인들이 등장하고 있는 것입니다. 미국 규제 당국의 감독을 받는 은행들이 직접 스테이블코인(USDF)을 발행하려는 시도가 있는가 하면, 미국 국채에서 발생하는 이자를 토큰 보유자에게 직접 분배하는 '이자형 스테이블코인(Yield-Bearing Stablecoin)'이라는 혁신적인 모델(USDY)도 출현했습니다. 이에 따라 혹자는 RWA 기반 스테이블

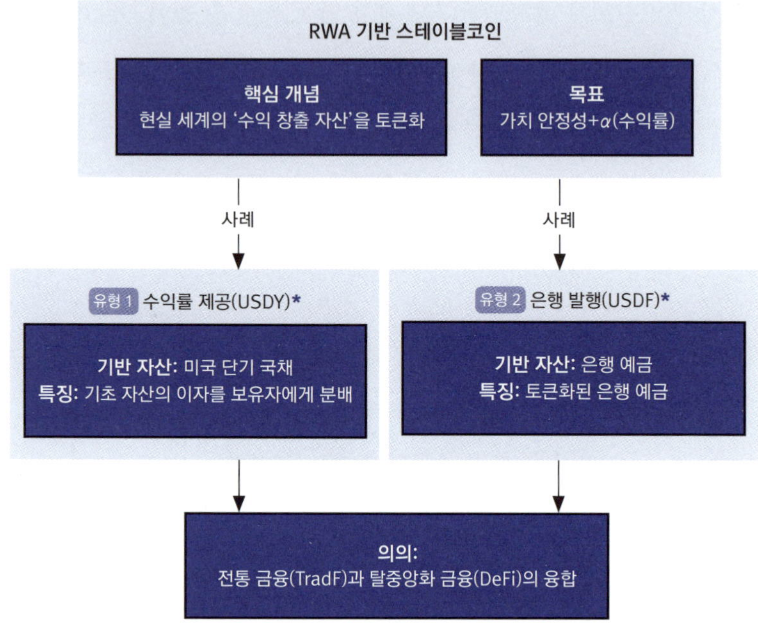

[그림 3-4] RWA에서 스테이블코인의 역할

*USDF : U.S. Dollar Forward Consortium에서 발행하는 은행 예금 기반 스테이블코인
*USDY : U.S. Dollar Yield Token, 온도 파이낸스의 미국 국채·예금 기반 수익형 달러 토큰

코인은 전통 금융(TradFi)과 탈중앙화 금융의 경계를 허무는 가장 진보된 형태의 디지털 화폐라고 평하기도 합니다.

RWA 토큰화는 현실 세계 자산의 소유권이나 그로부터 발생하는 수익에 대한 청구권을 블록체인 위의 디지털 토큰으로 변환하는 과정을 의미합니다. 예를 들어 100억 원짜리 빌딩의 소유권을 100억 개의 토큰으로 분할하여, 누구나 1토큰(1원) 단위로 빌딩에 투자할 수 있게 만드는 식입니다.

이를 위해서는 자산의 법적 소유권을 담보하는 신탁 구조, 자산의 가치를 평가하고 검증하는 외부 감사 그리고 이 모든 것을 블록체인과 연결하는 기술적 플랫폼이 필수적입니다. RWA 기반 스테이블코인이 바로 이 메커니즘을 활용합니다. 다만, 변동성이 큰 부동산이나 주식 대신, 가치가 안정적이거나 예측 가능한 수익을 내는 실물 자산을 담보로 하여 1달러의 가치를 유지하거나 그 이상의 수익을 추구합니다.

이러한 시도 중에서도 유독 보수적이고 규제 친화적인 모델이 바로 '은행 발행 스테이블코인'입니다. 2022년, 미국 FDIC 보험에 가입된 여러 은행은 'USDF(U.S. Dollar Forward) 컨소시엄'을 결성하고 은행이 직접 발행하고 관리하는 스테이블코인 USDF를 선보였습니다. USDF는 기존의 USDT나 USDC와 달리, 비은행 핀테크 기업이 아닌 연방 정부의 규제를 받는 은행이 직접 발행 주체가 됩니다. 1USDF는 회원 은행의 예금에 대한 1달러 청구권을 의미하며 이는 사실상 '토큰화된 은행 예금'과 같습니다.

이 모델의 가장 큰 장점은 '신뢰'와 '규제 준수'입니다. 발행 주체가 명확하고 기존 은행법의 감독을 받기 때문에 준비금 부실이나 자금 세탁과 같은 문제에서 훨씬 자유롭습니다. 이는 B2B 결제나 기관 간 정산 등 높은 수준의 신뢰가 요구되는 영역에서 강력한 경쟁력을 가질 수 있다는 것을 의미합니다. 하지만 기존 스테이블코인과의 경쟁, 은행 간의 복잡한 협의 과정, 더딘 기술 도입 등으로 인해 아직 시장에서 지배적인 위치를 차지하지는 못하고 있습니다.

반면, RWA의 잠재력을 혁신적으로 활용한 모델은 '이자형 스테이블코인(Yield-Bearing Stablecoin)'입니다. 그 대표 주자인 온도 파이낸스(Ondo Finance)의 USDY(U.S. Dollar Yield Token)는 스테이블코인이 그저 가치만 안정적으로 보존하는 '죽은 돈'이 아니라, 스스로 수익을 창출하는 '생산적인 자산'이 될 수 있음을 보여 줍니다.

USDY의 메커니즘은 명쾌합니다. 사용자가 달러나 USDC를 예치하면 온도 파이낸스는 이 자금을 미국 단기 국채(T-bills) 및 은행 요구불 예금과 같은 고품질 유동 자산에 투자합니다. 그리고 이 자산에 대한 청구권을 USDY라는 토큰으로 발행해 사용자에게 제공합니다.

핵심은 여기서 발생하는 국채 이자 수익을 USDY 토큰 보유자에게 이자(Yield)의 형태로 재분배한다는 점입니다. 즉, USDY 보유자는 단순히 1달러의 가치를 보유하는 것을 넘어 안전한 자산으로 간주되는 미국 국채의 이자 수익률을 블록체인 위에서 직접 얻게 됩니다. 이는 전통 은행의 달러 예금 이자가 거의 0에 가까운 상황에서 매우 매력적인 대안입니다.

즉, USDY는 가치의 안정성(Peg)과 수익률(Yield)을 동시에 제공함으로써 스테이블코인의 개념을 '가치 저장'에서 '가치 증식'으로 한 단계 끌어올렸습니다. 다만, 이자 수익을 지급하는 구조적 특성상 여러 국가에서 '증권'으로 분류될 수 있어 미국 내 개인 투자자에게는 판매가 제한되는 등 규제적 제약에도 직면하고 있습니다. 그럼에도 불구하고 USDY의 등장은 RWA와 디파이가 결합하여 전통 금융의 수익 상품을 어떻게 블록체인 위로 가져올 수 있는지를 보여 주는 중요한 이정표로 평가받고 있습니다.

5. 하이브리드(합성 스테이블코인) 타입: USDe, USDf

내연 기관과 전기를 결합한 '하이브리드' 자동차가 연비와 성능을 동시에 잡으려는 것처럼 스테이블코인 분야에도 각종 강점을 모두 확보하기 위해서 '하이브리드'를 추구하는 움직임이 나타나고 있습니다.

100% 실물 담보가 주는 절대적인 안정성과 100% 알고리즘 모델이 꿈꾸는 완벽한 자본 효율성 및 탈중앙성 사이에서 일부 개발자들은 딜레마에 빠졌습니다. 이것이 이른바 '스테이블코인 트릴레마(Stablecoin Trilemma)'입니다.

'스테이블코인 트릴레마'란, 스테이블코인이 안정성(Stability), 자본 효율성(Capital Efficiency), 탈중앙성(Decentralization)이라는 3가지 목표를 동시에 완벽하게 달성하기는 어렵다는 개념입니다. 각 모델은 이 중 2가지를 얻는 대신, 나머지 하나를 희생하는 경향을 보이게 됩니다. 예를 들어, USDC와 같은 법정화폐 담보형은 완벽한 '안정성'과 일대일 담보의 '자본 효율성'을 갖췄지만, 중앙화된 발행사에 의존하므로 '탈중앙성'을 확보하기 어렵습니다. 반면, UST와 같은 순수 알고리즘형은 '자본 효율성'과 '탈중앙성'을 추구했지만, 결국 '안정성'을 잃고 붕괴했습니다. 초기의 다이와 같은 암호 자산 담보형은 '안정성'과 '탈중앙성'을 지향했지만, 초과 담보 구조로 인해 '자본 효율성'이 떨어졌습니다.

이 난제를 해결하기 위한 실용적이면서도 참신한 접근법 중 하나가 바로 서로 다른 메커니즘을 결합한 '하이브리드 타입(Hybrid Type)'의 각종 스테이블코인입니다.

이는 특정 모델의 약점을 다른 모델의 장점으로 보완함으로써 안정성과 자본 효율성, 탈중앙성이라는 이점을 모두 확보하려는 시도입니다. 앞서 살펴본 프랙스(Frax)의 '부분 담보 알고리즘' 모델이 의도적으로 설계된 하이브리드의 대표 주자라면 탈중앙화 스테이블코인의 상징이었던 메이커다오의 다이는 생존과 성장을 위해 점진적으로 하이브리드 모델로 진화해 왔다고 할 수 있습니다.

초기의 다이는 오직 이더리움(ETH)만을 담보로 받는 '순수한' 암호 자산 담보형 스테이블코인이었습니다. 이는 탈중앙화라는 이상에는 부합했지만, 몇 가지 현실적인 문제에 부딪혔습니다. 담보 자산이 이더리움 하나뿐이어서 이더리움 가격이 급락할 경우, 시스템 전체가 위험해질 수 있었습니다. 또한 다이에 대한 수요가 급증할 때 이더리움을 담보로 맡기고 다이를 발행하려는 공급이 따라 주지 못하면 다이 가격이 1달러 위로 치솟으며 페깅이 불안정해지는 문제도 발생했습니다.

이러한 문제들을 해결하기 위해 메이커다오 커뮤니티는 점진적으로 다른 종류의 자산을 담보로 받아들이는 실용적인 노선을 선택했습니다. 그 결정적인 전환점이 바로 '페그 안정성 모듈(Peg Stability Module, PSM)'의 도입이었습니다. PSM은 사용자가 USDC와 같은 다른 중앙화 스테이블코인을 일대일 비율로 예치하고 다이를 즉시 발행할 수 있게 하는 장치입니다. 이는 다이의 가격이 1달러를 넘어설 때 사용자들이 저렴하게 다이를 대량 공급하여 가격을 안정시키는 효과적인 수단이 되었습니다.

더 나아가 메이커다오는 RWA를 담보로 받아들이기 시작했습니다. 이는 부동산 대출 채권, 무역 금융 채권 등 현실 세계의 수익 창출 자산을 토큰화하여 다이 발행의 담보물로 사용하는 것입니다. 이는 변동성이 큰 암호 자산에 대한 의존도를 줄이고 담보 포트폴리오를 다각화하며 현실 세계의 안정적인 수익을 프로토콜로 가져오는 시도였습니다.

결과적으로, 오늘날의 다이는 더 이상 순수한 암호 자산 담보형 스테이블코인이 아닙니다. 이는 암호 자산(ETH, WBTC 등), 중앙화 스테이블코인(USDC) 그리고 실물 자산이라는 3가지 각기 다른 성격의 담보물이 정교하게 결합된, 복잡하고 진보된 형태의 '하이브리드 스테이블코인'으로 진화했다고 할 수 있습니다.

① 스테이블코인 시장 3위 USDe

최근에 가장 크게 성장한 스테이블코인으로는 USDe를 꼽을 수 있습니다. USDe는 에테나 랩스(Ethena Labs)에서 발행한 이더리움 블록체인 기반의 합성 달러(synthetic dollar) 스테이블코인입니다. 전통적인 법정화폐 담보형 스테이블코인(예 USDT, USDC)처럼 은행 예치금을 의존하지 않고 크립토 자산을 기반으로 한 헤징(Hedging, 현물 시장의 위험을 파생상품 시장으로 옮겨 상쇄시키는 것) 전략을 통해 USD에 페그(고정)되는 '하이브리드' 모델을 채택합니다. 이는 알고리즘적 안정화와 크립토 담보를 결합한 혁신적 접근으로, 디파이 생태계에서 수익 창출과 안정성을 동시에 추구합니다.

USDe는 하이브리드 안정화 메커니즘을 사용합니다. 이더리움 리퀴드 스테이킹 토큰(LST, 예 stETH)을 담보로 사용하고 영구 선물(perpetual futures, 만기일없이 계속 들고갈 수 있는 선물. 펀딩비로 가격 조절)에서 ETH를 숏 포지션으로 헤징합니다. ETH 가격 변동을 상쇄해 안정성을 유지합니다. 이를 통해 스테이킹 보상과 펀딩 레이트(funding rate)로 홀더에게 수익(현재 5~20% APY)을 제공합니다. 전통 스테이블코인처럼 무수익이 아닌 'yield-bearing' 구조입니다.

USDe를 스테이킹하면 sUSDe를 얻게 되며 이는 스테이킹 보상을 누적합니다. 다시 말해, 보유자는 USDe를 단순히 보유만 하는 것보다 스테이킹을 통해 추가 수익을 기대할 수 있습니다. sUSDe는 '내부 가치 상승형 토큰(컴파운드 방식)'으로, 별도의 이자 토큰을 지급하는 대신 잔고는 고정된 상태에서 토큰 자체의 가치(value per token)가 꾸준히 상승하는 구조를 가집니다. 실제 이자 수익은 '토큰 가치의 자동 상승' 형태로 매일 반영됩니다. 즉, 사용자 지갑 내 sUSDe(staked USDe, USDe를 스테이킹하여 받는 수익형 토큰)의 개수는 변하지 않더라도 언스테이킹 시 기준 가치 상승분만큼 더 많은 USDe로 환전받게 됩니다. 2024년 기준 최대 18% APY까지 제공한 바 있으며 현재는 시장 상황에 따라 약 6~8%대 APY가 일반적입니다. 다만, 언스테이킹 시 일주일의 대기 기간이 존재합니다.

위험 관리를 위해 체인링크 오라클을 통해 실시간 검증을 수행하며, 과담보화(overcollateralization) 상태를 유지하고 있습니다. 그러나 펀딩 레이트

변동성, 커스터디 리스크, 스마트 컨트랙트 취약점 등의 잠재적 위험 요소가
존재합니다.

2025년 12월 9일 현재는 약 93억 달러로, 전체 스테이블코인 중 3위
(USDT 1,640억 달러, USDC 630억 달러)입니다. 특히, 최근 75%의 성장세를 보
이며 FDUSD를 제치고 올라섰습니다.

6. 각 유형별 장단점 비교

새로운 목적지로의 여정을 떠날 때 어떤 교통수단을 선택할 것인지는
전적으로 그 여정의 목적과 성격에 달려 있습니다. 스테이블코인의 세계를
항해하는 것 또한 이와 마찬가지입니다. '완벽한' 스테이블코인이란, 어쩌면
존재할 수 없습니다. 오직 특정 사용 사례와 위험 감수 수준에 맞는 '최적의'
스테이블코인이 있을 뿐입니다.

지금까지 스테이블코인을 구현하려는 각기 다른 철학과 기술적 접근법
을 살펴보았습니다. 은행 금고의 신뢰를 바탕으로 한 법정화폐 담보형, 코드
의 자율성을 신봉하는 암호 자산 담보형, 담보의 굴레를 벗어나려 했던 알고
리즘 기반 모델, 그리고 현실 세계의 자산과 수익률을 블록체인으로 가져온
RWA 및 하이브리드 모델까지, 이 모든 유형의 장단점을 두루 살펴보았습니
다. 각 스테이블코인 유형의 특징을 한눈에 파악하기 위해 핵심 원리부터 주
요 리스크 그리고 최적의 활용처까지 6가지 기준으로 비교하면 다음과 같습
니다.

[표 3-1] 유형별 스테이블코인 비교

구분	법정화폐 담보형 (예) USDC, USDT)	암호 자산 담보형 (예) 다이)	알고리즘 기반 (예) 과거 UST, 현재 Frax)	RWA 기반 (예) USDY, USDF)
핵심 원리	1코인=은행에 예치된 1달러 (일대일 실물 담보)	1코인=스마트 컨트랙트에 예치된 1.5달러 가치의 암호 자산(초과 담보)	1코인=알고리즘이 조절하는 다른 토큰의 가치 또는 부분 담보	1코인=토큰화된 실물 자산(미국 국채, 은행 예금 등)
장점	직관적이고 이해하기 쉬움	높은 탈중앙성 (검열 저항)	높은 자본 효율성 (이론상)	실물 자산 기반의 높은 신뢰도
	높은 안정성 및 신뢰도	투명성(모든 규칙이 온 체인 공개)	높은 탈중앙성 (이론상)	수익 창출 가능 (Yield-Bearing)
	풍부한 유동성	허가 없는 발행 가능	높은 탈중앙성 (이론상)	전통 금융과의 연결성
단점	중앙화(발행사 리스크)	자본 비효율성 (초과 담보)	내재된 불안정성	법적/규제적 복잡성 (증권 분류 등)
	검열 가능성 (주소 동결)	복잡한 메커니즘	신뢰 상실 시 붕괴 위험	중앙화된 자산 관 리 주체 존재
	규제 불확실성	낮은 확장성	죽음의 소용돌이	실물 자산 평가/ 감사의 어려움
주요 리스크	발행사 파산	담보 자산 가격 폭락	프로토콜 설계 결함	기초 자산의 부실 위험
	수탁 은행 파산	연쇄 청산(블랙 스완)	시장 신뢰 상실로 인한 뱅크런	수탁 기관의 운영 리스크
	정부의 자산 동결	스마트 컨트랙트 버그	디페그	법적 소유권 분쟁
신뢰의 대상	발행 기업과 수탁 은행, 그리고 회계 법인의 감사 보고서	프로토콜의 코드, 거버넌스 커뮤니티, 그리고 담보 자산의 가치	알고리즘의 완벽성과 시장 참여자들의 집단적 믿음	자산 관리 주체, 법적 신탁 구조, 그리고 외부 감사
최적 활용처	일반적인 거래 및 결제	디파이 네이티브 활동	이상적인 스테이블 코인 실험	안정적인 이자 수익 추구
	암호화폐 거래소 기축통화	검열 저항이 중요 한 자금 보관	자본 효율성이 극도로 중요한 특정 디파이 프로토콜	규제를 준수하는 기관 간 거래
	기업의 자금 운용	탈중앙화 자율 조직(DAO)의 재무	–	전통 금융 자산의 디지털화

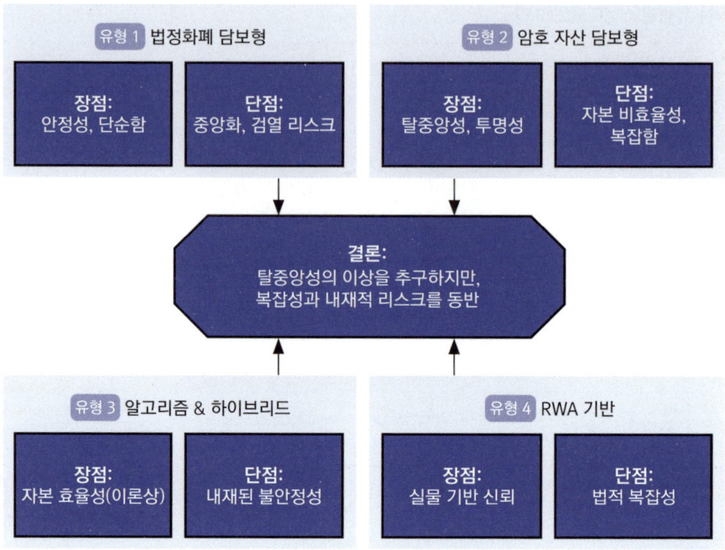

[그림 3-5] 스테이블코인 유형별 장단점

[그림 3-5]는 앞서 논의한 '스테이블코인 트릴레마'의 상충 관계를 명확히 보여 줍니다. 법정화폐 담보형은 '안정성'을 극대화하기 위해 '탈중앙성'을 기꺼이 희생합니다. USDC를 사용하면 달러와 거의 동일한 안정성을 얻을 수 있지만, 그 대가로 서클이라는 기업과 미국 은행 시스템, 그리고 미국 정부의 잠재적인 통제력을 받아들여야 합니다. 물론 이는 대부분의 상거래와 일상적인 거래에서 가장 합리적이고 실용적인 선택입니다.

반대로 암호 자산 담보형은 '탈중앙성'이라는 이상을 지키기 위해 '자본 효율성'을 희생합니다. 다이 발행을 위해 150% 이상의 자본을 묶어 두는 것은 비효율적이지만, 이를 통해 어떤 중앙 주체도 나의 자산을 동결하거나 거래를 막을 수 없다는 강력한 주권을 얻게 됩니다. 이는 정부의 검열이나 금융 통제가 심한 국가의 사용자나 외부 개입 없이 자율적으로 운영되어야 하는 디파이 프로토콜에게는 무엇과도 바꿀 수 없는 가치입니다.

알고리즘 기반 모델은 '자본 효율성'과 '탈중앙성'을 동시에 잡으려다 '안정성'이라는 가장 중요한 기반을 잃어버린 유형입니다. 적어도 지금까지는 그렇습니다. 다이 발행을 위해 150% 이상의 자본을 묶어 두는 것은 비효율적이지만, 이를 통해 어떤 중앙 주체도 나의 자산을 동결하거나 거래를 막을 수 없다는 강력한 주권을 얻게 됩니다.

마지막으로 RWA 기반 모델은 새로운 차원의 가능성을 제시합니다. USDF와 같은 은행 발행 모델은 법정화폐 담보형의 신뢰도를 극한으로 끌어올리려는 시도이며 USDY와 같은 수익 제공 모델은 스테이블코인을 '가치 저장' 수단에서 '가치 증식' 수단으로 진화시킵니다. 이는 전통 금융의 가장 큰 장점인 '실물 자산의 수익률'을 블록체인의 효율성과 결합하려는 시도로, 디파이와 전통 금융의 경계가 허물어지는 미래를 예고합니다.

결론적으로, 어떤 스테이블코인을 선택할 것인지는 결국 사용자가 무엇에 가장 큰 가치를 두는지에 대한 질문으로 귀결됩니다. 최고의 편리함과 보편성을 원한다면 법정화폐 담보형을, 절대적인 자기 주권과 검열 저항성을 원한다면 암호 자산 담보형을, 그리고 안정적인 달러 기반의 이자 수익을 원한다면 RWA 기반 수익형 모델을 선택하게 될 것입니다. 한편, 이처럼 다양한 선택지가 존재하고 경쟁한다는 사실 자체가 스테이블코인 시장이 역동적으로 발전하고 있다는 것을 보여 주는 명백한 증거입니다.

7. 이자 지급형 스테이블코인 vs. 이자 비지급형 스테이블코인

스테이블코인은 이자 지급 조건에 따라 이자 지급형 스테이블코인(Yield-Bearing Stablecoin)과 이자 비지급형 스테이블코인(Non-Yield-Bearing Stablecoin)으로 분류할 수 있습니다.

이자 비지급형 스테이블코인은 이자를 지급하지 않고, 가치 안정성, 결제 효율성, 신뢰성 확보를 핵심 목표로 설계된 스테이블코인입니다. 이자 비지급형 스테이블코인은 1코인 = 1달러의 가치 유지를 최우선으로 삼으며 주로 결제, 송금, 환전, 자산 보관 등 실물 경제에서의 디지털 결제 수단으로 기능하고 있습니다. 이러한 코인은 은행 예금이나 이자 수익형 자산보다는 디지털 현금에 가깝습니다. 대표적으로는 테더(USDT), 서클(USDC), 다이(DAI) 등이 있습니다.

이자 비지급형 스테이블코인의 발행사는 예치된 담보 자산(미국 국채 등)을 운용하여 수익을 얻지만, 그 수익은 코인 보유자가 아닌 발행사의 몫이 됩니다.

이러한 스테이블코인으로 수익을 얻으려면, 사용자가 코인을 별도의 디파이 대출 플랫폼(Aave, Compound 등)이나 중앙화된 거래소의 예치/수익 창출 상품에 예치해야 합니다. 이 경우, 해당 플랫폼의 정책에 따라 이자를 받게 됩니다.

스테이블코인 유형	APY	시가 총액	24시간 거래량	특징
이자 비지급형	0%	$267.7B	$150B+	안정성, 유동성
USDT	0%	$183B	$78.4B	최대 규모, 거래 중심
USDC	0%	$76.3B	$6.4B	규제 준수, 투명성
DAI	0%	$4.9B	$139M	분산형, 디파이 중심
이자 지급형	4~7%	$18.8B	$294M	수익성, 복잡성
USDe	~7%	$10.6B	$189M	델타 중립 전략
USDS/sDAI	~5.7%	$5.3B	$50M	Sky 프로토콜
USDY	~6.4%	$700M	$20M	RWA 기반

이자 지급형 스테이블코인은 일반적인 USDT·USDC 같은 이자 비지급형 스테이블코인과 달리, 담보 자산(예 미국 국채, 환매 조건부 채권, 예치금 등)에서 발생하는 이자를 온체인상에서 토큰 보유자에게 직접 분배하는 구조를 가집니다. 이 구조를 통해 사용자는 별도의 예치나 스테이킹 없이 단순히 스테이블코인을 보유하기만 해도 수익이 쌓입니다. 여기서 발생하는 수익은 보유자의 잔액이 자동으로 증가하는 리베이싱(Rebasing) 방식과 별도의 토큰으로 보상되는 방식이 있습니다.

이들의 주요 수익 모델로는 디파이 대출·차입 플랫폼에서의 대출 이자 수익, 실물 자산 기반의 단기 채권 보유에 따른 이자 수익 반영 방식, 그리고 일부 델타 뉴트럴(기초 자산과 파생 상품을 조합하여 가격 변동 리스크를 낮추는) 전략 활용 등이 있습니다. 최근에는 실물 자산 기반 수익 구조와 결합된 형태로 진화하고 있으며 AI 기반 자동 일드 관리 시스템(Yield Seeker) 같은 인공 지능 운용 플랫폼도 부상 중입니다. 디파이 인프라에서는 ERC-4626, ERC-7540 같은 표준을 통해 투명한 수익 분배 관리가 가능하도록 설계되고 있습니다.

대표적인 이자 지급형 스테이블코인으로는 sDAI, sUSDe, USDY 등이 있습니다. sDAI는 다이를 예치하면 DSR(Dai Savings Rate) 컨트랙트에서 프로토콜 수수료 수익을 자동 재투자하여 토큰 가치가 상승하는 구조입니다. sUSDe는 에테나 프로토콜(Ethena Protocol)에서 델타 중립 헤징을 통해 수익을 창출하며, 현물 ETH 보유와 선물 숏 포지션으로 안정성을 유지하는 동시에 수익을 얻는 구조입니다. USDY는 온도 파이낸스에서 미국 재무부 단기 채권과 디파이 렌딩을 결합한 하이브리드 모델로 운영하고 이 수익을 코인 보유자들에게 분배합니다.

현재 이자 비지급형 스테이블코인이 14배 더 큰 TVL을 보유하고 있지만, 성장률 면에서는 이자 지급형이 훨씬 더 빠른 속도를 보이고 있습니다. 이자 비지급형은 연간 76% 성장하고 안정적 발행량 증가를 보이고 있습니다. 반면, 이자 지급형은 연간 500% 이상의 폭발적인 성장세를 기록하고 있습니다. 특히, USDe는 2024년 1월 8,600만 달러에서 2025년 10월 106억 달러로 12,300% 급증하는 기염을 토했습니다.

이자 비지급형 스테이블코인(USDC, USDT, DAI)이 전체 시장의 95%를 점유하며 결제와 거래에 최적화되어 있는 반면, 이자 지급형 스테이블코인(USDe, sDAI, USDY)은 4~7%의 APY 수익률을 제공함에도 불구하고 시장 점유율은 5%에 머물러 있습니다. 규제는 전 세계적으로 이자 지급을 제한하여 은행 예금과의 경쟁을 막고 있으며 한국도 이자 지급 금지 방향으로 법안을 검토 중입니다.

[표 3-3] 이자 지급형 스테이블코인 vs. 이자 비지급형 스테이블코인

구분	이자 지급형 스테이블코인	이자 비지급형 스테이블코인
정의	보유만으로도 이자를 자동으로 받는 스테이블코인(예 USDe, USDY)	단순히 1달러 가치 유지를 목표로 하는 통화형 스테이블코인(예 USDT, USDC)
이자 발생 원천	국채·RWA 수익, 디파이 대출, 예치 자산 수익 등에서 파생되는 온체인 일드	없음–발행사는 이자 수익을 자체적으로 보유
목적	'수익형 자산형 달러' 역할 — 투자 및 자산 운용 목적	'결제용 디지털 달러' 역할 — 송금 및 거래 편의성 중점
유지 메커니즘	동적 금리 구조 및 자동 분배 스마트 컨트랙트	일대일 담보 보유 및 상환 보장 시스템
규제 방향	일부 국가에서는 허용 논의 중이나, '이자 지급 금지' 움직임(「지니어스 법」, BIS 권고)	대부분의 국가에서 결제 중심 스테이블코인으로 허용

스테이블코인의
기술쩍 구조

스테이블코인은 블록체인의 분산원장 기술을 기반으로, 스마트 컨트랙트(Smart Contract)를 통해 발행되고 관리됩니다. 이 기술적 토대 덕분에 모든 거래 내역은 투명하게 기록되며 복잡한 자산 관리 프로세스 또한 자동화됩니다.

특히, 스마트 컨트랙트는 자산의 담보 관리나 거래 청산과 같은 핵심 기능을 사람의 개입 없이 코드가 스스로 수행하게 합니다. 이러한 데이터의 불변성과 투명성은 시스템에 대한 신뢰를 확보해 주며, 더 나아가 규제 준수에 필요한 감사(Audit) 및 검증까지 가능케 합니다. 즉, 블록체인은 스테이블코인이 안정적이고 투명한 디지털 화폐로 기능할 수 있도록 돕는 가장 강력한 신뢰의 인프라입니다.

1. 스테이블코인이 운영되는 주요 블록체인

스테이블코인은 가치 안정성을 위해 법정화폐나 자산에 페그(고정)된 암호화폐로, 다양한 블록체인 네트워크에서 운영됩니다. 2025년 10월 기준, 스테이블코인 시장 규모는 약 2,550억 달러에 달하며 USDT(Tether)와 USDC(Circle) 같은 주요 코인이 여러 체인을 지원해 다중 체인(multichain) 운영이 표준화되었습니다. 이는 거래 속도, 비용, 확장성을 최적화하기 위한 것입니다. 주요 블록체인은 이더리움(Ethereum)을 중심으로 한 L1/L2 네트워크와 솔라나(Solana), 트론(Tron) 등 고속 체인으로 나뉩니다. 이들 체인은 스테이블코인의 거래량 90% 이상을 처리하며 디파이(탈중앙화 금융)와 결제에서 핵심 역할을 합니다.

가장 규모가 크고 널리 사용되는 스테이블코인은 복수의 블록체인 네트워크를 지원하는 멀티체인(Multichain) 환경에서 운영되는 것이 특징입니다. 이는 사용자 접근성, 거래 속도 수수료 효율성 등을 극대화하기 위한 것입니다. 다음은 주요 스테이블코인들이 운영되는 핵심 블록체인 네트워크입니다.

① 이더리움

이더리움(Ethereum)은 스테이블코인의 가장 핵심적인 발행 및 운영 기반입니다.

(1) ERC-20 표준

테더, USD 코인(USDC), 다이 등 대부분의 주요 스테이블코인이 이더리움 블록체인의 ERC-20 토큰 표준을 기반으로 처음 발행되었습니다.

(2) 디파이 생태계

이더리움은 가장 크고 활발한 탈중앙화 금융 생태계를 보유하고 있으며 스테이블코인은 이 디파이 프로토콜 내에서 기축통화처럼 사용됩니다.

(3) 안정성과 보안

오랜 기간 운영되어 온 네트워크로서 높은 보안성과 탈중앙화 수준을 인정받고 있습니다.

② 트론

테더 유통량의 상당 부분이 트론(Tron) 네트워크에서 운영되고 있습니다.

(1) 저렴한 수수료 및 빠른 속도

트론은 이더리움 대비 훨씬 저렴한 거래 수수료와 빠른 거래 처리 속도를 제공하여, 특히 개인 간 소액 송금 및 거래소 간 자금 이동에 널리 선호됩니다.

③ 솔라나

최근 급성장한 솔라나(Solana)는 주요 스테이블코인들이 지원하는 중요한 네트워크로 자리매김했습니다.

(1) 뛰어난 확장성

솔라나는 매우 빠른 처리 속도와 극도로 낮은 수수료가 특징으로, 대규모 거래와 복잡한 디앱(DApp) 운영에 효율적입니다.

(2) 주요 스테이블코인 지원

USDC와 USDT 모두 솔라나 네트워크를 지원하며 솔라나 기반의 디파이 및 NFT 생태계에서 활발하게 사용됩니다.

④ 레이어 2 솔루션(Layer 2 Solutions)

이더리움의 확장성 문제를 해결하기 위해 등장한 레이어 2 네트워크들 역시 스테이블코인의 주요 운영 기반입니다.

[표 4-1] 주요 블록체인의 특징

블록체인	특징	주요 지원 스테이블코인	시장 점유율 및 용도 (2025 기준)
Ethereum	스마트 컨트랙트의 원조 L1체인. 안정적이나 가스비가 높아 L2(Layer 2) 확장(예 Polygon, Optimism, Base)과 연계	USDT, USDC, DAI, USDe	전체 스테이블코인 거래의 40% 이상. 디파이 및 기관 투자 중심
Tron	저비용·고속 처리(초당 2,000+TPS). USDT 중심으로 아시아/신흥 시장 지배	USDT(TRC-20), USDC, FDUSD	USDT 일일 정산 213억 달러. 국제 송금·B2B 결제 특화
Solana	초고속(초당 65,000TPS)·저비용. 모바일 결제 및 NFT 연계 강점	USDT, USDC, PYUSD(PayPal)	15% 점유. 개발도상국 송금 및 디파이 성장 중
BNB Chain(BSC)	바이낸스 기반 L1. EVM 호환으로 이더리움 대체, 저비용 거래	USDT, USDC, BUSD(폐지 후 대체), FDUSD	10% 점유. 거래소 내 거래 및 아시아 사용자 중심
Polygon	이더리움 L2. 저비용·빠른 확장성	USDT, USDC, DAI	8% 점유. 게임·NFT 및 소액 결제
Avalanche	고속 L1. 서브넷으로 확장 가능, 기관 채택 높음	USDT, USDC	5% 점유. 기업용 결제 및 크로스체인 브리지
Base	코인베이스 기반 이더리움 L2, 사용자 친화적	USDC, USDT	4% 점유, 미국 내 기관·소매 사용자 증가

(1) 주요 L2체인

폴리곤(Polygon), 아비트럼(Arbitrum), 옵티미즘(Optimism) 등에서 USDC와 USDT가 활발하게 사용됩니다.

(2) 효율성 개선

이 L2 솔루션들은 이더리움 메인넷의 보안성을 유지하면서도 훨씬 빠르고 저렴하게 스테이블코인 거래를 가능하게 합니다.

[표 4-2] 각 블록체인별 스테이블코인 상황

순위	블록체인	총 스테이블코인 공급량	시장 점유율	주요 스테이블코인 (공급량)	성장률 (MoM/YoY)
1	이더리움	$171B	56.60%	USDT $96.8B, USDC $48.3B, USDe $14.9B, DAI $4.5B	+10% MoM, +75% YoY
2	트론	$76.7B	25.40%	USDT $70B(TRC20), USDC $3B, 기타 $3.7B	+5% MoM, +60% YoY
3	솔라나	$15.1B	5.00%	USDC $8B, USDT $5B, PYUSD $1B	+9% MoM, +120% YoY(ATH)
4	BNB Chain	$13.5B	4.50%	USDT $8B, FDUSD $3B, USDC $1.1B	+8% MoM, +35% YoY
5	아비트럼	$9.4B	3.10%	USDC $5B, USDe $2B, USDT $0.9B	+12% MoM, +50% YoY
6	Base	$8.5B	2.80%	USDC $6B, USDT $1.5B, PYUSD $0.5B	+15% MoM, +200%YoY
7	Polygon	$5.5B	1.80%	USDC $2.5B, USDT $2B, DAI $0.5B	+5% MoM, +30% YoY
8	Optimism	$4.2B	1.40%	USDC $2.5B, USDT $1B, DAI $0.4B	+7% MoM, +40% YoY
9	Avalanche	$3.8B	1.30%	USDC $2B, USDT $1.2B, USDe $0.4B	+6% MoM, +45% YoY
10	TON	$3.2B	1.10%	USDT $2.5B(Telegram 통합), USDC $0.5B	+8% MoM, +100% YoY

2. 스테이블코인 전용 블록체인: 플라즈마, 스테이블

스테이블코인 특화 블록체인(예 Plasma, Stable)은 스테이블코인(특히, USDT, USDC 등)을 중심으로 설계된 Layer 1 또는 네트워크로, 일반 블록체인(Ethereum, Solana 등)과 달리, 스테이블코인의 효율성, 비용 절감, 규제 준수, 금융 포용성을 극대화하는 데 초점을 맞춥니다.

2025년 10월 기준, 스테이블코인 시장은 2,550억 달러를 돌파했으며 USDT 단일 코인이 1,720억 달러를 차지합니다. 스테이블 전용 체인은 기존 블록체인의 한계를 극복하고 디지털 결제, 디파이, 국제 송금 분야에서 스테이블코인의 잠재력을 극대화하기 위해 필요합니다.

① 스테이블코인 특화 최적화

(1) 가스비 최소화

스테이블 특화 체인(예 Plasma, Stable)은 기존의 이더리움이나 솔라나, 트론 대비 가스비 수수료를 0에 가깝게 만듭니다. 예를 들어, 플라즈마(Plasma)는 USDT0 전송 시 수수료를 제거해 기존 이더리움(평균 1~5 USD/거래) 대비 100% 비용 절감됩니다. 이는 소액 결제(micropayments)와 개발도상국 송금에 필수적입니다. 다만, 수수료 없이 스테이블코인을 전송하기 위해서는 플라즈마의 Paymaster 호환 지갑에서 가스 스폰서 기능이 활성화되어 있어야 합니다. 기존 EVM 지갑에서 사용하려면 XPL 코인이 가스비로 필요합니다. 스테이블(Stable)에서는 USDT를 gUSDT로 바꿔서 가스비로 사용합니다.

(2) 고속 처리

스테이블(Stable) 체인은 서브세컨드(1초 미만) 트랜잭션을 제공하며 초

당 100,000TPS 이상을 목표로 설계됩니다. 이는 이더리움(15TPS)이나 트론
(2,000TPS)을 초월해 대규모 상업 결제를 지원합니다.

(3) 스마트 컨트랙트 최적화

스테이블코인 중심의 스마트 컨트랙트는 디파이(예) AMM, lending)와 결
제 프로토콜에 특화되어 복잡한 EVM(이더리움 가상 머신) 대신 간소화된 실
행 환경을 제공합니다.

② 금융 포용성과 경제적 불평등 완화

(1) 저비용 접근성

스테이블 특화 체인은 은행 계좌가 없는 사용자(unbanked, 약 13억 명)와 저
소득층에게 저비용 디지털 화폐를 제공합니다. 예를 들어, 플라즈마는 개발도
상국에서 USDT 기반 송금 비용을 80% 이상 줄여 금융 포용성을 강화합니다.

(2) 크로스보더 송금

스테이블 전용 체인은 SWIFT(평균 1~5일, 수수료는 국가 및 은행에 따라 변
동) 대비 즉시 정산과 0.01USD 이하 수수료로 국제 송금을 혁신합니다. 스
테이블코인 특화 체인인 플라즈마는 레이어제로(LayerZero) 브리지를 통해
10개 이상의 체인과 연결되어 글로벌 접근성을 높입니다.

(3) 현지 통화 연동 가능성

각 국가별 스테이블코인과 같이 현지화된 자산을 지원할 수 있으며, 이
는 국가별 경제적 불평등을 완화하고 달러 의존성을 줄이는 데 기여할 수 있
습니다.

③ 규제 준수와 안정성

(1) 규제 친화적 설계

스테이블 전용 체인은 EU MiCA(2024 시행)나 미국 지니어스 법 같은 규제 요구 사항(AML, KYC, 준비 자산 투명성)을 네이티브로 통합(법과 기술을 분리된 두 영역으로 보지 않고 규제를 준수하는 것이 곧 기술 시스템의 기본 작동 방식이 되도록 하는 것)합니다. 예를 들어, 스테이블 체인은 기관용 기밀 전송과 블록 스페이스 보장 기능을 제공하여 규제 준수를 간소화합니다.

(2) 위험 완화

기존 블록체인이 다양한 자산을 다루기 때문에 해킹 위험성이 크지만, 스테이블 전용 체인은 단일 자산(USDT/USDC 등)만 다루기 때문에 보안 리스크가 훨씬 줄어듭니다.

④ 기존 블록체인의 한계 극복

(1) 확장성 문제

이더리움은 높은 가스비와 낮은 TPS로 대규모 스테이블코인 결제를 처리하기 어렵습니다. 반면, 스테이블 체인은 낙관적 병렬 처리(optimistic parallel execution)를 통해 처리량을 극대화합니다.

(2) 중앙화 논란

트론(USDT 거래량 50% 이상)은 중앙화된 노드 운영으로 비판받는 반면, 스테이블 전용 체인은 탈중앙화와 투명성을 강화해 이를 보완합니다.

(3) 상호 운용성

플라즈마와 스테이블은 웜홀, 레이어제로 같은 브리지를 통해 이더리움,

솔라나, 폴리곤 등과 통합되어 기존 체인의 단편화 문제를 해결합니다.

⑤ 기관 및 상업 채택 촉진

(1) 예금과 결제

플라즈마는 신용카드인 '플라스마 원'과 예금 핀테크인 '플라즈마 뱅크'를 출시 예정입니다. 플라즈마 원은 4% 캐시백을 제공하며 네오뱅크는 스테이블코인 예금 시 10% 수익을 목표로 하고 있습니다.

(2) CBDC와의 협력

스테이블 전용 체인은 CBDC(예 e-CNY, 디지털 원화)와의 상호 운용성을 고려하여 개발했기 때문에 공공-민간 파트너십에 적용 가능합니다.

(3) 디파이 통합

플라즈마는 100개 이상의 디파이 프로토콜과 통합되어 TVL 20억 달러를 돌파했으며 스테이블은 시드 펀딩 2,800만 달러를 바탕으로 기관 중심 디파이 생태계를 구축 중입니다.

⑥ 미래 경쟁력과 시장 수요

(1) 시장 성장

스테이블코인 시장은 2030년까지 4조 달러 규모로 성장할 전망이며, 전용 체인은 USDT(1,720억 달러)와 USDC(560억 달러)의 시장 지배력을 활용해 10% 이상의 점유율을 목표로 하고 있습니다.

(2) 한국 시장 잠재력

한국은 「가상자산법」(2024년 시행)으로 스테이블코인 규제를 강화 중이지만, 원화 연동 스테이블코인을 위한 다양한 체인 논의가 이뤄지고 있는 상태입니다.

⑦ 도전 과제

(1) 중앙화 리스크

테더와 비트파이넥스의 후원으로 개발되었기 때문에 중앙화 논란을 초래할 수 있으며 탈중앙화 거버넌스 도입이 필요합니다.

[표 4-3] 플라즈마 체인 vs. 스테이블 체인

항목	플라즈마(Plasma)	스테이블(Stable)
출시 시기	2025년 9월 25일 메인넷 런칭	2025년 12월 8일 메인넷 런칭
네이티브 토큰	XPL	Stable
가스 토큰	XPL 또는 커스텀 스테이블코인(USDT/USDC 가능)	gUSDT(USDT를 1:1로 스왑)
스테이블코인 지원	다중: USDT, USDC, PYUSD 등	USDT 전용
EVM 호환	완전 호환	완전 호환
완결성	서브세컨드(1초 이하)	서브세컨드(<1초)
수수료	0.01달러 이하	0.01달러
특화 기능	비트코인 브리지, 기밀 결제	USDT 네이티브 가스
총 펀딩	7,583만 달러(5,183만 달러 ICO 포함)	2,800만 달러
주요 투자자	Founders Fund, Bitfinex, Framework	Hack VC, Bitfinex, PayPal Ventures
생태계	Binance Earn, Maple, Fireblocks, Fluid	미공개(기관 결제 레일 구축 중)
목표 시장	포괄적 스테이블코인 허브+디파이	기관 USDT 정산+글로벌 결제

(2) 규제 불확실성

글로벌 규제(MiCA, 「지니어스 법」)가 체인 운영에 영향을 줄 수 있으며 한국의 경우 국내 거래소 지원이 필요합니다. 또한 최근들어서 정부에서는 스테이블코인 회사들의 국내 지사 설립을 요구하고 있습니다.

(3) 경쟁

솔라나, 트론 등 기존 체인과의 경쟁에서 차별화된 가치(가스리스, 규제 준수)를 유지해야 합니다.

⑧ 차이점

(1) 범용성 vs. 특화

- 플라즈마: 다중 스테이블코인 지원으로 광범위한 사용처를 포괄(USDT, USDC, PYUSD, 미래 추가 토큰)합니다.
- 스테이블: USDT 단일 스테이블코인 지원으로 네트워크 효과 극대화, 단순성을 우선시합니다.

(2) 토큰 경제학

- 플라즈마: XPL 토큰으로 스테이킹, 거버넌스, 가스비 할인 등 유틸리티 기능을 제공합니다.
- 스테이블: Stable 코인을 발행했으며, 이 토큰은 프로토콜의 거버넌스, 네트워크 보안 및 스테이킹, 생태계 인센티브 기능을 수행합니다. 가스비는 USDT를 이용합니다.

(3) 생태계 접근

- 플라즈마: 디파이 우선(Binance Earn 7% APR, Maple 대출, Aave 통합)→수익률 중심을 채택하고 있습니다.
- 스테이블: 기관 결제 우선(PayPal, Franklin Templeton, Susquehanna)→B2B 레일 구축을 목표로 하고 있습니다.

⑨ 공통점

(1) 테더/비트파이넥스 지원

두 체인 모두 파올로 아르도이노(Paolo Ardoino, Tether CEO)가 직간접적으로 관여했으며, 비트파이넥스(Bitfinex)가 주요 투자자로 참여했습니다.

(2) EVM 호환

두 체인 모두 더리움 가상 머신(EVM)과 호환됩니다. 즉, 기존 이더리움 기반의 개발자들이나 지갑 서비스(메타마스크 등)가 큰 수정 없이 이들 체인을 쉽게 지원하고 연동할 수 있습니다.

(3) 저비용 고속 결제

두 체인 모두 저렴한 가스비와 빠른 전송 속도를 강점으로 가지고 있습니다. 특정 조건에서 가스비 무료(Gas-less) 전송을 지원하여 사용자 편의성을 혁신했습니다.

(4) 스테이블코인 인프라 비전

디파이(DeFi)나 NFT 등 복잡한 기능보다는 현금처럼 쓰이는 스테이블코인을 지원할 목적으로 개발되었습니다.

스테이블 전용 블록체인은 스테이블코인의 효율성, 금융 포용성, 규제 준수를 극대화하며 기존 블록체인의 확장성·비용 문제를 해결합니다. 플라즈마와 스테이블은 USDT 중심의 가스리스 전송과 고속 처리를 통해 글로벌 결제와 디파이를 혁신할 잠재력을 지닙니다. 2025년 이후 이들 체인은 시장 점유율 15% 이상을 목표로 하며 공공-민간 협력으로 디지털 금융의 미래를 형성할 것입니다.

3. 1달러로 가치를 유지시키는 담보 관리와 오라클 시스템

스테이블코인은 가치 안정성을 위해 법정화폐, 채권, 암호 자산 등 담보(Collateral)를 기반으로 운영되며 오라클(Oracle) 시스템은 외부 가격 데이터를 블록체인에 제공하여 페그(Peg) 유지와 담보 관리를 지원합니다. 담보 관리는 투명성과 안정성을 강조하며 오라클은 체인링크(Chainlink)와 같은 탈중앙화 솔루션이 주류입니다. 이는 디파이와 결제 분야에서 핵심적인 역할을 하며 최근 CFTC (미 상품선물거래위원회)의 '토큰화 담보 이니셔티브' 사례에서 볼 수 있듯이, 관련 규제 장벽이 한층 높아지고 있습니다.

① 스테이블코인 담보 관리란?

스테이블코인의 핵심 목표는 1코인=1달러(페그)를 유지하는 것입니다. 이를 위해 담보를 예치하고 그 가치를 지속적으로 관리해야 합니다.

(1) 담보 관리의 주요 과정

- 담보 예치(Collateral Deposit): 사용자가 USD, ETH, BTC, stETH, RWA 등 자산을 스마트 계약에 예치합니다.

- 스테이블코인 발행(Minting): 담보 가치의 일정 비율만큼 스테이블코인을 발행합니다(예) 1USD→1USDT, 150달러 ETH→100DAI).

- 담보 비율 유지(Collateral Ratio): 담보가 일정 비율 이상 유지되어야 합니다(예) MakerDAO 150%). USD를 담보로 사용할 경우에는 일대일 비율을 유지합니다.

- 청산(Liquidation): 담보 가치가 하락해 비율이 기준 이하로 떨어지면 자동 청산됩니다.

- 담보 가치 실시간 모니터링: 오라클이 가격 데이터를 공급하여 담보 가치를 평가합니다.

(2) 담보 관리 세부 사항

스테이블코인의 담보 관리는 페그 유지와 위험 최소화를 목적으로 하며 중앙화(USDT, USDC)와 탈중앙화(DAI) 유형으로 나뉩니다.

- 중앙화 스테이블코인 담보: 테더(USDT)나 서클(USDC)은 현금, 국채, 상업 어음 등으로 일대일 담보를 유지합니다. 2025년 기준, USDT 담보는 현금 등가물 81%, 금 4.5%, 비트코인 5%로 구성되었을 것으로 추정되며 체이널리시스 같은 도구로 위험 모니터링을 수행합니다. 지니어스 법(2025)처럼 규제는 준비 자산 사용을 제한하며 상환과 레포(Repo) 거래를 허용합니다.

- 탈중앙화 스테이블코인 담보: 다이(DAI)나 USX(Solstice)처럼 과잉 담보(over-collateralization)를 사용하며 ETH나 BTC를 스마트 컨트랙트에 예치하고 청산 메커니즘을 통해 관리합니다.

- 효율성 향상: 스테이블코인은 자본 시장에서 즉시 담보 게시·이전·반환을

가능하게 하며 원자적(atomic) 정산으로 비용을 절감합니다.

② 오라클 시스템 측면

오라클은 블록체인이 외부 데이터를 접근할 수 있게 하는 브리지로, 스테이블코인에서 가격 피드(feed)를 제공합니다. 블록체인 스마트 컨트랙트는 외부 데이터를 직접 읽을 수 없기 때문에 오라클은 외부 금융 시장, 거래소 등에서 실시간 가격 정보와 담보 상태 정보를 블록체인에 제공하는 게이트웨이 역할을 합니다. 오라클 데이터의 정확성과 안전성은 스테이블코인이 기준 자산과 일대일 가치 연동(페깅)을 유지하는 데 필수적이며 가격 오류나 지연 시 담보 청산 실패 등 심각한 위험이 발생할 수 있습니다.

(1) 역할과 작동 원리

체인링크, 수프라(Supra)와 같은 오라클은 실시간 가격 데이터를 스마트 컨트랙트에 공급하여 담보 가치 평가와 청산을 자동화합니다. 예를 들어, 플라즈마 체인은 체인링크를 통합해 60억 달러 스테이블코인 보안을 강화합니다.

(2) 유형

탈중앙화 오라클(Chainlink)은 다중 노드 합의를 통해 조작을 방지하며 중앙화 오라클(예 Oracle Blockchain Platform)은 효율적입니다.

(3) 예비금 증명(Proof of Reserve)

오프체인 담보(예 USDT의 은행 예치금)를 온체인에서 검증합니다. 체인링크 PoR(Proof of Reserve)은 실시간 감사로 사기를 방지합니다.

(4) 위험 및 대응

오라클 공격(가격 조작, 지연)이 주요 위협으로, 다중 오라클(예 Chainlink+ Band Protocol)과 회로 차단기(Circuit Breakers)를 사용해 중복성을 확보하고 있습니다. 2025년 「지니어스 법」(미국 법안)처럼 규제가 강화되면서 오라클 투명성이 의무화되고 있습니다.

③ 오라클 공격 및 리스크

오라클이 해킹되거나 악의적으로 잘못된 가격 정보를 제공할 경우, 스테이블코인 시스템 전체의 안정성이 크게 위협받을 수 있습니다.

(1) 잘못된 청산

정상적인 시장 가격(실제 거래소 가격)은 변동이 없는데, 해커가 순간적으로 오라클(가격 정보 시스템)을 조작하여, 스마트 컨트랙트가 '담보 가치가 폭락했다.'라고 착각하게 만들어 멀쩡한 사용자의 담보를 강제로 팔아치우는 (청산시키는) 행위가 발생할 수도 있습니다.

(2) 악성 부채 발생

오라클이 담보 자산의 가격을 실제보다 과대평가하여 전달하면 담보가 부족한 상태에서도 스테이블코인이 발행되거나 대출이 실행되어 시스템에 악성 부채를 발생시킬 수 있습니다.

따라서 체인링크와 같은 탈중앙화된 오라클 프로젝트는 여러 데이터 출처와 노드 운영자를 통해 데이터를 검증하고 집계하여 단일 실패 지점 (Single Point of Failure)의 위험을 줄여 데이터의 신뢰성과 정확성을 확보하고자 합니다.

[표 4-4] 오라클의 핵심 역할

역할	설명
시장 가격 피드	ETH/USD, BTC/USD 등 담보 자산 시세 전달
RWA 평가 데이터	실물 자산 가치, 금리, 환율 정보 전달
Proof of Reserve	담보가 실제로 존재한다는 것을 증명
리스크 트리거링	가격 급변 시 청산 엔진 자동 작동

④ 담보 관리와 오라클의 상호 관계

담보 관리와 오라클 간의 상호 관계는 스테이블코인의 안정성과 투명성을 결정짓는 핵심 메커니즘입니다.

(1) 상호 연결 구조

- 담보 관리 시스템은 발행된 스테이블코인이 담보 자산에 의해 충분히 뒷받침되고 있는지 실시간으로 모니터링해야 합니다.
- 오라클은 외부 자산(예 달러, 암호화폐)의 최종 시세와 준비금 상태 등 중요 데이터를 블록체인에 중계해 담보의 가치 판단 기준을 제공합니다.
- 오라클을 통해 실시간 시세와 담보 상태를 스마트 컨트랙트에 전달하면 담보가 기준 이하로 떨어질 때 자동 청산 과정이 트리거됩니다.
- 이때 데이터 오류나 지연이 발생하면 담보 부족 리스크가 실시간으로 반영되지 않아 과도 발행, 가격 붕괴, 사용자 손실 등 시스템 전체에 중대한 문제를 초래할 수 있습니다.

(2) 실시간 검증과 리스크 대응

- 다수의 독립적 오라클(체인링크, Pyth 등) 네트워크를 활용해 데이터 오류와 조작 위험을 분산시키고 담보 관리 시스템의 신뢰성을 높입니다.

- 실시간 담보 상태와 발행량 검증이 가능한 ZKP(영지식 증명) 기반 구조가 도입되면 누구든지 블록체인상에서 즉시 담보 상태를 확인할 수 있어 발행사 조작이나 해킹 리스크를 즉시 감지·차단할 수 있습니다.
- 오라클을 통해 전달된 실시간 데이터가 바로 담보 관리 알고리즘에 반영되어 관리자는 손실 발생이나 이상 징후를 신속하게 대응할 수 있습니다.

(3) 요약: 필수적 상호 작용

- 담보 관리 시스템과 오라클 네트워크는 서로 의존적으로 작동하고 신뢰성 있는 오라클 데이터가 없으면 담보 관리도 무력화되며, 실제 준비금 검증 없이는 오라클 정보의 실효성이 떨어집니다.
- 이 두 시스템의 연계를 통해 스테이블코인의 가치를 안정적으로 유지하며 예기치 못한 시장·시스템 리스크에 자동으로 대응할 수 있습니다.

담보 관리는 오라클에 의존해 동적으로 조정됩니다. 예를 들어, 팰콘 스테이블(Falcon Stable)은 오라클 지연과 상관성 스파이럴을 방지하기 위해 스트레스 시뮬레이션을 활용합니다. 솔스티스(Solstice)의 USX는 체인링크로 일대일 담보를 검증하며 모어 마켓스(MoreMarkets)는 오라클 기반 실시간 환율로 스테이블코인 파생 상품을 지원합니다.

[표 4-5] 오라클 정보 기반의 담보 관리 작동 시스템

조치(담보 관리)	오라클 정보 의존성	결과(안정성 유지)
청산 (Liquidation)	담보 자산의 가격이 하락하여 LTV가 일정 수준을 초과할 경우, 정확한 시점을 판단하여 담보를 강제 매각/경매 처리	악성 부채 발생을 방지하고 스테이블코인의 연동(Peg)을 보호
신규 발행/ 대출	담보 자산의 가치가 충분하여 초과 담보(Overcollateralization) 요건을 만족할 경우에만 스테이블코인의 발행(민팅) 또는 대출이 허용	스테이블코인의 과잉 공급을 방지하여 가치 하락 관리
담보 비율 조정	알고리즘 기반 스테이블코인(예 FRAX)의 경우, 오라클이 제공하는 스테이블코인 자체의 가격 정보를 바탕으로 필요 담보 비율을 동적으로 변경	시장 수요에 따라 담보를 탄력적으로 관리하여 효율성을 높임

⑤ **미래 전망**

2025년 이후 스테이블코인 담보 관리는 토큰화 자산(RWA) 확대로 효율화될 전망이며 오라클은 AI 통합으로 더 안전해질 것입니다. 시장은 2030년 4조 달러로 성장하며 플라즈마 스테이블과 같은 체인이 오라클 중심 인프라를 주도합니다.

4. 스테이블코인의 위협 요소: 디페깅

스테이블코인은 이름과 달리, 다양한 내재적·외부적 위협 요소(리스크)를 가지고 있으며 이들은 코인의 가격 안정성(페그, Peg)을 무너뜨리는 디페깅(Depegging) 현상을 유발할 수 있습니다.

① 스테이블코인의 유형별 위협 요소

(1) 법정화폐 담보형(Fiat-collateralized, 예 USDT, USDC)

- **준비 자산의 부실 운영 및 투명성 부족**: 발행사가 보유한 준비금(예 달러, 국채)이 발행된 코인 총액을 일대일로 충당하지 못하거나 준비금을 현금처럼 유동성이 낮은 자산(예 회사채, 대출 채권)으로 구성하여 대량 환매 요구(Coin Run)에 적절히 대응하지 못할 위험이 있습니다.

- **중앙화 및 규제 위험**: 담보 관리가 중앙화된 기관(발행사)에 의존하므로 발행사가 법적 제재를 받거나 정부 개입으로 인해 자산이 동결될 위험이 있습니다.

• USDT는 2018년 10월 은행 파트너십 불확실성과 준비금 부족설이 확산되면서, 일부 거래소에서 0.85달러까지 급락했습니다.

• USDC는 실리콘밸리은행 파산 당시 발행사 서클이 보유한 준비금 중 약 33억 달러가 SVB에 예치되어 있었다는 사실이 공개되자, 시장 참가자들이 불안을 느껴 USDC 매도가 급격하게 증가했습니다.

(2) 암호화폐 담보형(Crypto-collateralized, 예 다이)

• **담보 자산의 가격 변동성:** 담보로 잡은 암호화폐(예 이더리움)의 가격이 급락할 경우, 담보 가치가 급격히 떨어져 청산이 원활하게 이루어지지 않거나 시스템의 악성 부채가 발생할 위험이 있습니다.

• **초과 담보의 비효율성:** 변동성에 대비하기 위해 초과 담보(Overcollateralization)를 요구하므로 자본 효율성이 떨어집니다.

• **기술적/거버넌스 위험:** 담보 관리를 위한 스마트 계약 자체의 취약점이나 DAO(탈중앙화 자율 조직) 기반의 느린 의사 결정 구조가 시장 급변에 신속하게 대응하지 못할 위험이 있습니다.

• 다이는 2020년 3월, 이더리움 가격이 큰 폭으로 하락하면서 대규모 청산이 발생하였고 이더리움 네트워크 혼잡으로 여러 가지 문제가 발생하였습니다. 이로 인해 0.9달러까지 하락하기도 했고 때로는 1.1달러까지 치솟는 역디페깅 현상도 나타났습니다.

(3) 알고리즘/무담보형(Algorithmic/Non-collateralized, 예 UST)

• **시스템 붕괴 위험(테라 사태):** 담보 없이 알고리즘(자매 코인과의 차익 거래 메커니즘)에만 의존하여 가격을 유지하므로 시장의 신뢰가 무너지거나 대규모 투기적 공격이 들어올 경우, 디페깅을 방어할 실물 자산이 없어 시스템 전

체가 붕괴할 위험이 가장 높습니다(2022년 테라-루나 사태의 주요 원인).

- **폰지적 성격 논란**: 시스템의 안정성 유지가 새로운 투자자의 지속적인 유입과 차익 거래에 대한 시장의 기대에 의존하게 되어 시스템 확장이 멈추면 취약해진다는 비판이 있습니다.

- UST는 이런 문제로 인한 시장 신뢰 상실로, 400억 달러 이상의 시가 총액이 소실되었습니다.

② 시장 및 경제적 위협

(1) 은행 예금과의 경쟁

스테이블코인은 디지털 달러 페그 대안을 제공하며 은행 예금과 직접 경쟁하고 불안정 통화 지역에서 은행 예금보다 강점이 있습니다.

(2) 한국은행의 관점

- **경고**: 규제되지 않은 스테이블코인은 금융 시스템을 불안정하게 만들 가능성이 있습니다. 중앙은행 감독과 준비금 보유가 필요하다고 주장합니다.

- **2025년 8월**: 디지털화폐연구부장이 '중앙은행 백스톱(뒷배, 최후의 안전장치)'의 필요성 강조, 감독 없는 민간 발행 리스크 언급하였습니다.

- **국내 영향**: 시중 은행 컨소시엄과 금융기업들이 스테이블코인을 탐색하고 있지만, 한국은행의 우려로 시범 사업이 지연되고 있습니다.

(3) 국제 결제 은행(BIS) 경고

- **연계성**: 전통 금융과 스테이블코인 연결 증가로 안전 자산(국채) 매각 리스크가 높아지고 있습니다.

- 2025년 7월: 스테이블코인으로 인해 은행 예금이 10~20% 감소하고 자금 조달 비용이 24~42bp 증가하여, 대출 금리가 상승할 가능성이 있다고 경고합니다.

- 규모 영향: 시장 규모가 2조 달러에 도달할 경우(2028년 스탠다드차타드은행 전망), 신흥국에서만 1조 달러의 예금이 유출될 가능성이 예상됩니다.

(4) 글로벌 분석

- 맥킨지: 2028년까지 일일 2,500억 달러를 처리하며 하루 5조~7조 달러를 처리하는 레거시 시스템이 필요할 것으로 예상합니다.

- 기업의 13%가 사용 중이고 54%가 도입을 계획하고 있으며 국경 간 결제의 5~10%(2030년 기준 2.1~4.2조 달러)를 차지할 것으로 예상됩니다.

③ 신흥국 자본 유출

신흥국(EM)은 인플레이션과 통화 불안으로 스테이블코인 채택률이 높아지고, 이는 현지 은행에서의 자본 유출을 가속화하고 있습니다.

(1) 스탠다드차타드은행 추정

- 규모: 2028년까지 신흥국 은행 예금에서 1조 달러 규모의 자금이 스테이블코인으로 이동할 것으로 예측됩니다.

- 최취약국: 이집트, 파키스탄, 콜롬비아

- 메커니즘: 스테이블코인이 사실상 'USD 기반 은행 계좌'의 역할을 수행합니다.

(2) 체이널리시스 라틴아메리카 보고서

- 전년 대비(YoY) 63% 성장했으며, 기업 결제의 71%가 스테이블코인을 크

로스보더 결제에 사용합니다.

- **아르헨티나**: 암호화폐 채택률이 20%에 달하며 140%의 인플레이션으로 인해 저축 및 송금에 스테이블코인을 사용합니다.

(3) 국제 결제 은행 우려

- 달러화로 인한 통화 주권 침식 가능성을 우려하고 있습니다.
- 신흥국의 스테이블코인 저축 규모는 1,730억 달러에서 2028년 1.22조 달러까지 증가할 것으로 예상됩니다.

[표 4-6] 신흥국 스테이블코인 자본 유출 데이터

지역/국가	거래량(2022~2025년)	스테이블코인 비중	채택 이유
라틴아메리카	1.5조 달러	거래의 60%+(아르헨티나)	인플레이션 헤지
브라질	3,180억 달러	기업 국경 간 결제 71%	크로스보더
아르헨티나	930억 달러	거래의 60%	200% 인플레이션
나이지리아	5,400만 사용자(인구 12%)	GDP의 4.3%	생존 수단
터키	50%+암호화폐 보유율	GDP의 4.3%	통화 통제 우회

(4) 정치적 우려

USD1 스테이블코인은 도널드 트럼프 대통령 가족이 설립한 가상 자산 플랫폼 '월드 리버티 파이낸셜(World Liberty Financial, WLFI)'이 발행한 달러 담보형 스테이블코인입니다. USD1의 리스크는 모든 법정화폐 담보형 스테이블코인이 가진 일반적인 위험과 신규 코인으로서 가지는 고유의 위험이 결합되어 나타납니다.

- **시장 신뢰도 및 검증 부족**: 기존의 대형 코인들에 비해 운영 기간과 시장 검증 사례가 적어 장기적인 안정성과 신뢰도를 확보하는 데 시간이 필요합니다.

- **정치적/평판 리스크**: 트럼프 가족이 관여하는 웹 3 사업체에서 발행했기 때문에 정치적 상황이나 평판 문제 또는 유착 관계 의혹 등이 코인의 안정성과 규제 환경에 예기치 않은 영향을 미칠 수 있습니다. 특히. 최근 $TRUMP(-89.5%), $MELANIA(-98.6%) 등 관련 코인의 가격 급락으로 인해 트럼프 관련 코인들에 대한 의구심이 커지고 있습니다.

5장

주요 스테이블코인

스테이블코인이라고 분류되는 암호화폐는 약 400여 종이나 됩니다. 스테이블코인은 단순히 '가격이 안정적인 암호화폐'를 넘어 디지털 금융 인프라의 핵심 역할을 수행하며 미래 금융의 패러다임을 바꾸고 있습니다. 스테이블코인은 이름과 달리, 완벽하게 안전하지만은 않으며 안정성을 유지하는 방식에 따라 각기 다른 위험 요소를 내포하고 있습니다. 리스크를 이해하는 것은 필수적인 안전장치입니다. 궁극적으로 다양한 스테이블코인을 이해하는 것은 리스크 관리 능력을 높이고 향후 투자에 있어 위험 요소를 최소화하는 방법입니다.

1. 테더 (USDT): 스테이블코인 시가 총액 1위

테더는 현재 전 세계에서 가장 많이 쓰이는 스테이블코인으로, 스테이블코인 중 시가총액 기준 1위 자리를 굳건히 지키고 있습니다. 글로벌 암호화폐 거래소의 기본 마켓이 대부분 테더 기반이며 실제 디파이 유동성의 상당 부분도 테더로 이루어져 있습니다.

투자자의 입장에서 테더는 곧 '디지털 달러'로 기능합니다. 한국 원화 투자자가 2020년에 테더를 매수했다면 단순히 원/달러 환율 상승에 의해 약 27%의 환차익을 얻을 수 있었습니다. 즉, 코인 시장 변동성과 무관하게 달러 강세에 베팅할 수 있는 간접 수단이 된다는 점이 강점입니다. 다만, 리스크도 분명합니다. 준비금 투명성 논란은 꾸준히 제기되고 있으며 규제 압박이 커질 경우, 단일 코인 의존이 위험할 수 있습니다. 테더를 달러 스테이블코인의 대표 자산으로 인정하되, USDC와 분산 투자 전략을 고려하는 것이 합리적입니다.

① 테더의 탄생과 성장

(1) 스테이블코인의 개념과 필요성

암호화폐 시장은 태생적으로 변동성이 큽니다. 비트코인과 이더리움 같은 자산은 장기적으로 가격 상승을 기대할 수 있지만, 단기적으로는 급등락이 빈번합니다. 이러한 가격 변동성은 거래소에서의 환전, 투자자 간 자산 교환, 디파이 서비스 이용에 큰 불편을 초래했습니다.

스테이블코인은 이러한 문제를 해결하기 위해 등장한 자산입니다. 이름 그대로 가격이 안정된(stable) 암호화폐로, 달러와 같은 법정화폐 또는 금·채권 등 기초 자산의 가치를 일대일로 추종하는 구조를 가지고 있습니다. 스테이블코인이 없다면 투자자는 언제나 변동성이 큰 암호화폐로만 거래해야 하므로 안정적인 거래와 자금 관리가 사실상 불가능했을 것입니다. 이에 따라 스테이블코인은 암호화폐 생태계에서 일종의 '디지털 달러' 역할을 수행하게 되었습니다.

(2) 테더의 등장 배경

2014년 이전 암호화폐 거래소들은 대부분 비트코인 마켓 기반으로 운영되었습니다. 하지만 법정화폐를 직접 입출금하는 과정은 규제, 은행 시스템 연계 문제, 송금 지연 등으로 인해 매우 불편했습니다. 특히, 거래소가 은행 계좌를 확보하지 못해 법정화폐를 원활하게 다루지 못하는 경우가 빈번했습니다.

이에 비트파이넥스 거래소는 이러한 불편을 해결하고자 '법정화폐를 블록체인상에서 디지털 토큰으로 변환해 거래소에서 바로 사용할 수 있다.'라는 아이디어를 제시했습니다.

(3) 테더의 초기 구조와 발행 방식

테더는 기본적으로 '1테더＝1USD'의 가치를 유지하도록 설계되었습니다. 구조는 단순했습니다.

• 사용자가 달러를 테더 사에 예치하면 동일한 양의 테더가 발행됩니다.

- 사용자가 테더를 테더 사에 반환→동일한 양의 달러 지급 후 소각되는 구조를 통해, 거래소는 은행 계좌 없이도 테더를 달러 대용으로 활용할 수 있었습니다. 즉, '달러를 직접 입금하지 않아도 블록체인상에서 1달러와 동일한 가치를 가진 토큰을 쓸 수 있는 길'이 열린 것입니다. 이 초기 모델은 법정화폐 규제와 송금이 까다로운 국가나, 빠르게 달러 기반 거래를 원했던 암호화폐 투자자들에게 특히 매력적으로 다가왔습니다.

(4) 글로벌 암호화폐 거래소에서 테더가 기축통화가 된 과정

시간이 지나면서 테더는 단순한 편의 수단을 넘어 암호화폐 시장의 기축통화로 자리 잡게 되었습니다. 그 이유는 크게 3가지입니다.

- **거래소 상장 편의성**: 소규모 거래소조차 은행 계좌 없이 테더 마켓만 열면 전 세계 투자자와 달러 기반 거래를 할 수 있었습니다. 이는 신규 거래소 성장에 결정적 역할을 했습니다.

- **국경 없는 달러 유통**: 테더는 블록체인 네트워크를 통해 전송되므로 국가 간 송금 제한이나 은행 규제를 회피할 수 있었습니다.

- **시장 신뢰의 자기 강화 효과**: 대다수 거래소가 테더 마켓을 채택하고 투자자들이 거래소 간 차익 거래 시 테더를 기본 단위로 삼으면서 네트워크 효과가 발생했습니다. 결국 시장 참여자가 많아질수록 테더 사용은 더 늘어나고 이는 다시 신뢰로 이어졌습니다.

그 결과, 2017년 이후 테더는 사실상 암호화폐 거래소의 기본 통화가 되었으며 현재 전체 스테이블코인 시장 점유율의 과반을 차지하고 있습니다.

(1) 준비금 구조

테더의 핵심은 '1USDT=1USD'라는 신뢰를 유지하는 데 있습니다. 이를 위해 테더 사는 USDT 발행량에 상응하는 자산을 준비금으로 보유하고 있다고 주장해 왔습니다. 초기에는 준비금의 대부분이 은행 예치금으로 알려졌지만, 시간이 지나면서 상업 어음, 기업 대출, 담보 대출 등 다양한 자산이 포함된 사실이 드러났습니다. 2021년 이후에는 시장의 압박과 규제 당국의 요구에 따라 준비금 구성을 점차 안정적으로 바꿨습니다. 최근 보고서에 따르면, 미국 국채와 현금성 자산이 준비금의 대부분을 차지하고 있으며 상업 어음 비중은 사실상 제거되었습니다.

즉, 테더는 달러 현금뿐만 아니라 국채, 단기 금융 상품까지 포함하여 준비금을 운용하고 있으며, 이는 수익 창출과 안정성 확보라는 2가지 목적을 동시에 추구하는 구조입니다.

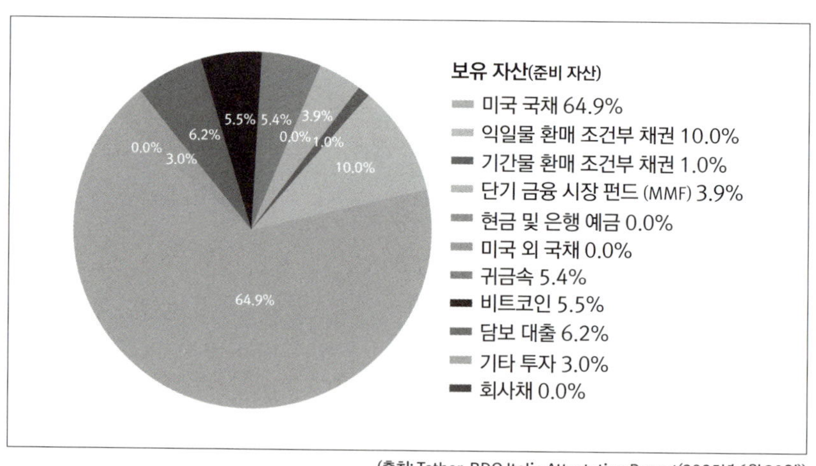

(출처: Tether, BDO Italia Attestation Report(2025년 6월 30일))

[그림 5-1] USDT 준비금 구성

(2) 감사와 투명성 문제

테더를 둘러싼 가장 큰 논란 중 하나는 '정말로 1USDT당 1USD 가치의 준비금을 갖추고 있는가?'였습니다.

2017년 이후 테더 준비금 투명성에 대한 의문이 증폭되면서 뉴욕 검찰청(NYAG)이 비트파이넥스와 테더에 대한 조사를 착수했습니다. 그 결과, 테더는 2021년 2월 합의금을 납부하고 사건을 종결했으며 이후 정기적으로 준비금 보고서를 발표하기 시작했습니다.

다만, 테더가 독립 회계 법인에 의한 완전한 외부 감사(audit)를 받은 적은 없습니다. 현재까지는 제3자 회계 법인의 '확인 보고(attestation) 수준에 머물러 있으며 이는 준비금이 특정 시점에 존재함을 확인하는 방식이지, 연속적인 회계 검증은 아닙니다. 따라서 투자자와 기관은 여전히 '테더의 준비금은 충분한가?'라는 질문을 완전히 해소하지 못한 상태입니다.

(3) 네트워크 다변화

테더의 강점 중 하나는 다양한 블록체인 네트워크에서 발행된다는 점입니다.

- 이더리움(ERC-20): 가장 널리 사용되는 네트워크로, 디파이와 호환성이 뛰어납니다.

- 트론(TRC-20): 전송 수수료가 저렴하여 거래소와 개인 투자자 간 송금 수단으로 널리 사용됩니다.

- 솔라나, 알고랜드, 아발란체 등: 확장성과 속도 개선을 위해 위해 추가된 체인들입니다.

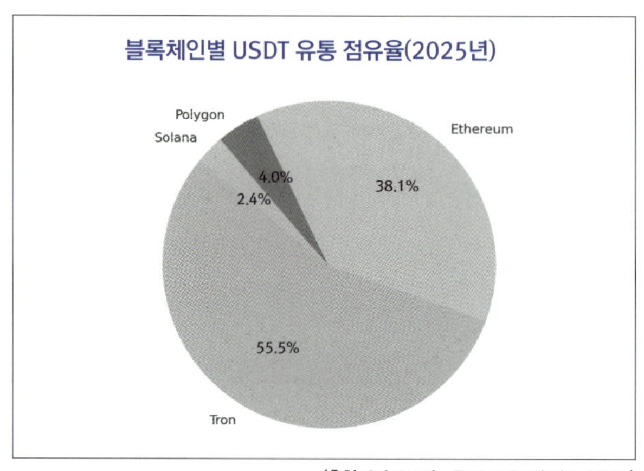

(출처: Coinlaw.io-Tether Statistics, 2025)

[그림 5-2] 체인별 USDT 유통 비율

네트워크 다변화는 사용자가 원하는 블록체인에서 자유롭게 USDT를 활용할 수 있도록 하며 이는 곧 글로벌 유동성 확대로 이어집니다. 현재 트론 기반 USDT는 아시아 시장에서 활발히 사용되고 있으며 전체 유통량의 절반 이상을 차지하고 있습니다.

[표 5-1] 주요 네트워크와 특징

네트워크	특징/강점	주의점/한계
이더리움(ERC-20)	디파이 생태계와 호환성 우수, 스마트 컨트랙트 연계 가능	가스비 비쌈, 네트워크 혼잡 시 지연 가능성
트론(TRC-20)	전송 수수료 낮음, 송금 및 거래소 입출금용으로 널리 사용	디파이 연계성 낮을 수 있음, 보안성 우려
솔라나, 알고랜드, 아발란체 등	속도·확장성 중심 체인에서 빠른 처리 가능	생태계 초기 단계, 호환성 제약 가능성
플라즈마(XPL)	스테이블코인 중심 설계, USDT 전송 시 가스비 없이 처리 가능(전용 지갑 사용 시)	네트워크 초기 단계, 생태계 확장성 검증 필요
기타 체인	사용자 수요 또는 파트너십에 따라 발행 체인 추가 가능	각 체인의 보안/감독 리스크 고려 필요

(출처: 테더 공식 웹 사이트)

2025년 9월, 플라즈마(Plasma, XPL)가 메인넷을 출시하며 스테이블코인 특화 체인의 개념을 제시했습니다. 플라즈마는 전용 지갑 사용 시 기본적인 테더 전송 가스비를 면제하는 구조를 갖추고 있어, 사용자가 별도의 네이티브 코인을 미리 구매해야 하는 진입 장벽을 제거한 혁신적인 모델입니다. 또한 EVM 호환성, 빠른 블록 확정성, 높은 TPS를 목표로 설계되었으며 기존 디파이 생태계와의 연계 가능성도 염두에 두었습니다.

현재 플라즈마는 생태계 초기 단계임에도 불구하고 하루 만에 수십억 달러 규모의 스테이블코인이 유입되었다는 보도가 나올 정도로 주목받고 있습니다. 일부 거래소는 플라즈마 기반 테더 입출금 수수료 면제 혜택을 제공하며 사용자 유입을 적극 유도하고 있습니다. 그러나 이 체인이 장기적으로 안정성을 유지할 수 있을지는 보안, 거버넌스, 생태계 확장성 등의 요소가 시험대가 될 것입니다.

(4) 운영의 특징과 한계

테더는 단순한 스테이블코인을 넘어 사실상 암호화폐 생태계의 기초 인프라로 자리 잡았습니다. 거래소 간 자금 이동, 디파이 유동성 공급, 해외 송금 등 다양한 분야에서 활용되고 있습니다. 그러나 운영 구조에는 몇 가지 한계도 존재합니다.

- **중앙화 리스크**: 발행과 상환을 통제하는 권한이 테더 사에 집중되어 있습니다.
- **규제 불확실성**: 미국과 유럽에서 스테이블코인 규제가 강화되면 테더가 직접 영향을 받을 수 있습니다.
- **투명성 문제**: 외부 감사 부재로 인해 시장에는 항상 의구심이 남아 있습니다.

③ 테더를 둘러싼 논란

(1) 준비금 불충분 논란(2017~2021년)

테더를 둘러싼 가장 큰 의문은 '정말 1USDT가 1달러로 보장되는가?'였습니다. 2017년부터 시장에서는 테더가 발행한 USDT의 규모와 실제 보유 달러가 일치하지 않을 것이라는 의혹이 제기되었습니다. 테더는 초기에 '발행된 모든 USDT는 100% 달러 현금으로 뒷받침된다.'라고 주장했지만 시간이 지나면서 준비금 일부가 상업 어음, 담보 대출, 기타 자산으로 구성된 사실이 드러났습니다. 특히, 2018년 비트코인 가격 급등기에는 대규모 테더 발행이 비트코인 가격 상승을 인위적으로 부추겼다는 연구 결과가 나오기도 했습니다. 이 시기 준비금 불투명성은 시장 신뢰를 크게 흔드는 요인으로 작용했습니다.

(2) 뉴욕 검찰청(NYAG)과의 합의 사례

2019년 뉴욕 검찰청(NYAG)은 테더와 비트파이넥스가 고객 자금을 불법적으로 전용해 손실을 메웠다고 조사했습니다. 조사 결과, 테더는 일정 기간 동안 준비금이 100% 달러 현금으로 보장되지 않았다는 것을 인정할 수밖에 없었습니다.

2021년 2월, 테더와 비트파이넥스는 합의금 1,850만 달러를 납부하고 뉴욕 검찰청과의 사건을 종결했습니다. 동시에 뉴욕 내에서 테더의 영업 활동을 중단하기로 합의했습니다. 또한 테더는 향후 정기적으로 준비금 현황을 공시해야 한다는 조건을 수용했습니다.

이 사건은 테더가 공식적으로 '준비금 100% 현금 보유'라는 주장을 철회하고 다양한 자산 구성을 인정하게 된 계기였습니다. 동시에 규제 당국이 스테이블코인 투명성을 문제 삼은 첫 본격적 사례로 기록됩니다.

④ 거시 경제와 테더

(1) 글로벌 환율과 테더

테더는 단순히 암호화폐 시장 내 교환 수단이 아니라 사실상 '국경 없는 디지털 달러'로 기능하고 있습니다. 원/달러 환율을 비롯한 글로벌 환율 변동은 곧 테더 보유자에게 직접적인 투자 수익 또는 손실을 가져옵니다.

예를 들어 2020년 원/달러 환율이 1,100원일 때 테더를 매수한 한국 투자자가 2025년 현재 환율 1,400원 시점까지 단순 보유했다면, 별다른 거래 활동 없이도 약 27%의 환차익을 얻게 됩니다. 이는 전통적 외환 거래와 동일한 효과이며 테더가 사실상 환율 투자 수단으로 활용될 수 있다는 것을 보여줍니다. 따라서 테더는 암호화폐 투자자뿐만 아니라 글로벌 달러 헤지 수단을 찾는 투자자들에게도 중요한 도구로 자리매김하고 있습니다.

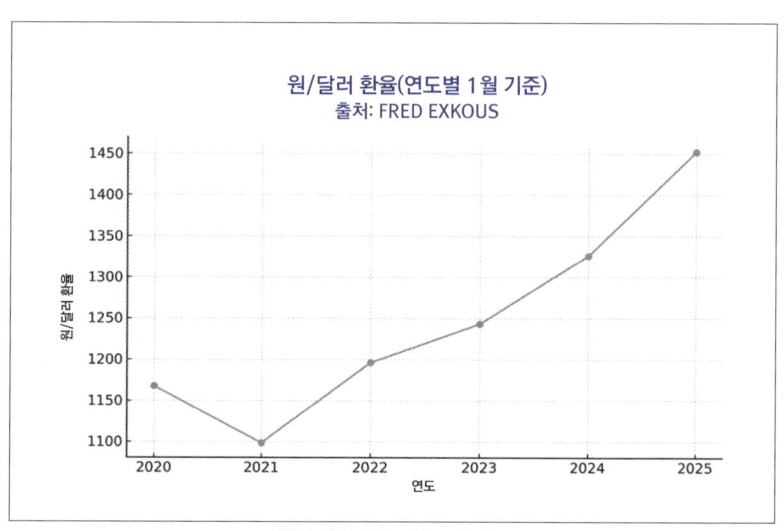

(출처: 세인트루이스 연방준비은행(FRED, Federal Reserve Bank of St. Louis)

[그림 5-3] 원(KRW)/달러(USD) 환율

(2) 신흥국 통화 불안정과 테더 수요

터키, 아르헨티나, 베네수엘라 등 일부 신흥국에서는 자국 통화 가치가 불안정하거나 심각한 인플레이션을 겪고 있습니다. 이들 국가의 국민은 달러를 직접 구하기 어렵기 때문에 거래소나 P2P 네트워크를 통해 테더를 디지털 달러 대체재로 사용합니다.

예를 들어, 터키 리라화가 급격히 평가절하될 때, 현지인들은 은행 예금 대신 테더를 보유함으로써 가치를 보존하려 했습니다. 아르헨티나에서도 물가 상승으로 달러 수요가 폭증하자, 실제 상점과 온라인 거래에서 테더가 결제 수단으로 사용되기 시작했습니다. 즉, 테더는 금융 인프라가 부족한 국가에서 달러화된 안전 자산으로 인식되고 있으며, 이는 테더 수요를 꾸준히 확대하는 요인이 됩니다.

(3) 미국 금리, 국채 시장과 테더 준비금의 연관성

현재 테더 사의 준비금 중 상당 부분은 미국 단기 국채로 구성되어 있습니다. 이는 단순히 준비금 안정성을 위한 선택일 뿐만 아니라 미국 금리 정책과 직결된다는 점에서 중요합니다.

- 금리 상승기: 테더 사는 보유 국채에서 더 높은 이자 수익을 얻습니다. 이는 회사의 수익성을 강화하고 준비금 건전성에도 긍정적인 영향을 미칩니다.
- 금리 하락기: 테더의 수익성은 감소하지만 준비금 자체가 국채라는 점에서 안정성은 유지됩니다.

결국 테더의 재무 건전성은 미국 국채 시장과 연동되어 있으며 이는 곧 미국 통화 정책이 스테이블코인 시장에 간접적으로 영향을 미친다는 의미입니다. 테더를 보유한다는 것은 곧 미국 국채와 달러의 안정성에 베팅하는 것과 다름없습니다.

(4) 달러 패권과 스테이블코인: 보유재인가, 대체재인가?

달러는 여전히 세계 기축통화입니다. 반면, 테더는 달러를 기반으로 하면서도 기존 금융 시스템을 거치지 않고 전 세계에 유통되는 디지털 달러입니다. 이 점에서 학계와 업계에서는 2가지 시각이 존재합니다.

- **보완재 시각:** 테더는 달러 수요를 확대하는 수단입니다. 신흥국에서 테더 사용이 늘어나면 달러 의존도가 높아지고 이는 달러 패권을 더욱 공고히 합니다.

- **대체재 시각:** 테더는 달러 금융 시스템을 우회하여 사용되기 때문에 미국의 통제력이 약화될 수 있습니다. 특히, 자본 통제가 강한 국가에서는 정부가 아닌 시장 참여자가 디지털 달러를 통제하는 결과를 초래할 수 있습니다.

현시점에서는 보완재적 성격이 더 강합니다. 그러나 미국 규제 당국이 스테이블코인 시장을 적극적으로 규제하기 시작한다면 테더가 '규제받지 않는 달러'라는 성격 때문에 달러 패권의 도전자로 해석될 수도 있습니다.

⑤ 투자자의 관점에서 본 테더

(1) 달러 투자 수단으로서의 테더

테더는 단순한 스테이블코인을 넘어 사실상 디지털 달러 투자 수단으로 기능합니다. 원/달러 환율이 변동하는 만큼 테더의 원화 가치는 변하기 때문에 외환 시장에서 달러를 직접 보유하지 않아도 디지털 환경에서 달러 투자 효과를 누릴 수 있습니다.

(2) 디파이 활용 전략

테더는 디파이 생태계에서 가장 널리 활용되는 담보 자산입니다.

- **대출 플랫폼:** 에이브(Aave), 컴파운드(Compound) 등에서 담보로 예치 후 다

른 자산을 대출받을 수 있습니다.

- **유동성 공급**: 유니스왑, 커브(Curve) 등에서 테더 기반 유동성 풀에 참여해 거래 수수료 수익을 얻을 수 있습니다.
- **파생 상품 거래**: 선물·옵션 시장에서 기본 증거금으로 사용되어 레버리지 투자가 가능합니다.

즉, 테더는 단순 보유뿐만 아니라 자산 증식 수단으로도 활발히 활용되고 있습니다. 다만, 디파이 참여 시에는 스마트 컨트랙트 해킹, 청산 리스크 등의 추가적인 위험을 항상 고려해야 합니다.

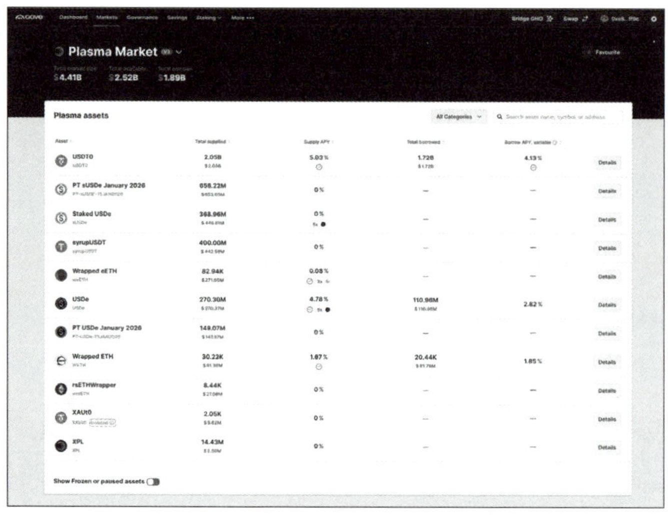

(출처: app.aave.com)

[그림 5-4] 테더 예치, 대출 및 유동성 공급 플랫폼 예시

(3) 거래소 유동성과 테더

전 세계 거래소 대부분은 테더 마켓을 기본 거래 쌍으로 운영하고 있습니다. 이는 테더가 사실상 암호화폐 시장의 기축통화라는 의미입니다. 거래소에서 테더를 기준으로 다양한 암호화폐가 거래되므로 투자자는 테더를 통해 손쉽게 자산을 매매할 수 있습니다. 특히, 변동성이 큰 장세에서 투자자는 테더로 빠르게 환전함으로써 현금 보유와 같은 효과를 얻을 수 있습니다.

⑥ 테더의 미래

(1) 규제 강화 시대와 테더

스테이블코인이 글로벌 금융 질서의 일부로 자리 잡으면서 규제는 피할 수 없는 과제가 되었습니다. 미국은 2024년부터 스테이블코인 준비금 투명성, 발행사 면허, 감사 기준 등을 포함한 법안을 본격적으로 논의하였으며 2025년에는 지니어스 법(GENIUS Act)을 통과시켰습니다. 유럽연합도 MiCA(Market in Crypto-Assets) 규제를 통해 스테이블코인을 제도권 금융의 범주에 포함시키고 있습니다.

테더는 규제 친화적 이미지를 앞세운 USDC와 달리, 상대적으로 규제 당국과 거리를 둔 채 시장 중심으로 성장했습니다. 그러나 앞으로는 국제 규제 공조가 강화될 경우, 테더 역시 준비금 공개 수준을 높이고 외부 감사를 도입해야만 장기 생존력을 확보할 수 있을 것입니다.

(2) CBDC와의 경쟁

CBDC(중앙은행 디지털 화폐)는 각국 정부가 직접 발행하는 디지털 법정 화폐입니다. 미국, 유럽, 중국, 한국 등 주요국이 연구와 파일럿 테스트를 진행 중이며 성공적으로 상용화될 경우 스테이블코인의 최대 경쟁자가 될 수 있습니다.

다만, CBDC는 중앙은행 계좌 의무화, 개인정보 노출, 국제 호환성 부족 등으로 인해 시장 수요를 완전히 대체하기는 어렵습니다. 이에 따라 테더는 오히려 CBDC와 공존하면서 '규제 받지 않는 민간 디지털 달러'라는 고유한 위치를 유지할 가능성이 높습니다.

(3) 글로벌 금융 확장 가능성

테더는 이미 신흥국에서 디지털 달러로 통용되고 있으며 아프리카, 남미, 동남아시아 등 자본 통제가 강한 지역에서는 사실상 비공식 달러화 도구로 자리 잡고 있습니다. 거래소를 넘어 글로벌 송금 시장, 상업 결제, 국채 담보형 금융 상품까지 영역을 확대할 가능성이 있습니다. 특히 준비금을 미국 국채에 집중하는 전략은 전통 금융과의 연결성을 강화하고 있으며 이는 테더가 '가장 큰 민간 달러 보유자'로 자리 잡는 결과를 낳고 있습니다.

(4) 테더의 진화: 미국 시장 대응과 USAT 출시 계획

테더는 이제 전 세계 유동성 공급의 중심 역할을 넘어 미국 규제 환경에 최적화된 새로운 스테이블코인을 선보일 계획을 세우고 있습니다. 2025년 9월, 테더는 'USAT'라는 이름의 미국 전용 달러 기반 스테이블코인을 공식 발표하였습니다. 이 프로젝트는 미국 내 기관과 투자자에게 합법적이고 규제 친화적인 디지털 달러 선택지를 제공하겠다는 목표를 가지고 추진되고 있습니다.

테더는 USAT의 미국 규제 준수 설계를 강조하며 보 하인스(Bo Hines, 전 백악관 암호화폐 정책 책임자)를 USAT 사업부의 CEO로 임명하였다고 밝혔습니다. 또한 앵거리지 디지털(Anchorage Digital)이 발행 파트너로, 캔터 피츠제럴드(Cantor Fitzgerald)가 준비금 자산을 관리하는 기관으로 참여할 예정입니다.

이 같은 움직임의 배경에는 2025년 제정된 지니어스 법이 있습니다. 이 법안은 미국 내 스테이블코인 발행사에게 준비금 100% 보증, 정기 감사, 은행 수준의 규제 준수, 내부 거버넌스 요건 충족 등을 요구하며 스테이블코인 산업의 제도화를 본격화했습니다. 테더는 USAT를 지니어스 법 규정을 완벽히 충족하는 형태로 설계할 예정이며 이를 통해 미국 내 제도권 시장에 직접 진입할 기반을 마련하려 하고 있습니다. 한편, 글로벌 시장에서 사용되는 기존 테더는 기존과 같은 방식으로 운영하되, USAT를 통해 미국 내 규제 리스크를 분리·관리하겠다는 이중 구조 전략을 시사했습니다.

- **규제 수용을 통한 제도권 편입 가능성 확대**: 지니어스 법에 맞춘 설계는 미국 금융 기관과의 협업을 용이하게 만들 것입니다.
- **글로벌·국내 시장의 이원화 전략**: USDT는 국제 유동성 중심, USAT는 미국 규제 준수 중심으로 운영되어 리스크 분산이 가능해집니다.
- **감독 강화의 부담**: USAT의 준비금 구조, 감사 절차, 자금 흐름 분리 수준 등은 향후 주요 감독 대상이 될 전망입니다.

USAT 프로젝트는 아직 초기 단계이나 이 발표는 테더가 단순한 민간 스테이블코인 발행사에서 제도권 금융과의 접점을 넓히는 전환점에 서 있음을 시사합니다. 이는 스테이블코인 시장이 성숙 단계로 진입하고 있음을 상징하는 동시에 글로벌 통화 질서 속에서 테더의 새로운 역할을 예고하는 행보로 평가됩니다.

2. USD Coin(USDC): 미국 금융권이 만든 스테이블코인

① USDC의 탄생과 성장

(1) 스테이블코인의 필요성과 USDC의 등장

암호화폐 시장은 높은 변동성으로 거래와 자금 관리에 어려움이 많았습니다. 이를 해결하기 위해 달러 가치를 안정적으로 추종하는 스테이블코인이 필요했고 그중 하나가 바로 USD Coin(USDC)입니다.

USDC는 발행 초기부터 규제 친화성과 투명한 준비금 공개를 강조했습니다. 이는 기존 시장을 장악하던 테더와 차별화되는 부분이었습니다.

(2) 서클과 코인베이스의 파트너십

서클과 코인베이스 두 회사의 협력 관계는 2018년 9월로 거슬러 올라갑니다. 당시 서클과 코인베이스는 USDC 운영을 위한 센터(Centre) 컨소시엄을 함께 설립했고 이후 2023년 센터가 해체되면서 서클이 단독으로 운영 권한을 갖게 되었습니다. 같은 해 코인베이스는 서클의 지분 중 일부를 인수하고 양사는 협력 계약과 함께 상표 사용 계약을 체결했습니다.

- 서클은 미국 보스턴에 본사를 둔 핀테크 기업으로, 암호화폐 결제·송금 서비스를 개발해 온 회사입니다. 2024년 기준, 미국뿐만 아니라 싱가포르, 유럽 등에서도 규제 허가를 취득하고 있습니다.
- 코인베이스는 미국 최대 암호화폐 거래소로, 기관 및 개인 투자자에게 신뢰받는 플랫폼입니다. 2012년에 설립되었고 2021년 나스닥에 상장되었습니다.

이 두 회사는 USDC를 통해 투명하고 규제 친화적인 스테이블코인을 만들고자 했습니다. 준비금은 100% 달러 현금 및 단기 미국 국채로 보유하고 회계 법인의 월간 검증 보고서를 통해 이를 공개한다는 점이 특징입니다.

(3) 규제 친화적 이미지와 기관 신뢰 확보

USDC는 등장 직후부터 기관 투자자와 금융사의 신뢰를 얻었습니다. 이는 준비금 투명성 덕분이었습니다. 테더가 준비금 불투명 논란을 겪을 때 USDC

는 오히려 '규제에 맞춘 안전한 스테이블코인'이라는 이미지를 구축했습니다.

또한 USDC는 비자, 블랙록 등 전통 금융 기관과 파트너십을 맺으며 단순히 암호화폐 거래소용 자산이 아니라 전통 금융과 디지털 자산을 잇는 가교로서의 입지를 확보했습니다.

- 미국 「자금 세탁 방지법(AML)」 및 고객 신원 확인(KYC) 기준을 충족했습니다.
- 회계 감사와 정보 공개를 통해 투명성(Transparency)을 핵심 가치로 삼고 있습니다.
- 서클은 MiCA 등 해외 규제에도 대응할 수 있도록 유럽 자회사인 Circle Ireland 및 Circle France SAS를 통해 라이선스를 취득했습니다.

② USDC의 구조와 운영

(1) 준비금 구조

USDC의 가장 큰 특징은 100% 준비금 보증입니다. 발행된 모든 USDC는 동일한 가치의 미국 달러 현금과 단기 미국 국채로 뒷받침됩니다. 준비금은 규제된 금융 기관에 보관되며 제3자 회계 법인이 매월 검증 보고서를 발표합

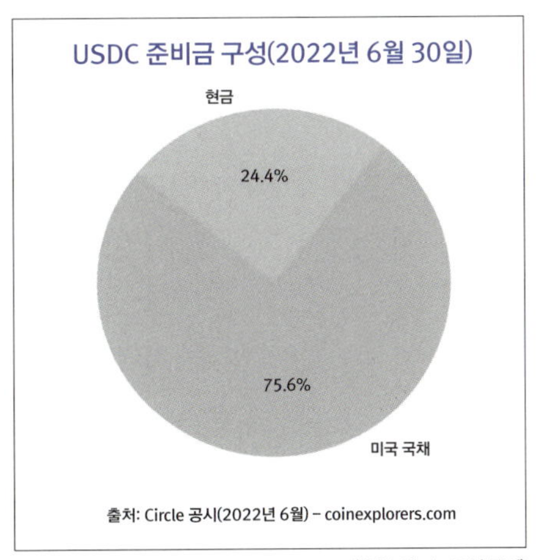

(출처: Circle 공식 공시)

[그림 5-5] USDC 준비금 구성(2022년 6월 30일 기준)

니다. 이 점은 준비금 구성이 다양하고 불투명했던 테더와 뚜렷한 차별화되는 부분입니다. USDC 투자자들은 발행량과 준비금이 일치한다는 점에서 더 큰 신뢰를 갖게 되었습니다.

(2) 외부 감사 및 투명성 체계

USDC는 출시 초기부터 투명성을 핵심 가치로 삼았습니다.

- 월간 감사 보고서: 회계 법인 그랜트 손튼(Grant Thornton) 등이 매월 준비금 보유 현황을 검증하여 공개합니다.
- 준비금 공개: 현금과 단기 국채 비중을 세부적으로 구분하여 제시합니다.
- 규제 준수: 미국 내 송금 라이선스와 금융 규제를 준수하며 운영되고 있습니다.

(3) 발행·상환 메커니즘

USDC는 발행과 상환 절차가 명확하게 규정되어 있습니다.

- 사용자가 서클에 달러를 예치하면 동일한 수량의 USDC가 발행됩니다.
- 사용자가 USDC를 반환하면 준비금에서 동일한 금액의 달러가 지급되고 해당 USDC는 소각됩니다.

(4) 다중 네트워크 발행

USDC는 다양한 블록체인 네트워크에서 발행되고 있습니다.

- 이더리움(ERC-20): 디파이와 호환성이 뛰어나 가장 활발히 사용됩니다.
- 솔라나: 저비용·고속 거래에 강점을 가진 체인으로, 결제와 송금에 적합합니다.
- 아발란체, 폴리곤, 아비트럼, 옵티미즘 등: 레이어 1과 레이어 2 네트워크로 빠

르게 확장하여 USDC의 활용 범위를 넓혔습니다.

이처럼 네트워크 다변화를 통해 USDC는 결제, 디파이 송금 등 다양한
용도에서 쉽게 활용될 수 있습니다.

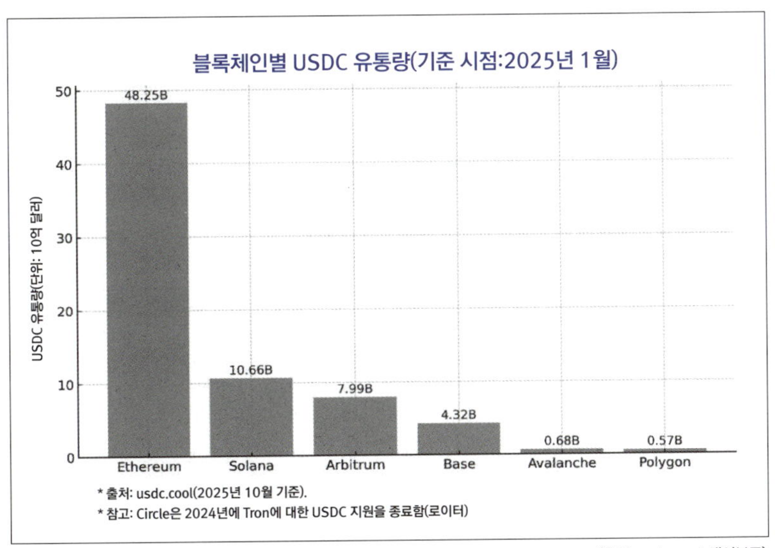

(출처: usdc.cool 대시보드)

[그림 5-6] USDC 네트워크별 유통량

③ USDC를 둘러싼 쟁점

(1) 준비금 투명성과 신뢰성 논란

USDC는 출시 초기부터 100% 준비금 보증과 월간 검증 보고서를 강조
해 왔습니다. 그러나 시장은 여전히 '준비금이 언제, 어디서 어떻게 관리되는
가?'에 대해 민감하게 반응했습니다. 특히, USDC 준비금이 미국 은행 시스
템에 의존하고 있다는 점은 장점이자 리스크입니다. 은행 규제가 투명성을
보장하지만, 은행 자체의 문제에 따라 리스크가 그대로 전이될 수 있기 때문
입니다.

(2) 실리콘밸리은행 사태와 2023년 디페깅 사건

2023년 3월, 미국 실리콘밸리은행이 파산하면서 USDC 준비금 중 약 33억 달러가 이 은행에 묶였습니다. 이 사건은 즉시 시장에 충격을 주었고 USDC는 일시적으로 1USDC=0.9USD 수준까지 디페깅이 발생했습니다. 비록 이후 미국 정부가 예치금을 전액 보증하겠다고 발표하면서 페그가 회복되었지만, 이 사건은 '아무리 규제 친화적인 스테이블코인이라도 은행 리스크에서 자유로울 수 없다.'라는 점을 보여 주었습니다.

[표 5-2] USDC 디페깅 타임라인(실리콘밸리은행 사태, 2023년 3월)

날짜/시간대(UTC)	가격 구간(달러)	주요 이벤트
3월 10일(00:00~23:00)	1.00~1.002	실리콘밸리은행 파산, 서클의 33억 달러 노출 발표(23:00경)
3월 11일(00:00~03:00)	0.998~0.93	USDC 디페깅 시작, 코인베이스 전환 중단(03:40)
3월 11일(03:00~07:00)	0.93~0.87	최저점 0.87달러 도달(페그 대비 -13%)
3월 11일(07:00~23:59)	0.87~0.93	DEX 거래량 100억 달러+급증
3월 12일(00:00~23:59)	0.93~0.96	주말 유동성 부족, 환매 중단
3월 13일(04:00)	0.98	미국 정부 실리콘밸리은행 예금 전액 보장 발표
3월 13일(13:00~23:59)	0.99	사실상 완전 페그 회복

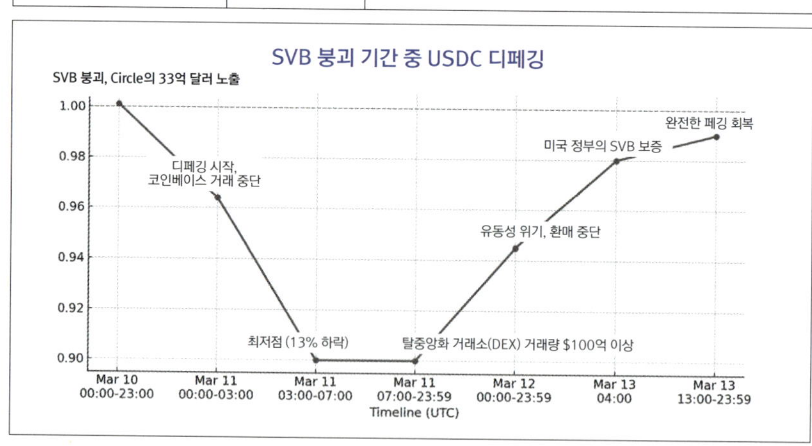

(출처: Cointelegraph)

[그림 5-7] 실리콘밸리은행 사태로 발생한 USDC 디페깅 과정

(3) 규제 논의 속에서의 위치

USDC는 미국 규제 당국과 긴밀하게 협력하며 성장했습니다. 서클은 미국 각 주의 송금 라이선스를 취득했고 준비금과 관련한 보고를 성실히 제출해 왔습니다. 그 결과, USDC는 스테이블코인 중 규제 친화적 모델로 평가받고 있으며 향후 미국이 스테이블코인을 제도권 금융에 편입할 때 가장 유리한 위치에 설 것으로 전망됩니다. 그러나 동시에 미국 금융 시스템에 대한 의존도가 높기 때문에 특정 규제 변화가 USDC에 직접적인 영향을 줄 수 있다는 점 또한 리스크입니다.

(4) 기관 채택 확대와 한계

USDC는 비자와 블랙록과 같은 전통 금융 기관과 협력하며 기관형 스테이블코인으로 자리매김했습니다. 2023년 9월, 비자는 공식 보도 자료를 통해 서클의 USDC를 이용해 결제 정산(settlement) 기능을 확장한다고 발표했습니다. 이는 스테이블코인이 단순한 거래소 자산이 아니라 글로벌 결제 인프라의 일부로 확장될 수 있다는 가능성을 보여 줍니다. 그러나 실제로 기관 결제나 송금 인프라에 USDC가 완전히 자리 잡기 위해서는 규제 안정성, 은행 리스크 해소, 국제적인 법적 지위 확보라는 과제가 남아 있습니다.

④ 투자자의 관점에서 본 USDC

(1) 달러 투자 수단으로서의 USDC

USDC는 디지털 환경에서 쉽게 접근할 수 있는 달러 투자 수단입니다. 전통적으로 달러를 직접 보유하려면 은행 계좌 개설, 환전 절차, 외환 규제를 거쳐야 하지만 USDC는 거래소나 지갑을 통해 빠르게 확보할 수 있습니다. 따라서 개인 투자자는 USDC를 통해 원/달러 환율 변동에 따른 환차익을 얻거나 단순히 달러 자산을 보유하는 효과를 기대할 수 있습니다.

(2) 환차익과 차익 거래

USDC는 달러 환율 투자와 동시에 거래소 간 차익 거래의 수단으로 활용됩니다.

- 원화 약세 구간에서는 USDC 보유만으로도 환차익이 발생합니다.
- 글로벌 거래소 간 특정 코인의 프리미엄(예 김치 프리미엄)이 발생할 때 USDC로 이 코인을 구입하여 판매할 경우 차익 거래 기회를 제공합니다.

이처럼 USDC는 안정적이면서도 투자자에게 환율 및 가격 차이를 통한 수익 기회를 제공합니다.

(3) 디파이에서의 활용

USDC는 디파이 생태계에서 많이 쓰이는 스테이블코인 중 하나입니다. 테더와 동일하게 대출 플랫폼, 유동성 공급, 스테이킹·수익 파밍 등에서 다양하게 사용됩니다. 특히, USDC는 규제 친화적 이미지 덕분에 기관형 디파이(DeFi for Institutions)에서도 선호되는 자산으로 자리 잡고 있습니다.

(4) 거래소와 결제 인프라

USDC는 글로벌 주요 거래소에서 기본 거래 쌍으로 지원되고 있으며 최근에는 국제 송금 및 결제 인프라에서도 채택 사례가 늘고 있습니다.

- 비자는 일부 결제망에서 USDC를 직접 지원하며 상점 결제 실험을 진행했습니다.
- 글로벌 핀테크 기업들은 USDC를 활용해 국경 간 송금 비용을 줄이고 실시간 결제를 가능하게 하고 있습니다.

즉, USDC는 디지털 달러로서 투자뿐만 아니라 실생활 결제와 송금 영역까지 확대되고 있습니다.

(5) 리스크 관리

투자자가 USDC를 활용할 때 고려해야 할 리스크는 다음과 같습니다.

- **디페깅 위험**: 실리콘밸리은행 사태처럼 은행 문제로 인해 일시적으로 1달러 가치가 깨질 수 있습니다.

- **은행 리스크**: 준비금이 미국 금융 기관에 집중되어 있어 특정 은행이나 금융 시장 위기가 곧바로 전이될 수 있습니다.

- **규제 리스크**: 미국 규제 환경 변화가 직접적인 영향을 미칠 수 있으며 특정 지역에서는 사용이 제한될 가능성이 있습니다.

따라서 장기적으로 USDC를 보유하거나 활용할 경우, 다른 스테이블코인과의 분산 보유하는 전략이 리스크 관리에 도움이 됩니다.

⑤ USDC의 미래

(1) 규제 강화 시대와 USDC

스테이블코인은 글로벌 금융 질서의 일부로 편입되고 있으며 이에 따라 규제는 더욱 강화되는 추세입니다. 미국 의회와 재무부는 스테이블코인을 '디지털 결제 자산'으로 분류하고 발행사에게 은행 수준의 규제와 준비금 요건을 적용하는 방안을 논의하고 있습니다.

USDC는 이미 규제 친화적 운영과 월간 준비금 검증 체계를 갖추고 있어 이러한 규제 변화 속에서 가장 수혜를 볼 가능성이 높은 스테이블코인으로 평가됩니다.

(2) CBDC와의 관계: 협력인가, 경쟁인가?

CBDC(중앙은행 디지털 화폐)는 각국 정부가 발행하는 디지털 법정화폐입니다. CBDC가 본격적으로 도입된다면 스테이블코인과의 관계는 2가지 시나리오로 나눌 수 있습니다.

- 협력 모델: CBDC가 도매 시장(은행 간 결제)에 활용되고 USDC는 소매 시장(국제 송금·결제·디파이)에서 병행 사용됩니다.
- 경쟁 모델: 각국 정부가 민간 스테이블코인 사용을 억제하고 CBDC 중심으로 통일합니다.

현재로서는 USDC가 가진 민간 혁신성과 글로벌 채택 속도를 고려할 때 CBDC와 공존할 가능성이 더 크다고 평가됩니다.

(3) RWA와 확장성

USDC는 실물 자산 토큰화(Real World Asset, RWA) 시장의 중심 축이 될 가능성이 큽니다. 블랙록은 이미 토큰화된 머니마켓펀드에 USDC를 결제 수단으로 활용하고 있으며 다양한 자산 운용사들이 USDC를 기반으로 한 RWA 상품 개발을 검토하고 있습니다. 이는 USDC가 단순한 스테이블코인을 넘어 전통 금융과 블록체인을 연결하는 핵심 인프라로 진화할 수 있다는 것을 보여 줍니다.

(4) 글로벌 결제·송금 인프라에서의 가능성

국제 송금 시장은 여전히 수수료가 높고 처리 속도가 느립니다. USDC는 이를 해결할 수 있는 강력한 대안으로 주목받고 있습니다.

- 비자와의 협력을 통해 일부 결제망에서 USDC 결제가 이미 시범 적용되고 있습니다.

• 글로벌 핀테크 기업들은 USDC를 활용하여 24시간 결제·송금 시스템을 구축하려는 움직임을 보이고 있습니다.

향후 USDC는 국제 송금과 온라인 결제 시장에서 실질적인 디지털 달러로 자리 잡을 가능성이 큽니다.

⑥ 테더 vs. USD Coin(USDC)

[표 5-3] 테더(USDT) vs. USD Coin(USDC)

구분	테더(USDT)	USD Coin(USDC)
출시 연도	2014년	2018년
발행사	테더 리미티드(Tether Limited) – 비트파이넥스 계열	서클 & 코인베이스(Centre 컨소시엄)
시장 점유율	약 60% 이상, 스테이블코인 1위	약 20~25%, 2위
준비금 구조	현금, 단기 국채, 담보 대출, 귀금속 등 혼합. 최근 국채 비중 확대	100% 현금+단기 미국 국채
감사/보고	제3자 회계 법인의 '확인 보고(attestation)'만 제공. 완전 감사 없음	Grant Thornton 등 외부 회계 법인이 매월 준비금 검증 보고
네트워크 지원	이더리움, 트론, 솔라나, 알고랜드, 아발란체, 플라즈마(XPL) 등 10개 이상	이더리움, 솔라나, 아발란체, 폴리곤, 아비트럼 옵티미즘 등 주류 체인
규제 관할	엘살바도르로 본사 이전중, 미국 내 영업 제한 사례 존재	미국 송금 라이선스 준수, 규제 친화적 운영
주요 사건	준비금 불충분 논란, NYAG 합의(2021)	실리콘밸리은행 사태(2023)→일시적 디페깅 발생
기관 신뢰도	개인·거래소 중심, 신흥국에서 사용 많음	기관·금융사 중심, 글로벌 결제 인프라 연계 확대
주요 활용	거래소 간 송금, 글로벌 유동성, 신흥국 결제	디파이 기관 결제, 송금 인프라 RWA 연계

3. Ethena USDe(USDe): 합성 달러의 새로운 시도

① USDe의 탄생과 배경

(1) 스테이블코인의 필요성과 한계

암호화폐 시장을 놀이공원에 비유해 봅시다. 비트코인과 이더리움은 롤러코스터처럼 타는 재미는 있지만, 상하좌우로 심하게 흔들리는 놀이기구와 같습니다. 투자용으로는 흥미롭지만, 결제 수단이나 가치를 안정적으로 보관하는 용도로는 불안정합니다. 그래서 등장한 것이 스테이블코인입니다. 스테이블코인은 놀이공원에서 느긋하게 탈 수 있는 회전목마처럼 가격이 크게 오르거나 내리지 않고 안정적인 가치를 유지하도록 설계되었습니다. 주로 미국 달러 같은 법정화폐 일대일 가치를 따라 움직입니다.

하지만 기존 스테이블코인들은 문제점이 있었습니다. 테더나 USD Coin(USDC)은 은행 금고에 돈을 넣어 둔 것처럼 중앙에서 관리되기 때문에 '금고에 돈이 충분히 있는지', '은행이 안전한지'와 같은 의문이 생깁니다. 반면, 알고리즘 기반 스테이블코인, 예를 들어 테라(UST)는 스스로 균형을 맞추는 자동 장치를 갖췄지만, 설계 결함으로 인해 결국 망가져 버렸습니다. 즉, 기존 모델은 안전하지만 투명성이 부족한 중앙화형과 투명하지만 위험한 알고리즘형이라는 두 극단 사이에 있었기 때문에 새로운 방식에 대한 요구가 커졌습니다.

(2) 에테나 프로젝트의 등장

여기서 등장한 것이 에테나(Ethena) 프로젝트입니다. 에테나는 기존 스테이블코인의 2가지 극단 사이에서 균형을 잡는 새로운 접근을 시도했습니다. 이들이 제안한 개념은 '합성 달러(Synthetic Dollar)'입니다. 쉽게 말하면 은행 금고에 돈을 넣어 두지 않고도 달러처럼 안정적인 가치를 만들어 내는 장치라고 볼 수 있습니다. 2024년 초 공개된 USDe는 기존 준비금 기반 스테이블코인과 알고리즘형 스테이블코인의 중간 지점에 위치하며 독창적인 설계로 시장의 관심을 끌었습니다. 투자자들은 이를 '포스트-UST 시대를 여는 새로운 시도'라고 평가하며 기존 스테이블코인의 단점을 보완할 수 있는 대안으로 기대했습니다.

(3) 합성 달러 개념

USDe는 실제 달러를 보유하지 않고도 달러처럼 안정적인 가치를 유지하는 스테이블코인입니다. 합성 달러는 실제 달러(USD)를 보유하지 않으면서도 달러 가치를 모방하거나 추종하도록 설계된 디지털 자산을 말합니다. 즉, 달러 예치금이 뒷받침하는 '법정화폐 기반 스테이블코인(예 USDC, USDT)'과 달리, 시장 메커니즘이나 파생 상품 구조를 이용해 달러 가치 안정성을 '합성적으로' 구현하는 형태입니다. 합성 달러는 '실제 달러 대신 달러의 경제적 노출(economic exposure)을 재현한다.'라는 데 핵심이 있습니다. 즉, 준비금에 달러 현금을 보관하는 대신, 기초 자산(예 ETH, BTC)과 파생 상품(선물, 스왑, 옵션 등)을 조합해 전체 포지션의 가치가 달러에 고정되도록 설계합니다. 합성 달러의 2가지 형태는 다음과 같습니다.

[표 5-4] 합성 달러의 종류

구분	설명	예시
담보형 합성 달러	온체인 자산(ETH, BTC 등)을 담보로 예치하고 이를 기반으로 달러에 페깅된 토큰을 발행	MakerDAO의 다이, Synthetix의 sUSD
델타 중립형 합성 달러	현물 포지션과 파생 상품(주로 선물 숏)을 결합하여 달러 가치 노출을 제거	Ethena의 USDe, 팰컨 파이낸스의 USDf

(출처: CoinDesk Research)

② USDe의 구조와 작동 원리

(1) 델타 중립 전략

USDe의 핵심 목표는 가격 안정성을 유지하는 것입니다. 이를 위해 에 테나는 델타 중립 전략(Delta-neutral strategy)을 적용했습니다. 기본적으로 USDe는 ETH를 보유하는 동시에 선물 시장에서 반대 방향의 포지션을 자동으로 취합니다. 이렇게 하면 ETH 가격이 오르거나 내리더라도 전체 포트폴리오의 달러 가치는 1달러 수준에서 안정적으로 유지됩니다. 즉, 사용자가 시장 변동성에 일일이 신경 쓰지 않아도 USDe는 자체적으로 안정성을 확보하도록 설계되어 있습니다.

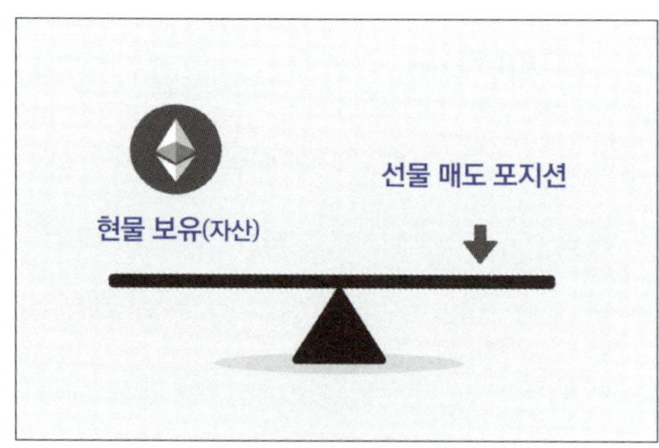

[그림 5-8] 델타 중립 전략

(2) sUSDe와 수익 공유 구조

USDe에는 또한 sUSDe라는 수익형 토큰이 있습니다. 이 토큰은 단순히 스테이블코인의 안정성을 제공하는 것에서 한 단계 더 나아가 파생 상품 운용 과정에서 발생하는 펀딩 수익을 보유자와 공유합니다. sUSDe를 보유하면 안정적인 거래 수단을 활용하는 동시에 운용 수익 일부를 받을 수 있는 구조가 마련되어 있어 '수익형 스테이블코인'이라는 새로운 개념을 보여 줍니다.

(3) 자동 리스크 관리

더 나아가 USDe는 시장 상황 변화에 맞춰 자동으로 포지션을 재조정 (Rebalancing)합니다. ETH 가격이 급등하거나 급락할 경우에도 시스템이 숏 포지션을 조정하여 전체 가치 안정성을 유지합니다. 이 과정은 완전히 자동으로 이루어지므로 사용자는 가격 변동에 일일이 대응할 필요 없이 안정적인 USDe를 활용할 수 있습니다.

결국 USDe는 델타 중립 전략을 기반으로 한 가격 안정성과 sUSDe를 통한 수익 공유 그리고 자동 리스크 관리 기능을 결합하여 기존 스테이블코인과 차별화된 구조를 갖추고 있습니다. 이러한 설계 덕분에 USDe는 단순한 거래 수단을 넘어 안전성과 수익성을 동시에 제공하는 스테이블코인으로 자리 잡을 수 있습니다.

(4) USDe와 sUSDe의 수익 구조

USDe는 기본적으로 '1달러 가치 안정성'에 초점을 둔 합성 스테이블코인입니다. 민팅 시 프로토콜은 동일 금액의 ETH 현물과 선물 숏 포지션을 조합해 가격 변동을 상쇄합니다. 따라서 USDe 자체는 별도의 수익을 제공하지 않고 안정적 가치 저장 수단 역할을 합니다. 반면, sUSDe는 USDe를 스테이킹한 후에 받는 수익형 토큰입니다. 프로토콜이 운영 과정에서 벌어들이는 수익이 주기적으로 sUSDe 보유자에게 배분됩니다. 주요 수익원은 3가지입니다.

- 펀딩 수익과 베이시스 스프레드: 파생 상품 시장의 숏 포지션에서 발생하는 펀딩 수익이 가장 큰 비중을 차지합니다. 시장 상황에 따라 변동성이 크지만, 일반적으로 롱 수요가 많을수록 숏 포지션은 꾸준한 수익을 얻습니다.
- ETH 스테이킹 보상: 일부 담보는 stETH와 같은 LST(Liquid Staking Token: 유동성 스테이킹 토큰) 형태로 보관되며 여기서 발생하는 스테이킹 이자 거래

수수료, MEV(Maximal Extractable Value, 최대 추출 가능 가치) 보상이 추가 수익이 됩니다.

- 스테이블코인 보유 리워드: 프로토콜이 보유하는 USDC, USDT, USDtb 등 외부 스테이블코인에 대해 일부는 발행사·거래 파트너로부터 일정 보상을 받습니다.

이렇게 모인 수익은 sUSDe의 가치에 반영되어 시간이 지날수록 1 sUSDe가 환산되는 USDe 양이 증가합니다. 즉, 보유자는 언스테이킹 시 원금에 더해 기간 중 발생한 이자(수익)까지 함께 돌려받게 됩니다. 또한 만약 시장에서 음수 펀딩으로 손실이 발생할 경우, 그 부담이 곧바로 투자자에게 전가되지 않도록 리저브 펀드가 먼저 흡수하는 안전장치도 마련되어 있습니다.

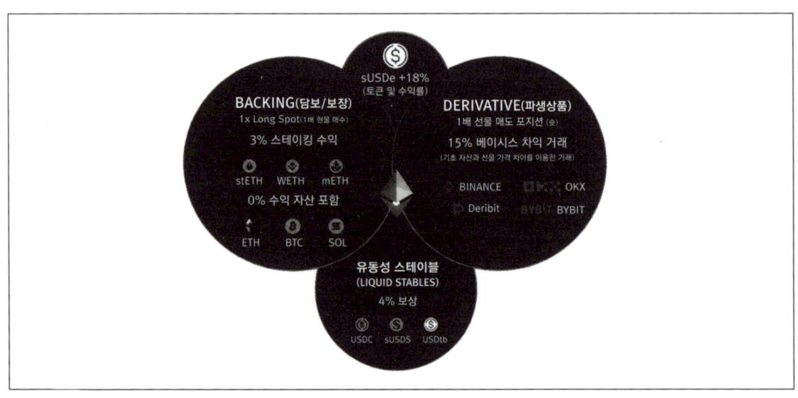

(출처: Ethena Labs 백서)

[그림 5-9] sUSDe의 수익 구조

③ USDe의 실제 활용과 장단점

(1) 장점

- 탈중앙화: 합성 달러는 전통 금융의 은행 예치금 대신, 온체인 담보와 파생 포지션으로 1달러 가치를 추종합니다. 따라서 특정 은행의 계좌 개설, 송금 규제, 업무 시간에 묶이지 않습니다. 토큰의 발행·상환과 담보 관리가 스마트 컨트랙트로 이루어지므로 특정 관할의 계정 동결이나 임의 제한의

영향을 상대적으로 덜 받습니다. 이는 곧 검열 저항성의 강화로 이어집니다. 합성 달러를 보유한다는 것은 '은행을 통하지 않고도 달러 가치에 노출된다.'는 의미입니다.

- **투명성**: 합성 달러 시스템의 담보 비율, 포지션 크기, 재조정(리밸런싱) 이력은 블록체인상의 트랜잭션으로 남습니다. 이용자는 대시보드 또는 탐색기를 통해 담보 규모, 미결제 파생 포지션의 방향성, 수익·손실의 흐름을 실시간에 가깝게 확인할 수 있습니다. 전통형 스테이블코인의 '준비금 확인(Attestation)'이 정기 보고서에 의존하는 반면, 합성 달러는 상시 공개형 데이터를 통해 구조적 투명성을 확보하려는 경향이 강합니다.

- **글로벌 접근성**: 합성 달러는 지리적·시간적 제약이 적습니다. 지갑만 있으면 24시간 발행(민팅), 교환, 송금이 가능하고 네트워크 혼잡을 제외하면 결제 속도와 비용도 예측 가능합니다. 신흥국이나 외화 계좌 개설이 어려운 지역에서도 합성 달러는 디지털 달러 현금에 가까운 사용 경험을 제공합니다. 디파이 대출·파생·결제 애플리케이션과의 연동성도 높아, 개인과 기업 모두가 글로벌 결제·정산에 활용하기 용이합니다.

(2) 단점

- **시장 리스크**: 합성 달러는 현물과 반대 방향의 파생 포지션(예 선물 숏)을 결합해 가격 중립을 추구합니다. 이 구조는 파생 시장 유동성과 펀딩비·베이시스(현·선물 괴리)에 직접 노출됩니다.
  - 유동성이 급감하면 원하는 가격·규모로 포지션을 조정하기 어려워집니다.
  - 펀딩비가 장기간 불리하게 움직이면 수익성이 저하되어 시스템이 보전해야 할 비용이 늘어납니다.
  - 급격한 변동성 확대 구간에서는 헤지 효율이 일시적으로 떨어질 수 있습

니다. 결국 합성 달러의 안정성은 파생 시장 인프라의 깊이와 건전성에 구조적으로 의존합니다.

• 청산 리스크: 담보 자산(예 ETH)이 급락하면 담보 가치가 빠르게 줄어들고 유지해야 할 담보 비율에 미달할 경우 강제 청산이 촉발됩니다. 동시에 헤지용 파생 포지션에서 증거금 부족이 발생하면 그 포지션 역시 강제 축소되거나 청산될 수 있습니다.

이 두 축의 청산이 겹치는 구간에서는 담보 처분(매도) 압력이 가격 하락을 가속화하고 헤지 포지션 축소로 중립성이 흔들리며 가치 안정에 필요한 재조정이 지연될 수 있습니다. 따라서 충분한 초과 담보, 신속한 리밸런싱 로직, 비상 시 가동되는 리스크 완충금(리저브)이 필수적입니다.

④ 탈중앙화의 한계

합성 달러의 핵심 헤지는 대형 파생 거래소(중앙화·탈중앙화 혼재)에서 이루어지는 경우가 많습니다. 이 과정에서 대다수 유동성이 CEX(Centralized Exchange, 중앙 집중식 거래소)에 집중되어 있어 계정 제한·상장 정책·운영 중단 등의 영향을 받을 수 있는 중앙화 의존성이 불가피하게 발생합니다.

(1) 오라클·브리지 신뢰

가격 피드와 체인 간 전송 장치에 장애가 생기면 잘못된 리밸런싱이나 체계적 오류로 이어질 수 있습니다.

(2) 커스터디·법적 관할

일부 담보나 증거금 또는 파생 포지션 접근이 특정 관할의 규정과 인허가에 종속됩니다. 즉, 온체인 자동화를 지향해도 완전한 자율 운영은 아직 어렵고 현실적 타협이 필요합니다.

(3) 운영·거버넌스 리스크규칙과 실행의 간극 관리

프로토콜이 정한 담보 비율, 리밸런싱 기준, 손실 흡수 순서(리저브 사용 등)는 모두 거버넌스 규칙에 의해 바뀔 수 있습니다. 규칙 변경이 잦거나 이해 상충이 발생하면 예측 가능성이 저하됩니다. 또한 동일한 규칙이라도 실행 속도와 자동화 수준에 따라 결과는 크게 달라질 수 있습니다. 사전에 정한 위기 시나리오(서킷브레이커, 포지션 축소 우선순위, 수수료 탄력 조정 등)를 문서화하고 변경 시 충분한 유예·공지를 제공하는 체계가 요구됩니다.

⑤ 디페깅 사례

지금까지 알려진 디페깅 사례로는 2024년 4월의 리스크 쇼크, 2025년 독일 BaFin(금융감독기관) 규제 조치 영향, 2025년 10월 트럼프의 미중 관세 발언 영향이 있습니다.

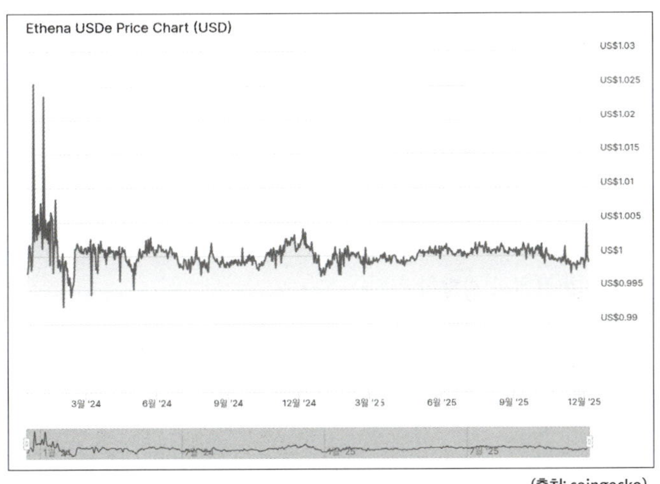

(출처: coingecko)

[그림 5-10] USDE/USDT 차트

⑥ USDe의 미래와 전망

(1) 글로벌 시장 확장

USDe는 단순히 하나의 스테이블코인에 머무르지 않고 에테나 생태계 전반의 핵심 자산으로 자리매김하고 있습니다. 디파이 서비스와 결제 인프라에 직접 연결되어 다양한 플랫폼에서 활용될 수 있는 가능성이 열려 있습니다. 앞으로는 이더리움뿐만 아니라 다른 블록체인과의 연결성을 강화함으로써 멀티체인 환경 속 범용 결제 수단으로 확장될 전망입니다. 이는 마치 특정 게임에서 쓰이던 아이템이 여러 게임 세계를 넘나들며 공용 화폐처럼 사용되는 모습과 유사합니다.

(2) 규제 대응과 신뢰 구축

스테이블코인의 성패는 결국 신뢰에 달려 있습니다. USDe는 지속적으로 규제 환경에 대응하고 준비금과 운영 내역을 투명하게 공개함으로써 시장의 신뢰를 쌓아 나가고 있습니다. 이러한 노력은 단순히 법적 리스크를 줄이는 차원을 넘어 장기적으로는 더 많은 사용자가 안심하고 활용할 수 있는 기반을 마련합니다. 다시 말해 건물을 튼튼하게 지탱하는 기초 공사처럼 투명성과 규제 준수는 USDe의 시장 점유율을 떠받치는 기둥이 될 것입니다.

(3) 경쟁 스테이블코인과 차별화

현재 스테이블코인 시장은 테더, USDC 같은 강력한 경쟁자가 이미 자리 잡고 있습니다. 그러나 USDe는 이들과는 다른 길을 걷습니다. USDT나 USDC가 주로 거래소 결제와 달러 대체 자산의 역할에 집중한다면 USDe는 디파이와 결제 중심의 활용성에 초점을 두고 있습니다. 이는 단순한 안전 자산을 넘어 다양한 금융 서비스와 결제 환경 속에서 실제 쓰임새를 극대화할 수 있다는 강점으로 이어집니다. 결과적으로 USDe는 기존 스테이블코인의 한계를 보완하며 차세대 디지털 금융의 중요한 축으로 자리 잡을 가능성이 큽니다.

4. 다이: 코인 담보 스테이블코인

① 다이 개요

(1) 다이의 탄생 배경과 철학

다이는 전 세계 누구나 은행 계좌 없이도 디지털 달러를 사용할 수 있도록 만들겠다는 비전에서 탄생했습니다. 2017년, 메이커다오라는 탈중앙화 자율 조직(DAO)이 이 프로젝트를 시작했습니다. 테더나 USDC처럼 기업이 직접 발행하는 스테이블코인과 달리, 다이는 커뮤니티와 코드로 운영되는 탈중앙형 스테이블코인입니다.

쉽게 말해, 다이는 중앙은행이 발행하는 지폐가 아니라 이용자들이 스스로 담보를 맡기고 발행하는 '자율 통화'라 할 수 있습니다. 마치 사람들이 모여 공동으로 창고를 만들고 그 안에 금이나 물건을 담보로 맡긴 후 창고 영수증을 돈처럼 쓰는 것과 비슷합니다.

(2) 메이커다오와의 관계

다이의 중심에는 메이커다오가 있습니다. 메이커다오는 일종의 '자율

은행' 역할을 하는데, 누구든 자산을 맡기면 시스템이 자동으로 다이를 발행해 줍니다. 또한 담보 비율, 이자율, 청산 조건 같은 핵심 정책은 메이커다오의 거버넌스 토큰(MKR) 보유자들이 투표로 결정합니다. 즉, 다이는 특정 회사의 의사 결정이 아니라 전 세계 이용자들의 참여와 합의에 의해 운영된다는 점에서 독특합니다.

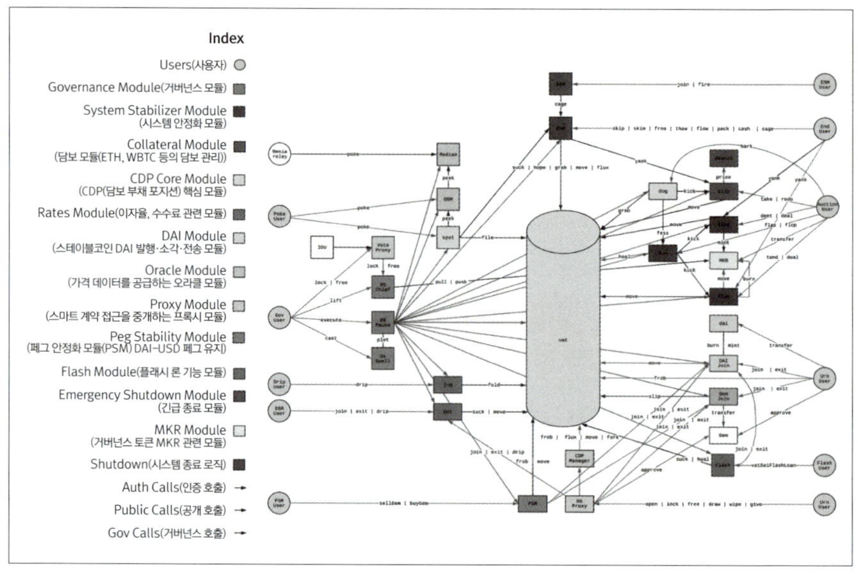

(출처: Maker 공식 백서)

[그림 5-11] Maker Protocol Smart Contract Modules System
(출처: https://docs.makerdao.com/smart-contract-modules/core-module/vat-detailed-documentation)

메이커다오는 탈중앙화 자율 조직(DAO)의 형태로 운영됩니다. 백서에 따르면, MKR 보유자는 시스템의 핵심 매개변수인 안정화 수수료, 담보 자산 허용 여부, 청산 조건 등을 스마트 계약 투표 방식으로 결정합니다. 또한 메이커다오 프로토콜의 거버넌스는 Chief, Pause, Spell 등 거버넌스 스마트 계약 모듈 수준에서 구현되어 있으며, 이는 투표 제안의 생성, 집행 대기, 보안조건 등을 담당합니다. 다만, 일부 연구에서는 '탈중앙화의 환상'이라는 표현을 쓰며 거버넌스 구조가 실제로는 일부 거대 MKR 보유자에게 집중되는 현상이 있다는 분석도 제기되고 있습니다.

(3) 다른 스테이블코인과의 차별성

많은 스테이블코인이 달러 예치금(은행 계좌에 보관된 현금)을 기반으로 발행되는 반면, 다이는 암호화폐 담보를 기반으로 합니다. 예를 들어, ETH나 USDC 같은 자산을 시스템에 맡기면 그 가치보다 적은 양의 다이(DAI)를 발행할 수 있습니다. 이를 통해 다이는 은행 계좌에 직접 의존하지 않고도 달러와 비슷한 가치를 유지할 수 있습니다.

정리하자면 다이는 탈중앙성, 커뮤니티 거버넌스, 암호화폐 담보 구조라는 3가지 특성을 바탕으로 기존 스테이블코인과 차별화된 독자적인 길을 걷고 있는 셈입니다.

② 다이의 발행 구조와 메커니즘

(1) 담보 자산 기반 발행

다이는 암호화폐 담보 자산을 맡기고 발행하는 구조를 가지고 있습니다. 사용자가 ETH, USDC, WBTC 등 메이커다오에서 허용한 자산을 담보로 예치하면 시스템은 그 가치의 일부만큼 다이를 발행해 줍니다. 예를 들어, 150달러 상당의 ETH를 담보로 맡기면 최대 100DAI를 빌릴 수 있는 식입니다. 이렇게 담보보다 적은 양만 발행하는 방식을 '초과 담보(Overcollateralization)'라고 부르며 이는 시장 변동성에도 다이의 안정성을 지키기 위한 안전 장치의 역할을 합니다.

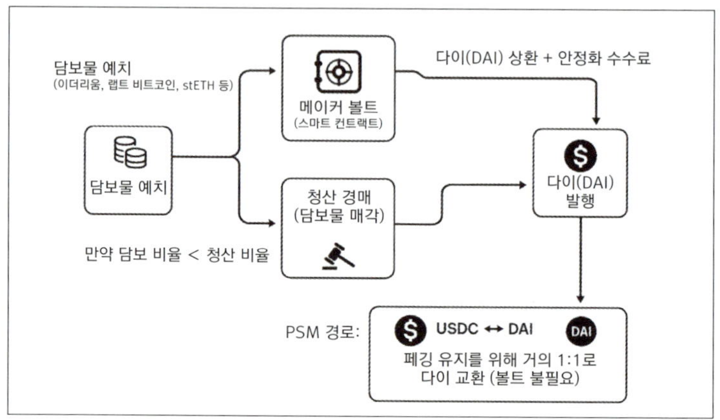

[그림 5-12] 다이 민팅 구조

(출처: MakerDAO Whitepaper)

(2) 메이커 볼트

다이를 발행하려면 사용자는 '메이커 볼트(Maker Vaults)'라는 스마트 계약 금고에 자산을 예치해야 합니다. 금고는 자동으로 담보 가치와 발행된 다이의 비율을 추적하며 담보 가치가 일정 기준 이하로 떨어지면 청산 (liquidation) 절차가 시작됩니다. 이 과정을 통해 다이는 담보 부족으로 인해 가치가 흔들리지 않도록 유지됩니다.

(3) 안정화 수수료와 청산 메커니즘

다이 시스템에는 '안정화 수수료(Stability Fee)'라는 개념이 있습니다. 이는 담보를 맡기고 다이를 발행한 사용자가 내야 하는 일종의 이자 비용입니다. 사용자가 다이를 상환할 때 이 수수료를 함께 지불해야 하며 이는 메이커다오 운영과 시스템 안정성에 사용됩니다. 또한 담보 가치가 크게 하락하면 청산이 발생하여 담보 자산이 경매로 매각되고 이를 통해 다이의 가치는 다시 안정화됩니다.

(4) Peg Stability Module

최근에는 페그 안정성 모듈(Peg Stability Module, PSM)이라는 추가 장치가 도입되어 다이의 1달러 페그를 더 확실하게 유지하도록 돕고 있습니다. PSM을 통해 사용자는 USDC 같은 다른 스테이블코인을 거의 일대일 비율로 다이와 교환할 수 있습니다. 이 메커니즘은 특히 시장이 불안정할 때 다이 가격이 달러 가치에서 벗어나는 것을 막아 주는 역할을 합니다.

- 페그 안정성 모듈(PSM)은 다이의 1달러 페그를 보다 안정적으로 유지하기 위한 담보 교환 모듈입니다.
- 사용자는 USDC(또는 기타 승인된 스테이블코인)를 거의 일대일 비율로 다이와 교환(swap)할 수 있습니다.
- 메이커다오는 PSM을 통해 USDC를 담보로 받아들이고 다이가 1달러보다 비쌀 때(예 1.01~1.02 USD) 즉시 공급을 늘려 가격을 낮추는 역할을 합니다.
- 다이(Dai)가 1달러보다 싸질 때는 사용자가 USDC를 회수해 다이를 소각하는 방식으로 가격 하방 안정성을 부여합니다.

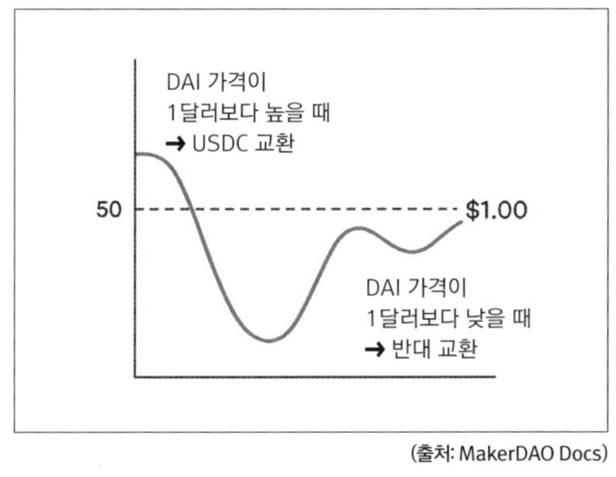

(출처: MakerDAO Docs)

[그림 5-13] Peg Stability Module(PSM) 메커니즘

③ 다이의 미래와 전망

(1) 글로벌 시장 확장

다이는 이미 디파이 생태계의 핵심 스테이블코인으로 자리 잡았지만, 앞으로는 더 넓은 금융 시장으로 확장될 가능성이 큽니다. 메이커다오는 이 더리움 네트워크를 넘어 멀티체인 환경에서 다이를 활용할 수 있도록 개발을 진행하고 있으며 이는 사용자가 어떤 블록체인을 선택하든 다이를 손쉽게 활용할 수 있는 기반을 마련해 줍니다. 또한 신흥국 시장에서 달러 대체 수요가 높아짐에 따라 은행 시스템을 거치지 않고도 안정적인 가치를 보관하고 송금할 수 있는 수단으로 다이의 역할은 점점 커질 것입니다.

(2) 규제 대응과 신뢰 구축

앞으로 스테이블코인은 규제의 중심에 설 수밖에 없습니다. 다이는 중앙 기관이 없는 탈중앙 구조라는 장점이 있지만, 동시에 규제 환경과 어떻게 조화를 이룰 것인지가 중요한 과제로 남아 있습니다. 메이커다오는 담보 다변화와 투명한 운영 방식을 통해 신뢰를 구축하고자 하며 커뮤니티 중심의 의사 결정 구조를 통해 탈중앙성과 규제 친화성 사이의 균형을 모색하고 있습니다. 이는 장기적으로 다이의 안정성과 지속 가능성을 지탱하는 중요한 요소가 될 것입니다.

(3) 경쟁 스테이블코인과의 차별화

스테이블코인 시장에는 이미 테더, USDC 같은 강력한 경쟁자가 존재합니다. 이들은 대부분 중앙화된 기업이 발행하고 준비금을 은행 계좌와 국채 등 전통 금융 시스템에 의존합니다. 반면, 다이는 탈중앙화와 커뮤니티 거버넌스를 핵심 가치로 내세우며 담보 기반으로 운영된다는 점에서 뚜렷한 차별성을 가집니다. 특히, 디파이 사용자에게 다이는 단순한 스테이블코인이 아니라 탈중앙 금융을 상징하는 자산으로서의 의미를 가집니다.

정리하자면 다이의 미래는 탈중앙성을 유지하면서도 규제와의 균형을 어떻게 맞출 것인지에 달려 있습니다. 글로벌 금융 서비스로 확장할 잠재력은 충분하며 경쟁 스테이블코인과 차별화된 철학을 통해 앞으로도 독자적인 입지를 다져갈 가능성이 큽니다. 다이는 단순히 디지털 달러가 아니라 커뮤니티가 만든 자율적 통화 실험이라는 점에서 독특한 가치를 지니고 있습니다.

5. Sky Dollar(USDS): 수익을 분배하는 스테이블코인

① USDS 개요

(1) 스카이 달러의 등장 배경

스카이 달러(Sky Dollar, USDS)는 스카이 프로토콜(Sky Protocol, 구 MakerDAO)의 차세대 탈중앙화 스테이블코인으로, 2024년 9월 18일에 출시되어 현재 시가총액 79.8억 달러, TVL 63.8억 달러를 기록하고 있습니다(2025년 10월 기준). 이는 다이의 일대일 업그레이드 버전으로 과담보 모델을 유지하면서 연 4.75%의 APY 수익률과 SKY 토큰 보상을 제공하여 기존 스테이블코인과 차별화됩니다. 최근 솔라나 생태계 확장과 77M USDS 규모의 자사주 매입 프로그램을 통해 강력한 성장 모멘텀을 보이고 있습니다.

(2) 스카이 달러의 프로젝트 개요

스카이 달러(USDS)는 2014년 설립된 디파이 선구자 메이커다오가 '엔드 게임(Endgame)' 계획의 일환으로 2024년 스카이 프로토콜로 리브랜딩하면서 탄생한 차세대 스테이블코인입니다. 창립자 룬 크리스틴(Rune Christensen)이 주도한 이 전환은 모듈식 거버넌스(SkyStars), 개선된 토크노믹스, 더 넓은 접근성을 목표로 합니다.

[표 5-5] 스카이 달러(USDS) 리브랜딩

항목	MakerDAO(기존)	Sky Protocol(현재)
스테이블코인	다이	USDS
거버넌스 토큰	MKR	SKY
전환 비율	다이:USDS=1:1 MKR: SKY=1:24,000	
외부감사	제3자 회계 법인의 '확인 보고(attesta tion)'만 제공. 완전 감사 없음	온체인 담보 + 자산운용사 보유 증명서

(3) DAI→USDS로의 전환 현황

2024년 9월 18일 출시와 함께 시작된 DAI에서 USDS로의 전환은 Sky.money 인터페이스를 통해 일대일 비율로 이루어졌습니다.

- 초기 공급량: 9,850만 USDS
- 현재: 79.8억 USDS
- MKR→SKY 전환율 83%
- 주요 거래소인 바이낸스에 2025년 9월 15일 MKR이 상장 폐지되고 9월 17일 SKY가 신규 상장되었습니다.

(4) 스테이블코인 시장 속 위치

스테이블코인 시장은 이미 USDT, USDC 같은 대형 프로젝트가 대부분의 점유율을 차지하고 있습니다. 그러나 스카이 달러는 보다 단순하고 접근하기 쉬운 구조를 통해 중소형 거래소, 신흥국 시장 그리고 소액 결제 영역에서 입지를 확보하려는 전략을 취하고 있습니다. 즉, 스카이 달러는 '거대한 글로벌 기축통화형 스테이블코인'이라기보다는 특정 시장과 사용자를 겨냥한 틈새형 스테이블코인으로 자리매김하고 있습니다.

② USDS의 구조와 발행 방식

(1) 발행 구조

스카이 달러(USDS)는 기본적으로 준비금 기반 스테이블코인입니다. 발행된 USDS는 동일한 가치를 지닌 달러나 달러 연동 자산으로 뒷받침되며 사용자는 발행사에 해당 자산을 예치한 후 같은 금액의 USDS를 발급받을 수 있습니다. 이는 테더나 USDC와 유사한 구조이지만, USDS는 운영 단계를 단순화하여 빠른 결제와 거래 편의성을 우선시합니다.

(2) 네트워크 기반

USDS는 주요 블록체인 네트워크에서 유통될 수 있도록 설계되었습니다. 초기에는 이더리움 기반으로 시작했지만, 송금 속도와 수수료 문제를 해결하기 위해 레이어 2 및 멀티체인 지원을 강화하는 방향으로 발전하고 있습니다. 덕분에 사용자는 거래소·지갑·디파이 플랫폼 어디서든 쉽게 USDS를 활용할 수 있습니다.

(3) 기술적인 특징

USDS의 가장 큰 특징은 '단순성'과 '접근성'입니다. 준비금 구조가 복잡하지 않고 발행·상환 절차가 간단하기 때문에 신흥국이나 중소형 거래소에서도 빠르게 채택할 수 있습니다. 다만, 이러한 단순함은 투명성 검증과 규제 대응 측면에서 여전히 과제로 남아 있습니다.

[표 5-6] 테더 vs. USDC vs. USDS

항목	테더	USDC	USDS
준비금 구조	복합 자산(현금, 국채 등)	100% 현금·단기 국채	단순 USD 예치
네트워크	다중 체인	다중 체인	이더리움 중심→확장 중
상환 절차	발행사 통제	서클 직접	단순 API 기반
규제 대응	제한적	강함	초기 단계
주요 강점	유동성	신뢰성	속도·접근성

③ USDS의 한계와 논란

(1) 준비금 투명성 문제

USDS는 준비금 기반 스테이블코인을 표방하지만 아직까지 준비금 구성과 외부 검증 체계가 충분히 공개되지 않았다는 지적을 받습니다. 테더처럼 투명성 논란이 장기적으로 시장 신뢰를 흔든 전례가 있기 때문에 USDS 역시 같은 위험을 안고 있다고 볼 수 있습니다.

(2) 규제와 제도적 불확실성

글로벌 규제 당국이 스테이블코인에 대한 기준을 강화하는 상황에서 USDS는 상대적으로 규모가 작고 제도 대응 경험이 부족합니다. 미국이나 유럽연합이 스테이블코인 발행 조건을 강화한다면 USDS는 규제 충족 여부에 따라 성장 여부가 결정될 수 있습니다.

(3) 시장 신뢰도와 유동성 부족

USDS는 아직 주요 거래소에서의 거래 규모가 제한적이고 사용자 기반도 크지 않습니다. 그만큼 유동성이 낮아 대규모 거래 시 가격 안정성이 흔들릴 위험이 있습니다. 또한 후발 주자라는 한계 때문에 시장 전반에서 신뢰를 쌓는 데 시간이 필요합니다.

6. World Liberty Finance(USD1): 트럼프 일가에서 만든 스테이블코인

① World Liberty Finance

(1) 재단 소개와 설립 배경

월드 리버티 파이낸스(World Liberty Finance, WLF)는 2024년 설립된 디지털 금융 프로젝트로, 규제 친화적인 스테이블코인 USD1을 발행한 주체입니다. WLF는 단순히 또 하나의 스테이블코인을 만들겠다는 의도가 아니라 기존 시장에서 꾸준히 제기된 문제인 테더의 준비금 불투명성, USDC의 은행 의존성을 보완하고 제도권 금융과 디지털 자산을 잇는 다리가 되겠다는 목표를 내세웠습니다.

[그림 5-14] World Liberty Financial 로고

(2) 주요 인물과 배경

WLF의 설립 과정에는 미국 대통령 도널드 트럼프의 가족과 측근들이 깊이 관여한 것으로 알려져 있습니다. 트럼프의 아들인 에릭 트럼프(Eric Trump), 도널드 트럼프 주니어(Donald Trump Jr.), 배런 트럼프(Barron Trump)가 공동 설립자로 언급되며 부동산 업계 출신인 잭 위트코프(Zach Witkoff)가 CEO 역할을 맡고 있습니다. 그 외에도 초기 멤버로 잭 폴크맨(Zak Folkman), 체이스 헤로(Chase Herro) 등이 합류했다고 보도됩니다.

(3) 지분 구조와 운영 방식

언론 보도에 따르면, WLF의 지분 중 약 60%가 트럼프 계열 법인에 귀속되어 있으며 프로젝트에서 발생하는 매출의 상당 부분(약 75%)이 트럼프 측에 배분된다고 합니다. 다만, WLF가 발행한 WLFI 토큰은 법적 지분 증서라기보다는 거버넌스 참여용 토큰이라는 점에서 실제 경영권과 토큰 보유권은 명확히 구분됩니다.

(4) 논란과 주의점

WLF는 출범 초기부터 여러 논란에 휩싸였습니다. 트럼프 일가의 정치적 영향력과 연결될 수 있다는 이해 충돌 가능성, 외국 기관과의 투자 거래에서 발생하는 투명성 문제 그리고 무엇보다 USD1의 준비금 검증 절차가 충분히 공개되지 않았다는 신뢰성 논란이 대표적입니다. 준비금 100% 보증을 내세우고는 있지만, 실제로 어떤 회계 기관이 이를 감시하는지 명확히 밝혀지지 않았다는 점이 불안 요소로 지적됩니다.

② USD1 개요

(1) USD1의 탄생 배경

USD1은 WLF(World Liberty Finance)가 발행한 스테이블코인으로, 규제 친화적인 디지털 달러를 목표로 하고 있습니다. WLF는 USD1이 암호화폐 시장을 넘어 글로벌 결제와 송금 시스템에도 쓰일 수 있는 범용 디지털 달러로 성장하길 기대하고 있습니다.

(2) 운영 철학과 목표

USD1은 단순히 '달러 가치에 일대일로 연동되는 토큰'이 아니라 신뢰와 규제 준수를 전면에 내세운 프로젝트입니다. 발행 구조에서부터 준비금 관리, 외부 감사 절차까지 제도권 기준을 충족하겠다는 점을 강조하고 있으며, 이를 통해 기관 투자자 및 전통 금융사와의 협력 가능성을 열어 두고 있습니다. 이는 탈중앙성보다는 안정성과 제도 적합성을 앞세운 전략이라 할 수 있습니다.

(3) 스테이블코인 시장 속 위치

현재 USD1은 시장 점유율 면에서는 후발 주자에 불과하지만 차별성은 뚜렷합니다. USDT나 USDC가 시장의 기축 자산으로 자리 잡은 상황에서 USD1은 '규제 친화적인 디지털 달러 후보'라는 이미지를 통해 새로운 수요를 공략하고 있습니다. 특히, 글로벌 결제망, 송금 서비스, 금융 기관과의 파트너십에서 경쟁력을 발휘할 가능성이 큽니다.

③ USD1의 구조와 발행 방식

(1) 준비금 기반 발행 구조

USD1은 달러 및 현금성 자산을 100% 담보로 발행되는 준비금 기반 스테이블코인입니다. 발행사는 발행된 USD1과 동일한 가치를 지닌 달러·국채·예치금 등을 준비금으로 보관하며 이를 통해 '1USD1=1USD'라는 신뢰를 유지하려고 합니다. 이러한 구조는 테더의 준비금 불투명성 논란과 대비되는 지점으로, USD1은 준비금의 투명성과 규제 적합성을 강조합니다.

(2) 규제 준수와 외부 감사

USD1의 핵심은 규제 친화적 운영입니다. 발행 과정은 미국과 유럽연합 등 주요 금융 규제 프레임워크를 따르도록 설계되었으며 외부 회계 법인의 정기적 검증을 통해 준비금 현황을 공개하겠다는 방침을 내세우고 있습니다. 이는 단순히 암호화폐 시장에서 신뢰를 얻는 것뿐만 아니라 전통 금융기관과 협력할 수 있는 기반을 다지려는 전략으로 볼 수 있습니다.

(3) 네트워크 지원과 기술적 특징

USD1은 이더리움 메인넷을 중심으로 발행되지만, 송금 속도와 수수료 문제를 해결하기 위해 레이어 2 및 멀티체인 환경으로의 확장을 계획하고 있습니다. 덕분에 사용자는 거래소·디파이 플랫폼·지갑 어디에서든 빠르게 USDT나 USDC처럼 USD1을 사용할 수 있습니다. 기술적으로는 발행량, 준비금, 거래 내역을 블록체인에 기록하여 투명한 추적 가능성을 제공하는 것도 특징입니다.

④ USD1의 한계와 논란

(1) 규제 의존성

USD1의 가장 큰 장점은 규제 친화성입니다. 그러나 동시에 이는 리스크 요인이 될 수도 있습니다. 규제 환경이 바뀌거나 특정 국가에서 새로운 제한이 가해질 경우, USD1은 운영 전략을 빠르게 수정해야 하는 부담을 안게 됩니다. 즉, 규제를 준수하는 만큼 규제 변화에 직접적으로 취약하다는 점이 한계로 지적됩니다.

(2) 시장 점유율 부족

USD1은 후발 주자로 등장했기 때문에 이미 시장을 장악하고 있는 USDT나 USDC에 비해 유동성과 사용자 기반이 부족합니다. 거래소 상장 범위도 제한적이어서 대규모 거래에 활용되기에는 아직 미흡합니다. 따라서 USD1이 성장하기 위해서는 특정 시장이나 분야에서 뚜렷한 차별성을 확보해야 합니다.

(3) 준비금과 투명성 논란

USD1은 준비금 100% 보증을 강조하지만, 외부 감사 보고서나 실시간 검증 체계가 충분히 공개되지 않았다는 점이 지적됩니다. WLF는 최근 체인링크(Chainlink)의 준비금 증명(PoR, Proof of Reserve) 기술을 도입해서 은행잔고를 블록체인상에 보여줄 예정입니다.

⑤ USD1의 미래와 전망

(1) 글로벌 시장 확장 가능성

USD1은 아직 초기 단계에 머물러 있지만, 규제 친화성이라는 뚜렷한 정체성을 무기로 글로벌 시장에서의 확장 가능성을 지니고 있습니다. 특히, 제도권 금융과 협력할 수 있는 구조를 강조하기 때문에 단순히 암호화폐 거래소뿐만 아니라 국제 송금·기업 간 결제(B2B)·기관 투자 서비스 영역으로도 확장해 나갈 수 있습니다. 이러한 확장은 USDT나 USDC가 주로 거래소 중심으로 성장했던 방식과 차별화되는 전략입니다.

(2) 규제 대응과 신뢰 구축

스테이블코인의 핵심은 결국 사용자의 신뢰입니다. USD1은 투명한 준비금 공개와 정기적 외부 감사 도입을 통해 신뢰를 확보하려고 합니다. 또한 각국의 스테이블코인 규제 프레임워크에 맞춰 운영 체계를 조정함으로써 규제 리스크를 최소화하고 장기적인 생존력을 확보할 수 있습니다. 규제 준수가 단점이 될 수도 있지만, 반대로 제도권 편입의 기회를 여는 열쇠가 될 수도 있습니다.

(3) 경쟁 스테이블코인과 차별화

USD1은 USDT처럼 막대한 유동성을 보유하고 있지도 않고 USDC처럼 이미 기관 신뢰를 확고히 쌓은 것도 아닙니다. 그러나 '규제 친화적 디지털 달러'라는 포지션은 여전히 유효합니다. 특히, 향후 CBDC(중앙은행 디지털 화폐)가 본격화되면 탈중앙적 속성을 강조한 코인들보다 USD1 같은 제도권 연계형 스테이블코인이 유리한 입지를 차지할 가능성이 있습니다. 특히, 트럼프 정권하에서 여러 가지 시너지 효과를 누릴 것으로 예상됩니다.

요약하자면 USD1은 후발 주자이지만 규제 준수, 투명성, 제도권 협력 가능성을 강점으로 내세워 시장에서 차별화된 입지를 구축할 수 있습니다. USD1의 성패는 얼마나 빠르게 신뢰를 쌓고 규제 변화에 대응하며 틈새 시장에서 실질적인 활용처를 확보하느냐에 달려 있습니다.

7. BlackRock USD(BUIDL): RWA 기반 스테이블코인

① 비들 개요

(1) 블랙록의 진출 배경

　　BlackRock USD(BUIDL)은 세계 최대 자산 운용사인 블랙록이 발행한 스테이블코인입니다. 기존 스테이블코인 시장은 테더와 USD Coin(USDC)이 주도하고 있지만, 블랙록은 전통 금융의 신뢰를 바탕으로 디지털 자산 영역까지 확장하려는 전략의 일환으로 비들(BUIDL)을 출시했습니다.

(2) 비들의 출범과 목표

　　비들은 주로 기관 투자자를 위한 디지털 달러 자산으로 설계되었습니다. 블랙록은 이미 막대한 규모의 자산을 운용하고 있으며 미국 국채와 현금성 자산을 활용해 비들을 1달러 가치에 안정적으로 연동하려고 합니다. 비들의 목표는 이를 통해 블록체인 환경에서도 안전하고 규제 친화적인 스테이블코인을 제공하는 것입니다.

(3) 스테이블코인 시장 속 위치

　　현재 비들은 점유율이 높지 않아 일반 투자자에게 널리 알려져 있지는 않습니다. 그러나 '블랙록'이라는 이름 자체가 가지는 무게감은 상당합니다. 이는 기관 투자자와 전통 금융권이 스테이블코인을 바라보는 시각에 변화를 줄 수 있는 상징적인 사례라 할 수 있습니다.

② 구조와 발행 방식

(1) 준비금 기반 발행 구조

비들은 달러와 단기 미국 국채를 기반으로 발행되는 준비금형 스테이블코인입니다. 발행된 모든 비들은 동일한 가치를 지닌 현금성 자산으로 뒷받침되며 블랙록의 자산 운용 전문성을 활용해 안정성을 보장하려고 합니다. 이를 통해 '1BUIDL=1USD'라는 신뢰를 유지합니다. 알려진 준비금 자산 구성은 다음과 같습니다.

- 현금(cash equivalents)
- 미국 국채(U.S. Treasuries, Treasury bills)
- 레포 거래(Repurchase Agreements, Repos)

레포(Repo) 거래란 환매 조건부 채권 거래를 의미합니다. 블랙록이 단기 자금이 필요할 경우, 보유한 미국 국채(담보)를 다른 기관에 레포 거래 형태로 매도하고 현금을 수취합니다. 일정 시간이 지난 후 블랙록은 이자를 더해 국채를 다시 매수하는 방식으로 단기 유동성을 확보합니다. 비들은 이 자산들을 조합해서 '1BUIDL=1USD'를 안정적으로 유지합니다.

(2) 규제 준수와 기관 중심 설계

비들은 출시 초기부터 규제 친화적 운영을 표방했습니다. 블랙록은 전 세계 금융 규제 체계와 긴밀하게 연계된 기업이기 때문에 비들 역시 철저히 제도권 기준에 맞춰 설계되었습니다. 이는 개인 투자자보다는 기관 투자자와 기업을 주요 타깃으로 삼고 있다는 것을 보여 줍니다.

(3) 네트워크 지원과 기술적 특징

비들은 이더리움 네트워크 기반으로 발행되며 투명성을 위해 준비금 내역과 발행량을 블록체인상에 기록합니다. 또한 스마트 계약을 통해 자산 보관과 상환 절차가 자동화되어 있어 사용자는 전통 금융에서 기대하는 안정성을 블록체인 환경에서도 경험할 수 있습니다.

③ 비들 주요 활용 사례

(1) 기관 투자자 중심 활용

비들은 설계 단계부터 기관 투자자를 주요 대상으로 삼았습니다. 블랙록의 고객층은 연기금, 대형 금융사, 글로벌 기업 등 보수적인 성향의 투자자들이 주를 이루기 때문에 이들이 안심하고 활용할 수 있는 규제 친화적 디지털 달러라는 점이 강조됩니다. 예를 들어, 비들은 대규모 자산 거래에서 현금 대체 수단으로 사용되거나 기관 간 결제 및 자금 이동에 쓰일 수 있습니다.

(2) 제한적 디파이 참여

비들은 디파이 생태계에서의 활용성도 갖추고 있지만, 다른 스테이블코인처럼 개인 투자자가 폭넓게 사용하는 모델은 아닙니다. 대신 기관 전용 디파이 서비스나 블랙록이 직접 파트너십을 맺은 플랫폼에서 제한적으로 활용되는 경우가 많습니다. 이는 탈중앙화보다는 안정성과 규제 준수를 중시한 설계 철학과 연결됩니다.

- 온도 파이낸스(Ondo Finance) 미국 국채(U.S. Treasuries, Treasury bills): 온도 파이낸스가 비들 기초 자산 중 하나를 사용해서 OUSG라는 토큰화된 국채 상품을 운용하고 있습니다. 이는 디파이 플랫폼 형태로 비들이 간접적으로 활용되는 사례입니다.

- 오일러 파이낸스(Euler Finance): sBUIDL 토큰(비들 토큰을 스테이킹하고 받는 토큰)이 오일러 파이낸스에서 담보(collateral)로 사용될 가능성이 예상되고 있습니다.

(3) 결제 및 거래소 유통

일부 거래소에서는 비들이 상장되어 있으며 디지털 자산 거래에서 달러 대체 자산으로 기능합니다. 다만, 거래소 유동성 측면에서는 USDT나 USDC에 비해 현저히 작습니다. 그럼에도 불구하고 블랙록이라는 브랜드 파워 덕분에 신뢰할 수 있는 결제 자산으로서 기관 간 결제 및 기업 파트너십에서 선택될 가능성이 큽니다.

④ 비들의 한계와 도전 과제

(1) 시장 점유율의 한계

비들은 블랙록이라는 강력한 브랜드를 등에 업고 있지만, 실제 스테이블코인 시장 점유율은 미미한 수준입니다. 테더와 USDC가 이미 시장 대부분을 장악하고 있어 비들이 단기간에 유동성을 확보하기는 어렵습니다. 결과적으로 거래소와 디파이 플랫폼에서 비들의 활용 범위는 제한적입니다.

(2) 리테일 투자자 접근성 부족

비들은 철저히 기관 중심으로 설계되었기 때문에 개인 투자자 입장에서는 접근성이 떨어집니다. 이는 블랙록이 추구하는 전략적 선택이지만, 리테일 시장의 폭발적인 성장세를 고려하면 장기적인 한계로 작용할 수 있습니다.

(3) 경쟁 심화

비들은 블랙록이라는 브랜드 가치로 신뢰성을 확보할 수 있지만, 사용성과 생태계 확장성 측면에서 경쟁자들과 차별화를 이루지 못한다면 시장 내 입지는 좁아질 수밖에 없습니다.

8. PayPal USD(PYUSD): 미국 규제를 따른 스테이블코인

1 개요

(1) PayPal의 스테이블코인 진출 배경

페이팔 USD(PYUSD)는 글로벌 결제 기업 페이팔이 발행한 스테이블코인입니다. 페이팔은 이미 전 세계 수억 명의 사용자를 보유한 결제 플랫폼으로, 암호화폐 결제와 디지털 자산 거래가 확산되는 흐름에 맞춰 직접 스테이블코인을 출시하며 시장에 진출했습니다. 이는 '전통 금융 기업이 디지털 자산 시장으로 본격 진출했다.'라는 점에서 큰 상징성을 지닙니다.

(2) PYUSD의 주요 특징

PYUSD는 '1달러=1PYUSD'를 목표로 설계된 달러 기반 스테이블코인으로, 발행 준비금은 현금 및 단기 미국 국채로 100% 보장됩니다. 발행은 블록체인 인프라 전문 기업, 팍소스(Paxos)와의 협력을 통해 이루어지며 규제와 투명성을 충족하기 위한 기반을 갖추고 있습니다.

(3) 시장 속 위치

여타 스테이블코인들과 달리, PYUSD는 페이팔 생태계에 깊이 통합되어 있습니다. 즉, 페이팔 앱과 벤모(Venmo, 모바일 송금앱) 내에서 송금·결제·거래에 직접 활용할 수 있다는 점이 가장 큰 차별점입니다. 다만, 암호화폐 거래소나 디파이 시장에서의 유통은 아직 제한적이며 현재로서는 '페이팔 사용자 전용 디지털 달러'에 가까운 성격을 띠고 있습니다.

② 팍소스란 무엇인가?

(1) 회사 개요

팍소스는 미국 뉴욕에 본사를 둔 블록체인 인프라 및 금융 기술 기업입니다. 2012년에 설립되었고 블록체인을 활용해 전통 금융 자산을 디지털화하고 안전하게 거래할 수 있도록 서비스를 제공합니다.

(2) 주요 사업

- **스테이블코인 발행 지원:** 팍소스는 여러 기업과 협력해 스테이블코인을 발행합니다. 대표적으로 바이낸스 USD(BUSD)와 페이팔 USD(PYUSD)가 팍소스의 기술과 규제 라이선스를 통해 만들어졌습니다.

- **규제 준수 인프라:** 팍소스는 뉴욕 금융 서비스국(NYDFS)으로부터 정식 허가를 받은 소수의 블록체인 기업 중 하나입니다. 이 때문에 팍소스가 발행하거나 관리하는 스테이블코인은 100% 달러 예치금 또는 단기 미국 국채로 보증되며 정기적으로 외부 감사 보고서를 공개합니다.

- **자산 토큰화:** 스테이블코인 외에도 팍소스는 금, 주식, 증권 같은 전통 금융 자산을 블록체인상에서 토큰화하는 서비스를 운영합니다.

(3) PYUSD와의 관계

페이팔은 직접 블록체인 인프라를 구축하는 대신, 팍소스와 협력하여 PYUSD를 발행합니다. 즉, 페이팔은 브랜드와 사용자 기반을 제공하고 팍소스는 규제 준수·준비금 관리·기술적 발행을 맡는 구조입니다. 덕분에 PYUSD는 기존 민간 스테이블코인들보다 더 제도권 친화적이라는 평가를 받습니다.

③ PYUSD의 활용과 특징

(1) 페이팔 플랫폼 내 활용

PYUSD의 가장 큰 강점은 페이팔 생태계에 바로 통합되어 있다는 점입니다. 사용자는 페이팔 앱이나 벤모를 통해 손쉽게 PYUSD를 송금하고 결제에 활용할 수 있습니다. 이는 복잡한 지갑 설정이나 별도의 거래소 가입 없이도 가능하다는 점에서 기존 스테이블코인들과 차별화됩니다.

(2) 결제와 송금

페이팔은 이미 글로벌 결제망을 확보하고 있기 때문에 PYUSD는 해외 송금이나 온라인 결제에서 저렴하고 빠른 디지털 달러 역할을 수행할 수 있습니다. 특히, 페이팔 계정을 가진 사용자들 간에는 기존 은행 송금 수수료보다 훨씬 낮은 비용으로 돈을 주고받을 수 있습니다.

(3) 거래소 및 디파이 연계 가능성

현재 PYUSD는 일부 거래소에 상장되어 있으며 점차 유통 범위를 확대하고 있습니다. 또한 디파이 플랫폼과 연결될 경우, 단순 결제 수단을 넘어 담보 자산·유동성 공급 자산으로도 활용될 가능성이 있습니다. 다만, 아직까지는 페이팔 내부 생태계 의존도가 높은 편입니다.

④ 한계와 과제

(1) 낮은 시장 점유율

PYUSD는 페이팔이라는 거대 플랫폼을 기반으로 하고 있음에도 불구하고 전체 스테이블코인 시장에서는 아직 점유율이 미미합니다. 테더와 USD Coin(USDC)이 이미 시장 대부분을 차지하고 있어 PYUSD가 단기간에 거래소와 디파이 생태계에서 입지를 넓히기는 쉽지 않습니다.

(2) 페이팔 생태계 의존성

PYUSD는 현재 페이팔과 벤모라는 자사 플랫폼 중심으로 활용되고 있습니다. 이는 강점이기도 하지만 동시에 한계이기도 합니다. 페이팔 생태계 외부에서는 사용처가 제한적이므로 보다 넓은 시장에 안착하려면 추가적인 파트너십과 확장이 필요합니다.

(3) 규제 환경의 변수

PYUSD는 규제 친화적인 이미지를 강조하고 있지만, 미국과 유럽에서 스테이블코인 규제가 본격화되면 그에 맞춰 구조와 운영을 조정해야 할 가능성이 큽니다. 이는 안정성을 높이는 요인이 될 수도 있지만, 동시에 제약 조건으로 작용하여 성장 속도를 늦출 위험 또한 존재합니다.

⑤ 전망

(1) 전통 금융과 디지털 자산의 연결

PYUSD는 스테이블코인 가운데 가장 제도권 친화적인 사례 중 하나로 꼽힙니다. 페이팔이라는 글로벌 결제 기업이 직접 발행하고 팍소스가 규제 인프라를 제공한다는 점은 기존 스테이블코인들과 확연히 구분되는 지점입니다. 이 구조는 향후 전통 금융과 블록체인 기반 결제의 다리 역할을 할 수 있는 토대를 마련합니다.

(2) 글로벌 확장 가능성

PYUSD는 현재 페이팔과 벤모 플랫폼에 집중되어 있지만, 장기적으로는 거래소·디파이 플랫폼·국제 결제망과의 연계를 확대할 가능성이 있습니다. 특히, 페이팔이 이미 전 세계 결제 시장에서 강력한 입지를 갖고 있다는 점을 고려하면 PYUSD가 국경 없는 디지털 달러로 발전할 잠재력은 충분합니다.

(3) 향후 과제

그러나 PYUSD가 성공적으로 확장하기 위해서는 몇 가지 과제를 해결해야 합니다. 우선 시장 점유율 확대가 필수적이며 이를 위해 더 많은 파트너십과 사용처를 확보해야 합니다. 또한 향후 스테이블코인 규제가 본격화될 경우, 이에 부합하는 투명성 강화와 운영 구조 조정도 필요합니다.

9. 루나(UST): 망해버린 알고리즘 스테이블코인

① 루나와 테라 생태계 개요

(1) 테라폼 랩스와 루나·UST의 출발

루나(LUNA)와 UST는 2018년 테라폼 랩스(TerraForm Labs)가 출시한 프로젝트에서 시작되었습니다. 공동 창립자인 권도형(Do Kwon)과 신현성이 '새로운 디지털 화폐'를 만들겠다며 설계한 테라(Terra) 블록체인은 당시 빠르게 성장하던 디파이 시장과 결제 시장을 겨냥했습니다. 테라 블록체인은 자체 토큰인 루나(LUNA)와 스테이블코인 UST를 중심으로 운영되었고 두 자산은 서로 긴밀히 연결되어 있었습니다.

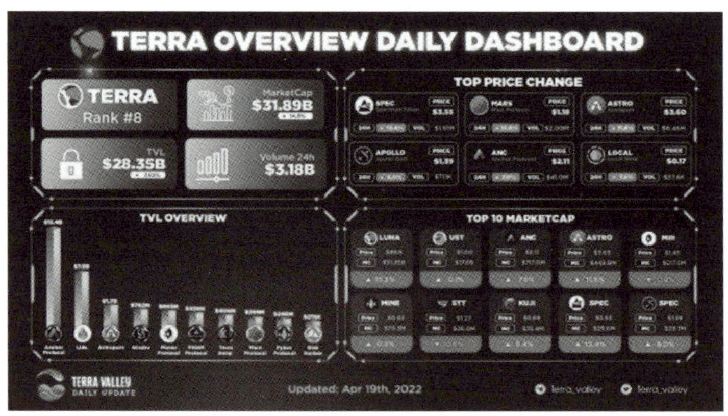

(출처: Terra Valley)

[그림 5-15] 테라 생태계 대시보드

(2) 알고리즘 스테이블코인의 등장 배경

UST는 테더나 USDC처럼 달러 현금이나 국채로 담보되지 않았습니다. 대신 '알고리즘 스테이블코인'이라는 독특한 모델을 채택했습니다. 이는 블록체인상의 수요와 공급을 자동 조절해 1UST가 1달러 가치를 유지하도록 설계된 구조입니다. 즉, '실물 달러를 은행에 맡기지 않고도 디지털 달러를 만들 수 있다.'라는 아이디어였고 당시 암호화폐 업계에서는 탈중앙성과 자율성을 강조하는 새로운 실험으로 큰 주목을 받았습니다.

(3) 루나와 UST의 관계

• UST 발행 과정

- 투자자가 UST를 원할 때 루나(LUNA)를 소각합니다.
- 그 대가로 동일한 가치의 UST가 발행됩니다.
- 즉, 루나를 소각하여 UST라는 디지털 달러 역할을 하는 자산을 생성하는 구조입니다.

• UST 소각 과정

- 반대로 UST가 필요 없거나 달러로 환전하고 싶을 때 UST를 소각합니다.
- 그 대가로 루나(LUNA)가 새로 발행됩니다.
- 이 과정은 루나 공급을 늘려 UST 공급을 줄이는 방식으로 균형을 맞추려는 원리입니다.

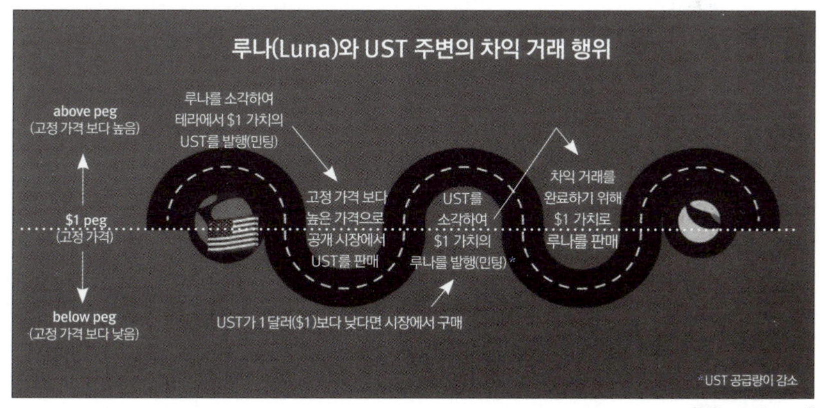

(출처: gateio.com)

[그림 5-16] TerraUSD(UST) 소개 및 페깅 메커니즘

(4) 루나·UST의 성장

이 구조를 기반으로 테라 생태계는 빠르게 성장했습니다. 대표적으로 앵커 프로토콜(Anchor Protocol)은 예치 시 연 20%의 고정 이자를 제공하며 수많은 투자자가 UST를 보유하도록 유인했습니다. 또한 한국의 간편 결제 서비스 차이(Chai)와 연계해 실제 결제에도 UST를 활용하려는 시도도 있었습니다. 이처럼 루나와 UST는 2021~2022년 초까지 시가총액 기준으로 세계 10위권에 오를 정도로 큰 성공을 거두었습니다.

② 알고리즘 스테이블 구조

(1) 루나와 UST의 교환 공식

UST는 단순히 '루나를 소각하면 UST 발행, UST를 소각하면 루나 발행'이라는 설명에 그치지 않았습니다. 실제로는 스마트 컨트랙트가 자동으로 발행·소각을 실행했습니다. 예를 들어, 시장에서 UST가 0.98달러에 거래될 때 사용자는 싸게 매수한 UST를 컨트랙트에 반환하고 1달러 가치의 루나를 받을 수 있었습니다. 이 과정이 반복되면 자연스럽게 UST의 공급이 줄어 가격이 다시 1달러에 수렴했습니다. 즉, UST의 안정성은 스마트 컨트랙트에 내장된 차익 거래 메커니즘에 의해 유지되도록 설계된 것입니다.

(2) 차익 거래자의 역할

이 시스템은 기본적으로 시장의 참여자들(차익 거래자)이 자발적으로 움직여야만 정상 작동합니다.

- UST가 1달러보다 저렴하면 투자자는 차익을 위해 UST를 매수하여 소각합니다.
- UST가 1달러보다 비싸면 루나를 소각해 UST를 발행하고 이를 높은 가격

에 매도합니다. 이때 참여자들이 움직이지 않으면 페그 복원이 불가능했습니다. 따라서 구조적으로 투자자의 신뢰와 참여 의지가 시스템 유지의 핵심 요소였습니다.

(3) 구조적 한계: 루나의 희생

- UST의 가치를 유지하는 과정에서 루나가 희생되는 구조가 만들어졌습니다.
- UST 가격이 하락하면 UST를 소각하고 루나를 발행해야 하므로, 루나 공급이 폭발적으로 증가하게 됩니다.
- 루나 가격이 급락하면 담보 자산의 가치가 무너져 UST를 방어할 수 있는 힘도 사라집니다.

즉, 두 토큰은 서로 지탱해 주는 듯 보였으나 위기 상황에서는 루나의 폭발적 희석, 신뢰 붕괴, UST 가격 하락, 재차 루나 발행이라는 악순환에 빠질 수밖에 없는 구조였습니다.

③ 앵커 프로토콜

시중 은행의 핵심 기능이 예금과 대출이라면 앵커 프로토콜(Anchor Protocol) 역시 테라(Terra) 생태계 내에서 이와 유사한 역할을 수행한 대표적인 탈중앙화 금융 서비스입니다. 한때 연 19.5%의 이자율을 제공하며 전체 테라 생태계의 성장 동력을 담당했습니다.

(1) 담보 기반 대출 구조

앵커의 대출은 신용이 아닌 담보 기반(Over-collateralized Loan) 방식으로 운영되었습니다. 사용자는 이더리움(ETH), 루나(LUNA), 아발란체(AVAX), 코스모스(ATOM) 등 주요 레이어 1 자산을 담보로 예치하고 그 가치의 약

75% 한도(LTV) 내에서 대출을 받을 수 있었습니다. 담보 가치가 하락해 LTV가 75%를 초과하면 시스템이 자동으로 청산(liquidation)을 실행하여 대출 상환이 이루어졌습니다. 대출 금리는 Borrow APY로 표시되며 시장 수요에 따라 자동 조정되는 변동 금리 구조를 가졌습니다. 대출 수요가 증가할수록 금리가 상승하는 형태이며 특정 시기에는 ANC 토큰으로 보상(Borrow incentive)을 지급하기도 했습니다. 그러나 시장 불안정기에는 APY가 음수로 전환되어 대출자가 사실상 추가 이자를 부담하는 구조로 작동했습니다.

COLLATERAL MARKET	Price	Total Collateral	Total Collateral Value
bLuna Bonded Luna	$ 90.812	47.065M	$ 4,274.12M
bETH Bonded ETH	$ 3,047.246	559,682.178	$ 1,705.48M
wasAVAX BENQI Staked AVAX (Portal)	$ 79.161	1.107M	$ 87.69M
bATOM Bonded ATOM	$ 23.791	329,071.957	$ 7.82M

(출처: 앵커 프로토콜)

[그림 5-17] 앵커 프로토콜의 담보 예시

(2) 예금 서비스와 고정 이자율

앵커 프로토콜의 가장 큰 주목 포인트는 예금 서비스였습니다. 사용자가 UST를 예치하면 연 19.5%의 고정 이자율을 받을 수 있었는데, 이는 기존 금융권에서는 찾아보기 어려운 수준이었습니다. 이로 인해 예치금(TVL)은 폭발적으로 증가하며 앵커는 테라 생태계 최대 규모의 자금 풀로 자리 잡았습니다.

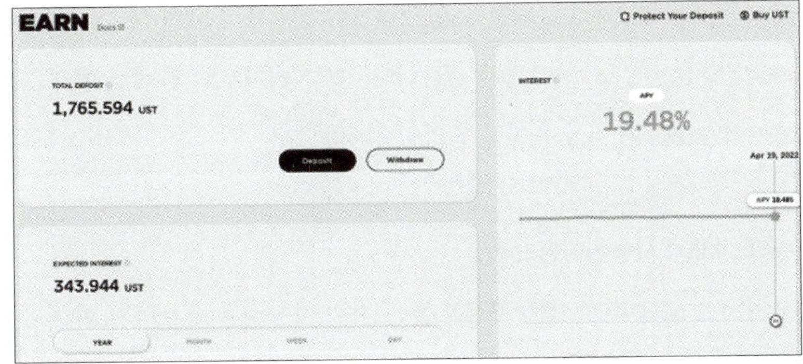

(출처: 앵커 프로토콜)

[그림 5-18] 앵커 프로토콜의 2022년 4월 당시 이자율

(3) 이자 수익의 원천

앵커의 이자 수익은 대출자의 담보 자산에서 발생하는 스테이킹 보상이 주요 원천이었습니다. 즉, 프로토콜은 담보로 예치된 루나나 ETH 등을 스테이킹하고 그 보상으로 얻은 수익을 예금자에게 분배했습니다. 이를 단순 식으로 표현하면 다음과 같습니다.

$$\text{Anchor Rate} = (\text{담보 스테이킹 보상의 총액}) \div (\text{전체 담보 가치})$$

그러나 시간이 지나면서 예금 수요가 대출 수요를 크게 초과했고 스테이킹 보상만으로 19.5%의 이자율을 유지하기는 어려워졌습니다.

(4) Anchor Yield Reserve의 보전 역할

이 부족분은 '앵커 일드 리저브(Anchor Yield Reserve)'라는 준비금에서 보전되었습니다. 스테이킹 수익이 많을 때는 이익을 적립하고, 반대로 수익이 부족할 때는 예금자에게 지급하는 구조였습니다. 하지만 예치금이 급격히 늘면서 리저브는 빠르게 고갈되었고 2022년 2월에는 루나 재단(LFG)이 약 4억 5,000만 달러를 긴급 투입해야 했습니다. 결국 리저브의 한계로 인해 고정 19.5% 이자율은 더 이상 유지될 수 없었습니다.

(5) 구조 개편과 지속 가능성 논의

리저브 고갈 이후 앵커 프로토콜은 지속 가능성을 확보하기 위해 다음과 같은 개편을 시도했습니다.

- LTV 상향 조정: 기존 50% →75%로 상향하여 대출 수요 확대
- 담보 자산 다변화: LUNA, ETH 외에 DOT, AVAX 등 다양한 자산 추가
- 이자율 체계 개편: 고정 금리 대신 Dynamic Rate(시장 상황에 따라 변동하는 금리) 도입

이러한 조정에도 불구하고 앵커 프로토콜은 구조적 한계를 극복하지 못했고 이후 UST 디페깅(Depegging) 사태와 함께 붕괴 국면에 접어들었습니다.

④ 붕괴 과정

(1) 디페깅의 시작과 대형 투자자의 움직임

2022년 5월, UST는 처음으로 1달러 페그를 벗어나며 0.98달러 수준까지 하락했습니다. 이 작은 균열은 투자자들의 불안을 자극했고 일부 대규모 보유자들이 대량 매도를 단행하면서 하락세가 가속화되었습니다. 이 과정에서 기관급 투자자 또는 제도권 자금이 의도적으로 시장을 흔들었다는 의혹도 제기되었습니다. 다만, 학계의 분석 일부는 이러한 움직임이 인위적인 조작이라기보다 위험성을 인지한 투자자들의 집단적 탈출(run) 성격이 강했다고 평가하기도 합니다.

(2) 앵커 프로토콜의 취약성

UST의 주요 수요처였던 앵커 프로토콜은 연 19~20%의 고정 이자를 약속하며 투자자를 유인했습니다. 그러나 이 구조는 보조금으로 유지되는 비지속적 모델이었고 이자 지급 여력이 줄어든다는 신호가 나타나자 대규모 인출 사태가 발생했습니다. 그 결과, UST 매도 압력이 급격히 증가하며 페그 유지에 심각한 부담이 발생했습니다.

(3) 악순환과 루나의 과잉 발행

UST가 지속적으로 1달러 이하에 거래되자, 투자자들은 이를 소각하고 루나를 신규 발행하기 시작했습니다. 문제는 소각되는 UST가 너무 많았다는 점이었습니다.

- UST 가격 하락 → 대량 소각 → 루나 대규모 발행
- 루나 공급 급증 → 루나 가격 폭락 → 담보 가치 하락
- 담보 가치 하락 → UST 신뢰 추가 약화

이 과정은 빠른 속도로 반복되며 루나의 폭발적 인플레이션과 UST 가격 폭락이라는 악순환을 만들어 냈습니다.

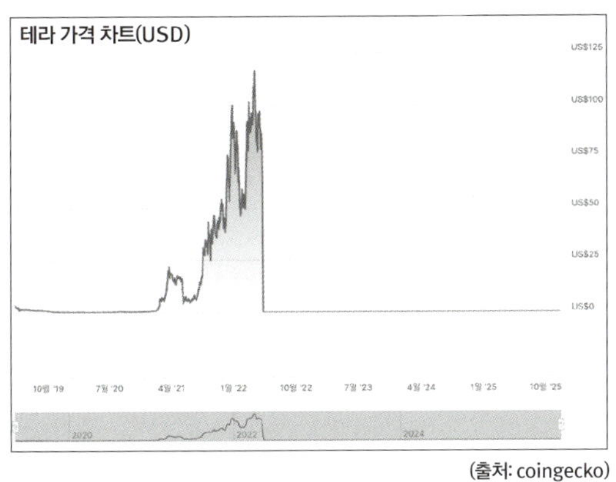

(출처: coingecko)

[그림 5-19] 루나/달러 차트

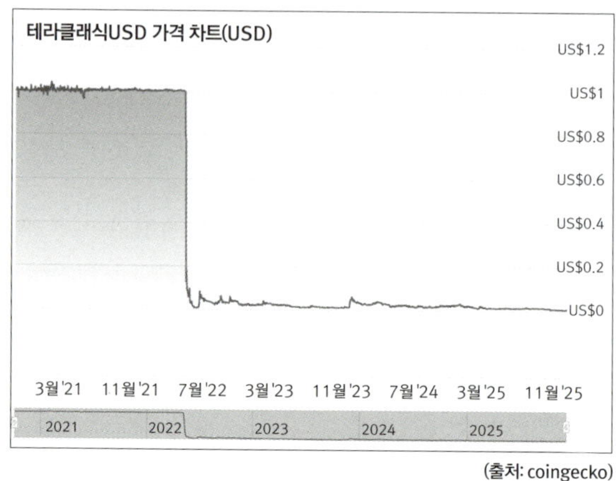

[그림 5-20] UST/달러 차트

(4) 기관 개입 의혹과 유동성 운영 논란

당시 일부 보고서에 따르면, 테라 측은 커브(Curve) 풀에서 약 1억 5,000만 UST를 회수하는 움직임을 보였으며 직후 대규모 주소에서 수천만 UST가 시장에 매도되었다는 정황이 포착되었습니다. 이 때문에 '시장 균형이 알고리즘에 의해 자연스럽게 유지된 것이 아니라 특정 세력이 의도적으로 가격을 흔들었다.'라는 논란이 제기되었습니다. 또한 테라 내부가 Curve 유동성 풀을 조정하면서 오히려 디페깅을 가속화했다는 비판도 뒤따랐습니다.

(5) 권도형의 발언과 태도

창립자 권도형은 사태 초기에 '테라 프로토콜은 스스로 균형을 회복할 것'이라며 강한 자신감을 보였습니다. 그는 소셜 미디어와 커뮤니티를 통해 투자자들을 안심시키려 했고 붕괴 초기에도 알고리즘의 복구 능력을 강조했습니다. 그러나 상황이 악화되자 일부에서는 권도형이 외부 유동성을 동원해 인위적으로 UST 가격을 방어하려 했다는 주장도 제기되었습니다. 이후 그는 '시스템에 대한 믿음이 지나쳤다.'라는 반성 섞인 발언을 하기도 했지만, 동시에 프로젝트가 본질적으로 폰지 구조라는 비판에는 끝까지 동의하지 않았습니다.

(6) 최종 붕괴

결국 며칠 만에 루나는 무제한에 가깝게 발행되며 사실상 가치가 0에 수렴했습니다. UST 역시 0.1달러, 더나아가 0.01달러 이하로 폭락했고 테라 블록체인은 운영 중단과 재편을 거쳐 기존 체인이 테라 클래식(Terra Classic)으로 분리되었습니다. 이후 테라 재단은 '테라 2.0'이라는 새로운 체인을 출범했지만, 신뢰 회복에는 실패했습니다.

④ 루나 생태계의 디앱들

(1) 앵커 프로토콜

루나 생태계에서 가장 주목받았던 디앱(DApp, Decentralized Application)은 단연 앵커 프로토콜이었습니다. 사용자가 UST를 예치하면 연 20%에 달하는 고정 이자를 지급하는 구조였는데, 이는 당시 다른 디파이 서비스들과 비교해 압도적으로 높은 수익률이었습니다. 이로 인해 막대한 자금이 앵커로 유입되었고 UST는 빠르게 성장할 수 있었습니다. 그러나 이러한 고수익 모델은 지속 가능성이 부족했고 결국 붕괴 과정에서 가장 큰 불안 요인으로 작용했습니다.

(2) 미러 프로토콜

또 다른 대표 디앱은 '미러 프로토콜(Mirror Protocol)'입니다. 미러는 주식, ETF와 같은 전통 자산을 블록체인상에서 합성 토큰(mAsset) 형태로 발행하여 거래할 수 있도록 설계된 플랫폼이었습니다. 투자자들은 달러 대신

UST를 사용해 합성 자산을 사고팔 수 있었고 이는 '블록체인에서 전통 금융 시장에 투자할 수 있는 길'을 열었다는 점에서 주목받았습니다. 하지만 UST의 신뢰가 무너지자 미러 역시 빠르게 붕괴되었습니다.

(3) 차이와 상업적 연결

테라는 디파이 영역을 넘어 실제 상업 결제 분야로도 진출을 시도했습니다. 대표적인 사례가 한국에서 운영된 차이(Chai) 결제 서비스입니다. 차이는 테라 블록체인을 기반으로 가맹점 결제 시스템을 구축하여 소비자가 일상생활에서 UST를 활용할 수 있도록 하는 모델을 추진했습니다. 초기에는 빠르게 사용자를 모았지만, 결국 UST 붕괴와 함께 서비스 역시 정상 운영이 어려워졌습니다.

(4) 기타 생태계 프로젝트

이외에도 테라 생태계에는 다양한 디파이 및 커머스 프로젝트가 존재했습니다. 탈중앙 거래소(DEX), 대출 서비스, 결제 애플리케이션 등 여러 시도가 이어졌으나 대부분 UST에 대한 신뢰를 기반으로 작동했기 때문에 스테이블코인이 붕괴하는 순간 연쇄적으로 무너졌습니다.

⑤ 붕괴 이후의 파장

(1) 글로벌 시장에 미친 충격

루나·UST 붕괴는 단일 프로젝트의 실패에 그치지 않고 전 세계 암호화폐 시장 전체에 큰 충격을 주었습니다. 당시 시가총액 상위권을 기록하던 프로젝트가 불과 며칠 만에 0에 수렴하면서 수많은 투자자가 수십억 달러 규모의 손실을 입었습니다. 특히, 일반 개인 투자자뿐만 아니라 기관 투자자들까지 피해를 입어 '스테이블코인은 과연 안전한가?'라는 근본적 질문이 제기되었습니다.

(2) 스테이블코인 신뢰의 붕괴

UST 사태는 스테이블코인 전체의 신뢰를 크게 훼손했습니다. 테더와 USDC 같은 준비금 기반 코인들조차도 '과연 준비금이 충분히 안전한가?'라는 의문에 직면했으며 알고리즘 스테이블 모델은 사실상 시장 신뢰를 완전히 상실했습니다. 이후 등장한 신규 스테이블 프로젝트들은 반드시 투명한 준비금 공개와 규제 준수를 강조할 수밖에 없게 되었습니다.

(3) 규제 강화의 촉발

이 사건은 각국 규제 당국이 스테이블코인을 본격적으로 규제해야 한다는 논의로 이어졌습니다. 미국에서는 스테이블코인 발행사를 은행 수준으로 감독해야 한다는 주장이 힘을 얻었고 유럽은 MiCA(Market in Crypto-Assets) 규제를 통해 스테이블코인을 제도권 안에 포함시켰습니다. 한국 역시 루나·UST 붕괴로 인한 투자자 피해가 컸던 만큼 디지털 자산 관련 법안 논의를 서두르게 되었습니다.

(4) 테라 커뮤니티와 테라 2.0

붕괴 이후 테라 커뮤니티는 두 갈래로 갈라졌습니다. 일부는 기존 체인을 '테라 클래식(Terra Classic)'으로 유지하며 생태계를 보존하려 했고 다른 일부는 새로운 체인을 만들어 '테라 2.0'을 출범시켰습니다. 그러나 투자자 신뢰를 이미 잃은 상태였기에 테라 2.0은 초기에 관심을 끌었을 뿐, 장기적인 성공으로 이어지지는 못했습니다.

(5) 암호화폐 업계 전반의 교훈

루나·UST의 붕괴는 업계 전반에 깊은 교훈을 남겼습니다.

- 지속 불가능한 인센티브 모델은 언젠가 붕괴한다.
- 시장 신뢰에만 의존하는 알고리즘 구조는 취약하다.
- 투명성·규제 준수 없이는 스테이블코인이 장기 생존하기 어렵다.

이 사건은 '스테이블코인은 곧 디지털 달러'라는 기존 인식에 균열을 일으키며 업계가 보다 건전한 구조를 모색하는 계기를 마련했습니다.

2부

스테이블코인 전략

스테이블코인은 빠르게 제도권 안으로 편입되고 있습니다. 각국 정부와 금융 기관들은 끊임없이 진화하는 새로운 금융 시스템에 대해 깊이 고민하고 있습니다. 이들이 지향하는 차세대 금융은 단순히 속도와 안정성을 높이는 차원을 넘어, 자금의 흐름을 투명하게 파악하고 급변하는 거래 환경에 유연하게 대처하는 것입니다.

수많은 대안 중에서도 블록체인은 가장 광범위한 글로벌 거래 인프라를 구축해 나가고 있습니다. 암호화폐는 이미 또 하나의 거대한 금융 축으로 자리 잡았습니다. 하지만 혁신이 가져온 긍정적인 변화의 이면에는 탈중앙화라는 익명성의 그늘에 숨어 자금 세탁이나 범죄에 악용되는 부작용도 공존합니다.

과거에는 이를 억제하려는 시도도 있었으나 암호화폐 시장은 막대한 유동성을 바탕으로 그 영역을 오히려 확장해 왔습니다. 결국 이제는 이 거대한 흐름을 거스르기보다 통제되지 않는 리스크를 관리 가능한 영역으로 끌어들여야 합니다. 기존 금융 시스템을 보호하면서도 그 혁신적 잠재력을 온전히 흡수할 수 있는 합리적인 제도화가 필요한 시점입니다.

6장

주요 국가별 스테이블코인 정책

주요 국가들은 스테이블코인이 금융 안정성과 소비자 보호, 그리고 화폐 주권에 미치는 파급력을 예의주시하며, 이에 대응하는 독자적인 규제 체계를 발 빠르게 구축하고 있습니다. 특히, 규제의 화살은 시장을 주도하는 달러 연동 스테이블코인을 정조준하고 있습니다.

기축통화국은 디지털 자산을 통해 자국 통화의 영향력을 전 세계로 확장하려는 전략을 취하는 반면, 비기축통화국들은 자국의 통화 주권을 지키기 위해 필사적인 방어 기제를 작동시키고 있습니다. 바야흐로 전 세계가 스테이블코인을 매개로 국경 없는 하나의 통화권으로 묶이고 있는 지금, 과연 한국은 이 새로운 질서를 어떤 방식으로 수용하고 대응해야 할지 깊은 딜레마에 빠져 있습니다.

1. 전 세계 정부와 중앙은행은 왜 스테이블코인에 주목하는가?

전 세계 정부와 중앙은행은 비트코인의 성장과 함께 급변하는 금융 환경을 예의 주시해 왔습니다. 블록체인의 가능성에 대해서는 인정하지만 특정 암호화폐를 국가 통화와 맞바꿀 수는 없으므로 체계적인 방법으로 제도화하는 방법을 고민해 왔습니다. 정부와 중앙은행에게 가장 중요한 것은 금융 시스템의 안정성에 있습니다. 즉, 기존 화폐를 디지털 자산으로 안정적으로 이동하는 것입니다.

스테이블코인은 '코인'이라는 이름이 붙으면서 암호화폐 같은 가상 자산으로 비춰지지만, 실제 제도권에서 갖는 기대는 은행의 예금처럼 안정적인 가치를 유지하는 데 있습니다. 은행의 예금을 대신할 만큼의 운영, 보안, 자금적인 안정성을 확보할 수 있도록 제도적인 자격을 관리하는 것입니다.

2022년의 테라루나 사태는 이 스테이블코인의 안정성 문제가 표면으로 드러난 직접적인 사례입니다. 테라 USD는 전 세계 투자자들을 통해 약 50조 원에 달하는 자금을 끌어 모았습니다. 금융 기관에 실제 미국 달러를 담보로 예치하는 대신, 암호화폐인 루나를 교환하는 알고리즘을 통해 1달러의 가치를 유지하도록 설계된 방식이었습니다. 루나가 실제 달러 화폐처럼 높은 가치를 유지하면 테라 USD의 가치가 안정적으로 자리 잡을 것을 전제로 시작했기 때문에 가능했던 것이지만, 실제로는 루나의 가치를 뒷받침할 장치가 없다는 불안감이 번지면서 순식간에 폭락했습니다.

테라·루나 사태는 스테이블코인의 기술적인 부분과 가치적인 부분의 괴리가 드러난 사례입니다. 스테이블코인의 시스템 리스크가 사회에 미칠 파장이 클 수 있다는 우려가 확산되었고 유사 사태 재발 방지를 위해 이를 명확히 제도화해야 한다는 공감대가 형성되었습니다. 결국 규제 논의와 함께 스테이블코인은 적정 수준의 준비금, 투명한 운영, 강력한 보안 시스템 등 확실한 안전장치를 기반으로 본격적인 성장을 모색하게 되었습니다. 은행에 버금가는 시스템을 갖추어야만 스테이블코인의 기술적인 가치와 목표를 이룰 수 있다는 공감대가 생긴 셈입니다.

규제 당국이 스테이블코인을 제도권으로 편입시키려는 가장 큰 이유는 금융 기술의 혁신입니다. 금융 거래에 대한 기술적 효율성이 높아지는 것을 기대하는 것입니다. 이를 위해서 불안정한 측면들을 해소하고 통제 가능한 상황을 만들어 기술적 기회를 잡는 것을 목표로 합니다.

기존의 송금 시스템은 SWIFT(스위프트) 망을 기반으로 작동해 왔습니다. SWIFT는 '국제 은행 간 통신 협회(Society for Worldwide Interbank Financial Telecommunication)'의 줄인 말로, 전 세계 금융 기관들이 안전하고 표준화된 방식으로 금융 거래 정보를 교환하는 네트워크를 의미합니다. 금융 거래는 국가 안에서뿐만 아니라 전 세계은행 사이에서 이루어지기 때문에 전 세계 주요 은행들 사이에서는 안전하고 자유롭게 통신할 수 있는 기술이 필요했고 일관된 프로토콜을 통해 거래할 수 있도록 돕는 것이 SWIFT의 역할이었습니다.

이 SWIFT는 해당 국가와 은행이 적절한 신뢰와 안정성을 확보하고 있다는 전제하에 참여할 수 있기 때문에 기술적인 안전장치로서의 역할뿐만 아니라 제도권 금융의 문턱 역할을 함께 해 왔습니다. 그러나 SWIFT 망은 다국적 화폐를 다루며 여러 중개 은행을 거치는 복잡한 환전 과정으로 인해 높은 수수료가 발생하고 각 은행의 운영 시간에 따른 거래 지연이 빈번하게 일어납니다.

반면, 스테이블코인은 24시간 365일 전 세계 어디에서나 작동되는 블록체인을 기반으로 하기 때문에 실시간에 가까운 국제 송금 거래가 이루어지면서 무역을 비롯한 국가 간 금융의 기술적인 문제를 해결할 수 있는 방법으로 꼽힙니다.

또한 스테이블코인은 '프로그래밍 가능한 화폐'라는 특성을 가지므로 금융 서비스의 자동화 및 스마트화를 위한 기술적 기반이 될 수 있습니다. 현재 중앙화된 은행 시스템의 복잡한 절차 없이 디파이를 통해 간편하게 스마트 계약으로 새로운 형태의 금융 서비스들이 나오고 있는 상황입니다. 스테이블코인은 전통적인 금융 기관들이 새로운 형태의 디지털 자산 상품을 개발하면서 지속 가능성을 갖도록 하는 중요한 역할을 합니다.

정부와 중앙은행은 금융 혁신을 기대하면서도 파괴적 혁신이 기존 가치를 급격히 변화시키거나 통제 불가능한 제3의 금융 주체가 혼란을 야기하는 상황은 경계합니다. 스테이블코인은 바로 블록체인 기반의 안정적인 금융 환경을 갖추고자 하는 국가들의 목표를 안전하게 만들어 내는 첫 번째 단추인 셈입니다.

하지만 다른 한편으로, 스테이블코인은 미국 달러의 가치를 바탕으로 하는 또 하나의 화폐 형태이기 때문에 기존 금융 환경의 안정성에 큰 영향을 끼칠 수 있습니다. 테라-루나 사태처럼 실질적인 준비금이 부족한 상황은 금융 시장 전체에 충격을 줄 수 있습니다.

그뿐만 아니라 통화 주권 문제 또한 예의 주시할 필요가 있습니다. 자국

화폐의 신뢰도와 가치가 낮은 국가에서는 미국 달러 기반 스테이블코인이 법정 통화보다 선호될 가능성이 큽니다. 이는 결국 기존 통화 가치를 무너뜨리면서 국가적인 통화 정책 효과가 흔들리게 됩니다. 전통적인 금리 조정이나 인플레이션 제어 장치가 작동하지 않는 상황에서 발생할 혼란을 우려하지 않을 수 없습니다.

긍정적이든, 부정적이든 스테이블코인은 또 하나의 주요 금융 장치로 떠오르게 됐고 서둘러 변화를 받아들이고 준비하지 않았을 때의 혼란은 누구도 바로잡을 수 없다는 것은 모두가 공감하는 현실입니다.

2. 미국: 기축통화 지위 유지와 국채의 수요처

현재 글로벌 스테이블코인 시장의 90% 이상은 미국 달러와 연동되어 있습니다. 이는 미 달러가 기축통화로서 전 세계에 통용된다는 점이 주된 이유이지만, 스테이블코인 자체의 불안정성을 최소화하고 가치 안정성을 확보하기 위해 미 달러를 활용하려는 목적도 있습니다.

자연스럽게 달러 기반 스테이블코인이 성장하면서 미국 역시 적절한 규제를 통해 블록체인과 스테이블코인을 제도화하기 위해 가장 빠르고 민감하게 움직이고 있습니다. 그런데 정책과 규제를 살펴보기 전에 과연 미국은 왜 스테이블코인을 민감하면서도 적극적으로 육성하고 규제하는지 살펴볼 필요가 있습니다.

미국은 스테이블코인을 단순히 새로운 핀테크 기술을 넘어 금융 시스템의 근본적인 변화 그리고 그에 따른 경제 정책, 국가 안보의 관계 등 다차원적인 관점으로 바라보고 있습니다. 무엇보다 이 급박한 변화가 이어지는 과정에서도 글로벌을 패권 유지할 수 있어야 한다는 전략적 고민도 깊숙이 자리 잡고 있습니다.

현재 USDT와 USDC 등 전 세계에서 가장 널리 쓰이는 스테이블코인은 모두 미국 달러에 그 가치가 연동되어 있습니다. 이는 디지털 자산으로 금융 시장이 전환되어도 세계적인 가치 평가와 거래의 기준이 달러가 될 수 있다는 것을 의미합니다. 과거 석유 결제 통화를 달러로 통일하며 기축통화 지위를 굳혔던 것처럼 스테이블코인을 통해 디지털 경제 시대에도 달러의 영향력을 유지·확장하려는 의도입니다.

이는 미국뿐만 아니라 다른 국가들도 마찬가지입니다. 중국은 국가 주도로 개발 중인 '디지털 위안화(e-CNY)' 등 중앙은행 디지털 화폐(CBDC)를 통해 글로벌 시장 영향력을 확대하고 새로운 기축통화로서의 입지를 구축하려는 야심을 드러내고 있습니다. 유럽연합 역시 유로의 가치를 스테이블코인을 바탕으로 정착시키고자 합니다. 미국은 기술에 빠르게 대응하는 것 같은 스탠스를 보이지만, 민간 기업이 주도하는 달러 기반 스테이블코인을 규제하에 육성함으로써 국가가 통제하는 CBDC 모델에 대응하고 디지털 통화 시장의 주도권을 빠르게 잡으려고 합니다.

다른 한편으로는 스테이블코인의 준비금을 통해 국채의 가치를 높이는 것도 기대할 수 있습니다. 미국은 민간의 스테이블코인 발행을 허용하되, 발행 기업이 유통량의 100% 이상에 해당하는 준비금을 은행 예금이나 단기 국채 등 안전 자산으로 보유하도록 의무화했습니다.

표면적으로는 언제든지 그 가치를 원래의 달러화로 전환할 수 있는 안전장치이지만 결국 스테이블코인의 값어치로 매겨진 막대한 현금은 은행 예금보다는 높은 수익을 기대할 수 있는 국채로 옮겨갈 가능성이 높습니다. 실제로 2024년 기준, 약 1,200억 달러 상당의 미국 국채가 스테이블코인 담보로 사용되고 있습니다. 이러한 안정적인 국채 수요는 미국 정부가 국채를 발행할 때 금리 부담을 낮추는 효과를 가져오며 미국 금융 시장의 안정성에도 긍정적으로 작용할 수 있습니다.

경제적 가치도 놓칠 수 없습니다. 스테이블코인은 탈중앙화 금융 프로토콜에서 대출, 유동성 공급 등 핵심적인 자산으로 사용됩니다. 미국은 디파이의 혁신을 수용하되, 명확한 규제 틀을 마련하여 금융 안정성을 해치지 않는 선에서 그 잠재력을 활용할 의지를 내비치고 있습니다.

또한 모든 스테이블코인 거래는 투명한 블록체인 원장에 기록을 남깁니다. 미국은 이 기술을 역으로 활용하여 불법 자금의 흐름을 추적하고 있으며 다양한 규제는 투명성을 전제로 하지만 적극적인 자금 추적 및 집행 능력을 더욱 강화하는 장치로 활용될 수 있습니다.

미국의 이런 스테이블코인에 대한 목적은 고스란히 규제로 나타나고 있습니다. 현재 미국의 규제 방향은 위험의 통제보다는 '달러의 디지털화'에 집중되어 있지만, 궁극적으로는 미국이 기대하는 스테이블코인의 역할을 서서히 규제 안으로 끌어들이려는 경향이 있습니다.

미국의 스테이블코인 규제는 지니어스 법으로 시작됩니다. 지니어스 법의 출발은 스테이블코인의 의미를 '지급 결제용 스테이블코인(Payment Stablecoin)'으로 규정하는 데 있습니다. 이는 스테이블코인을 투자 자산이 아니라 실제 활용할 수 있는 '돈'으로 바라본다는 의미입니다.

반대의 의미로 비트코인을 들 수 있습니다. 비트코인은 아직 직접적인 통화 대체 수단이 아니라 급격한 시세 변동을 기반으로 한 투자성 자산으로 주목받는 경향이 있습니다. 블록체인 특성상 공급의 한정성으로 인해 가치 평가가 수시로 변동하며 이에 따른 시세 차익을 노리는 투자 자산으로서의 역할이 부각되고 있습니다.

미국 정부가 기대하는 스테이블코인의 가치는 현금을 대신해 일상 거래에서 지불의 수단으로 쓰이는 통화 수단에 있습니다. 이를 위해서는 기술적인 특성뿐만 아니라 그 가치가 안정적이어야 합니다. 즉, 스테이블코인과 달러의 가치가 일대일로 연동되어야 함을 의미합니다. 예를 들면 1USDT는 따로 따져보지 않아도 실제 1달러 지폐와 똑같은 가치를 갖고 그 자체로 인터넷 쇼핑이나 마트에서 결제 수단으로 쓸 수 있도록 하는 것입니다.

이와 동시에 스테이블코인에 대해 직접적으로 이자를 지급하는 것은 법으로 금지합니다. 이는 스테이블코인을 보유하는 것이 별도의 투자 가치를 갖지 못하도록 하는 것입니다. 은행처럼 이자를 지급하게 되면 그 자체로 금융 투자 상품의 성격을 갖게 되므로 '결제 수단'으로 역할을 한정하려는 기본 원칙에 위배되기 때문입니다. 투자 상품에 대한 부분은 기존 금융 시장에 전적으로 권한을 두며 스테이블코인은 순수하게 돈을 주고받는 방법으로 제한하는 것입니다.

지니어스 법은 현금을 대체하려는 매우 적극적인 규제라고 할 수 있습니다. 하지만 동시에 그 변화의 흐름을 신중하게 주시하겠다는 보수적인 시각도 내포하고 있습니다. 스테이블코인이 부정적인 영향을 끼치거나 더 나은 기술적, 제도적 방향성이 있다면 언제든 원래의 달러로 바꾸어 옮길 수 있도록 전체 가치를 한정하는 것입니다. 지니어스 법의 '의무 조항'들은 이를 잘 드러냅니다.

의무의 핵심은 스테이블코인 1개의 가치를 1달러의 가치로 즉시 되돌릴 수 있도록 하는 것입니다. 이는 과거 테라 사태처럼 그 가치를 알고리즘 기반의 복잡한 평가 방식이 아니라 발행된 코인의 가치 이상을 현금 또는 단기 국채 등 안전한 자산으로 보증하도록 합니다. 이를 통해 만약 부정적인 이슈로 대규모 뱅크런이 일어나더라도 발행된 코인 전체가 안정적으로 원래의 화폐 가치로 되돌아갈 수 있게 됩니다. '정확한 총량 관리'를 중심에 두고 은행 예금 수준의 가치 안정성을 확보하는 것입니다.

스테이블코인의 이러한 성격 때문에 이를 하나의 '증권' 가치를 갖는 것으로 보아야 하는 것 아니냐는 논란이 일기도 했습니다. 실제로 미국 증권거래위원회(SEC)는 증권법을 근거로 스테이블코인 규제 권한을 확보하려는 의지를 보이기도 했습니다. 하지만 미국 정부는 지니어스 법을 통해 스테이블코인을 증권 규제 대상에서 제외하며 연방준비제도(FED)나 통화감독청(OCC) 등 은행과 화폐를 관리하는 기관의 규제를 받도록 했습니다. 이는 스테이블코인이 가치 안정성과 지급결제 원칙을 준수할 경우, 복잡한 증권 규제 대신 새로운 형태의 금융 상품으로 인정받아 요건을 갖춘 사업자들이 제도권 내에서 안전하게 사업을 확장할 수 있도록 허용하겠다는 메시지를 담고 있습니다.

미국은 스테이블코인을 전통적인 금융 기업들이 발행하도록 하는 것을 중요하게 여기고 있습니다. 이는 화폐 가치와 돈의 전송 방법에 대한 기술적인 관점에서 스테이블코인을 바라보기 때문입니다. 통화감독청은 은행들에게 기존 은행 관련 규제 체계 안에서 투명하게 스테이블코인을 발행하는 것을 원칙으로 했습니다. '디지털 통화'라는 의미의 코인을 가장 안정적으로 발행하고 활용할 수 있는 주체가 기존 금융권이라고 본 것입니다.

동시에 「지니어스 법」을 준수한다면 비은행 핀테크 기업이나 블록체인 기업에도 코인 발행을 허용한 점은 주목할 만합니다. 간편 결제 시장을 연 '페이팔'을 비롯해 최근 주식 시장에 상장하며 눈길을 끈 '서클' 등이 대표적인 예입니다. 이 기업들은 연방 준비 제도의 까다로운 심사와 지속적인 감독을 전제로 스테이블코인 발행 자격을 부여받은 바 있습니다. 핀테크 기업들은 은행권과 달리, 블록체인 기술 활용과 혁신을 전제로 하므로 미국 정부가 기대하는 '송금 체계' 발전을 견인할 주체로서 시장에 참여하게 됩니다.

2025년 현재 미국은 지니어스 법을 바탕으로 스테이블코인이 제도권에 들어올 수 있는 명확한 역할과 기준을 세우면서 빠르게 안정세를 찾아가고 있습니다. '지급 결제'로 용도를 한정하여 증권이나 금융 상품이 아닌 신종 금융 서비스임을 명확히 했으며 이에 따라 코인 발행 주체 또한 결정되었습니다.

미국 내 스테이블코인은 불투명성과 불안정성 문제를 상당 부분 해소했으며 단순하고 명확한 기준을 통해 금융 시장의 신뢰를 얻게 되었습니다. 또한 미국 달러 자체가 스테이블코인의 주요한 기준점이 되면서 2025년 현재 미국 시장의 달러 기반 스테이블코인은 2,600억 달러, 우리 돈으로 약 350조 원 규모의 가치를 갖게 되었습니다.

무엇보다 일일 거래 규모가 150억 달러를 넘기며 지급 결제 수단 및 교환 매개체로서 디지털 통화라는 역할에서도 긍정적인 모습을 보이고 있습니다.

결국 미국의 전략은 스테이블코인을 통해 달러를 디지털화하고 유통 시스템을 내재화함으로써 달러의 통화 패권을 디지털 세계로 확장하려는 것으로 풀이됩니다. 또한 스테이블코인 발행사의 준비금을 현금이나 미 단기 국채로 보유하도록 규제함에 따라 미 국채 수요가 급증했으며, 이는 미 정부 재정에도 긍정적인 효과를 미칠 것으로 기대됩니다. 「지니어스 법」의 실제 적용은 법 제정 후 18개월 또는 관련 연방 기관이 하위 규정(rule-making)을 공포한 날로부터 120일 중 먼저 도래하는 날부터 시작 예정입니다. 미국 의회는 관련 부서들에게 하위 규정을 법 제정 후 1년 안에 만들라고 요청한 상태입니다.

[표 6-1] 「지니어스 법」 정리

항목	내용
발행 허가 조건	미국 내에서 결제 스테이블코인을 발행하려면 아래 중 하나의 허가된 형태여야 함 • 예금 은행(insured depository institution)의 자회사 • 연방 자격을 갖춘 비은행(federal-qualified nonbank) 발행자 • 주(州) 기준을 충족하는 주 허가 발행자(state-qualified issuer)
연방 vs. 주 규제 구분	발행 규모가 미화 100억 달러 이하인 비은행(nonbank) 스테이블코인 발행자는 주 규제를 선택할 수 있음. 그러나 그 규모를 넘으면 연방 규제 대상이 됨
예비 자산 (Reserve) 규정	발행하는 스테이블코인은 일대일(one-to-one) 기준으로 미국 달러나 단기 재무부 증권 등 안전 자산으로 뒷받침되어야 함. 매월 공개 공시를 통해 준비 자산 구성 내용을 투명하게 밝혀야 함
소비자 보호 및 마케팅 제한	스테이블코인 발행자는 정부 보증 또는 연방 예금보험 등이 있다는 식의 오해를 줄 수 있는 마케팅을 할 수 없도록 제한됨
도산 시 우선권 보호	만약, 발행 기업이 파산할 경우, 스테이블코인 보유자의 청구권이 다른 채권자보다 우선되도록 법적으로 보호됨
반(反) 자금 세탁/ 제재 준수	발행자에게 은행 비밀법(Bank Secrecy Act) 적용이 명시되며 자금 세탁 방지 및 제재 컴플라이언스 책임을 부과함
미등록/무허가 발행 금지	허가받지 않은 개인/기관이 스테이블코인을 발행하는 것은 불법화, 즉 사모 또는 탈중앙 무허가 스테이블코인 설계는 사실상 금지
증권/상품 규제 명확화	지니어스 법은 "결제용 스테이블코인=증권도, 상품도 아님"이라는 정의를 명문화하여 일반적으로 미국 증권거래위원회(SEC)나 미국 상품선물거래위원회(CFTC)의 규제 범위에 해당되지 않도록 설계
외국 발행 기관 규제 및 등록 요건	해외 기관이 미국 내 사용자에게 스테이블코인을 제공하려면 미국 내 금융 기관에 준비금을 보유하고, 연방 감독 기관에 등록해야 함

3. 유럽연합: 포괄적 규제안 'MiCA'로 유로화 독립성과 시장 질서 확립

유럽연합은 세계 최초로 포괄적인 암호 자산 규제안인 'MiCA(Markets in Crypto-Assets)'를 전면 시행하며 스테이블코인에 대한 명확한 규제 체계를 구축했습니다. MiCA는 스테이블코인을 자산 준거 토큰(ART)과 전자 화폐 토큰(EMT)으로 분류하여 각각의 특성에 맞는 규제를 적용합니다.

MiCA 규제에 따라 스테이블코인 발행사는 준비금의 상당 부분을 현금이나 유로존 회원국의 우량 국채와 같은 고유동성 자산으로 보유해야 합니다. 이러한 규제는 유로화 표시 자산에 대한 구조적 수요를 창출하여, 장기적으로 EU 역내 금융 시장의 유동성과 안정성을 강화하는 긍정적인 효과를 미칠 것으로 기대됩니다.

미국이 「지니어스 법」을 바탕으로 한 연방 차원의 스테이블코인 관련 정책과 규제를 세우는 것과 마찬가지로 유럽연합은 27개 회원국 전체를 아우르는 스테이블코인의 정책 프레임워크를 담은 「암호 자산 시장 법(MiCA)」을 발표했습니다.

명확한 규제하에서 적절한 자격을 가진 사업자들이 안전하게 스테이블코인 관련 비즈니스를 운영하도록 하는 점은 미국의 지니어스 법과 비슷하지만 전체적인 흐름은 조금 다릅니다. 미국이 결제 기술 혁신과 달러 가치의 디지털화에 중점을 두는 반면, 유럽은 새로운 통화 시스템이 기존 금융 환경을 교란하지 않도록 시장 질서를 확립하고 테라-루나 사태와 같은 소비자 피해를 예방하는 데 목표를 두고 있습니다.

MiCA의 규제는 스테이블코인의 발행 기준부터 엄격하게 다루고 있습니다. 기술적인 접근보다 거대한 금융 시스템을 유지하고 관리할 수 있는 사업자의 신뢰성이 우선시되는 것입니다. 관할 당국의 인가를 받은 은행 등 신용 기관 또는 전자화폐 기관들만이 스테이블코인을 발행할 수 있습니다. 충분한 자본금 그리고 운영 경험과 리스크 관리 등의 역량을 갖추고 있어야 이 시장에 진입할 수 있는 것입니다.

또한 미국의 사례처럼 발행 토큰과 동일한 규모의 준비금을 상시 확보해야 합니다. 이 금액은 모두 안전한 외부 금융 기관에 예치해야 하며 국채 등의 안전 자산에 대한 제한적인 투자만 허용됩니다. 이와 아울러 모든 스테이블코인은 언제든 별도의 수수료 없이 원래의 법정화폐로 환전할 수 있는 권리가 법적으로 보장됩니다. 스테이블코인 발행 및 운영사는 이 환전 요구를 거부할 수 없으며 즉시 처리해야 할 의무가 있습니다.

이를 통해 스테이블코인 발행사가 파산하거나 문제가 발생하더라도 원래의 화폐 가치는 보전될 수 있습니다. 또한 스테이블코인의 가치 역시 원래의 유로화를 비롯한 유럽연합 내의 화폐와 똑같이 일대일로 정해지므로 화폐의 총량에는 변화가 없고 기존 금융 시장에 끼치는 영향도 최소화됩니다.

이러한 안정성은 MiCA의 가장 중요한 요소입니다. 이 법 안에는 유로화가 아닌 다른 통화 기반의 스테이블코인에 대한 견제 조항이 포함되어 있습니다. 이는 디지털 통화의 전환 과정에서 '유로존의 통화 주권'을 지켜 내기 위한 것입니다. 현재 유럽을 비롯해 각 국가의 정부 기관이 가장 우려하는 것은 달러의 시장 주도이며 이는 일명 '디지털 달러라이제이션'이라 불립니다. USDT나 USDC 등 미국 달러 가치에 연동되는 스테이블코인이 주도권을 잡는 것에 대한 안전장치인 것입니다.

통화 거래의 많은 부분이 스테이블코인으로 전환되었을 때 실제 일상적인 금융 활동에서 유로 대신 미국 달러 기반의 스테이블코인이 더 널리 사용되기 시작하면 결국 화폐에 기반한 통화 주권이 흔들릴 우려가 있습니다. 중앙은행이 금리를 조정하거나 양적 완화 등의 경기 관련 정책을 시행하더라도 문제가 발생할 수 있습니다. 통화의 상당 부분이 미국 달러 기반 스테이블코인으로 이동한다면 정책 효과가 약화될 수 있기 때문입니다.

또한 유럽 내에서 막대한 양의 미국 달러 기반 스테이블코인이 유통되는 과정에서 미국 발행사가 파산한다거나 미국의 스테이블코인 관련 정책이 바뀌면 그 영향이 그대로 유럽 금융 시스템에 미칠 수 있습니다. 현재 국가 정책에서 허용하는 스테이블코인의 기본은 명확히 통화와 일대일 가치를 갖는 데서 시작합니다. 하지만 가치가 흔들리거나 역할에 변화가 생기면 대응이 어려워집니다. 통제할 수 없는 외부의 요인으로 인해 심각한 금융 위기로 이어질 수 있습니다.

결과적으로 유럽의 스테이블코인 정책은 스테이블코인이 디지털 결제 수단으로 발전하는 흐름은 인정합니다. 그러나 주도권을 달러 기반 스테이블코인에 내주지 않고 유럽 내에서 유로화의 영향력을 유지하는 것을 핵심 목표로 합니다.

이를 위해 MiCA는 특정 전자화폐 토큰이 하루 평균 100만 건 이상의 거래와 2억 유로(한화 약 3,000억 원)를 넘는 거래액이 발생하면 해당 스테이블코인 발행사는 유럽 내에서 새로운 토큰을 발행하지 못하도록 합니다. 또한 하루 평균 거래량을 2억 유로 이하로 낮추기 위한 계획을 규제 당국에 제출하고 이행해야 합니다. 이는 유로 기반 외의 스테이블코인, 즉 미국의 달러 기반 스테이블코인의 성장 상한선을 법으로 정한 셈입니다.

이는 스테이블코인 발행사, 거래소, 디파이 플랫폼에 미 달러 기반 USDT나 USDC에만 의존하지 말고 유럽 내에서 EURC 등 유로 기반 스테이블코인을 발행하여 활발히 유통하라는 메시지이기도 합니다.

결론적으로, EU의 MiCA는 기존 금융 환경과 유로화의 안정성 및 소비자 보호를 최우선으로 하는 접근 방법입니다. 단기적으로는 엄격한 규제가 금융 시장 변화의 걸림돌이 될 수 있다는 우려도 있지만, 이는 신뢰도 높고 안전한 디지털 금융 기술로의 전환을 바탕으로 혁신을 수용할 준비가 되어 있음을 보여 줍니다. 특히, 미국 주도의 신기술을 다소 보수적으로 바라보는 유럽연합도 스테이블코인에 대한 방향성에는 동의한다는 것 자체로도 큰 의미를 둘 수 있습니다.

[표 6-2] MiCA 정리

항목	세부 내용
자산 분류	• ART(Asset-Referenced Tokens): 법정화폐나 자산 바스켓에 참조된 스테이블코인(예 금 기반의 PAGX) • EMT(E-Money Tokens): 단일 법정화폐(예 유로)에 고정된 스테이블코인(예 USDT, USDC) • 기타: 유틸리티 토큰, 비트코인 등 금융 상품으로 분류되는 자산(예 증권 토큰)은 MiFID II 적용
발행자 규제	• 화이트페이퍼 제출 및 공개 의무(위험, 기술, 기능 설명) • 일대일 예비 자산 유지(현금, 국채 등). 정기 감사 및 보고 • 대형 발행자(시가총액 10억 유로 초과)는 ESMA(유럽증권시장청) 감독
CASP 규제	• 라이선스 필수(2025년 1월부터 신청 시작, EU 여권 부여로 회원국 간 이동 자유) • 자본 요건: 최소 12만~150만 유로(서비스 유형별) • 고객 보호: KYC/AML 준수, 위험 공개, 보상 메커니즘 • 금지 서비스: 익명 지갑 제공, 마케팅 조작
시장 무결성 및 감독	• 시장 남용 방지(조작, 내부자 거래 금지) • 연방 감독: ESMA, EBA(유럽 은행청) 주도. 국가별 전환 기간(grandfathering) 허용(기존 사업자 2026년까지 운영 가능) • DORA(「디지털운영탄력성법」) 연계: 2025년 1월 17일부터 사이버 보안 규제 적용
면제 및 적용 제외	• NFT(비대체성 토큰)나 중앙은행 디지털 화폐(CBDC)는 제외 • 기존 금융 기관(은행)은 별도 승인 불필요
효력 발생	• 2024년 6월: 스테이블코인 규제 시작 • 2024년 12월 30일: 전체 적용. 2025년부터 강제 집행(라이선스 미취득 시 사업 금지)

4. 일본: 빠른 제도화로 급격한 시장 영향력 제한

일본은 세계 최초로 스테이블코인에 대해 법적인 가치를 인정한 국가입니다. 일본은 일찍이 스테이블코인의 결제 수단으로서의 가능성을 인정하는 동시에 제도권 금융 시장 편입 시 발생할 수 있는 우려를 규제에 반영하고자 했습니다.

일본은 2023년 6월 「자금결제법」을 통해 스테이블코인을 제도화했습니다. 이는 세계 최초로 스테이블코인을 전자 결제 수단이라고 정의한 사례입니다. 하지만 일본은 디지털 금융 시장을 선도적으로 이끌어가려는 의도보다는 새로운 디지털 금융 서비스들이 나오는 환경에 다소 조심스러운 접근을 하도록 하는 데 목적을 두고 있다는 평가입니다.

특히 2022년 테라-루나 사태를 계기로 현금 담보가 없는 알고리즘 스테이블코인의 문제점을 심각하게 인식하고 엄격한 규제를 통해 금융 시장과 소비자를 보호하면서도 적정 수준의 시장을 개방한 것으로 볼 수 있습니다.

일본의 「자금결제법」은 근본적으로 스테이블코인을 암호화폐의 한 종류로 보는 것이 아니라 명확한 가치를 유지하는 전자 결제 수단이라는 지위를 부여하는 데서 시작합니다. 투자처로서의 성격이 아니라 결제 수단으로서 기능적, 기술적인 부분만 우선 살핀다는 것을 전제로 스테이블코인을 제도화한 것입니다.

기본적으로 일본의 「자금결제법」은 스테이블코인의 발행처를 기존 금융 기관으로 엄격하게 제한합니다. 은행, 신탁 회사 등 정부로부터 금융 상품 취급 인가를 받은 주체만이 스테이블코인을 발행하고 관련 서비스를 제공할 수 있습니다.

미국의 경우, 엄격한 준비금 요건을 충족하면 핀테크 기업도 시장 참여가 가능하지만, 일본은 기존 금융 규제를 준수하는 환경 내에서 송금 및 결제 시스템을 대체하는 실험을 하겠다는 메시지를 명확히 했습니다. 규제의 빈틈을 통해 또 다른 테라-루나 사태가 일어나지 않도록 운영 주체를 뚜렷이 하여 오히려 기존 금융 시스템의 안정성을 더 강조하려는 것으로 해석될 여지도 있습니다.

스테이블코인의 발행 주체들은 해당 코인의 가치에 대해 100% 보증해야 하는 의무를 집니다. 이는 미국과 유럽을 비롯한 각 국가들이 법제화한 제도의 출발점인 셈입니다. 모든 스테이블코인 발행사는 이용자가 갖고 있는 코인에 대해 일정한 가치를 유지하고 원래의 법정 통화로 환전을 원하면 즉시 돌려 주어야 하는 의무를 갖습니다.

또한 은행이 아닌 신탁 회사가 스테이블코인을 발행할 경우, 준비금 전액을 별도 신탁 계좌에 관리하여 파산 등 운영 리스크로부터 자산을 분리함으로써 민간 피해를 예방하고 금융 시장 충격을 차단하는 안전장치를 일본이 선도적으로 도입했습니다.

'디지털 달러라이제이션'에 대한 대비도 갖추어져 있습니다. USDT나 USDC 같은 해외에서 발행된 거대 스테이블코인이 무분별하게 유통되면서 일어날 수 있는 리스크를 통제하기 위해 「자금결제법」은 해외 스테이블코인이 일본 내에서 직접 유통되지 못하도록 제한합니다. 이러한 스테이블코인은 일본 금융 당국에서 인가를 받은 특정 거래 환경을 통해서만 제한적으로 취급됩니다. 이는 국가 간 송금이나 결제가 필요한 상황을 위해 통화 프로토콜을 남겨 두는 정도이며 실제 국내에서 유통되는 스테이블코인은 철저히 일본 내에서 발행된 엔화 기반의 토큰으로 제한하는 것입니다.

또한 해외 발행 스테이블코인을 유통하는 일본 거래업자가 해당 스테이블코인에 대한 최종 상환 책임을 직접 부담해야 한다는 의무도 있습니다. 해외 발행사에 문제가 생겨 상환이 중단되는 일이 생기더라도 일본 내 유통사는 자신의 자금으로 일본 이용자들의 코인 가치를 상환해 주어야 합니다. 이는 사실상 모든 해외 스테이블코인에게 '일본 금융 시장에 들어오려면 현지에서 가치를 즉시 보장할 수 있는 보증인을 세우라.'는 메시지로 볼 수 있습니다. 일본은행(BOJ)는 민간 스테이블코인을 CBDC의 보완재로 보며 금지하지 않되 시스템 리스 관리를 강조합니다.

① 일본 CBDC 진행 상황(2025년 5월 기준)

(1) 2023년 4월 시작된 파일럿 프로그램 지속

일본은행은 2021년부터 PoC(개념 검증) 단계 실험을 진행한 후 2023년 4월부터 본격적인 파일럿(Pilot) 프로그램 단계로 진입했습니다. 파일럿 프로그램은 중개 기관(intermediaries), 사용자 단말(스마트 단말 앱 등), 중심 원장(ledger) 시스템 등 '발행→전송→수취' 기능뿐 아니라 성능·확장성·프라이버시 등 기술 요건을 시험하는 구조로 설계되어 있습니다.

(2) 64개 기업 참여 CBDC 포럼 운영

일본은행은 파일럿 프로그램과 병행하여 'CBDC Forum'이라는 민관 협의체를 운영 중이며 이 포럼에는 64개 사(기업 또는 기관)가 참여하고 있습니다. 포럼의 주요 역할은 다음과 같습니다.

- 워킹 그룹(WG) 형태로 세분화되어 기술, 운영, 법률, UX, 중개 기관 역할 등을 논의합니다.
- 민간 기업의 기술적 인사이트를 정책 및 시스템 설계에 반영하고 CBDC 파일럿 설계·요건을 사용자 및 시장의 관점에서 검토합니다.

(3) 50,000TPS 확장성 테스트 진행

고성능 대량 처리 가능성을 전제로 시스템을 설계하고 있으며 '병렬 처리(parallel processing)' 및 '기능 확장성(functional scalability)'을 중시함을 확인할 수 있습니다.

(4) 2026년까지 기술적 실현 가능성 평가 계속

BOJ는 발행 여부(issue decision)를 아직 결정 내리지 않은 상태이며 향후 기술적 실현 가능성(technical feasibility)을 평가하는 기간을 설정해 두고 있습니다. 일본이 체계적으로 2026년경을 목표로 기술·제도 검토를 지속하고 있다고 볼 수 있습니다.

일본 정부는 스테이블코인을 '위험 가능성을 갖추고 있지만 통제할 수 있는 새로운 결제 기술'로 바라보고 있습니다. 결국 기존 금융 시스템의 엄격한 규율과 감독 체계 안으로 편입하면 사전에 여러 우려를 관리할 수 있다고 판단하는 것입니다. 시장의 급격한 성장을 지향하지는 않으나, 장기적으로 안정적이고 신뢰도 높은 스테이블코인 시장을 구축하여 세계 금융 시장에서 독자적 영역을 확보하려는 기반을 마련한 셈입니다.

② 엔화 기반 스테이블코인 활성화

일본은 규제 투명성을 바탕으로 엔화 스테이블코인 발행을 적극적으로 추진하고 있습니다.

(1) 첫 발행 승인

일본 금융청(FSA)은 핀테크 기업 JPYC에 엔화 기반 스테이블코인 'JPYC'의 발행을 승인했습니다(자금 이동 업자로 등록).

(2) 발행 목표 및 담보

JPYC는 1JPYC=1엔 가치 연동을 목표로 하며 준비 자산은 은행 예금, 일본 국채 등으로 담보됩니다. 향후 3년간 1조 엔(약 9조 4,000억 원) 규모 발행을 목표로 합니다. 현재(2025년 10월) 시가총액은 1,560만 달러입니다.

- **활용처**: 국제 송금, 법인 결제, 블록체인 기반 자산 운용 등 다양한 디지털 생태계에서의 활용이 기대됩니다.
- **미국 기업 유치**: 미국의 대표적 스테이블코인 발행사인 서클 사가 일본에서 USDC 발행 및 유통 인가를 준비하는 등 해외 주요 발행사 유치에도 적극적입니다.

[표 6-3] 일본의 스테이블코인 정책 상황

항목	세부 내용
발행 제한	• 은행, 자금 이체 사업자 신탁 회사만 허용. 2025년 8월 JPYC(자금 이체 등록) 국내 최초 엔화 연동 발행 • 해외 발행(USDT 등)은 EPI로 인정되지 않음
예비 자산 (Reserve) 요구	• 일대일 비율로 엔화 현금 또는 국채 등 저위험 자산 • 2025년 개정으로 유연성 확대(전액 현금 의무 완화) • 자산은 일본 내 보관 의무
규제 및 감독	• 자본·유동성: 최소 자본 요건 및 유동성 관리 • 위험 관리: AML*(자금 세탁 방지)/KYC*(고객 신원 확인) 준수, 정기 감사 • 감독 기관: 금융감독원(FSA) 주도 2025년부터 EPI(Electronic Payment Instru-ment, 전자 지급 수단) 거래 사업자 등록 의무(예 SBI VC Trade, 3월 USDC 취급 시작) • 인사이더 거래 금지: 2025년 금융상품거래법(FIEA) 개정으로 크립토 자산 적용
AML 및 제재 준수	• 자금 세탁 방지법 적용 • FinCEN과 유사한 위험 평가 고객 확인 의무 • 2025년부터 트래블 룰(자금 이동 보고) 강화
면제 및 적용 제외	• NFT나 CBDC(디지털 엔화)는 제외 • 기존 금융 기관은 별도 승인 불필요 • 비-EPI 스테이블코인(알고리즘형)은 연구 중
효력 발생	• 2023년부터 적용, 2025년 3월 개정으로 뒷받침 자산 확대 • JPYC 발행은 2025년 8월 • 2025년 10월 POS 결제(StarPay) 연동

* AML: 범죄자들이 돈세탁 하지 못하도록 자금 출처·흐름을 추적·차단하는 규제/절차
* KYC: 고객이 누구인지 확인하기 위해 신분증·주소 등으로 신원 인증하는 절차

5. 중국: '본토 통제'와 '홍콩 실험'의 이원화 전략

중국의 스테이블코인 정책은 다른 주요 국가들과는 조금 다른 독자적인 노선을 걷고 있습니다. 중국은 기본적으로 암호화폐 전반에 대해 엄격한 규제를 해 왔고 스테이블코인 역시 조심스럽게 다룹니다. 하지만 동시에 디지털 위안화(e-CNY)를 개발하고 이를 스테이블코인을 통해 국제적으로 영역을 넓히려는 움직임도 보입니다.

이 과정에서 중국은 아시아 금융 허브인 홍콩을 적극 활용하고 있습니다. 이는 '하나의 국가 두 개의 시스템(일국양제)' 원칙이 디지털 금융 영역에 그대로 반영된 '이원화(Dual-Track)' 전략으로 볼 수 있습니다. 중앙 정부의 강력한 통제와 금융 안정을 최우선으로 하는 본토에서는 민간 스테이블코인을 전면 금지하는 반면, 글로벌 금융 허브인 홍콩에서는 엄격한 규제하에 통제된 개방을 실험하는 것입니다.

① 중국: 민간 스테이블코인 '전면 금지'와 '디지털 위안화' 집중

중국 본토의 정책 기조는 '민간의 것은 막고, 국가의 것은 주도한다.'라는 원칙으로 명확하게 정리됩니다. 2021년, 중국인민은행(PBoC)은 USDT와 같은 스테이블코인을 포함한 모든 종류의 암호화폐 거래 및 채굴을 불법으로 규정하며 사실상 시장을 완전히 폐쇄했습니다. 2025년 11월 28일 인민은행(PBoC)은 13개 기관 참여 회의에서 가상 자산 투기 단속 강화를 선언하며, 특히 스테이블코인의 AML/KYC 미흡과 불법 자금 이동 수단으로서의 리스크를 공식 지목했습니다. 자본 통제를 우회하는 경로를 차단하고 통제 불가능한 민간 디지털 화폐로 인해 위안화의 통화 주권이 약화되는 것을 원천적으로 막겠다는 것입니다. 금융 시스템의 안정성을 해칠 수 있는 어떠한 외부 변수도 허용하지 않겠다는 강력한 의지로 읽을 수 있습니다.

최근 중국 증권감독위원회(CSRC)와 금융 당국은 증권사, 브로커, 미디어 등에 '스테이블코인을 연구하거나 홍보하는 일체의 행위를 중단하라.'는 지침을 내렸습니다. 스테이블코인에 대한 규제와 중앙화가 이루어지지 않은 상황에서 관심이 늘어나는 것을 원치 않기 때문입니다.

중국은 민간 스테이블코인의 참여를 원천적으로 차단하고 그 역할을 국가가 직접 맡아 스스로 통제할 수 있는 중앙은행의 디지털 화폐(CBDC)를 만들 것으로 보입니다. '디지털 위안화(e-CNY)'를 스테이블코인으로 만들어 기존의 통화 체계를 그대로 옮기는 것입니다.

중국이 비트코인 등 암호화폐에 대해 규제에 나선 가장 큰 이유는 통제가 되지 않는다는 점 때문입니다. 자금 세탁이나 해외 유출이 일어나는 것을 허용할 수도, 막을 수도 없는 상황에서 새로운 형태의 화폐 유통 경로가 생기는 것을 탐탁치 않게 보는 것이지요. 결국 금융 당국이 직접 만들고 운영하는 디지털 위안화를 통해 기존 통화의 주도권을 이어가는 것이 중요합니다.

디지털 위안화 유통을 통해 중국 중앙은행은 자금 흐름을 실시간으로 파악하여 자금 세탁을 방지하고 통화 정책 효율성을 극대화할 수 있을 것으로 기대합니다.

더 나아가 알리페이나 위챗페이 같은 거대 핀테크 기업에 대한 통제력을 강화하고 장기적으로는 SWIFT를 비롯한 현재의 달러 중심 국제 결제 시스템에 대한 의존도를 낮추려는 것입니다. 특히, 중국은 위안화를 미국 달러에 맞서 또 하나의 국제 표준 통화로 위상을 높이려는 의지를 보이고 있기 때문에 그 역할을 스테이블코인이라는 장치를 통해 만들어 나갈 가능성이 높습니다.

② 홍콩: '규제 샌드박스'로서의 통제된 개방

본토의 강력한 통제와는 별개로 홍콩은 스테이블코인을 엄격한 규제 장치를 바탕으로 공식화하는 과정을 밟고 있습니다. 홍콩은 글로벌 금융 허브로서의 경쟁력을 갖고 있기 때문에 핀테크를 비롯한 새로운 금융 관련 혁신을 빠르게 받아들이고 있습니다. 홍콩은 중국에게 있어 '글로벌 금융과 연결되는 창구'이자 통제 가능한 환경에서 새로운 금융 혁신을 실험하는 '규제 샌드박스'의 의미를 갖기 때문입니다.

2025년 8월부터 시행된 홍콩의 「스테이블코인 규제 조례(Stablecoins Ordinance)」는 스테이블코인 관련 사업을 하려면 반드시 홍콩통화청(HKMA)의 허가를 받아야 한다는 것이 핵심입니다. 발행을 허가받은 사업자는 일정한 자본금과 위험 관리 시스템 그리고 확실한 상환 약정과 관리에 대한 거버넌스 등을 갖춰야 합니다. 또한 자금 세탁 등 금융 환경에 부정적인 영향을 끼치는 요인을 차단하고 마케팅이나 프로모션, 광고에 대해서도 제한적인 규제를 따라야 합니다.

홍콩의 스테이블코인 규제는 운영 측면에서도 다른 국가들과 마찬가지로 안정성을 엄격하게 관리합니다. 대상은 홍콩 달러나 미국 달러 등 법정화폐를 담보로 하는 스테이블코인으로 한정되며 알고리즘 기반 스테이블코인은 허용하지 않습니다. 발행사는 유통량의 100% 이상을 고품질 유동 자산으로 보유해야 하고 이 준비금은 발행사의 자산과 분리하여 독립된 수탁 기관에 보관해야 합니다. 또한 발행사는 자금 세탁 방지(AML), 리스크 관리, 기업 지배 구조 등 HKMA가 제시하는 높은 수준의 기준을 모두 준수하고 정기적인 감사와 보고 의무를 져야 합니다.

하지만 아직까지는 이 라이선스를 받은 발행자가 없습니다. 많은 기업이 준비를 하고 있지만 준비금과 전반적인 통화 정책 통제 등의 규제 조건이 높다는 평가들이 있기 때문입니다. 결과적으로 홍콩의 스테이블코인 정책은 글로벌 금융 허브로서의 선도적 역할 수행은 물론, 중국의 엄격한 규제에 대한 완충지대로서 시장 참여와 기술적 접근을 제한적으로 허용하는 시험적 의미를 지닙니다. 다만, 지난 2025년 10월 18일 홍콩에서 스테이블코인 발행을 준비하던 중국의 대표적인 기술 기업 '알리바바'와 '징둥닷컴'이 해당 프로젝트를 전면 중단한 것으로 알려졌습니다. 중국인민은행(PBoC)과 국가인터넷 정보판공실(CAC) 등 규제 기관으로부터 '당분간 스테이블코인 관련 사업을 진행하지 말라.'는 지침을 받고 이를 중단했습니다.

중국 내부에서도 스테이블코인에 대한 의견이 엇갈리고 있는 상황입니다. 주광야오 전 재정부 부부장은 지난 6월 한 포럼에서 "미국이 스테이블코인을 통해 달러 패권을 강화하려는 전략을 펼치고 있다."라며 중국도 위안화 기반의 스테이블코인을 적극적으로 개발해야 한다고 주장했으며 "홍콩의 제도를 최대한 활용해야 한다."라고 강조했습니다.

[표 6-4] 중국과 홍콩의 스테이블코인 정책

구분	중국 본토	홍콩 특별 행정구
정책 기조	전면 금지 및 억제(규제적 보수 주의)	규제 틀 내의 혁신 육성(글로벌 금융 허브)
민간 스테이블코인	전면 금지(2021년 모든 암호화폐 관련 활동 불법화)	허용 및 육성(2025년 8월 스테이블코인 조례 발효)
규제 이유	자본 유출 통제 약화 우려, 금융 시스템 안정성 위협, 투기 및 사기 방지	위안화 국제화 로드맵 실행, 달러 패권 견제, 디지털 금융 주도권 확보
주요 디지털 화폐	디지털 위안화(e-CNY, CBDC) 확산 및 국제 결제 시스템 구축(mBridge 프로젝트)	위안화 기반 스테이블코인(CNH 등) 발행 추진 및 빅테크 기업 참여 유도
규제 기관	중국 인민 은행(PBOC) 등 엄격한 통제	홍콩 금융 관리국(HKMA) 인가 및 감독

그러나 저우샤오촨 전 인민은행 총재는 같은 해 8월 비공개 포럼에서 "스테이블코인은 투기적 요소가 강하고 금융 시장의 불안 요소로 작용할 수 있다."라며 조심스러운 접근을 주문했습니다.

6. **대한민국:** 규제와 기술 사이의 고민, 핵심은 '안전성'

우리나라는 아직 스테이블코인에 대해 미국, 유럽연합, 일본 수준의 체계적인 법규 및 규제 체계가 완비되지 않았습니다. 하지만 신중하고 단계적으로 이를 받아들이기 위한 프레임워크를 세워 나가고 있습니다.

우리나라는 암호화폐를 비롯한 블록체인 기반 금융에 대해 다소 보수적인 입장을 취하고 있습니다. 2024년 7월에 시행된「가상자산이용자 보호법」은 처음으로 암호화폐에 대한 국가적인 입장을 조심스럽게 내비쳤습니다. 이는 특정 암호화폐에 대한 투자 열기로 인한 피해를 보호하는 데 우선적으로 접근하는 쪽에 가깝습니다.

거래소가 이용자의 자산을 안전하게 보호하고 시세 조종이나 미공개 정보를 바탕으로 한 특정 세력의 거래 등 불공정 거래 행위에 대해서는 주식 시장에 준하는 규제가 법제화되었습니다. 하지만 당장 스테이블코인의 발행 주체나 준비금 관리 방법 등에 대해서는 반영된 부분이 없습니다.

하지만 금융 당국과 국회는 스테이블코인의 중요성을 인지하고 있으며「가상자산이용자보호법」에 이어 디지털 자산 전반에 대한 법률과 규제를 활발하게 논의하고 있습니다. 그 과정에서 해외 사례들처럼 치열한 논쟁이 이어지는 상황입니다.

우리나라 정부 역시 유럽이나 일본의 정책과 마찬가지로 스테이블코인 자체의 안정성과 신뢰도를 쌓는 것을 최우선에 두고 있기 때문입니다. 정부와 국회는 여러 안전장치가 우선적으로 확보되어야 스테이블코인이 안전하게 쓰일 수 있다는 점을 강조하고 있습니다. 발행 권한과 중단, 상환 등의 강력한 권한이 규제에 포함되어야 한다는 것입니다. 또한 투명성과 동시에 프라이버시에 대한 균형을 잡는 것도 중요한 부분으로 꼽힙니다.

가장 큰 장점은 스테이블코인의 발행 주체입니다. 한국은행, 금융위원회 등과 같은 금융 당국은 안정성을 바탕에 둔 보수적이고 단계적인 접근을 견지하고 있습니다. 이 때문에 스테이블코인의 발행 주체를 은행과 이에 준하는 예금 취급 기관으로 한정해야 한다는 입장을 내세우고 있습니다.

또한 대외 의존도가 높은 국내 경제 특성상, 스테이블코인이 환율 등 국제 정세에 민감하게 반응하여 금리 조정이나 양적 완화 같은 통화 정책 효과를 저해할 수 있다는 우려가 작용한 것으로 해석됩니다.

하지만 핀테크나 기술 기업들은 스테이블코인의 발행과 운영을 민간에 개방하는 것이 글로벌 경쟁력을 강화하는 기술적 기반이 될 것이라고 주장합니다. 페이팔, 서클 등의 사례에서 보듯 디지털 통화 핵심 기술은 실질적으로 기업 환경에서 창출된다는 논리입니다.

스테이블코인은 단순한 통화를 넘어, 결제 서비스와 디파이 연동 등 새로운 금융 환경의 핵심으로 진화하고 있습니다. 이 때문에 보수적인 금융 기관 중심보다는 기술 기업의 참여가 더 필요하다는 주장도 점점 힘을 얻고 있습니다.

국내 정책 역시 금융 시장 안정과 이용자 보호를 최우선으로 두고 있습니다. 운영 자금 확보, 현금·안전 자산 기반의 준비금, 즉시 일대일 상환 같은 기본 규제를 바탕으로 투명성과 안정성을 중심에 둔 세부 정책이 마련될 것으로 보입니다.

다만, 규제와 정책의 방향을 금융의 안정성에 둘 것인지, 스테이블코인의 혁신성에 둘 것인지 또는 통화 장치로서의 소극적인 접근성에 둘 것인지에 대한 폭넓은 논의와 확실한 답이 필요한 상황입니다.

한국의 최신 스테이블코인 전략은 '원화 스테이블코인은 은행 중심으로 점진 도입해 디지털 원화 인프라로 활용하고 외화(달러) 스테이블코인은 등록·인가제로 관리하여 무분별한 유통을 근절하겠다.'는 방향입니다. 현재 이를 반영한 2단계「가상자산법」과「디지털자산기본법」제정을 위한 막판 조율이 진행 중입니다.

[표 6-5] 한국의 스테이블코인 정책 정리(2025년 10월 기준, 일부는 언론 보도)

항목	세부 내용
발행 제한	• 은행·자금 이체 사업자 우선 허용 • 비은행(핀테크 등)은 단계적 확대 • 2026년 주요 은행(8개) 주도 예금 토큰 발행 예정(신탁 모델 또는 일대일 예치 토큰) • Circle(USDC) 등 해외 협력 검토
예비 자산 요구	• 일대일 비율로 원화 현금 또는 국채 등 저위험 자산 • 실시간 담보 검증(Chainlink CCIP 등 기술 검토) • 이자 지급 금지(통화 정책 보호)
규제 및 감독	• 자본·유동성: 최소 자본 요건 및 유동성 관리 • 위험 관리: AML/KYC 준수, 정기 감사, 컴플라이언스 자동화 • 감독 기관: FSC 주도 BOK 참여 • 디지털자산위원회 신설(대통령 직속)로 정책 조율 • 라이선스: 발행자 인가제, 금융위원회(FSC) 승인(120일 내 처리)
AML 및 제재 준수	• 「자금세탁방지법」 적용 • 트래블 룰 강화, 고객 확인 의무 • 한국은행 우려: 코인런(대규모 인출) 및 외환 리스크 방지
면제 및 적용 제외	• NFT·CBDC 제외 • 업비트 등 기존 가상 자산 거래소는 스테이블코인 취급 시 별도 등록 필요 • 준수율 높은 달러 기반 스테이블코인 선별 유통 관리
효력 발생	• 2025년 12월 법안 초안, 금융위원회와 한국은행의 권한 설계 논의 중 • 2026년 은행의 파일럿 테스트

7장

주요 기업별 스테이블코인 쩐략

스테이블코인 시장을 선점하기 위한 기업들의 각축전이 전방위적으로, 그리고 숨 가쁘게 펼쳐지고 있습니다. 디지털 네이티브 기업은 물론 금융업, 제조업, 나아가 전통적인 금융권과 공공 기관에 이르기까지. 다양한 산업군의 플레이어들이 '디지털 금융 패권 장악'이나 '통화 주권 확보'라는 거시적 목표 아래 발 빠르게 움직이고 있습니다.

특히, 이러한 흐름은 스테이블코인을 제도권으로 편입하려는 법적 기틀이 마련되면서 더욱 가속화되는 양상입니다. 이는 비단 글로벌 기업들만의 이야기가 아닙니다. 2025년 「디지털자산기본법」이 발의되었고 본격적인 시행과 맞물려, 한국 기업들 또한 시장 진출에 박차를 가하고 있습니다. 국내 기업들은 원화 기반의 독자적인 스테이블코인 생태계를 구축하고 국내외를 아우르는 지급결제 인프라를 선점하는 데 주력하며 글로벌 시장과는 또 다른 차별화된 전략을 보여 주고 있습니다.

1. 기업들이 스테이블코인에 열광하는 이유

① 내부 결제망/자체 생태계용 폐쇄형 코인 발행 전략

독립 국가가 고유 화폐를 발행하듯 거대 기업들 역시 자사의 방대한 비즈니스 생태계 내에서 통용될 '디지털 화폐'를 구상하기 시작했습니다. 이는 외부 스테이블코인을 도입하는 것을 넘어, 결제 규칙, 데이터 흐름, 생태계 참여자의 행동까지 전면적으로 통제하려는 야심 찬 전략입니다. '폐쇄형(Closed-loop) 코인 발행 전략'의 목표는 외부와의 상호 운용성을 포기하는 대신, 자신들의 '담장 안 정원(Walled Garden)' 안에서 비용을 제로에 가깝게 만들고 데이터의 주권을 확보하며 고객을 생태계 안에 강력하게 묶어 두는 것입니다. 이 전략의 선두에는 월스트리트의 거인 'J.P. 모건 체이스(J.P. Morgan Chase)'가 있습니다.

이러한 폐쇄형 전략을 추구하는 근본적인 동기는 '비용 절감'과 '효율성 극대화'입니다. 오늘날 글로벌 기업 재무(Treasury) 부서는 거미줄처럼 얽힌 노후화된 금융 인프라 위에서 위태로운 줄타기를 하고 있습니다. 전 세계 지사 간에 자금을 이체하기 위해서는 며칠씩 걸리고 건당 수만 원의 수수료가 붙는 스위프트(SWIFT) 망에 의존해야 하며 밤낮 없이 돌아가는 비즈니스와 달리, 은행 시스템은 정해진 시간에만 작동합니다. 이는 막대한 자금이 '정산 대기'라는 명목하에 비효율적으로 묶여 있게 된다는 것을 의미합니다. J.P.

모건의 추산에 따르면, 전 세계 은행들은 이러한 비효율적인 국경 간 결제를 처리하기 위해 '노스트로/보스트로 계정'에 약 10조 달러에 달하는 유동성을 예치해 두고 있습니다. 만약, 기업이 자체적인 폐쇄형 스테이블코인을 발행한다면 이 모든 문제가 해결될 수 있습니다. 전 세계 지사들은 은행의 영업 시간과 상관없이 24시간 내내 거의 0에 가까운 비용으로 즉시 자금을 주고받을 수 있게 됩니다. 이는 기업의 운전 자본(Working Capital) 효율성을 극대화하고 재무 부서의 운영 부담을 획기적으로 줄여 주는 '재무 혁신'이라 할 수 있습니다.

J.P. 모건의 'JPM 코인(JPM Coin)'을 좀 더 자세히 살펴보겠습니다. 2019년 처음 발표된 JPM 코인은 퍼블릭 블록체인이 아닌, J.P. 모건이 통제하는 허가형(Permissioned) 블록체인 '오닉스(Onyx)' 위에서 작동합니다. 이는 본질적으로 J.P. 모건 은행에 예치된 고객의 달러 예금을 일대일로 토큰화한 '디지털 예금 증서(Deposit Token)'입니다. JPM 코인의 핵심적인 역할은 기관 고객들 간의 거액 결제를 즉각적으로 처리하는 것입니다.

예를 들어, A 기업이 B 기업에 대금을 지불해야 할 때 기존에는 은행 시스템을 통해 몇 시간 또는 며칠이 걸렸지만, JPM 코인을 사용하면 A 기업의 계좌에서 JPM 코인이 B 기업의 계좌로 단 몇 초 만에 이전되고 거래가 완결됩니다.

J.P. 모건은 여기서 한 걸음 더 나아가 이 JPM 코인을 '프로그래밍 가능한 화폐(Programmable Money)'로 활용하고 있습니다. 예를 들어, 토큰화된 증권(Tokenized Securities) 거래 시 증권 이전과 동시에 JPM 코인이 자동 지급되도록 스마트 컨트랙트를 설정할 수 있습니다. 이는 거래 상대방 리스크(Counterparty Risk)가 원천적으로 제거된 '원자적 정산(Atomic Settlement)'을 가능하게 합니다. JPM 코인은 이미 일일 거래량이 수십억 달러에 달하며 국

경 간 결제, 증권 정산, 기업 재무 관리 등 다양한 영역에서 그 사용처를 빠르게 넓혀 나가고 있습니다.

이러한 폐쇄형 전략은 금융권을 넘어 다른 산업으로 확산될 잠재력을 품고 있습니다. 예를 들어, 거대한 글로벌 공급망을 운영하는 월마트(Walmart), 아마존(Amazon)과 같은 유통 대기업을 예로 들 수 있습니다. 이들은 수만 개의 공급 업체와 매일 수백만 건의 거래를 처리합니다. 만약, 이들이 자체적인 스테이블코인을 발행하여 공급 업체 대금 지급, 물류비 정산 등을 자사의 폐쇄형 블록체인 위에서 처리한다면 어떨까요? 모든 거래는 즉시 완결되고 수수료는 거의 사라지며 공급망의 모든 자금 흐름을 실시간으로 투명하게 추적할 수 있게 됩니다. 이는 '공급망 금융(Supply Chain Finance)'의 혁신으로 이어질 수 있습니다. 또한 이 코인을 자사 이커머스 플랫폼 및 고객 로열티 프로그램과 연동한다면, 공급망 비용 절감분을 고객에게 환원하고 고객은 이를 생태계 내에서 재사용하는 선순환 구조를 구축할 수 있습니다. 월마트는 실제로 2019년, 미국 달러에 연동된 자체 스테이블코인에 대한 특허를 출원하며 이러한 가능성을 모색한 바 있습니다.

하지만 이 강력한 '왕국 건설' 전략에는 명백한 한계와 리스크가 존재합니다. 가장 큰 문제는 '상호 운용성의 부재(Lack of Interoperability)'입니다. JPM 코인은 J.P. 모건의 고객이 아닌 다른 은행의 고객에게는 보낼 수 없으며 월마트 코인은 월마트 생태계 밖에서는 그저 디지털 포인트에 불과합니다. 이는 외부 거래 시 폐쇄형 코인을 USDC나 달러 등 보편적 화폐로 환전해야 하는 번거로움과 추가 비용을 유발합니다. 또한 충분한 참여자를 확보하여 '네트워크 효과'를 구축하는 것 자체가 거대한 도전입니다. 수많은 공급 업체와 고객에게 기존의 편리한 결제 시스템을 버리고 자신들만의 새로운 디지털 화폐를 사용하도록 설득하는 것은 결코 쉬운 일이 아닙니다.

마지막으로, 이러한 민간 발행 화폐가 거대해질수록 이는 중앙은행의 통화 주권에 대한 잠재적 위협으로 간주되어 강력한 '규제적 압박'에 직면할 수 있습니다. 페이스북의 리브라 프로젝트가 전 세계 규제 당국의 집중 포화 속에 좌초된 것이 대표적인 사례입니다. 결국 폐쇄형 코인 발행 전략은 내부 효율성을 극대화하는 강력한 도구인 동시에, 외부와의 단절이라는 태생적 한계를 지닌 양날의 검입니다.

② 외부 스테이블코인 수용 및 결제 네트워크 연계 전략

모든 국가가 오늘날의 기축통화인 달러를 직접 발행할 수 없습니다. 대신 달러의 안정성과 보편성을 자국의 경제 시스템에 적절하게 통합할 수 있습니다. 기업의 스테이블코인 전략 역시 마찬가지입니다. J.P. 모건처럼 자체 디지털 화폐로 폐쇄적 생태계를 구축하는 전략이 있는 반면, 시장 신뢰를 확보한 외부 스테이블코인을 적극 수용하고 기존 결제 네트워크와 연계하여 시너지를 창출하려는 개방적이고 실용적인 전략도 존재합니다.

'개방형 연계 전략'은 자체 코인 발행에 따른 기술 개발 비용과 규제 준수 부담을 줄이면서 스테이블코인의 혁신 잠재력을 비즈니스에 신속하게 내재화할 수 있는 접근법입니다. 이는 마치 새로운 발전소를 짓는 대신, 이미 존재하는 국가 전력망에 자사의 서비스를 연결하는 접근법과 유사합니다.

이 전략의 주요 주자로는 비자카드, 마스터카드 그리고 페이팔과 같은 글로벌 결제 네트워크의 거인들이 있습니다. 이들은 수십억 명의 사용자와 수천만 가맹점 네트워크를 USDC 등 검증된 스테이블코인과 연결하여 전통 금융(TradFi)과 디지털 자산 세계를 잇는 거대한 '슈퍼 하이웨이'를 구축하고 있습니다.

이 개방형 전략의 핵심 동기는 위기와 기회의 공존입니다. 이들 결제 대기업들은 스테이블코인이 자신들의 중개자 역할을 위협하는 잠재적인 '파괴자'가 될 수 있다는 위기감을 느끼고 있습니다. 저렴한 비용으로 즉시 가치 전송이 가능한 P2P 스테이블코인이 확산될 경우, 거래 건당 수수료에 의존하는 기존 수익 모델이 근본적으로 흔들릴 수 있기 때문입니다. 하지만 다른 한편으로, 이들은 스테이블코인을 새로운 '기회'로 인식합니다. 방대한 네트워크와 브랜드 신뢰도를 활용해 복잡하고 파편화된 스테이블코인 생태계에 '질서'와 '편의성'을 제공함으로써 새로운 사업 모델을 창출할 수 있기 때문입니다. 즉, '파괴당할 것인가 아니면 파괴의 물결에 올라탈 것인가'라는 기로에서 이들은 후자를 택한 것입니다.

이러한 전략을 적극적으로 펼치고 있는 기업은 단연 비자입니다. 비자는 스스로를 '네트워크의 네트워크'로 정의하며 암호화폐를 새로운 결제 네트워크 중 하나로 보고 이를 자사의 글로벌 네트워크에 통합하는 데 주력하고 있습니다. 비자의 접근법은 크게 2가지 축으로 진행됩니다.

첫째, '결제(Payment)' 영역입니다. 비자는 전 세계 수십 개의 암호화폐 기업과 제휴하여 사용자가 자신의 암호화폐(주로 스테이블코인)를 실시간으로 법정화폐로 전환하여 전 세계 8,000만 개가 넘는 비자 가맹점에서 사용할 수 있는 '암호화폐 연동 카드'를 출시했습니다. 이는 소비자가 복잡한 환전 과정 없이 기존 신용카드처럼 암호화폐를 편리하게 사용할 수 있게 함으로써 대중화 문턱을 크게 낮췄습니다.

둘째, 더 근본적인 혁신이 '정산(Settlement)' 영역에서 일어나고 있습니다. 기업 간의 국경 간 거래에서 비자는 발행사(은행)와 매입사(가맹점 은행) 간의 자금 정산을 위해 기존의 느리고 비싼 은행망 대신, 스테이블코인을 직접 활용하는 실험을 진행하고 있습니다. 비자는 이더리움과 솔라나 블록체인상에서 USDC를 이용해 파트너사 간 자금 이체를 테스트하고 있으며, 이를 통해 정산 시간을 수일에서 수분으로 단축하고 비용을 획기적으로 절감할 수 있음을 입증했습니다. 이는 비자가 단순히 암호화폐를 소비 수단으로 보는 것을 넘어 자사의 핵심 인프라 자체를 블록체인 기반으로 업그레이드하려는 장기적인 비전을 가지고 있다는 것을 시사합니다.

페이팔 역시 유사하면서도 일부 다른 결제 중심의 전략을 구사합니다. 페이팔은 수억 명의 사용자를 기반으로 자사의 디지털 지갑 내에서 암호화폐를 쉽게 구매, 보유, 판매할 수 있는 서비스를 제공하며 시장에 진입했습니다.

나아가 '체크아웃 위드 크립토(Checkout with Crypto)' 기능을 통해 사용자가 보유한 암호화폐를 결제 시점에 법정화폐로 자동 전환하여 수수료 없이 상품을 구매할 수 있도록 지원합니다. 이는 비자의 카드 모델과 유사하지만, 페이팔의 거대한 온라인 가맹점 네트워크 위에서 직접 작동한다는 차이가 있습니다.

페이팔은 2023년, 자체적인 스테이블코인인 PYUSD를 발행하며 폐쇄형 전략으로 전환하는 듯한 모습을 보였지만, 그 본질은 여전히 개방형 연계 전략에 가깝습니다. PYUSD는 J.P. 모건 코인처럼 폐쇄된 네트워크가 아닌, 퍼블릭 블록체인인 이더리움 위에서 발행되었으며 외부의 다른 지갑이나 디파이 프로토콜과 자유롭게 상호 작용할 수 있기 때문입니다. 즉, 페이팔은 PYUSD를 통해 자사 생태계의 중심 화폐를 만들면서도 이를 외부 스테이블코인 생태계와 연결하여 더 큰 네트워크 효과를 창출하려는 하이브리드 전략을 구사하고 있습니다.

이러한 개방형 연계 전략의 성패는 몇 가지 핵심 요소에 달려 있습니다.

첫째, '파트너십'입니다. 이 전략은 혼자서는 불가능합니다. USDC의 서클과 같은 신뢰할 수 있는 스테이블코인 발행사, 코인베이스와 같은 암호화폐 거래소 및 수탁 기관 그리고 다양한 블록체인 재단과의 긴밀한 협력이 필수적입니다. 둘째, '사용자 경험(UX)'입니다. 최종 소비자는 자신이 사용하는 것이 스테이블코인인지, 어떤 블록체인 위에서 작동하는지 알 필요가 없습니다. 기술적 복잡성을 숨긴 채 기존의 결제 경험처럼 쉽고 빠르고 안전하게 느껴지도록 해야 합니다. 마지막으로, '규제 당국과의 협력'입니다. 이들 대기업은 기존 금융 시스템의 핵심 플레이어로서 자신들의 새로운 서비스가 자금 세탁 방지(AML) 등 모든 규제 요건을 완벽하게 준수하고 있음을 규제 당국에 증명해야만 합니다.

③ 트레저리(treasury) 운용 및 유동성 관리 전략

기업 재무팀(Treasury)에게 '보수성'은 미덕이었습니다. 수익 창출보다 '원금 보존'을 제1 원칙으로 삼아, 잉여 현금은 안전성을 위해 머니 마켓 펀드(MMF)나 단기 예금 증서 등으로 운용하는 데 그쳤습니다. 인플레이션으로 인해 실질 가치가 손상되더라도 마땅한 대안이 없었습니다. 은행 예금은 안전하지만 수익이 낮았고 다른 투자는 위험했습니다. 이 오랜 딜레마의 벽을 허무는 예상치 못한 균열이 바로 스테이블코인과 탈중앙화 금융의 결합에서 나타나고 있습니다.

이제 스테이블코인은 단순히 결제와 송금의 영역을 넘어 기업의 심장부라 할 수 있는 '트레저리'의 풍경을 근본적으로 바꾸는 전략적 자산으로 재평가받고 있습니다. 기업이 보유한 막대한 현금성 자산을 블록체인 위로 옮겨와 24시간 잠들지 않는 글로벌 유동성 풀로 활용하고 전통 금융에서는 상상할 수 없었던 새로운 수익 창출의 기회를 모색할 수 있도록 하는 패러다임의 전환입니다. 이는 더 이상 일부 암호화폐 기업에 국한된 실험이 아닙니다. 제도권 금융의 신뢰와 디파이의 효율성을 결합한 '온체인 트레저리(On-chain

Treasury)'라는 새로운 전략은 디지털 시대의 기업 재무 관리가 나아가야 할 방향을 제시하고 있습니다.

이러한 변화의 강력한 동력은 '수익률에 대한 갈증'입니다. 지난 10여 년간 이어진 저금리 기조 속에서 기업의 CFO들은 인플레이션 헤지와 자본의 효율적 운용이라는 2가지 과제 사이에서 끊임없이 고심해 왔습니다. 바로 이 지점에서 디파이가 제공하는 '온체인 수익률(On-chain Yield)'이 거부하기 힘든 대안으로 부상했습니다.

기업은 유휴 현금을 USDC 등 규제 친화적 스테이블코인으로 전환한 후 에이브, 컴파운드 등 안정성과 검증을 마친 탈중앙화 대출 프로토콜에 예치할 수 있습니다. 이 프로토콜들에서 스테이블코인의 예금 금리는 시장의 수요와 공급에 따라 실시간으로 변동하기는 하지만, 전통 은행 예금 금리보다 훨씬 높은 연 2~5% 수준의 수익률을 제공하곤 합니다. 이는 기업 입장에서 인플레이션으로 인한 자산 가치 하락을 방어하고 잠자고 있던 현금에서 의미 있는 추가 수익을 창출할 수 있는 새로운 길을 의미합니다.

최근에는 여기서 한 단계 더 나아가 전통 금융의 안정성과 디파이의 접근성을 결합한 RWA 기반 프로토콜이 기관들의 새로운 관심사로 떠오르고 있습니다. 온도 파이낸스(Ondo Finance)와 같은 플랫폼은 기업들이 스테이블코인을 예치하면 이를 미국 단기 국채(T-bills)와 같은 초우량 실물 자산에 투자하고 여기서 발생하는 이자 수익을 토큰의 형태로 투자자에게 돌려 줍니다. 이는 사실상 기업이 블록체인을 통해 미국 국채에 간접 투자하는 것과 동일한 효과를 낳으며 스마트 컨트랙트의 리스크를 최소화하면서도 전통 금융의 안전한 수익률을 추구할 수 있다는 점에서 보수적인 재무 담당자들에게 매우 매력적인 솔루션일 수 있습니다.

수익 창출 외에도 스테이블코인은 글로벌 기업의 '유동성 관리' 방식에 혁신을 가져올 수 있습니다. 다국적 기업의 재무팀은 전 세계 각지에 흩어져 있는 자회사들의 유동성을 관리하기 위해 각국의 은행에 수많은 '노스트로/보스트로 계정'을 개설하고 막대한 자금을 '사전 예치(Pre-funding)'해 두어야 합니다. 아시아 지사가 유럽으로 대금을 보내기 위해서는 각기 다른 시간대와 은행 영업일에 맞춰 며칠씩 걸리는 복잡한 절차를 거쳐야 하며 이 과정에서 막대한 자금이 '묶인 자본(Trapped Capital)'으로 전락합니다.

하지만 기업이 USDC와 같은 단일 스테이블코인을 내부 자금 이전의 표준으로 채택한다면 이 모든 문제가 해결될 수 있습니다. 미국 본사는 주말 밤에도 아시아 지사의 긴급한 자금 요청에 단 몇 분 만에 대응할 수 있으며 유럽 지사는 라틴 아메리카 지사로의 대금 지급을 즉시 완결할 수 있습니다. 모든 자금 흐름이 단일 원장(블록체인) 위에서 24시간 실시간으로 투명하게 추적되므로 CFO는 전 세계에 흩어진 자금 현황을 하나의 대시보드에서 파악하고 최적의 유동성 배분을 실행할 수 있습니다. 이는 기업이 적은 운전자본으로 더 많은 비즈니스를 수행할 수 있게 하여 재무 운영 효율성을 근본적으로 증대시킴을 의미합니다.

물론, 이러한 '온체인 트레저리' 전략이 장밋빛 미래만을 약속하는 것은 아닙니다. CFO는 이제 전통적인 신용 리스크나 시장 리스크를 넘어 '스마트 컨트랙트 리스크', '오라클 리스크', '개인 키 관리'와 같은 새로운 차원의 기술적 리스크를 이해하고 관리해야 합니다. 또한 디파이 수익에 대한 회계 처리와 과세 기준이 아직 명확히 정립되지 않았다는 규제적 불확실성도 걸림돌입니다. 따라서 혁신 도입을 위해서는 파이어블록스(Fireblocks), 앵커리지 디지털(Anchorage Digital), 코퍼(Copper) 등 기관 투자자의 안전한 디지털 자산 보관 및 디파이 상호작용을 지원하는 전문 인프라 제공 업체와의 협력이 필수적입니다. 이들 업체는 다중 서명(Multi-sig)과 다자 간 컴퓨팅(MPC) 기술을 활용하여 내부 통제와 보안을 강화하고 복잡한 디파이 프로토콜과의 연결을 단순화하는 역할을 수행합니다. 결론적으로 스테이블코인을 활용한 트레저리 운용 전략은 단순 기술 도입을 넘어, 새로운 리스크 환경에 대한 깊은 이해, 견고한 내부 통제, 신뢰할 수 있는 기술 파트너와의 협력이 결합될 때 성공 가능한 고차원적 금융 혁신입니다.

④ 생태계 확장/디지털 서비스 연계 전략

비즈니스 분야에서 스테이블코인의 잠재력은 그저 돈을 쉽고 빠르게 송수신하는 것에 머무르지 않습니다. 스테이블코인의 진정한 파괴력은 그것이 '프로그래밍 가능한 돈(Programmable Money)'이라는 본질에서 나옵니다. 이는 돈 자체가 스마트 컨트랙트를 통해 조건부로 움직이고 다른 디지털 서비스와 레고 블록처럼 결합(Composability)하여 이전에는 불가능했던 새로운 금융 상품과 비즈니스 모델을 창조할 수 있다는 것을 의미합니다. '생태계 확장 및 디지털 서비스 연계 전략'은 바로 이 가능성에 주목합니다. 이는 자사 스테이블코인의 단순한 '사용' 확산을 넘어, 외부 개발자와 기업이 이를 기반으로 새로운 서비스를 '구축'하도록 유도하는 고차원적인 플랫폼 전략입니다.

이 전략을 구사하는 기업들은 스스로를 단순한 화폐 발행사가 아닌, 미래 디지털 경제의 '운영 체제(OS)'를 제공하는 기술 인프라 기업을 지향합니다. 이들은 개발자들이 손쉽게 스테이블코인 결제를 통합할 수 있는 API를 제공하고 다양한 블록체인 네트워크를 지원하여 상호 운용성을 극대화하고자 합니다. 또 자사의 스테이블코인을 활용하는 유망한 스타트업에 투자하여 거대한 네트워크 효과를 창출하려 하기도 합니다. 마이크로소프트가 윈도우라는 OS를 제공하여 수많은 소프트웨어 개발자가 그 위에서 응용 프로그램을 만들게 함으로써 생태계를 장악했던 전략을 떠올리게 합니다. 이 전략의 가장 대표적인 플레이어는 단연 USDC의 발행사인 서클이며 탈중앙화 진영에서는 메이커다오가 다이를 중심으로 독자적인 관련 생태계를 구축하고 있습니다.

이 전략의 핵심은 개발자들의 진입 장벽을 낮추는 것입니다. 대부분의 웹 2.0 기업이나 소규모 스타트업들은 블록체인의 복잡성(개인 키 관리, 노드 운영, 가스비 처리 등) 때문에 스테이블코인 결제를 도입하는 데 큰 어려움을 겪습니다. 서클은 바로 이 페인 포인트(Pain Point)를 해결하는 데 집중합니다. 서클은 기업들이 단 몇 줄의 코드로 자사의 웹 사이트나 앱에 USDC 결제 및 송금 기능을 통합할 수 있는 강력한 API 스위트(API Suite)를 제공합니다. 예컨대 '체크아웃 API'를 통해 이커머스 사이트에서 신용카드처럼 간편하게 USDC 결제를 받을 수 있고 '페이아웃 API'를 통해 전 세계 프리랜서나 파트너사에 대량의 USDC를 즉시 지급할 수 있습니다.

서클이 제공하는 '프로그래머블 월렛(Programmable Wallets)' 솔루션이 이러한 의도를 선명히 드러냅니다. 이는 기업들이 자체적으로 복잡한 암호화폐 지갑을 개발하고 관리할 필요 없이 서클의 인프라를 통해 사용자별 지갑을 생성하고 제어할 수 있게 하는 '서비스형 지갑(Wallet-as-a-Service)'입니다. 이를 통해 게임 회사는 수백만 명의 사용자에게 즉시 USDC 지갑을 제공하여 아이템 거래를 활성화할 수 있고 소셜 미디어 플랫폼은 크리에이터에게 USDC로 후원금을 직접 지급하는 기능을 손쉽게 구현할 수 있습니다. 또한 서클은 이더리움, 솔라나, 아발란체 등 15개 이상의 주요 블록체인을 지원하는 '멀티체인' 전략을 통해, USDC가 특정 블록체인에 종속되지 않고 웹 3.0 생태계 전반에서 통용되는 보편적 디지털 달러가 되도록 추진하고 있습니다.

　탈중앙화 진영에서는 메이커다오가 다이를 중심으로 독자적인 생태계 확장 전략을 펼치고 있습니다. 메이커다오의 전략은 다이가 가진 ‘완전한 탈중앙성’과 ‘검열 저항성’이라는 고유의 가치를 활용하여 다른 디파이 프로토콜들이 자발적으로 다이를 핵심 자산으로 채택하도록 만드는 데 초점을 맞춥니다. 다이는 특정 기업이 통제할 수 없기 때문에 탈중앙화 거래소(DEX), 탈중앙화 대출 프로토콜, 탈중앙화 파생 상품 시장 등 모든 디파이의 ‘머니 레고’들이 가장 신뢰하고 선호하는 기초 자산(Base Asset)이 되었습니다. 유니스왑의 수많은 유동성 풀이 다이를 기반으로 하고 에이브와 컴파운드는 다이를 주요 예금 및 대출 자산으로 취급합니다. 이는 마치 특정 국가의 개입 없이 전 세계에서 통용되는 중립적인 기축통화처럼 다이가 디파이 세계의 기축통화 역할을 하고 있음을 보여 줍니다.

　메이커다오는 더 나아가 ‘다이 저축 금리(Dai Savings Rate, DSR)’라는 독특한 기능을 통해 생태계를 강화하려고 합니다. DSR은 사용자가 자신의 다이를 특정 스마트 컨트랙트에 예치하면 프로토콜의 안정화 수수료 수익의 일부를 이자로 지급하는 기능입니다. 이는 다이 보유자에게 스테이블코인 자체에 내장된 ‘기준 금리’와 같은 역할을 하며 별도의 디파이 프로토콜을 이용하지 않고도 안전하게 이자 수익을 얻을 수 있는 방안을 제공합니다. 이는 다이를 단순한 교환 매개를 넘어 그 자체로 수익을 창출하는 매력적인 자산으로 만들어 생태계 내에 자금이 머무르도록 유도하는 강력한 록인 효과를 냅니다.

　이러한 생태계 확장 전략은 스테이블코인을 넘어 NFT, 게임, 크리에이터 이코노미 등 새로운 디지털 서비스와 결합하고 있습니다. 오픈씨(OpenSea)와 같은 NFT 마켓플레이스에서는 구매자와 판매자가 고가의 디지털 아트를 거래할 때 변동성이 큰 이더리움보다 USDC나 다이와 같은 스테이블코인으로 거래하는 것을 선호합니다. 거래 시점의 가격을 명확히 하고 판매자가 수익을 안정적으로 확정할 수 있게 해 주기 때문입니다. 엑시 인피니티와 같은 블록체인 게임에서 플레이어들이 획득한 게임 토큰은 결국 스테이블코인으로 환전되어 현실 세계의 가치와 연결됩니다. 또한 웹 3.0 소셜 미디어나 콘텐츠 플랫폼에서 활동하는 크리에이터들은 전 세계 팬으로부터 광고 중개 플랫폼이나 결제 대행사를 거치지 않고 스테이블코인으로 직접 후원금을 받을 수 있습니다. 이는 수수료를 최소화하고 창작자에게 더 많은 수익이 돌아가게 하는 새로운 '크리에이터 이코노미'를 가능하게 합니다. 결론적으로 생태계 확장 전략은 스테이블코인을 단순 화폐가 아닌 웹 3.0이라는 신 디지털 국가의 '금융 OS'이자 '개발 플랫폼'으로 진화시키는 정교하고 미래지향적인 접근법입니다.

⑤ 기술 인프라 제공/플랫폼화 전략

19세기 골드러시 시대에 청바지와 곡괭이를 팔았던 리바이 스트라우스와 같은 상인이 오히려 알짜 수익을 거둔 것처럼 21세기 스테이블코인 혁명에서도 청바지를 판매하려는 이들이 있습니다. '기술 인프라 제공 및 플랫폼화 전략'이 바로 이 '골드러시의 상인'이 되려는 정교하고 야심 찬 접근법입니다.

이 전략을 구사하는 기업들은 스테이블코인이라는 '상품'을 전면에 내세우기보다 다른 모든 기업이 자신만의 스테이블코인 관련 비즈니스를 손쉽게 구축하고 운영할 수 있도록 돕는 핵심 기술과 인프라, 즉 '플랫폼'을 제공하는 데 집중합니다. 이는 마치 아마존 웹 서비스(AWS)가 수많은 스타트업에게 인프라나 플랫폼을 대여함으로써 이들이 자신의 핵심 서비스 개발에만 집중할 수 있게 한 것과 같습니다. 이들은 스테이블코인의 발행, 수탁, 결제 그리고 규제 준수에 이르는 복잡한 모든 과정을 모듈화하여 API 형태로 제공함으로써 웹 3.0 시대로 진입하려는 기업들에게 '디지털 화폐를 위한 운영 체제'를 판매합니다. 이 전략의 대표적인 플레이어로는 뉴욕금융감독청(NYDFS)의 엄격한 규제 아래 신뢰를 쌓아온 팍소스가 있으며 서클 역시 단순한 USDC 발행사를 넘어 강력한 플랫폼 사업자를 지향하고 있습니다. 또한 파이어블록스와 같은 디지털 자산 수탁 전문 기업들 또한 이 생태계의 안전한 '금고' 역할을 하며 플랫폼화의 한 축을 담당하려고 합니다.

이러한 '서비스형 블록체인(Blockchain-as-a-Service, BaaS)' 전략의 핵심은 '복잡성의 추상화(Abstraction of Complexity)'에 있습니다. 대부분의 기업들은 스테이블코인의 잠재력은 인지하지만, 블록체인 노드를 운영하고 스마트 컨트랙트를 개발 및 감사하며 여러 체인에 걸친 유동성을 관리하고 끊임없이 변하는 규제를 준수해야 하는 기술적, 운영적 부담 앞에서 주저하게 됩니다. 팍소스는 바로 이 지점을 파고들었습니다. 팍소스는 뉴욕금융감독청(NYDFS)으로부터 미국 은행법상 신탁 회사 라이선스를 인가받은 '팍소스 트러스트 컴퍼니(Paxos Trust Company)'를 운영하는 규제 준수 기업입니다. 이 강력한 규제적 경쟁 우위를 바탕으로 팍소스는 다른 기업들이 자신들의 브랜드를 내걸고 스테이블코인을 발행할 수 있는 '화이트 라벨 스테이블코인 발행(White-label Stablecoin Issuance)' 솔루션을 제공합니다.

페이팔의 PYUSD가 이 전략에 호응한 사례입니다. 페이팔은 자체적으로 스테이블코인 발행을 위한 복잡한 인프라를 구축하는 대신, 팍소스를 기술 및 규제 파트너로 선택했습니다. PYUSD의 발행, 준비금 관리, 상환과 같은 주요 운영이 팍소스의 플랫폼 위에서 이루어지며 팍소스는 준비금이

100% 현금, 미국 국채 등으로 안전하게 보관되고 있다는 것을 증명하는 월별 보고서를 발행합니다. 그 덕분에 페이팔은 오직 자사의 거대한 사용자 기반과 브랜드 그리고 마케팅에만 집중하면 됩니다. 이외에도 팍소스는 금 등 실물 자산 토큰화(PAX Gold), 블록체인 기반 증권 청산 및 결제 등 전통 금융 자산 디지털화에 필요한 기술적·규제적 인프라를 플랫폼 형태로 제공하며 월스트리트와 블록체인을 잇는 가교 역할을 하고 있습니다.

서클 역시 USDC라는 강력한 상품을 기반으로, 플랫폼 기업으로 진화하는 전략을 내세웁니다. 앞서 살펴본 개발자용 API 스위트와 프로그래머블 월렛이 이 전략의 핵심입니다. 하지만 서클의 플랫폼화 비전은 여기서 그치지 않고 '크로스체인 전송 프로토콜(Cross-Chain Transfer Protocol, CCTP)'이라는 기술을 통해 더 나아갑니다. 현재의 멀티체인 환경에서 이더리움의 USDC를 솔라나의 USDC로 옮기기 위해서는 '브리지'라는 별도의 서비스를 이용해야 하는데, 이는 보안에 취약하고 사용자 경험이 복잡하다는 문제가 있었습니다. CCTP가 이러한 문제를 해결합니다. 사용자가 이더리움에서 USDC를 솔라나로 보내고 싶으면 CCTP는 이더리움의 USDC를 소각(Burn)하고 그 증명을 받아 솔라나에서 새로운 USDC를 발행(Mint)합니다. 즉, 이는 자산을 위험한 브리지에 '잠그는(Locking)' 방식이 아니라 '소각 후 발행'하는 훨씬 더 안전하고 근본적인 방식으로 체인 간 가치 이동을 구현합니다.

서클이 CCTP를 개방형 프로토콜로 제공하고 있으며 이는 CCTP가 단순히 USDC의 편의성을 높이는 것을 넘어 파편화된 블록체인 생태계를 하나로 묶는 '인터넷의 TCP/IP'와 같은 기본 레이어를 지향하려 한다는 것을 시사합니다. 어떤 앱이든 CCTP를 통합하면 사용자들은 자신이 어떤 체인 위에서 활동하는지조차 인지할 필요 없이 여러 블록체인에 흩어져 있는 자산과 서비스를 마치 하나의 인터넷처럼 자유롭게 오갈 수 있게 됩니다.

한편 이러한 플랫폼들이 안전하게 작동하기 위한 근본적인 인프라는 바로 '디지털 자산 수탁(Custody)' 기술입니다. 수십억 달러 규모의 스테이블코인을 운용하는 기업에게 내부자 횡령이나 외부 해킹에 의한 자산 탈취는 주요 우려 사항 중 하나입니다. 파이어블록스(Fireblocks)와 같은 수탁 기술 플랫폼이 바로 이 문제를 해결합니다. 이들은 개인 키를 하나의 장치에 보관하는 대신, '다자 간 컴퓨팅(MPC, Multi-Party Computation)' 기술을 사용하여 키를 여러 조각으로 나누고 이를 독립된 서버들에 분산 보관합니다. 거래에 서명하기 위해서는 이 조각들이 암호학적 연산을 통해 결합되어야 합니다. 따라서 단 하나의 서버나 관리자가 해킹당하더라도 전체 자산이 탈취되는 것을 원천적으로 막을 수 있습니다. 또한 이들은 기업의 재무팀이 사전에 설정한 규칙(예 하루 100만 달러 이상 이체 시 3명 이상의 승인 필요)에 따라서만 거래가 실행되도록 하는 정교한 정책 엔진을 제공합니다. 이는 스테이블코인 트레저리 운용에 필수적인 내부 통제와 감사 추적 기능을 제공하며 기업들이 안심하고 디지털 자산 시장에 진입할 수 있는 안전한 '금고' 역할을 합니다.

2. 네이버, 대한민국 금융 인프라의 중심

국내 모바일 결제 시장에서 압도적 1위를 달리고 있는 네이버가 스테이블코인 시장 선점을 위해 공격적인 전략을 펼치고 있습니다.

① 두나무 인수로 기술력 확보

2025년 9월 25일, 네이버파이낸셜은 업비트 운영사인 두나무와의 주식 교환 방식 합병을 공식 발표했습니다. 이사회 승인이 완료되었고 2026년 상반기 합병이 완료되면 네이버는 두나무의 기와 체인(GIWA Chain) 기술을 확보하게 됩니다. GIWA 체인은 옵티미즘 기반 레이어-2 블록체인으로, 이를 통해 네이버는 2026년 원화 연동 스테이블코인을 발행할 수 있는 기술적 기반을 가질 수 있습니다.

한편, 이번 합병은 단순한 기술 확보를 넘어 규제 준수 전략의 핵심이기도 합니다. 네이버는 2026년 상반기 예정인 스테이블코인 법안 통과에 맞춰 준비를 철저히 하고 있습니다. 일대일 법정화폐 담보, 정기 감사, 발행사 자격 요건 등 주요 규제 요건을 충족하기 위한 인프라를 두나무 인수를 통해 확보한다는 계산입니다.

② 압도적 생태계 활용

네이버의 경쟁력은 숫자에서 여실히 드러납니다. 네이버 페이는 국내 모바일 결제 시장에서 33.5%의 점유율을 차지하며 3,068만 명의 사용자와 연간 80조 원의 거래 규모를 보유하고 있습니다. 이는 2위 카카오페이의 20~25%, 3위 토스 페이의 15~20%를 크게 앞서는 수치입니다. 네이버 쇼핑의 경우 연간 거래량만 50.3조 원으로 국내 이커머스 시장의 22%를 차지하고 있습니다.

네이버의 전략은 이러한 기존 결제 인프라에 스테이블코인을 자연스럽게 통합하는 것입니다. 포털, 쇼핑, 웹툰, 클라우드를 아우르는 생태계 전반에서 사용자들이 별도의 학습 없이 스테이블코인을 활용할 수 있는 환경을 구축한다는 구상입니다. 단계적 도입 접근법도 비교적 명확합니다. 1단계에서는 B2B 정산과 크로스보더 송금에 우선 적용하고 2단계에서 네이버 쇼핑 통합 및 소액 결제로 확장합니다. 3단계에서는 아시아 통합 결제 네트워크를 완성한다는 로드맵이 실현가능성이 커 보입니다.

네이버는 메타버스 영역에서도 착실하게 준비 중입니다. 네이버 Z는 크래프톤과의 합작 법인 오버데어를 통해 제페토 플랫폼의 수억 명의 사용자에게 USDC 기반 창작자 보상 시스템을 구축했습니다. 480억 원 규모의 합작 법인 출자로 서클과 파트너십을 맺고 세틀러스(Settlus) 블록체인 기반 NFT 거래 인프라를 갖췄습니다. 일상 결제부터 메타버스 경제까지 아우르는 완결된 디지털 금융 생태계를 준비하고 있는 셈입니다.

③ 아시아 크로스보더 네트워크

2024년 카카오의 클레이튼과 라인의 핀시아가 합병하여 탄생한 카이아 블록체인을 활용해 아시아 통합 결제 생태계 구축에 나섰습니다. 카이아는 EVM 호환 레이어-1 블록체인으로 1초 미만 완결성과 초당 10만 건 이상의 거래를 처리할 수 있습니다.

2025년 9월 22일, 카이아와 라인넥스트는 '프로젝트 유니파이'를 발표했습니다. 라인의 2억 명의 사용자 기반을 활용한 크로스보더 결제 슈퍼 앱 개발 프로젝트입니다. 네이버 페이는 이미 2024년부터 QR코드 기반 상호 운용성을 중심으로 아시아 시장 확장을 가속화해 왔습니다. GLN 인터내

서널을 통해 9개 아시아 태평양 국가 QR 결제망에 연결됐고 위챗페이와는 중국 내 QR 결제 상호 연동을 완료했습니다. 알리페이 플러스를 통해서는 30개국 해외 결제를 지원하고 유니온 페이와는 국제 카드 결제를 통합했습니다.

④ 재무적 전망과 시장 반응

네이버는 스테이블코인 통합을 통해 2030년까지 연간 3,000억 원의 지급 수수료 절감 효과를 거둘 것으로 추산됩니다. 미래에셋증권은 "원화 스테이블코인 통합으로 상당한 수익 창출이 가능하다."고 평가했고 한국투자증권은 "토큰 증권 등 블록체인 비즈니스 선도 기업으로 부상할 것"이라고 전망했습니다.

네이버의 강점은 명확합니다. 포털-이커머스-결제로 통합된 생태계 시너지, 라인의 2억 명 사용자 기반을 활용한 글로벌 확장성, 두나무의 블록체인 전문성과 카이아 체인의 기술 인프라, 그리고 금융 당국과의 협력 관계를 통한 규제 대응력입니다. 33.5%의 시장 점유율과 3,000만 사용자 기반을 보유한 네이버 페이는 국내 스테이블코인 대중화의 핵심 촉매 역할을 할 것으로 예상됩니다. 네이버는 2026년 원화 스테이블코인 출시를 통해 한국 핀테크 1위 지위를 더욱 공고히하고 아시아 크로스보더 결제의 표준 플랫폼으로 자리잡는다는 계획을 세워 두고 있습니다. 규제 환경 변화에 대한 적응력과 경쟁사 대비 차별화된 가치 제안이 성공의 열쇠가 될 것입니다.

[표 7-1] 페이먼트 서비스 현황과 개별 스테이블코인 전략

서비스	시장 점유율	사용자 수	주요 강점	스테이블코인 전략
네이버페이	33.5%	3,068만 명	이커머스 통합, 포털 연동	두나무 합병, 원화 스테이블코인
카카오페이	20~25%	2,300만 명	카카오톡 연동(87% 보급률)	KRW 스테이블코인 상표 출원
토스 페이	15~20%	1,900만 명	올인원 금융 슈퍼 앱	은행 컨소시엄 참여(2026년)
삼성 페이	13~18%	1,900만 명	하드웨어 통합(NFC/MST)	글로벌 USDC 연동
쿠팡 페이	5~10%	1,000만 명	이커머스 특화	Tempo 블록체인 파트너

3. 카카오, 블록체인과 금융 인프라를 바탕으로 스테이블코인 사업

카카오는 '국민 메신저'라는 독보적 지위를 활용한 스테이블코인 전략을 펼치고 있습니다. 87%의 국내 점유율을 자랑하는 카카오톡을 기반으로, 일상 대화 속에서 자연스럽게 작동하는 블록체인 금융 생태계를 구축하려는 전략입니다. 즉, 네이버가 거래소 인수를 통한 기술력 확보에 집중했다면 카카오는 메신저 통합을 통한 대중화에 초점을 맞추고 있습니다.

카카오의 스테이블코인 전략은 2025년 6월 구성된 그룹 차원의 태스크 포스를 중심으로 합니다. 정신아 카카오 대표, 신원근 카카오페이 대표, 윤호영 카카오뱅크 대표가 공동 발행법인 설립을 준비 중입니다. 카카오페이는 발행 및 유통을, 카카오뱅크는 담보 보관과 컴플라이언스를, 카이아 블록체

인은 기술 인프라를 각각 담당하는 등 역할 분담이 명확합니다.

실제 움직임도 빠릅니다. 2025년 6월부터 8월까지 카카오 계열사들은 공격적인 상표 출원에 나섰습니다. 카카오페이는 PKRW, KKRW 등 18개 스테이블코인 관련 상표를 출원했고 카카오뱅크는 보관 및 발행 관련 상표를, 카이아는 KRWGlobal, KRWGL, KRWKaia, KaKRW 등을 각각 출원했습니다. 한편 상표 출원 발표 직후 카카오페이 주가는 208%에 이르는 급등 차트를 그렸던 바 있습니다.

카카오 전략의 기술적 핵심은 '카이아 블록체인'입니다. 2024년 카카오의 클레이튼과 라인의 핀시아가 합병하여 탄생한 카이아는 아시아 최대 웹3 생태계를 목표로 하는 EVM 호환 레이어-1 블록체인입니다. 1초 블록 최종성과 최대 초당 4,000건 이상의 거래 처리 능력을 갖췄으며 낮은 가스비로 실용적인 결제 인프라를 제공할 수 있습니다.

이에 더해 사용자 경험 개선 또한 카이아의 혁신성으로 지목됩니다. 가스 추상화 기능으로 사용자들은 스테이블코인으로 직접 수수료를 지불할 수 있으며 계정 추상화를 통해 가스리스 거래도 지원할 수 있습니다. 블록체인 기술을 전혀 모르는 일반 사용자도 카카오톡 안에서 자연스럽게 스테이블코인을 송금하고 결제할 수 있게 됩니다.

현재 카이아의 TVL은 2,187만 달러로 초기 단계지만, 디앱 통합으로 신규 사용자가 유입되면서 빠르게 성장하고 있습니다.

한편 카카오의 글로벌 야심은 2025년 9월 22일 발표된 프로젝트 유니파이에 담겨 있습니다. 카이아와 라인넥스트가 공동 개발 중인 이 스테이블코인 슈퍼 앱은 아시아 통합 크로스보더 결제를 목표로 합니다. 8개 법정화폐 연동 토큰으로 시작해 2025년 말 베타 서비스, 2026년 본격 출시될 계획입니다.

프로젝트 유니파이는 앱 내 송금 및 NFC 결제, 실시간 수익률 제공, 라인 미니 디앱 통합 등의 기능을 제공합니다. 2025년 5월 이미 테더 USDT가 카이아 체인에 출시된 상태입니다. 카카오페이는 이미 한국 내 200만 가맹점에서 오프라인 결제를 지원하고 있으며 알리페이 플러스 및 마스터카드와의 파트너십으로 150만 글로벌 매장에서 NFC 결제를 지원합니다.

카카오페이는 네이버 페이의 30%, 토스 페이의 25%에 이어 3위지만, 메신저 통합이라는 독특한 강점을 보유하고 있습니다. 모바일 결제 시장에서 20~25% 점유율을 기록하고 있습니다. 약 2,400만 사용자와 43.1조 원의 거래량에 해당합니다(2024년 기준). 2025년 2분기 매출은 2,383억 원으로, 전년 대비 28.5% 증가했습니다. 특히 오프라인 거래가 전년 대비 33% 증가했고 거래량은 125% 급증했습니다. 외국인 관광객 거래 또한 2023년부터 2024년까지 14배 성장하며 크로스보더 결제의 잠재력을 입증했다고 평가됩니다.

카카오의 핵심 경쟁 우위는 선명합니다. 카카오톡의 87% 점유율, 카이아 블록체인의 1초 완결성과 가스 추상화 기술, 카카오뱅크의 CBDC 파일럿 경험을 통한 규제 협력, 그리고 130억 달러 규모 아시아 송금 시장에서의 허브 포지션 등이 그것입니다.

카카오의 가장 강력한 무기는 5,000만 국민이 사용하는 카카오톡입니다. 별도의 앱 설치 없이 카카오톡 [더보기] 탭에서 바로 실행되는 가상 자산 지갑 '클립(Klip)'을 스테이블코인 결제의 허브로 키우고 있습니다.

사용자 경험(UX) 면에서도 다른 경쟁자보다 우위에 있습니다. 복잡한 지갑 주소(0x...) 대신 [친구 선택]→[전송] 버튼만 누르면 스테이블코인을 보낼 수 있는 환경을 구축했습니다. 이는 복잡한 블록체인 기술을 숨기고 '메신저 송금'처럼 느끼게 만드는 '매스 어돕션(Mass Adoption)' 전략입니다. 카카오톡 안에 있는 미니 디앱을 통해 쇼핑, 게임, 티켓 예매 등을 실행하고, 결제는 스테이블코인으로 처리하는 '슈퍼앱' 모델을 지향합니다.

그러나 도전 과제도 만만치 않습니다. 김범수 의장의 주가 조작 혐의 기소로 15년이 구형된 상황(1심 판결 무죄, 검찰 항소)에서 지배 구조 리스크가 존재하며 카카오뱅크 지분 27.6% 매각 가능성도 불확실성 요인입니다. 네이버의 두나무 인수와 토스의 글로벌 확장에 대응해야 하는 경쟁 압력도 큽니다.

그럼에도 불구하고 카카오는 메신저 생태계와 블록체인 기술의 혁신적 결합을 통해 아시아 디지털 화폐 시장의 게임 체인저 역할을 할 잠재력을 보유하고 있습니다.

카카오의 성공 여부는 규제 환경 변화에 대한 선제적 대응과 사용자 중심의 매끄러운 통합에 달려 있습니다. 투기가 아닌 실사용 중심의 지속 가능한 모델을 구축하고 마찰을 최소화한 블록체인 통합을 통해 기존 앱 내에서 자연스럽게 사용할 수 있는 환경을 만드는 것이 핵심입니다.

카카오뱅크는 최근 '원화 페깅 스테이블코인 개발'을 공식화하고 스테이블코인 프로젝트를 개념 검토 단계에서 본격 개발 단계로 올렸습니다. 개발을 위해 블록체인 백엔드 개발자 채용 공고를 냈고 스마트 컨트랙트, 토큰 표준, 노드 운영 등 기술 역량 보유 인력을 모집 중입니다. 단순 결제/송금뿐 아니라 '증권형 토큰(STO, Security Token Offering)' 시장 진출을 염두에 두고 준비 중이라고 발표했습니다.

4. 업비트, 네이버와 함께 원화 스테이블코인 준비

국내 암호화폐 시장의 강자, 업비트가 네이버와의 총 6조 원 규모의 전략적 합병을 통해 단순 거래소를 넘어 디지털 금융 인프라로 진화하려는 비전을 제시하고 있습니다. 업비트의 모회사 두나무와 네이버파이낸셜의 주식 교환 방식 합병은 거래소의 기술력과 포털 기업의 사용자 기반을 결합하려는 파격적 행보입니다.

업비트는 1,600만 사용자와 일일 거래량 22.5억 달러, 국내 시장점유율 69%라는 압도적 지위를 보유하고 있습니다. 여기에 네이버 생태계의 2,500만 명의 일일 활성 사용자가 더해지면서 슈퍼 앱 생태계가 완성됩니다. 법정화폐 결제, 비상장 주식 거래, 암호화폐 거래가 모두 가능해지는 생태계입니다.

업비트의 스테이블코인 전략의 핵심에는 자체 개발한 GIWA(Global Infrastructure for Web3 Access) 블록체인이 있습니다. 옵티미즘 OP 스택 기반 이더리움 레이어-2로 설계된 GIWA는 1초 블록 시간으로 초당 1,000건 이상의 거래를 처리할 수 있습니다. 이에 더해 EVM 호환성을 갖춰 이더리움 레벨의 보안을 상속하면서도 사기 증명(Fraud Proof)과 공유 시퀀싱(Shared Sequencing) 시스템으로 안정성까지 확보했다고 평가됩니다.

GIWA의 진정한 혁신 중 하나는 디지털 신원 시스템입니다. GIWA ID는 소울바운드 토큰 기반 디지털 신원 인증으로 KYC와 컴플라이언스를 지원합니다. 셀프 커스터디 지갑인 GIWA 월렛은 스테이블코인 저장과 결제 기능을 통합할 것으로 예상합니다. 2025년 9월 UDC 2025에서 공식 발표된 후 테스트넷이 출시된 상태이며 2025년 4분기 메인넷이 출시될 예정입니다.

업비트는 2025년 7월 네이버 페이와 원화 스테이블코인 협력을 발표하며 본격적인 행보에 나선 바 있습니다. 7월 8일에는 KRWUB, UBKRW, KRWUP, UPKRW 등 66건의 원화 스테이블코인 관련 상표권을 출원했습니다. 2025년 말 규제 샌드박스를 통한 파일럿 테스트를 시작하고 2025년 말에서 2026년 초 정식 출시를 목표로 하고 있습니다.

현재 「가상자산이용자보호법」하에서 거래소의 자체 발행 자산 거래는 금지돼 있지만, 네이버 페이 같은 핀테크 기업의 발행은 허용 가능한 해석이 존재합니다. 즉, 업비트는 네이버와의 협력 구조를 활용해 규제를 우회할 수 있습니다. 업비트 원화 스테이블코인이 등장한다면 네이버 페이와의 연동을 통해 파괴력을 발휘할 가능성이 높습니다. 사용자들은 네이버 페이를 통해 원화 스테이블코인을 즉시 충전하여 은행 영업 시간과 무관하게 업비트로 이체할 수 있게 됩니다. 또 원화 스테이블코인은 업비트 기축통화로 활용되며 원화 유동성 풀과 통합되어 원활한 거래를 지원할 수 있습니다. 네이버 쇼핑과 오프라인 매장에서 직접 결제가 가능해 수수료가 절감되고 원화 스테이블코인 연계 카드 발급으로 일상 사용이 확대되는 시나리오도 점쳐볼 수 있습니다.

이외에 레이어제로 OFT 프로토콜을 통한 솔라나 및 트론 USDT 스왑 지원으로 글로벌 유동성을 확보할 수 있게 됩니다. 네이버 4,000만 명의 사용자 기반으로 적립된 10.7조 원 예치금의 5~10%만 스테이블코인으로 전환돼도 페이팔 PYUSD 수준의 시장 규모를 달성합니다. 전 세계 2,300억 달러 규모 스테이블코인 시장에서 USDT, USDC의 뒤를 잇는 3위권 진입도 가능해지는 셈입니다.

① 시장 반응과 전망

한국 암호화폐 커뮤니티는 네이버-업비트 합병을 국가적 디지털 금융 도

약으로 평가하고 있습니다. 이더리움 레이어-2 체인 GIWA를 통한 달러 스테이블코인 유동성과 원화 통합으로 저렴한 결제 서비스가 실현될 것이라는 기대감이 높습니다. 네이버 페이-업비트 대 카카오페이-빗썸 구도가 형성되면서 본격적인 스테이블코인 전쟁이 시작되리라는 전망이 제기되기도 합니다.

종합하자면 업비트의 원화 스테이블코인은 김치 프리미엄 해소와 함께 한국 암호화폐 시장의 글로벌 통합을 가속화할 수 있습니다. 이외에 달러 의존도를 감소시키고 통화 주권을 강화하는 등 국가적 의미도 큽니다. 2025~2026년 출시 일정을 준수하고 아시아 스테이블코인 리더십을 확보한다면 업비트와 네이버는 글로벌 디지털 금융 생태계의 핵심 플레이어로 부상할 가능성이 높습니다.

5. 빗썸, 생태계 육성과 글로벌 확장

국내 2위 거래소 빗썸은 업비트와 정면으로 승부한다기보다는 글로벌 확장 전략을 취하고 있습니다. 25.8% 시장 점유율로 업비트의 72%에 뒤지는 가운데 빗썸은 국내 강화 대신 글로벌 파트너십과 생태계 육성에 집중하는 전략을 선택했습니다. 핵심은 트럼프 패밀리의 WLFI, 서클, 테더와 같은 글로벌 플레이어들과의 협력을 통해 크로스보더 서비스를 강화하는 것입니다.

한편 빗썸에서 이루어지는 스테이블코인 거래 규모는 이미 상당합니다. USDT/KRW 일일 거래량이 1억 3,200만 달러로 빗썸 전체 거래량의

18.46%를 차지합니다. 한국 스테이블코인 거래의 약 25%가 빗썸에서 이루어지고 있으며 7% 김치 프리미엄을 유지하는 강력한 국내 수요를 보유하고 있습니다. 전체 471개 거래 쌍 중 스테이블코인은 약 5%에 불과하지만 거래량 비중은 20% 이상으로 수익 기여도가 높습니다.

① 생태계 육성과 글로벌 파트너십

빗썸의 스테이블코인 전략에서 독특한 지점은 300억 원 규모의 스테이블코인 생태계 육성 공모전입니다. 2025년 6월부터 3개월 간 진행된 이 공모전은 단순한 아이디어 경진대회를 넘어 실제 창업과 투자를 연결하는 종합 플랫폼입니다. 초기 투자금 100억 원과 사업 활성화 자금 200억 원을 투입함으로써 총 119개 팀이 지원한 바 있습니다. 빗썸은 최종 3개 팀을 선발하고 대상 수상 팀에게는 1억 원과 함께 창업 멘토링, 투자 유치 연결, 공식 홍보 채널 소개 등의 후속 지원을 제공할 예정입니다.

이 공모전은 원화 연동 스테이블코인 도입 논의에 대비해 국내 개발자 생태계를 선제적으로 구축하여 규제 환경이 변화할 때 시장 주도권을 확보하려는 전략의 일환으로 보고 있습니다. 업비트가 자체 블록체인 GIWA를 개발하는 기술 중심 접근을 택했다면 빗썸은 외부 개발자 생태계를 키우는 플랫폼 전략을 선택했다고 할 수 있습니다.

글로벌 파트너십도 공격적입니다. 2025년 초 트럼프 패밀리의 WLFI(World Liberty Financial)가 발행한 USD1 스테이블코인을 상장함으로써 30억 달러 시가총액 달성에 일조를 했습니다. WLFI와의 협력으로 USD1 직불 카드와 리테일 앱 개발을 추진하고 있으며 서클 USDC 통합을 통해 크로스보더 상품을 개발 중입니다.

한국 정부가 KRW 페깅 스테이블코인 도입을 추진하는 가운데 빗썸은

59억 달러 규모의 원화 연동 스테이블코인 시장에서 10% 점유율을 목표로 하고 있습니다. 720억 달러 규모의 아시아-태평양 암호화폐 시장 진출도 추진 중입니다. 빗썸의 전략은 국내 규제 환경에 적응하면서 글로벌 기회를 포착하는 이중 접근법으로, 업비트의 국내 독점에 대응하는 차별화 전략으로 평가받고 있습니다.

[표 7-2] 빗썸과 업비트의 경쟁 현황 비교

구분	빗썸	업비트
시장 점유율	25.8%	72%
거래량(H1 2025)	300조 원	833조 원
전략 방향	글로벌 확장	국내 강화(네이버 통합)
스테이블코인 우위	WLFI 파트너십, 디파이 연동	KRW 스테이블코인 발행 가능성

6. 국내 8개 은행 컨소시엄, 한국은행과 보조

전통 금융권이 핀테크 기업들의 공세에 맞서 연합 전선을 구축했습니다. 2025년 4월에 구성된 8개 은행 컨소시엄은 USDT, USDC와 같은 달러 페깅 스테이블코인의 패권에 대응하는 국가 차원의 대응책이기도 합니다. 2025년 1분기 한국 달러 스테이블코인 거래량이 56.95조 원에 달하면서 원화 디지털 결제 주권이 위협받자 은행들이 이를 공동 위기로 인식해 대응하고 나선 것입니다.

참여 은행은 KB국민은행, 신한은행, 하나은행, 우리은행, 농협은행, 기업은행, 수협은행, 한국씨티은행입니다. 각 은행은 시너지를 극대화하기 위해 역할을 명확히 분담하고 있습니다. KB국민은행은 컨소시엄을 주도하며 KBKRW 등 17개 상표를 출원하고 가상 자산 대응 협의체를 구성했습니다. 신한은행은 기술 협력을 담당하며 2025년 8월 서클 CEO와 면담하고 솔라나 재단과 MOU를 체결했습니다. 하나은행은 서클과 MOU를 맺어 USDC 통합을 추진하며 글로벌 연결을 강화하고 있습니다. 우리은행은 BDACS와 협력하여 아발란체 기반 KRW1 파일럿을 운영 중입니다. 농협은행은 프로젝트 팍스를 통해 일본 송금 테스트를 진행하고 기업은행은 중소기업 특화 B2B 결제를, 수협은행은 수산업 수출입 결제를, 한국씨티은행은 국제 송금 인프라를 각각 담당합니다.

컨소시엄은 이외에 한국금융결제원과 오픈 블록체인 및 DID 연합이 조율하는 공동 인프라를 구축하고 있습니다. 이 과정에서 공유 인프라를 통한 효율성 극대화와 은행별 특색 토큰 발행이라는 하이브리드 모델을 채택했습니다. 기반 블록체인으로는 아발란체, 솔라나, 이더리움을 활용하며 체인링크 CCIP를 통한 크로스체인 브리지로 상호 운용성을 확보합니다. 담보 관리는 1대1 원화 담보 방식으로 체인링크 준비금 증명을 활용하며 실명 인증 DID와 온체인 AML/KYC 모니터링으로 컴플라이언스를 강화하고 있습니다.

① 규제 우위와 한국은행 지원

은행 컨소시엄에게 강력한 무기가 있다면 바로 규제 우위입니다. 이창용 한국은행 총재는 은행 우선 발행을 통한 단계적 접근을 강력히 주장하고 있습니다. 2025년 7월 그는 "비은행권 발행은 큰 혼란을 야기할 수 있다."라고 경고하며 19세기 미국 자유 은행 제도의 위험성을 인용했습니다. 한국은행은 통화 주권 보호를 위해 원화 스테이블코인을 통한 달러 의존도 감소를 추진하고 있으며 은행 중심에서 은행 주도 컨소시엄으로, 그다음 제한적 비은행 참여로 단계적 확대를 계획하고 있습니다. 이와 아울러 중단된 디지털 원화 프로젝트 예산 350억 원을 스테이블코인 인프라로 전환하며 시스템 리스크 최소화를 도모합니다.

현재 2025년 6~7월 국회에서 발표된 3개 법안이 서로 경쟁 중입니다. 민병덕 의원이 발의한 「디지털자산기본법」은 최소 자본금 5억 원으로 포괄적 프레임워크를 제시하며 외국 발행사를 제한합니다. 안도걸 의원이 발의한 「가치안정자산법」은 최소 자본금 50억 원을 설정한 스테이블코인 전용 법안으로서 엄격한 심사를 요구합니다. 김은혜 의원이 발의한 「결제혁신법」은 최소 자본금 50억 원을 요구하기는 하지만, 외국 토큰 간편 등록을 허용하는 등 비교적 낮은 문턱을 설정합니다. 공통 요구 사항으로는 100% 담보, 월간 공시 10일 내 상환, 알고리즘 스테이블코인 금지가 있습니다.

은행 컨소시엄은 네이버, 카카오, 토스라는 '네카토'의 도전에도 대응하고 있습니다. 카카오는 카이아 블록체인과 메신저 통합으로 바이럴 확산 전략을 구사하고 네이버는 두나무 인수로 암호화폐 생태계를 선점했으며 토스는 8개 은행 컨소시엄에 일부 참여하면서 동시에 호주 진출로 글로벌 확장을 노리고 있는 상황입니다. 이에 대해 은행들은 규제 신뢰도로 한국은행과 금융위원회의 지원을 받아 정책 우선권을 확보했고 컨소시엄 공동 투자로 리스크를 분산하며 기존 은행 간 관계를 활용한 글로벌 네트워크와 B2B 결제 시장에서의 압도적 신뢰도를 무기로 삼고 있습니다.

우리은행은 '디지털 자산 확대는 위기이자 기회이며 스테이블코인은 안정성을 보장하는 만큼 담보 기반 신상품으로 발전 가능하다.'라고 평가했습니다. 베인앤컴퍼니는 '스테이블코인의 태동은 법정화폐의 안정성이 블록체인의 효율성과 결합하여 실물 경제와 기존 금융 시스템을 연결하는 새로운 가교 역할을 한다.'라고 분석했습니다. 딜로이트는 '2025년은 미국을 중심으로 지급 결제용 스테이블코인의 제도화가 본격화되는 해로, 제도와 생태계 확장이 교차하는 구조적 변화의 시작점'이라고 전망했습니다.

8개 은행은 2026년 상반기 컨소시엄 원화 예금 토큰 정식 출시를 목표로 하고 있으며 성공적 실행 시 2030년까지 200~500억 달러 한국 스테이블코인 시장이 형성될 것으로 기대합니다. 한국 시중 은행 8곳이 스테이블코인을 성공적으로 통합해낸다면 아시아 디지털 화폐 생태계의 새로운 표준을 제시하며 원화 국제적 지위 강화와 한국 핀테크 허브 위상 공고화에 기여할 것으로 전망됩니다.

국내 은행들은 독자 개발의 한계를 극복하기 위해 글로벌/국내 연합체에 사활을 걸고 있습니다.

아고라 프로젝트 (Project Agorá)에는 한국은행 및 BIS(국제결제은행)가 주도하는 이 프로젝트에 5대 시중은행이 모두 참여했습니다. 이는 한국의 예금 토큰이 글로벌 금융망의 표준이 될 수 있는지 테스트하는 월드컵과 같습니다.

공동 인프라 전략으로는 '금융결제원·OBDIA 컨소시엄(프로젝트 남산)'을 통해, 은행끼리 서로 다른 토큰을 발행하되 서로 호환되는 '통합 원장'을 구축하여 중복 투자 비용을 줄이고 있습니다.

2025년, 한국의 은행들은 '테더(Tether)'가 되기를 포기하고 '디지털 화폐의 금고지기'가 되기를 선택했습니다. 이들은 규제 리스크가 큰 독자적 코인 발행 대신, 중앙은행(BOK)과 손을 잡고 '예금 토큰(Deposit Token)'이라는 가장 안전하고 보수적인 형태의 디지털 화폐를 표준으로 만들고 있습니다.

이는 핀테크(네이버, 카카오) 기업들이 '편의성'을 무기로 소매(Retail) 시장을 노릴 때, 은행들은 '신뢰'와 '규제 준수'를 무기로 도매(Wholesale) 및 기업금융 시장을 장악하겠다는 '철저한 영토 분할 전략'입니다.

[표 7-3] 참여 은행별 역할

은행	역할	주요 활동
국민은행	컨소시엄 주도	17개 상표 출원(KBKRW 등), 가상 자산 대응 협의체 구성
신한은행	기술 협력	Circle CEO 면담(2025년 8월), 솔라나 재단과 MOU
하나은행	글로벌 연결	Circle과 MOU 체결(2025년 5월), USDC 통합
우리은행	파일럿 운영	BDACS와 KRW1 출시(아발란체 기반)
농협은행	크로스보더 결제	프로젝트 팍스(일본 송금 테스트) 참여
기업은행	중소기업 특화	B2B 결제 최적화
수협은행	수산업 연동	수출입 결제 효율화
한국씨티은행	글로벌 네트워크	국제 송금 인프라 제공

7. 삼성전자, 전략적 투자와 파트너십을 통한 생태계 진출

삼성전자는 전략적 투자와 파트너십을 통해 스테이블코인 생태계에 진출하는 행보를 보이고 있습니다. 직접 스테이블코인을 발행하거나 은행 컨소시엄에 참여하는 다른 국내 기업들과 차별화되는 부분입니다. 글로벌 제조 기업의 강점을 살려 하드웨어와 소프트웨어를 통합하면서도 규제 리스크는 최소화하는 실용적 접근법이라고 평가할 수 있습니다.

2025년 9월 기준, 삼성 넥스트는 두 건의 중요한 투자를 단행했습니다. 먼저 스테이블코인 발행 플랫폼 바스티온(Bastion)의 1,460만 달러 전략적 투자 라운드에 참여했습니다. 바스티온은 뉴욕 주 금융 서비스부 신탁 허가를 보유하고 있습니다. 이를 통해 기업들이 직접 규제 라이선스를 취득하지 않고도 화이트라벨 스테이블코인을 발행할 수 있게 지원합니다. 총 펀딩 규모는 4,000만 달러 이상이며 코인베이스 벤처스, 소니 이노베이션 펀드, a16z 크립토, 해시드 등이 공동 투자자로 참여했습니다. 현재 바스티온은 70개 국에서 화이트라벨 스테이블코인 발행, 보관, 송금 서비스를 제공하고 있습니다.

삼성 넥스트는 또한 비자 네트워크와 연계된 스테이블코인 결제 인프라 기업 레인(Rain)의 5,800만 달러 시리즈 B 라운드에도 참여했습니다. 레인은 100개 이상의 핀테크 및 마켓플레이스에 스테이블코인 카드, 월렛, 지급 솔루션을 제공하고 있습니다. 레인 인프라의 거래량은 2025년 1~8월 사이에 10배 성장한 바 있습니다. 이 두 투자는 삼성이 스테이블코인 발행 인프라와 결제 인프라 전반을 아우르는 생태계 구축에 나섰다는 것을 시사합니다.

삼성은 코인베이스와의 파트너십도 확대하고 있습니다. 현재 7,500만 명의 미국 갤럭시 사용자에게 삼성 월렛을 통한 암호화폐 접근성을 제공합니다. 코인베이스 원 3개월 무료 구독, 첫 거래 시 25달러 크레딧 제공, 삼성 페이를 통한 암호화폐 계좌 자금 조달, 스테이킹 및 P2P 전송 기능 등을 포함해서입니다. 전 세계 10억 명 이상의 갤럭시 사용자 기반은 스테이블코인 대중화에 핵심적인 역할을 할 수 있는 잠재력을 갖추고 있습니다.

① 실질적 비용 절감과 경쟁 우위

삼성전자의 경우, 스테이블코인 활용 전략은 명확한 비즈니스 케이스를 갖추고 있다는 평가입니다. 한양대학교 강형구 교수의 분석에 따르면, 삼성전자가 전 세계 계열사 간 거래에 스테이블코인을 활용한다면 연간 4,840만 달러에서 1억 390만 달러의 비용이 절감될 수 있습니다. 국내 결제는 기존 대비 50% 절감되고 해외 송금은 건당 약 1달러로 단축되며 정산 시간은 수일에서 즉시 처리로 바뀝니다.

삼성전자가 스테이블코인 활용을 넘어 시장 자체를 노릴 여지도 충분합니다. 전 세계 스테이블코인 시장은 2025년 3,010억 달러에서 2030년 1조 4,000억 달러로 연평균 38% 성장이 예상됩니다. 삼성전자는 이 성장하는 시장에서 4가지 경쟁 우위를 갖추고 있습니다.

첫째, 10억 명의 갤럭시 사용자라는 대규모 기반입니다. 둘째, 갤럭시 녹스(Knox) 플랫폼 기반의 하드웨어 보안입니다. 셋째, 삼성 페이의 가맹점 네트워크라는 결제 인프라 시너지입니다. 넷째, 포춘 글로벌 500 기업으로서의 브랜드 신뢰도와 규제 준수성입니다.

이제 글로벌 빅테크 기업들과 비교해 보겠습니다. 소니는 직접 발행과 보관을 추진합니다. OCC 은행 허가를 신청하고 바스티온에 공동 투자함으로써 3,010억 달러 시장에 진입하려고 합니다. 이러한 접근법은 높은 리스크를 피하기 어렵습니다. 애플은 앱스토어 결제 정책을 완화하며 탐색 중이고 CEO가 개인적으로 암호화폐를 보유하고 있지만 20억 사용자 잠재력에도 불구하고 보수적인 행보를 보이고 있습니다. 구글은 블록체인 노드 엔진과 AI 결제 프로토콜 등 백엔드 도구에 집중하며 30~70억 달러의 AI-크립토 시너지를 노리고 있습니다. 반면, 삼성은 인프라 투자와 통합이라는 중간 리스크 전략으로 비용 절감이라는 실질적 효과를 목표로 합니다.

현재 삼성전자는 원화 스테이블코인에 대해서는 공식적으로 확정된 계획을 선보인 바 없습니다. 하지만 삼성카드 이우성 상무는 2025년 9월 세미나에서 '새로운 사업 기회로 주목하고 있으며 준비 중'이라고 밝혔습니다. 향후 한국 정부의 원화 스테이블코인 정책 방향과 삼성의 글로벌 확장 속도가 주목할 만한 요소일 것으로 전망됩니다.

[표 7-4] 경쟁사와 비교한 삼성의 스테이블코인 전략

기업	스테이블코인 접근법	주요 활동(2025년)	파급 잠재력	리스크 수준
삼성	인프라 투자 & 통합	바스티온 / 레인 투자; 삼성 페이 / 월렛 연동	연간 4,840만~1억 달러 절감	중간(한국 규제)
소니	직접 발행 & 보관	OCC 은행 허가 신청; 바스티온 공동 투자	3,120억 달러 시장 진입	높음(신규 진입)
애플	정책 완화/탐색	앱스토어 결제 정책 완화; CEO 개인 보유	20억 사용자 잠재력	낮음(보수적)
구글	백엔드 도구 & AI	블록체인 노드 엔진; AI 결제 프로토콜	30~70억 달러 AI-크립토 시너지	중간(채굴 변동성)

8. 쿠팡, 비용 절감과 운영의 효율성

쿠팡은 2025년 9월에야 스트라이프(Stripe)와 패러다임(Paradigm)이 개발한 템포(Tempo) 블록체인의 초기 디자인 파트너로 참여하며 스테이블코인 영역에 첫 발을 내딛었습니다. 직접적인 스테이블코인 발행이나 통합보다는 신중하고 점진적인 탐색 접근법을 취하는 양상입니다.

템포는 스테이블코인 결제에 최적화된 레이어-1 블록체인으로 1초 미만 완결성과 초당 10만 건 이상 거래 처리 능력을 갖췄습니다. 스테이블코인으로 수수료를 지불하는 저비용 구조와 이더리움 개발 도구 지원이라는 호환성을 제공합니다. 비자 도이체방크, 오픈AI, 쇼피파이 앤트로픽 등이 파트너로 참여하고 있어 검증된 글로벌 인프라로 평가받습니다.

스테이블코인 활용 측면에서 쿠팡의 재무 규모를 먼저 살펴볼 만합니다. 2025년 2분기 매출은 85억 달러로 전년 동기 대비 16% 증가했고 연간 거래 규모는 약 354억 달러에 달합니다. 총 매출액 마진은 30.5%로 개선됐고 운영 수익은 1억 4,900만 달러 흑자 전환에 성공했습니다. 이 거대한 거래 규모에 스테이블코인이 도입될 경우, 재무적 파급 효과는 폭발적입니다.

기존 PG사에 지급하던 거래액의 1~3% 수수료가 블록체인 도입으로 50% 이상 절감되며, 직구 및 글로벌 소싱에 드는 3~5%의 환전·송금 비용도 크게 줄어듭니다.

무엇보다 '정산 주기'의 변화가 핵심입니다. 기존 2~5일이 소요되던 자금 정산이 실시간(Real-time)으로 바뀌면서, 묶여 있던 운전 자본이 즉시 가용 현금으로 전환됩니다.

① 후발 주자의 전략적 선택

글로벌 이커머스 경쟁사들과 비교하면 쿠팡은 명백한 후발 주자입니다. 쇼피파이(Shopify)는 이미 USDC 결제 통합을 완료하여 베이스(Base) 네트워크를 활용한 실시간 결제로 100만 개 이상 가맹점에서 즉시 결제를 운영 중입니다. 아마존은 USD 스테이블코인을 검토하며 비자와 마스터카드 수수료를 우회하여 1,870억 달러 수수료 절감 잠재력을 탐색하고 있습니다. 알리바바는 서클 USDC 통합으로 위안화 국제화와 달러 의존도 감소를 추진하며 1조 달러 글로벌 결제를 최적화하고 있습니다. JD.com은 홍콩 달러 스테이블코인 파일럿을 진행하여 90% 비용 절감과 10초 정산을 달성했지만 규제로 일시 중단된 상태입니다. 쿠팡은 쇼피파이 대비 1~2년 뒤처진 상황에서 직접 발행보다 파트너십 중심의 신중한 접근을 택했고 한국의 보수적 암호화폐 정책으로 제한적인 움직임을 보이고 있습니다.

현재 원터치 결제와 WOW 멤버십 특혜를 중심으로 운영되는 쿠팡 페이에 스테이블코인이 통합된다면 상당하면서도 즉각적인 발전이 기대됩니다. 현재 2-5일 소요되는 정산을 실시간으로 단축하는 즉시 결제, 기존 은행 업무 시간 제약을 해소하는 24시간 운영, 쿠팡 플레이 구독료 등 소액 결제 최적화를 위한 마이크로페이먼트, 블록체인 기반 거래 추적으로 사기를 방지하는 투명성 강화가 모두 가능해지기 때문입니다.

하지만 한국의 규제 환경이 쿠팡에게는 큰 제약입니다. 한국은 현재 은행과 허가된 금융 기관만 원화 스테이블코인을 발행할 수 있도록 제한하고 있습니다. 이에 따라 쿠팡은 규제를 우회하는 전략을 모색하고 있습니다. 쿠팡 대만 같은 해외 자회사를 통한 USDC 활용, 판매자 정산에 스테이블코인을 우선 적용하는 B2B 결제, 제3자 플랫폼인 템포를 통한 간접 통합이 가능한 방법으로 손꼽힙니다.

쿠팡의 스테이블코인 전략은 결제 비용 절감과 운영 효율성 향상을 통해 국내외 경쟁력을 강화하는 실용적 접근법입니다. Tempo 파트너십을 통해 연간 300억 원 가까운 비용 절감과 24시간 즉시 정산 시스템 구축이 가능해질 것으로 전망됩니다.

한국의 원화 연동 스테이블코인 규제 완성(2026년 초 예상)과 함께 본격적인 도입이 시작되면, 쿠팡은 국내 전자상거래 생태계의 디지털 금융 혁신을 본격적으로 적용할 수 있게 됩니다. 다만, 규제 지연과 기술 성숙도에 따른 실행 리스크는 여전히 존재하며 실제 절감 효과는 도입 범위와 한국 정책 환경에 따라 달라질 수 있습니다.

[표 7-5] 주요 이커머스 기업의 스테이블코인 전략

기업	진행 상황	주요 전략	예상 효과	진행 단계
쿠팡	Tempo 디자인 파트너	비용 절감 중심의 신중한 접근	연간 2억 3,000만~3억 달러 절감(예상치)	탐색 단계
쇼피파이	USDC 결제 통합 완료	Base 네트워크 활용한 실시간 결제	100만+가맹점 즉시 결제	운영 중
아마존	USD 스테이블코인 검토	비자/마스터카드 수수료 우회	1,870억 달러 수수료 절감 잠재력(예상치)	탐색 단계
알리바바	Circle USDC 통합	위안화 국제화 및 달러 의존도 감소	1조 달러 글로벌 결제 최적화	부분 통합
JD.com	HKD 스테이블코인 파일럿	홍콩 샌드박스 활용 B2B 결제	90% 비용 절감, 10초 정산	규제 일시 중단

9. 구글, AI 에이전트와 결합

구글은 스테이블코인을 직접 발행하거나 소비자 결제에 뛰어드는 대신 다른 접근법을 택했습니다. 2025년 9월 구글은 AI 에이전트 결제 프로토콜과 구글 클라우드 유니버설 렛저 블록체인을 통해 스테이블코인 시장에 진입했습니다. 직접적인 스테이블코인 발행보다는 AI 에이전트 경제를 위한 중립적 인프라 제공자 역할에 집중하고 있습니다.

2025년 9월 17일 출시된 에이전트 페이먼트 프로토콜(AP2)은 AI 에이전트가 자율적으로 결제를 처리할 수 있도록 하는 오픈소스 프로토콜입니다. 기존 HTTP 402 페이먼트 리콰이어드 헤더를 현대화한 x402 확장을 통해 스테이블코인 결제를 지원합니다. 특정 결제 방식에 얽매이지 않는 유연한 설계를 채택하고 사용자 역할에 따라 접근 권한을 관리하는 구조를 갖추고 있습니다. 여기에 암호화 위임장, 영지식 증명 기반의 인증 기술을 더해 AML·KYC 규정 준수까지 고려한 보안 기능을 제공합니다. 이와 아울러 USDC, USDT 등 주요 스테이블코인을 이더리움과 폴리곤 네트워크에서 지원하며 A2A(Agent2Agent) 프로토콜과 호환되는 한편 프로그래머블 페이먼트를 가능하게 합니다. 코인베이스, 마스터카드, 페이팔, 세일즈포스 등 60개 이상의 파트너와 협력하고 있습니다.

구체적인 활용 사례로는 AI 에이전트가 사용자 승인하에 항공편과 호텔을 자동 예약하고 크로스보더 송금 및 디파이 마이크로페이먼트를 처리하며 공급망 자동 정산으로 중개업체를 제거하는 것 등이 있습니다. 지금까지 깃허브에서 2,300개 스타('좋아요'와 같은 기능)와 309개 포크, 34개 커밋을 기록하고 있으며 60개 기업과 레퍼런스 구현을 진행 중입니다.

구글 클라우드 유니버설 렛저(GCUL)는 규제 준수 금융 기관 전용 허가형 레이어-1 블록체인입니다. 2025년 3월 CME 그룹과 파일럿을 시작하여 2026년 상용화를 목표로 하고 있습니다. 24시간 운영과 다중 자산 지원으로 법정화폐, 스테이블코인, 토큰화 자산을 모두 처리하며 개발자 친화적인 파이썬 기반 스마트 계약을 지원합니다. 또한 기관 규모의 대량 거래 처리가 가능하고 1초 미만의 완결성을 제공하며 월간 정액 수수료 구조를 채택하여 가스비 변동성이 없습니다. 허가형 노드를 통한 KYC/AML 준수와 구글 클라우드 인프라를 활용한 보안, 이더리움과 폴리곤 등 퍼블릭 체인과의 크로

스체인 통합도 가능합니다.

① 빅테크 경쟁 구도에서의 차별화

글로벌 빅테크 기업들과 비교할 때 구글은 클라우드 백로그(잔여 수행 의무, 고객과 이미 계약했지만 아직 매출로 인식되지 않은 금액) 1,060억 달러와 60개 파트너라는 AI 에이전트 인프라 중심 전략으로 차별화됩니다. 핵심 경쟁 우위는 명확합니다. 첫째, AI와 블록체인의 융합을 통해 자율 에이전트 결제 분야를 선도하고 있습니다. 둘째, 특정 결제 생태계에 종속되지 않는 중립적 인프라를 제공합니다. 셋째, 구글 클라우드의 검증된 보안 및 규제 준수 역량을 바탕으로 엔터프라이즈급 신뢰도를 확보하고 있습니다. 구글은 2027년까지 580억 달러의 수익을 전망하고 있습니다.

구글의 행보에 대한 개발자 및 업계의 반응은 긍정적입니다. 코인베이스 CEO 브라이언 암스트롱은 AI 에이전트를 위한 새로운 차원의 도구라고 평가했고 수이 네트워크(Sui Network)는 프로그래머블 페이먼트와 프라이버시 기능의 완벽한 결합이라고 극찬했습니다. 인젝티브 프로토콜(Injective Protocol)은 구글의 진입이 디파이 접근성을 크게 향상시킬 것이라 기대했고 알고랜드 재단은 프로그래머블 머니의 새로운 표준 제시라고 평가했습니다. 이처럼 구글은 업계에서 경쟁자가 아닌 촉매제 역할로 인식되고 있으며 수십억 사용자의 웹3 온보딩을 견인할 주역으로 인정받고 있습니다.

2026년 구글은 GCUL(구글 클라우드 유니버설 렛저)을 상용화할 예정이며 금융 기관 대상 본격 서비스를 제공함으로써 스위프트 대안을 제시하고 AP2 생태계 확산으로 60개 파트너를 통한 AI 에이전트 결제를 표준화할 수 있습니다. 이를 통해 엔터프라이즈 블록체인 시장에서 20~30% 점유율을 확보하고 연간 100~200억 달러 추가 수익을 창출할 것으로 예상되고 있습니다.

이처럼 구글은 인프라 제공자로서 AI 시대의 금융 혁신을 뒷받침하고 중립적 접근법과 기업급 안정성을 무기로 기존 금융 기관의 웹 3 생태계 온보딩을 주도하는 핵심 역할을 수행할 것으로 전망됩니다.

[표 7-6] 주요 경쟁사 대비 구글의 차별화 전략

기업	스테이블코인 접근법	주요 강점	현재 상황
구글	AI 에이전트 인프라 중심	클라우드 백로그 106B 달러, 60개 파트너	Tempo 디자인 파트너 AP2 운영 중, GCUL 베타
애플	신중한 생태계 지원	NFC 제3자 월렛 지원, 팀 쿡 개인 BTC 보유	직접 통합 없음
마이크로소프트	기업용 BaaS 중심	Azure 기밀 원장, 5B 달러 런레이트	하이퍼레저/이더리움 지원
아마존	스테이블코인 발행 검토	월마트와 공동 발행, 연간 14B 달러 수수료 절감	「지니어스 법」 대기 중 신중한 접근
메타	Diem 이후 재진입	30억 사용자 Circle USDC 통합 검토	크로스보더 결제 파일럿
페이팔	PYUSD 직접 발행	2.7B 달러 시가 총액	결제 확산 중

10. 아마존, 신중하지만 강력한 움직임

아마존은 조용하지만 철저하게 스테이블코인을 준비하고 있습니다. 2024년 중반부터 자체 달러 페깅 스테이블코인 발행을 검토 중이라는 소식이 주요 미디어를 통해 전해지고 있습니다. 하지만 아마존은 아직 공식 발표나 임원 성명을 내놓지 않았습니다. 모든 정보가 익명의 내부 관계자를 통해 유출되고 있을 뿐입니다.

이러한 신중함은 아마존의 전략적 특징과 맞닿아 있습니다. 아마존의 핵심 전략은 소비자 결제보다 공급망과 셀러 정산 최적화에 집중하는 B2B 우선 접근입니다. 자금이 아마존 생태계 내에서 순환하는 폐쇄형 '온어스(On-Us)' 모델을 구축하여, 전통적인 신용카드 및 은행 수수료를 절감하고 비용 효율성을 극대화하려는 것입니다.

아마존은 이미 견고한 블록체인 인프라를 갖추고 있습니다. 아마존 매니지드 블록체인(Amazon Managed Blockchain)은 하이퍼레저 패브릭, 이더리움, 폴리곤 네트워크를 지원하고 일립틱(Elliptic)과 협력하여 다이나모DB로 100억 개 이상의 지갑에 대해 실시간으로 리스크 분석을 수행할 수 있습니다.

2024년 11월 아마존은 NTT 디지털과 협력하여 싱가포르에서 토큰화 파일럿을 실시했습니다. 마켓플레이스 셀러의 매출 채권을 블록체인상에서 토큰화하고 스트레이츠엑스(StraitsX)의 'XSGD' 스테이블코인으로 조기 정산하는 시스템을 테스트했습니다. 약 100만 달러 규모의 이 파일럿은 14~90일 소요되던 정산을 즉시 처리할 수 있다는 것을 입증한 바 있습니다.

① 압도적 규모의 재무 효과

아마존의 2024년 매출은 전년 대비 11% 성장한 6,380억 달러였습니다. 이러한 비즈니스 규모에서 스테이블코인을 도입한다면 예상 효과는 엄청날 수 있습니다. 크로스보더 결제 수수료는 1,280억 달러의 2%에서 0.5%로 줄어 연간 19.2억 달러가 절감됩니다.

여기에 추가 수익 창출도 가능합니다. 만약 아마존이 스테이블코인을 출시해 자사의 생태계에 서비스한다면 추가 수익 창출도 가능합니다. 500억 달러 규모의 스테이블코인을 발행하여 4%의 국채 수익률을 올린다면 연간

20억 달러의 수익을 기대할 수 있습니다. 또한 폐쇄형 순환 구조로 생태계 록인(Lock-in) 효과가 발생하면, AWS와 광고 매출이 10~15% 증가할 것으로 예상됩니다.

아마존은 이에 더해 3가지 핵심 경쟁 우위를 보유하고 있다는 점에 주목할 만합니다. 첫째, 3억 명 이상의 프라임 회원이라는 충성도 높은 사용자 기반, 190만 셀러의 B2B 결제 네트워크, 글로벌 기업들이 의존하는 AWS 고객이라는 생태계 규모와 록인 효과입니다. 둘째, 전 세계 물류 공급망 통합의 독보적 우위입니다. 셋째, 검증된 기술적 인프라의 성숙도입니다.

한편 2025년 7월 18일 서명된 미국의 「지니어스 법」은 아마존의 스테이블코인 전략에 결정적인 영향을 미쳤습니다. 일대일 담보, 무제한 상환, 월간 공시 이자 지급 금지, AML/KYC라는 핵심 요구 사항이 정해졌습니다. 아마존은 새로운 규제에 맞추어 스테이블코인을 차근차근 준비하는 것으로 알려져 있습니다. 본인들의 매출 볼륨과 시장 장악력을 최대한 살리면서도 미국 정부의 규제를 따라갈 것입니다.

[표 7-7] 아마존의 스테이블코인 비용 절감 시나리오(보수적 추정)

효과 영역	현재 비용	스테이블코인 도입 후	연간 절감 효과
크로스보더 결제	1,280억 달러×2%	1,280억 달러×0.5%	19.2억 달러
FX 헤징 비용	1,429억 달러×0.4%	50% 절감	2.9억 달러
B2B 공급망 금융	670억 달러×0.3%	0.2%로 절감	6.7억 달러
셀러 정산 수수료	2~3% 전통 수수료	0.5% 블록체인 수수료	추가 절감
총 예상 절감액	–	–	연간 25~36억 달러

11. 비자카드, 마스터카드, 새로운 환경에서 살아남기

전통 결제 네트워크의 양대 산맥인 비자카드와 마스터카드는 스테이블코인을 위협이 아닌 기회로 보고 있습니다. 새로운 기술을 기존 결제 인프라의 연장선으로 접근해 적극적인 통합한다는 전략을 추진하는 배경입니다.

비자는 2025년 9월 30일 SIBOS 2025에서 비자 다이렉트 스테이블코인 선충전 파일럿을 발표하며 본격적인 통합을 시작했습니다. 이 파일럿은 기업들이 법정화폐 대신 스테이블코인으로 크로스보더 지급을 선충전할 수 있게 하여 자본 묶임 현상을 해결하고 즉시 유동성 접근을 가능하게 합니다.

비자의 핵심 인프라는 VTAP(Visa Tokenized Asset Platform)라 불리는 비자 토큰화 자산 플랫폼입니다. 이더리움, 솔라나, 스텔라, 아발란체에서 스테이블코인 발행, 소각, 거래를 지원합니다. 서클의 USDC, 테더의 USDT, 페이팔과 팍소스의 PYUSD, 팍소스의 USDG, 서클의 유로화 EURC 등 주요 스테이블코인을 4개 블록체인에서 지원하며 상호 운용성을 확보했습니다.

비자는 선별적 파트너십을 통해 고효율 크로스보더 결제에 집중하고 있습니다. 2021년부터 파일럿을 진행해 온 서클이 USDC 정산의 핵심 파트너입니다. 팍소스는 글로벌 달러 네트워크를 통해 USDG와 PYUSD를 통합 관리합니다. 스트라이프가 인수한 브리지(Bridge)는 유럽, 아프리카, 라틴아메리카 지역의 스테이블코인 카드를, 옐로카드(Yellow Card)는 사하라 이남 아프리카 지역의 송금 서비스를 담당합니다.

구체적인 사용 사례로는 2~5일 소요되던 크로스보더 송금을 분 단위로 단축하고 6,700억 달러 규모의 스테이블코인 대출 생태계를 지원하며 기업 간 즉시 정산으로 운전 자본의 효율성을 향상시키는 것 등이 있습니다. 현재까지 2억 2,500만 달러 이상의 스테이블코인 정산을 완료했고 생태계 거래량은 전년 대비 63% 성장한 6.4조 달러를 기록했습니다.

① 마스터카드의 종합 생태계 구축

마스터카드는 비자보다 더 포괄적인 접근을 취합니다. 엔드투엔드 스테이블코인 인프라를 통해 지갑부터 체크아웃까지 완전 통합된 경험을 제공합니다. 2025년 4월 28일 출시된 360도 인프라는 1억 5,000만 가맹점에서 스테이블코인 사용을 가능하게 했습니다.

핵심 기술은 멀티 토큰 네트워크라 불리는 허가형 블록체인으로 실시간 멀티 토큰 정산을 지원합니다. 크립토 크리덴셜은 사용자명 기반 안전한 송금으로 KYC와 AML을 준수하고 크립토 시큐어는 위험 평가와 사기 방지 기능을 제공합니다.

마스터카드는 100개 이상의 암호화폐 파트너십을 구축하며 생태계를 구축했습니다. 2025년 6월 팍소스 글로벌 달러 네트워크에 가입하여 USDG 민팅, 유통, 상환을 지원하고 2025년 8월 서클과의 파트너십을 EEMEA 지역으로 확대하여 USDC와 EURC 정산을 시작했습니다. 2025년 5월에는 문페이와 협력하여 스테이블코인 기반 디지털 월렛을 연동했고 피저브의 FIUSD 토큰을 통합하여 은행 진입을 가속화했습니다.

거래소로는 OKX, 크라켄, 제미나이 바이비트, 크립토닷컴, 바이낸스와 협력하고 월렛으로는 메타마스크, 와이렉스, Bit2Me 등을 연동했으며 기업으로는 J.P. 모건 체이스와 스탠더드차타드은행의 토큰화 예금을 통합했습니다.

마스터카드는 2025년 8월, EEMEA(Eastern Europe, Middle East & Africa, 고성장 신흥 시장) 지역에서 USDC 정산을 최초로 개시했습니다. 이를 통해 AFS와 이지 파이낸셜 서비스(Eazy Financial Services) 등이 가맹점에 스테이블코인 정산을 제공할 수 있게 됐습니다. 비자카드와 마스터카드의 전략을 비교해 보면 두드러진 차이를 확인할 수 있습니다.

비자카드는 소비자 접근성과 보이지 않는 통합을 핵심 전략으로 삼아 선충전 모델로 효율성을 극대화하고 20~30개 선별적 파트너와 협력하려고 합니다. 또 아프리카와 라틴 아메리카에 중점을 두고 거래량 중심 소매 수수료 수익 모델을 운영합니다.

반면, 마스터카드는 엔터프라이즈 프로그래머빌리티와 신뢰 구축을 핵심 가치로 삼습니다. 직접 통합을 통해 유연성을 확보하고 100개 이상의 광범위한 생태계를 조성하며, EEMEA와 아시아 시장에 중점을 둔 인프라 라이선싱 중심의 수익 모델을 운영합니다.

비자의 방식은 기업이 스테이블코인을 미리 충전해 두고 사용하는 선불형 모델입니다. 그래서 가격 변동 위험을 줄일 수 있고 필요할 때 바로 지급할 수 있는 빠른 유동성이 장점입니다. 이 구조는 긱이코노미(Gig Economy, 프로젝트·단기 계약·프리랜서 기반 노동 방식이 확산되며 형성된 경제 구조)나 크리에이터처럼 소액을 자주 지급해야 하는 서비스에 특히 잘 맞습니다. 반면, 마스터카드는 여러 종류의 디지털 토큰을 동시에 처리할 수 있는 직접 결제 방식을 추구합니다. 이를 통해 실시간 정산, 24시간 자동 지급, 토큰화된 예금 및 디파이 연결 등의 기능을 활용할 수 있어, 더욱 유연하고 다양한 금융 서비스 개발이 가능합니다.

재무 애널리스트들은 양사의 행보를 긍정적으로 평가하는 분위기입니다. 윌리엄 블레어는 비자의 상업적 자금 이동 솔루션에 대한 부스터라고 평가했고 맥킨지는 스테이블코인의 속도와 추적성 장점에서 비자와 마스터카드가 소비자 보호 우위를 점한다고 분석했습니다.

[표 7-8] 비자카드와 마스터카드의 시장 포지셔닝 비교

구분	비자카드	마스터카드
핵심 전략	소비자 접근성, '보이지 않는' 통합	엔터프라이즈 프로그래머빌리티, 신뢰 구축
기술 차별화	선충전 모델로 효율성 극대화	직접 통합으로 유연성 확보
파트너십 규모	20~30개 선별적 파트너	100개 이상의 광범위한 생태계
지역 중점	아프리카·라틴 아메리카	EEMEA·아시아
수익 모델	거래량 중심 소매 수수료	인프라 라이선싱 중심

8장

스테이블코인의 미래 전망

스테이블코인은 매 순간 끊임없이 진화하고 있습니다. 초기에는 암호화폐 시장 내의 단순한 기축통화 역할에 머물렀으나, 이제는 실물 경제의 결제 수단으로까지 그 영역을 비약적으로 확장했습니다. 나아가 달러 패권의 물리적 한계를 넘어, 국경 없는 글로벌 송금의 핵심 파이프라인 역할을 수행하고 있습니다.

블록체인이 21세기 금융의 산업 혁명이라면, 스테이블코인은 그 거대한 기계를 움직이는 필수적인 연료입니다. 단언컨대 스테이블코인의 미래는 곧 금융의 미래입니다. 그 진화의 궤적을 미리 살펴보는 것은, 앞으로 변화할 우리의 경제적 삶을 예견하는 가장 확실한 나침반이 되어 줄 것입니다.

1. SWIFT 글로벌 결제, 송금 표준

그동안의 국가 간 결제는 스위프트(SWIFT, Society for Worldwide Inter bank Financial Telecommunication)에서 담당하였습니다. 전 세계 1만 1,500개 이상의 금융 기관 간의 금융 메시지를 주고받는 표준화된 시스템으로, 오랫동안 국제 송금 시장을 주도해 왔습니다.

SWIFT는 국제 송금 메시징 네트워크로서 실제 자금을 이동시키지 않고 'A 은행이 B 은행에 얼마를 보내라'는 메시지만을 전달하는 시스템입니다. 메시지는 신속하게 전달되지만, 실제 자금 이동은 중계 은행을 거쳐야 하므로 시간이 소요되고(1~3일), 중개 수수료 누적 및 환율·시간차로 인한 비효율이 발생했습니다.

기존 SWIFT 시스템은 처리 지연(수일 소요)과 높은 비용으로 비판받아 왔으며 새로운 금융기술(특히 리플(XRP)과 같은 프로젝트)로부터 도전을 받아 왔습니다. 그러나 2025년 9월 29일 프랑크푸르트 사이보스(Sibos) 컨퍼런스에서 발표된 블록체인 기반 공유 디지털 장부(Shared Digital Ledger) 도입으로 글로벌 송금(국제 송금, remittances)이 실시간으로 변모할 전망입니다. 이는 스테이블코인(USDC, USDT 등)과 CBDC(중앙은행 디지털 화폐)의 부상 그리고 연간 7,000억 달러 규모의 글로벌 송금 시장 압력에 대응한 조치입니다. 스위프트는 블록체인을 경쟁자가 아닌, 자사 네트워크를 고도화할 수 있는 핵심 기술로 수용했습니다.

① SWIFT의 블록체인 활용 목표 및 방식

(1) 배경과 발표 내용

- **발표 시점**: 2025년 9월 29일, Sibos 2025 컨퍼런스에서 SWIFT CEO 하비에르 페레스-타소(Javier Perez-Tasso)가 발표했습니다. 기존 인프라에 블록체인 장부를 추가해 스마트 컨트랙트로 거래를 기록하고 순서를 정하며 검증한 후 스마트 컨트랙트를 통해 규칙을 집행합니다.

- **목표**: 국경 간 송금을 즉시 처리하고 토큰화된 자산(규제된 스테이블코인, RWA-Real World Assets)과 기존 시스템 간 상호 운용성을 강화하는 데 있습니다. 이는 TradFi(전통 금융)와 디파이(탈중앙화 금융)의 브리지 역할을 합니다.

- **참여자**: 30개 이상의 글로벌 은행(예 JPMorganChase, HSBC, Bank of America, Deutsche Bank, First Abu Dhabi Bank(FAB), ANZ, TD Bank Group 등). 컨센시스(ConsenSys, 이더리움 공동 창립자 조셉 루빈의 회사, 메타마스크 개발사)가 프로토타입 개발을 주도합니다.

- **선택 기술**: 리플(XRP) 레저나 헤데라 해시그래프(Hedera Hashgraph) 대신 이더리움 호환성과 확장성을 고려하여 리네아(Linea, 이더리움 레이어 2)를 선택했습니다. 초기에는 실시간 국경 간 결제 지원에 집중합니다.

[표 8-1] 블록체인 통합 후 SWIFT 변화

항목	기존 SWIFT	블록체인 통합 후
송금 메시지	단순 텍스트 형식(MT103 등)	블록체인상 트랜잭션으로 자동 기록
결제 처리	오프체인(중계 은행 필요)	온체인(토큰화 자산으로 직접 결제)
결제 시간	수 시간~3일	수 초~수 분
정산 방식	중개 은행 간 계좌 이동	스마트 컨트랙트 자동 정산
투명성	낮음(비공개)	높음(블록체인 기록 추적 가능)

② 글로벌 송금(국제 송금)에서의 활용

(1) 기존 문제 해결

전통 SWIFT는 은행 운영 시간에 한정되어 지연과 비용(수수료 6%, 세계은행 통계)이 발생합니다. 블록체인 장부는 연중무휴로 운영되어 송금을 즉시 처리하며, 비용을 50% 이상(예상치) 절감할 수 있습니다. 개발도상국 송금(2024년 6,000억 달러 이상)이 주요 타깃으로, 경제 개발을 촉진합니다.

(2) 주요 기능

- **실시간 정산**: 스마트 컨트랙트를 통해 거래를 자동 검증합니다. 예컨대 중동(아랍에미리트, 사우디아라비아)의 석유 무역 및 송금에 적용 시, 중개 은행을 거치며 발생하는 다단계 처리, 시간 지연, 중복 수수료 문제를 해결하고 거래 투명성 확보 및 실시간 정산이 가능합니다.
- **디지털 자산 지원**: 스테이블코인, 토큰화 자산, CBDC와 연동, BBVA(스페인어권 국가를 중심으로 글로벌 금융 서비스를 제공하는 세계적인 대형 은행 그룹)는 B2B 결제, 국제 송금, 자산 정산 용도로 테스트 중입니다.
- **상호 운용성**: 기존 SWIFT 네트워크와 블록체인을 연결하며 ISO 20022 표준(2025~2026 마이그레이션)으로 데이터가 풍부해집니다(발신자 및 수신자 상세 정보, 송금 목적 코드).
- **보안 및 규제**: SWIFT의 기존 규제 준수(AML/KYC)와 블록체인 보안을 결합, 공유 장부로 실시간 감사가 가능합니다.

③ 이점과 영향

(1) 사용자(개인/기업)

수억 달러 규모의 송금 비용 절감 및 즉시 송금으로 금융 포용성이 강화되며,

이민자 송금 등 소액 송금이 더욱 저렴해집니다.

(2) 금융 기관

블록체인 기반 결제를 도입하면서 업무 효율을 높이고 운영 비용을 줄일 수 있습니다. 또한 토큰화를 활용한 무역 금융 등 새로운 비즈니스 모델을 창출할 기회도 열립니다. 특히, ANZ 은행(호주 뉴질랜드 은행)은 이러한 흐름 속에서 국경 간 송금을 빠르고 즉시 처리할 수 있는 핵심 역할을 맡고 있으며 기존 국제 결제망을 디지털 금융 네트워크로 연결하는 중추적인 위치에 있습니다.

- 글로벌 영향: 2030년까지 실시간 송금 표준화
- 경쟁자 비교(Ripple/XRP 등): SWIFT는 신뢰성과 규제 준수를 강조하는 반면, RippleNet(ODL)은 저비용 송금에 강점을 지니고 있습니다. SWIFT의 리네아(Linea) 선택이 XRP에 미치는 단기적 영향은 제한적일 것이나, 장기적으로는 경쟁이 심화될 것으로 보입니다.

④ 진행 상황과 미래 전망

(1) 현재 단계

컨센시스(ConsenSys) 주도로 프로토타입을 개발 중이며 2025년 말부터 북미, 유럽, 아시아 은행이 참여하는 라이브 트라이얼을 진행할 예정입니다. 2026년 마이애미 사이보스(Miami Sibos)에서 업데이트가 있을 것으로 예상됩니다.

(2) SWIFT

블록체인 통합을 통해 중앙은행 디지털 화폐(CBDC), 스테이블코인, 토큰화된 예금 등 다양한 디지털 화폐 및 토큰화 자산과의 호환성 확보를 시도하고 있습니다.

(3) 도전 과제

레거시 시스템 통합 비용과 규제 조율(중앙은행 협력) 등의 어려움이 예상되지만, SWIFT의 네트워크 규모로 빠르게 채택될 전망입니다.

(4) 확장 계획

초기 송금 용도에서 무역 금융, CBDC 상호 연결로 확대될 예정입니다.

[표 8-2] 블록체인 적용 후 SWIFT 기대 효과

항목	설명
속도 향상	기존 1~3일→5~10초 내 결제 가능
비용 절감	중계 은행 제거, 송금 수수료 40~60% 절감 가능
투명성 확보	거래 내역, 수수료, 수취 상태 실시간 조회 가능
보안 강화	거래 데이터 위·변조 불가(블록체인 불변성)
은행 간 신뢰 유지	기존 SWIFT 메시징 프레임워크는 그대로 활용
CBDC 호환성 확보	각국 중앙은행 디지털통화 간의 교차 결제 가능

2. 스테이블코인 신용카드, 최대 캐시백

스테이블코인 사용 카드는 스테이블코인(가격 변동이 적은 안정적인 가상 자산)을 충전하여 일반 신용카드나 체크카드처럼 상점에서 결제할 수 있는 디지털카드를 말합니다. 스테이블코인은 주로 미국 달러(USD)에 일대일로 연동된 USDT(테더)나 USDC(USD 코인) 같은 코인을 기반으로 하며 블록체인 기술을 통해 빠르고 저렴한 결제를 가능하게 합니다. 한국에서도 2025년 기준으로 해외 기반 카드가 도입되어 국내 카드 가맹점(비자카드, 마스터카드 제휴점)에서 사용할 수 있으며 원화 스테이블코인 제도화 논의가 활발합니다.

이 카드는 기존 결제 시스템의 단점(높은 수수료, 정산 1~3일 소요 시간)을 극복하며 실시간 결제와 낮은 수수료를 장점으로 내세웁니다. 특히 해외 송금이나 여행 시 환율 손실 없이 사용 가능해 인기입니다. 다만, 국내에서는 USDT나 USDC에 프리미엄이 붙는 경우가 많아, 원화 결제가 더 유리할 때도 있습니다.

① 주요 특징

(1) 안정성

스테이블코인의 가치가 달러 등 법정화폐에 고정되어 가격 변동 위험이 거의 없습니다(예 USDT 1개 = 1 USD).

(2) 편의성

앱으로 스테이블코인을 충전한 후 QR코드나 카드 터치로 결제하며 별도 신용 심사 없이 보유 자산 한도 내에서 사용 가능합니다.

(3) 글로벌 호환

비자/마스터카드 네트워크(1억 5,000만 개 이상 가맹점) 지원으로 국내외 어디서나 사용 가능합니다.

(4) 환전 자동화

결제 시 스테이블코인이 각 국가의 화폐로 실시간 환전되어 가맹점에 지급됩니다.

(5) 보안

블록체인 기반으로 거래 추적이 가능하나, 탈중앙화 특성상 개인 지갑 관리에 유의해야 합니다.

- 카드 자체는 겉으로 보기엔 평범한 비자카드, 마스터카드와 같은 신용·체크카드이며 전 세계 기존 가맹점에서 그대로 사용 가능합니다.
- 사용자가 결제하면 카드 발급사(또는 카드 프로그램 사)가 사용자의 스테이블코인을 즉시 매도해 법정화폐로 바꾼 후 일반 카드 결제처럼 가맹점에서 정산합니다.
- 결제 승인(auth)은 거의 실시간으로 이루어지지만, 실제 가맹점 정산(settlement)은 기존 카드망처럼 수일 후에 이루어지는 하이브리드 구조입니다.

스테이블코인 카드가 최근 인기를 끄는 이유는 기존 신용카드 대비 다양한 할인 혜택을 제공하고, 일부 웹 3 카드 발급사의 자체 코인 ICO에 대한 기대감도 작용하기 때문입니다. 기존 신용카드 결제는 복잡한 중개자(VAN, PG사 등)를 거치는 반면, 스테이블코인 결제는 소비자 지갑에서 가맹점 지갑으로 자금이 직접 이동하는 방식을 통해 중개 구조를 단순화할 수 있습니다. 일반 신용카드의 해외 결제 시 발생하는 수수료보다 저렴할 수 있다는 장점이 언급됩니다(단, 실제 카드 상품별로 수수료 정책은 상이할 수 있습니다).

스테이블코인 카드가 이렇게 수수료 할인을 해 줄 수 있는 가장 큰 이유는 인터체인지 수수료를 최소화할 수 있기 때문입니다. 신용카드 수수료의 구조는 다음과 같습니다.

고객 → 가맹점 ← 밴(VAN)사 ← 카드사(매입사) ← 카드사(발급사) ← 네트워크 사(비자카드/마스터카드 등)

신용카드 수수료는 크게 3가지로 구성되어 있습니다.

(1) 인터체인지 수수료

카드를 발급해 주는 회사(신용카드사, 은행)이 가져가는 수수료로, 결제 대금 유동성 제공, 신용 리스크를 부담하고 있습니다. 전체 수수료의 약 70%를 차지합니다.

(2) 네트워크 수수료

비자카드나 마스터카드가 가져가는 수수료로, 글로벌/국내 결제 네트워크를 제공합니다. 10% 정도를 수수료로 가져갑니다.

(3) 가맹점 수수료

가맹점 계약 카드사에서 가져가는 수수료입니다. 결제 승인과 가맹점 정산을 담당하고 있으며 Van 사, 카드사 운영 비용이며 전체에서 20% 정도를 차지합니다.

스테이블코인 신용카드는 체크카드나 직불카드와 유사한 시스템으로, 카드 발급사가 유동성이나 신용 리스크를 부담할 필요가 없어 절감된 비용을 고객에게 보상으로 환원하고 있습니다. 일반적인 신용카드사 수수료는 2~4%이지만 스테이블코인 결제의 경우 0~0.3%이고 이들이 시장 확대를 목표로 마케팅 비용을 투입하기 때문에 기본적으로 2% 이상의 수수료 할인을 제공하고 있습니다.

가맹점의 입장에서도 아직은 비자카드와 마스터카드의 결제망을 이용하기 때문에 정산 주기가 일반 신용카드와 비슷하지만, 스테이블코인 직접 결제가 이루어질 경우, 실시간으로 가맹점 코인 지갑에 스테이블코인이 전송됩니다. 현재 대부분의 주요 거래소에서 스테이블코인 신용카드 발급이 가능하며 전문 업체들도 지속적으로 생겨나고 있습니다.

바이낸스, 바이비트, 비트겟, 코인베이스 등에서도 스테이블코인으로 결제 가능한 신용카드 발급이 가능합니다. 다만, 일부 거래소는 한국 거주자를 대상으로는 신용카드 발급이 안 되는 경우도 있습니다. 대부분 캐시백을 지원하며 거래소 등급에 따른 카드 혜택이 다르기 때문에 각각 확인이 필요합니다.

비자카드와 마스터카드는 메타마스크(MetaMask), 크립토닷컴(Crypto.com), OKX, 크라켄(Kraken) 등과 협업하여 수억 장의 카드에서 스테이블코인 결제 및 온·오프 램프(On/Off-Ramp)를 지원하고 있습니다. 또한 USDG, PYUSD, USDC 등 규제된 스테이블코인을 중심으로 네트워크를 확장 중입니다.

2025년 11월 기준, 글로벌 스테이블코인 결제 규모는 연간 9조 달러로 전년 대비 87% 성장하였습니다. 카드 전용 거래량은 연간 약 10억 달러 규모로 예측하고 있습니다. 스테이블코인 카드 시장은 2026년까지 2~3배 성장이 예상되며 세계 각국의 규제 명확화와 함께 더욱 성숙해질 전망입니다.

3. RWA 시장과의 결합

스테이블코인과 RWA(Real World Assets, 실물 자산 토큰화) 시장의 결합은 현재 블록체인 금융 혁신에서 가장 주목받는 분야입니다. 스테이블코인이 RWA 시장에서 핵심적인 교환 매개체이자 유동성 공급원 역할을 하면서 두 시장은 상호 보완적인 성장을 주도하고 있습니다.

스테이블코인은 달러, 금과 같은 안전 자산에 고정된 암호화폐로, 가격 변동성을 최소화합니다. RWA는 부동산, 채권, 원자재 등 실물 자산을 블록체인상에서 토큰화한 것으로, 전통 금융(TradFi)과 탈중앙화 금융(DeFi)을 연결하는 고리 역할을 합니다. 이 둘의 결합은 RWA-backed 스테이블코인 형태로 주로 이루어지며 실물 자산으로 뒷받침된 스테이블코인이 안정성과 수익성을 높여 시장 유동성을 강화합니다.

2025년 10월 기준, 스테이블코인 시가 총액은 3,000억 달러를 넘어서며 연초 대비 약 47% 증가했고 스테이블코인을 제외한 RWA 토큰화 시장은 2022년 이후 3년간 약 380% 성장해 240~300억 달러 수준으로 확대되었습니다. 이는 기관 투자자의 유입과 규제 환경 개선으로 가속화되고 있습니다.

① 스테이블코인이 RWA 시장에서 수행하는 역할

스테이블코인은 RWA 시장의 거래와 정산을 위한 '디지털 현금' 역할을 합니다. 실물 자산이 토큰화되어 블록체인에 올라왔을 때 변동성이 큰 기존 암호화폐 대신 안정적인 가치로 거래할 수 있도록 지원합니다.

(1) 거래 및 결제 수단

토큰화된 RWA(예 토큰화된 부동산 지분, 채권)를 매매할 때 가격 변동 위험 없이 즉시 정산할 수 있는 안정적인 교환 매체를 제공합니다. 투자자가 토큰화된 미국 국채를 구매할 때 USDC나 USDT로 결제하여 달러 가치를 유지하며 거래합니다.

(2) 온체인 유동성 공급

스테이블코인은 블록체인상에 묶여 있는 유동성을 형성하여 RWA 토큰의 거래를 원활하게 만듭니다. 디파이 프로토콜에서 스테이블코인을 담보로 대출을 받아 RWA 토큰에 투자하거나, 반대로 RWA 토큰을 담보로 스테이블코인을 빌릴 수 있습니다.

(3) 전통 금융과 블록체인의 가교

달러 등 법정화폐에 가치가 고정된 스테이블코인은 전통 금융 자산 (RWA)과 블록체인 시스템을 연결하는 가장 효율적인 경로입니다. 전통 자산을 디지털화한 후 스테이블코인을 통해 전 세계 투자자에게 연중무휴 즉시 접근성을 제공합니다.

② RWA가 스테이블코인에 기여하는 방식

RWA는 스테이블코인의 안정성과 매력도를 높이는 주요 담보 자산으로 활용되어 스테이블코인 자체의 진화에 기여합니다.

(1) 담보의 안정성 강화

스테이블코인의 준비금(담보)을 변동성이 큰 암호화폐 대신 규제된 실물 자산으로 구성함으로써 신뢰도를 제고합니다. 미국 국채(T-Bill)를 담보로 발행되는 스테이블코인이나 은행 예금을 담보로 하는 토큰화된 예금 (Tokenized Deposit) 형태의 스테이블코인이 대표적인 사례입니다.

(2) 새로운 수익 기회 제공

RWA 토큰, 특히 토큰화된 국채나 부동산은 실제 이자나 임대 수익을 발생시킵니다. 이를 통해 스테이블코인 보유자에게 수익(Yield)을 제공하는 모델이 등장하고 있습니다. 비들(BUIDL)과 같이 미국 국채를 담보로 발행되어 보유자에게 국채 이자를 분배하는 펀드 토큰이 대표적입니다.

(3) 글로벌 수요 견인

불안정한 자국 통화를 가진 신흥국 국민들이 스테이블코인을 통해 안정적인 달러 기반 자산(RWA)에 간편하게 투자할 수 있게 되면서 스테이블코인의 글로벌 채택이 가속화되고 있습니다.

[표 8-3] 전통 금융과 RWA, 스테이블 결합 구조

기관	프로젝트	설명
J.P Morgan	Onyx Network	채권·MMF 토큰화, 기관 간 실시간 정산
BlackRock	BUIDL Fund	블록체인 기반 T-Bill ETF 토큰화
SWIFT	Blockchain Ledger Integration	토큰화된 자산의 은행 간 결제 테스트
Franklin Templeton	BENJI Token	미국 MMF를 블록체인 위에 발행
Visa Mastercard	Circle과 협업	USDC 기반 국경 간 결제 및 RWA 기반 안정성 강화

③ 결합의 시너지 및 시장 전망

스테이블코인과 RWA의 결합은 다음과 같은 거대한 시너지를 창출하며 금융의 패러다임을 바꾸고 있습니다.

(1) 금융의 민주화

토큰화된 RWA를 스테이블코인으로 거래함으로써 과거 고액 자산가들만 접근 가능했던 프리미엄 부동산, 사모 신용, 국채 등에 전 세계 소액 투자자도 분할 소유를 통해 손쉽게 투자할 수 있게 되었습니다.

(2) 효율성 극대화

블록체인을 통해 중개기관 없이(탈중앙화된 방식으로) 자산의 소유권 이전과 결제가 24시간 실시간으로 이루어지며 거래 비용과 시간을 대폭 절감합니다.

(3) 시장 규모 확대

전문가들은 RWA 시장이 2030년대까지 수십조 달러 규모로 성장할 것으로 예측하며, 스테이블코인이 이 거대한 자금 흐름을 원활하게 하는 핵심 인프라 역할을 수행할 것으로 전망합니다.

④ RWA 담보 스테이블코인

실물 자산(국채, 금, 부동산)을 담보로 USD 페깅을 유지하며 기초 자산의 수익률을 제공합니다.

(1) 기술적 구조

오프체인 자산을 규제된 보관소(예 Paxos 금고)에 보관, 온체인에서 ERC-20/호환 토큰으로 표현, 체인링크 등 오라클을 통한 실시간 가격/가치 검증, Proof-of-Reserve(PoR)로 투명성을 확보합니다.

[표 8-4] RWA 주요 프로젝트

프로젝트	토큰	담보 자산	TVL/시가총액(2025년 10월)	수익률
Ondo Finance	USDY	미국 국채 (BlackRock BUIDL)	12억 5,000만 달러	4~5% APY
OpenEden	USDO	USDO	2억 8,700만 달러	4~5% APY
Mountain Protocol	USDM	단기 국채	~5억 달러(추정)	4~5% APY
Paxos Gold	PAXG	물리적 금(1온스/토큰)	7억 7,000만 달러	금 가격 연동
Tether Gold	XAUT	물리적 금(스위스 금고)	8억 2,000만 달러	금 가격 연동

⑤ RWA 거래를 위한 스테이블코인 유동성

USDC, USDT 등 기존 스테이블코인이 토큰화된 자산 거래의 결제 수단으로 기능하며 디파이 플랫폼에서 즉각적인 정산과 낮은 비용을 제공합니다.

[표 8-5] 주요 스테이블코인 지표 (출처: 온체인 메트릭스, 2025년 9월 28일 ~10월 5일)

스테이블코인	시가총액	주간 거래량	DEX 유동성	주요 체인
USDT	1,770억 달러	68억 달러	4억 5,100만 달러	이더리움 중심
USDC	753억 달러	67억 달러(이더리움), 50억 달러(Base)	329억 달러(이더리움)	멀티체인
USDE	148억 달러	15억 달러(이더리움)	–	이더리움/Base
USDS	79억 달러	1,700만 달러	–	Base

2025년 현재 스테이블코인 시가 총액은 3,000억 달러를 넘어섰고 비스테이블코인 RWA 토큰화 시장은 240~350억 달러 수준으로 성장해 합산 3,300억 달러+규모의 융합 시장을 형성하고 있습니다. 미국의 「지니어스 법」 제정으로 결제형 스테이블코인에 대한 규제 명확성이 높아졌고 EY 설문에 따르면 전 세계 금융 기관·기업의 13%가 이미 스테이블코인을 사용 중이며 비이용자의 54%가 6~12개월 내 도입을 계획하고 있습니다. RWA는 스테이블코인을 안정적이고 수익성 있는 '디지털 채권'으로 진화시키고 있으며, SWIFT, J.P. Morgan, MakerDAO, Circle 등 거대 기관들이 이러한 구조를 실험 중입니다.

(1) 과거: 단순 달러 대체 수단(The Era of Proxy

'거래소 안에서만 쓰이는 카지노 칩'으로, 디지털 환경(특히, CEX, 중앙화 거래소)에서 법정화폐(Fiat)를 대신하여 거래의 편의성을 돕는 도구였습니다.

(2) 현재: 달러+실물 자산 담보(The Era of RWA Backing)

'국채라는 안전판을 단 디지털 달러'로, 스테이블코인의 신뢰성을 높이기 위해 국채(T-bills)와 같은 초우량 RWA 자산을 담보로 잡기 시작했습니다.

(3) 미래: 글로벌 실시간 결제+수익형 금융 자산

'쓰면서 돈도 버는 프로그래머블 머니(Programmable Money)'로, 스테이블코인이 단순한 '돈'을 넘어, 국경 없는 결제망(Payment), 스스로 이자를 버는 투자 상품(Yield)으로 진화합니다.

4. 기기 간 자동 결제(코인베이스 x402)

자율주행 자동차의 시대를 그려 봅니다. 전기차가 스스로 배터리 잔량을 확인하고 가장 가까운 충전소로 이동합니다. 충전소에 도착한 자동차가 충전기와 직접 통신하여 실시간 전기 요금을 조율하고 충전이 완료되면 자신의 디지털 지갑에서 정확히 사용한 만큼의 전기 요금을 스테이블코인으로 자동 지불합니다. 인간 운전자의 개입은 단 한 순간도 필요하지 않습니다.

이는 더 이상 먼 미래의 공상 과학 영화 속 장면이 아닙니다. 사물인터넷(IoT) 기술 발전과 함께 수십억 개의 스마트 기기가 서로 통신하고 거래하는 '기계 경제(Machine-to-Machine Economy)' 시대가 도래했습니다. 이 새로운 경제를 움직이는 핵심 화폐는 단연 스테이블코인입니다.

인터넷 프로토콜(HTTP)이 처음 설계될 당시, 그 안에는 '가치 이전' 기능이 부재했습니다. 정보는 자유롭게 흐를 수 있었지만, 돈이 흐르기 위해서는 늘 은행이나 신용카드사라는 외부의 복잡한 시스템에 의존해야 했습니다. 초기 HTTP 표준에는 '402 Payment Required(결제 필요)'라는 상태 코드가 미래를 위해 예약되어 있기는 했습니다. 그러나 인터넷 프로토콜 자체에 결제 기능이 내장되는 미래를 예견한 이 표준은 수십 년간 잠들어 있었습니다. 이제 코인베이스와 같은 기업들은 'x402'라는 새로운 프로토콜 제안을 통해 이 잠자고 있던 비전을 깨우고 있습니다. 기계들이 서로를 인식하고 서비스에 대한 비용을 협상하며 스테이블코인으로 즉시 결제하는 자동화된 경제의 서막이 오르고 있는 것입니다.

'x402' 프로토콜의 개념은 간단하면서도 강력합니다. 기계(클라이언트)가 다른 기계(서버)의 유료 API나 데이터에 접근을 요청하면 서버는 '콘텐츠를 제공하기 전에 402 결제가 필요하다.'라는 응답과 함께 결제에 필요한 정보(금액, 스테이블코인 종류, 지갑 주소 등)를 보냅니다. 그러면 클라이언트는 이 정보를 바탕으로 자신의 지갑에서 자동으로 소액의 스테이블코인을 지불하고 결제가 확인되면 즉시 원하는 데이터나 서비스를 제공받습니다. 이는 인간의 개입, 로그인, 신용카드 정보 입력, 구독 계약 등과 같은 기존의 각종 마찰을 제거합니다. 마치 기계들을 위한 자판기처럼 필요한 만큼의 돈을 넣으면 즉시 원하는 서비스를 얻는 방식입니다.

이러한 기기 간(Machine-to-Machine, M2M) 자동 결제 시스템에 스테이블코인이 최적의 화폐인 이유는 명확합니다. 첫째, '마이크로 결제(Micropayments)'가 가능합니다. 기계 경제에서는 API 호출 1건당 0.1원, 센서 데이터 1건당 0.01원과 같은 극소액 결제가 빈번히 발생합니다. 신용카드 시스템으로는 막대한 수수료 때문에 처리 자체가 불가능하지만 스테이블코인은 소수점 아래까지 나눌 수 있고 거래 수수료가 매우 저렴하여 이러한 초소액 결제에 대응할 수 있습니다.

둘째, '프로그래밍 가능성' 때문입니다. 스마트 컨트랙트를 통해 'A 조건이 충족되면 B에게 C만큼의 스테이블코인을 지불하라.'와 같은 복잡한 계약 조건을 자동 실행할 수 있습니다. 예를 들어, 물류 운송 중인 스마트 컨테이너가 특정 항구에 도착하면 통행료를 자동으로 지불하고 온도가 적정 범위 내로 유지되었다는 것이 센서를 통해 확인되면 운송료 잔금을 지불하는 식입니다.

셋째, '즉각적인 정산과 개방성'입니다. 기계 간의 상호 작용은 실시간으로 이루어져야 하므로 며칠씩 걸리는 은행 정산 시스템은 사용할 수 없습니다. 스테이블코인 거래는 몇 초 안에 블록체인 위에서 완결되며 이는 기계들이 중단 없이 연속적으로 상호 작용할 수 있게 해 줍니다. 또한 퍼블릭 블록체인은 특정 기업이나 국가에 종속되지 않는 개방형 네트워크이므로 제조사가 다른 수십억 개의 기기들이 별도의 허가나 복잡한 계약 없이도 서로 자유롭게 거래할 수 있는 공통의 금융 인프라의 역할을 합니다.

이러한 기계 경제의 비전은 이미 다양한 분야에서 테스트되고 있습니다. 앞서 언급한 자율주행차의 자동 충전 및 결제 시스템은 여러 기업이 블록체인 기반으로 개발하고 있는 대표적인 사례입니다. 스마트폰이나 가전제품이 통신망을 사용한 만큼 통신사에 자동으로 요금을 지불하고 공유 스쿠터나 드론이 사용 시간만큼의 요금을 사용자의 기기에서 자동으로 인출하는 등의 모델도 활발히 연구되고 있습니다. 코인베이스와 클라우드플레어(Cloudflare)가 'x402 재단'을 설립하여 개방형 표준을 제정하려는 움직임은, 기계 경제가 폐쇄적인 생태계를 넘어 인터넷의 기본 프로토콜로 자리 잡게 하려는 거대한 흐름의 서막을 알리고 있습니다. 즉, 스테이블코인은 사람과 사람 사이의 경제를 넘어 사람과 기계 그리고 기계와 기계가 소통하는 새로운 차원의 경제를 움직이는 보편적인 언어이자 혈액이 될 것입니다.

왜 기존 신용카드 시스템은 기계 경제에 적합하지 않은가요?

몇 가지 근본적인 한계 때문입니다. 첫째, '비용' 문제입니다. 신용카드는 건당 고정 수수료와 정률 수수료가 발생하여 1원 미만의 초소액 결제를 처리하기에는 너무 비쌉니다. 둘째, '속도' 문제입니다. 카드 결제는 승인과 별개로 실제 정산까지 며칠이 걸리므로 기계 간의 실시간 상호 작용에 부적합합니다. 셋째, '인증' 문제입니다. 카드 결제는 카드 소유주(인간)의 인증을 전제로 설계되었기 때문에 독립적인 경제 주체로서의 기계가 스스로 결제하기 위한 표준화된 방법이 아직까지는 없습니다.

코인베이스의 'x402'와 같은 프로토콜이 표준이 되면 어떤 변화가 일어날까요?

인터넷 콘텐츠와 서비스의 수익 모델이 근본적으로 바뀔 수 있습니다. 현재의 광고 기반 모델이나 월간 구독 모델 대신, 콘텐츠나 서비스를 이용하는 만큼만 실시간으로 지불하는 '종량제(Pay-per-use)' 모델이 보편화될 수 있습니다. 예를 들어, 뉴스 기사 한 편을 읽는 데 10원, 음악을 1분 스트리밍하는 데 1원, AI 번역 API를 한 번 호출하는 데 0.5원을 지불하는 식입니다. 이는 사용자가 불필요한 비용을 줄이고 창작자와 개발자는 자신의 콘텐츠로 직접적인 소액 수익을 지속적으로 창출하는 새로운 경제를 열 수 있습니다.

기계가 스스로 돈을 쓴다면 해킹당했을 때 위험하지 않나요?

매우 중요한 문제이며 강력한 보안이 필수적입니다. 기계의 디지털 지갑에는 사용할 수 있는 금액에 한도를 설정하고 특정 유형의 거래만 허용하도록 프로그래밍하는 것이 기본 보안 조치가 될 것입니다. 예를 들어, 자율주행차의 지갑에는 '하루 최대 5만 원, 오직 검증된 충전소에만 지불 가능'과 같은 규칙을 설정할 수 있습니다. 또한 기기 간 통신은 블록체인의 분산 신원 증명(DID) 기술을 통해 암호화되고 거래 기록은 위·변조가 불가능한 블록체인에 기록되어 보안성을 높이게 됩니다.

5. AI와 스테이블코인 결합-구글 A2A/AP2 프로토콜

AI 에이전트(autonomous AI agents)는 사용자의 지시 없이 복잡한 작업을 수행하는 지능형 소프트웨어로, 최근 블록체인과 결합되며 금융 혁신을 주도하고 있습니다. 스테이블코인은 달러 같은 법정화폐에 가치가 고정된 안정적인 암호화폐로, AI 에이전트의 거래를 지원하는 핵심 인프라로 부상하고 있습니다. 이 둘의 결합은 '에이전트 경제'를 탄생시키며 자율적 지불, 유동성 최적화, 글로벌 상거래를 가능하게 합니다. 2025년 현재, 구글, 코인베이스, 페이팔 등 주요 기업이 이 분야에 투자하며 생태계를 확대하고 있습니다.

① 왜 AI 에이전트가 스테이블코인을 필요로 하는가?

AI 에이전트는 실시간 의사 결정과 거래를 수행하지만, 전통 금융 시스템의 지연, 높은 수수료, 변동성 등이 이를 저해합니다. 스테이블코인은 다음과 같은 이유로 이상적인 솔루션입니다.

(1) 안정성

비트코인 같은 암호화폐의 20% 일일 변동성과 달리, 스테이블코인은 달러 가치(예 USDC, USDT)를 유지해 예산 관리와 계약 이행을 예측 가능하게 합니다.

(2) 속도와 효율성

블록체인상에서 즉시 결제(분 단위)와 낮은 수수료로, AI가 쇼핑, 투자, 데이터 구매를 자율적으로 처리할 수 있습니다.

(3) 프로그래머블성

스마트 컨트랙트를 통해 예산 제한, 지출 한도, 자동 재조정을 프로그래밍할 수 있어, 인간 감독 없이 안전한 거래가 가능합니다.

(4) 글로벌 접근성

은행 승인 없이 즉시 온보딩되며 국경을 초월한 거래를 지원합니다.

이러한 특성은 AI 에이전트가 '암호화폐가 든 작은 지갑(purses filled with crypto)'을 들고 자율적으로 활동할 수 있게 하며, 코인베이스 CEO 브라이언 암스트롱의 비전처럼 일상 거래를 혁신할 것입니다.

② 구글 A2A 프로토콜

오늘날 스마트폰에 설치된 수많은 앱은 저마다 다른 언어를 사용하는 고립된 섬과 같습니다. A라는 게임 앱에서 얻은 재화는 B라는 쇼핑 앱에서 쓸 수 없고 C라는 콘텐츠 앱의 구독료를 내기 위해서는 애플이나 구글이 정해 놓은 비싼 통행료(수수료)를 내야만 합니다. 이처럼 오늘날의 디지털 경제는 앱과 플랫폼이라는 '폐쇄된 정원(Walled Garden)'에 갇혀 가치의 자유로운 이동이 차단된 파편화된 세상입니다.

만약, 이 모든 앱과 서비스를 하나로 연결하는 보편적 가치 전송 프로토콜이 있다면 어떨까요? 이 거대한 비전을 향해 웹 2.0 시대의 거인 구글(Google)이 조용히 움직이고 있습니다. 전통적인 금융에서 계좌 대 계좌(Account-to-Account) 이체를 의미했던 'A2A'의 개념을 블록체인과 스테이블코인 위에서 '앱 대 앱(App-to-App)'으로 재해석하려는 시도입니다. 이는 구글이 자사의 플랫폼(안드로이드, 구글 페이)을 활용하여 특정 앱이나 서비스에 종속되지 않는 개방형 결제 레이어를 구축하려는 거대한 전략의 일환입니다. 스테이블코인을 혈액으로 삼는 구글의 A2A 프로토콜은 앱 경제의 낡은 규칙을 재정립하고 디지털 상거래의 미래를 재정의할 잠재력을 지니고 있습니다.

오늘날 앱 경제의 결제 구조는 애플이나 구글과 같은 플랫폼 사업자에 의해 철저히 통제됩니다. 개발자들은 인앱(In-app) 결제를 위해 반드시 이들의 빌링 시스템을 사용해야 하며 매출의 15~30%에 달하는 막대한 수수료를 지불해야 합니다. 이는 개발자의 수익성을 악화시키고 혁신을 저해하며 소비자의 지출을 늘립니다. 또한 사용자가 특정 게임에서 구매한 아이템이나 충전한 캐시는 다른 어떤 서비스에서도 사용할 수 없는 '죽은 돈'이 되어 플랫폼 안에 갇히게 됩니다.

이러한 문제를 해결하기 위한 시도가 기존의 은행 시스템에서도 있었습니다. 신용카드사를 거치지 않고 계좌에서 계좌로 직접 돈을 보내는 전통적인 'A2A 결제'(실시간 계좌 이체 등)를 육성하려는 움직임이었습니다. 이는 카드 수수료를 절감하는 효과가 있지만, 여전히 국가별 은행 시스템에 종속되어 있고 24시간 실시간 글로벌 결제가 불가능하며 프로그래밍이 어렵다는 한계를 지닙니다. 구글이 구상하는 새로운 A2A 프로토콜은 바로 이 지점에서 출발합니다. 은행 계좌 대신 블록체인 위의 디지털 지갑을, 국가별 법정화폐 대신 전 세계적으로 통용되는 스테이블코인을 사용하여 진정으로 경계 없고 프로그래밍 가능한 A2A 결제 인프라를 구축하려는 것입니다.

블록체인 기반의 A2A 프로토콜이 구현하려는 미래는 선명합니다. 사용자의 구글 페이 지갑은 더 이상 신용카드 정보의 저장소가 아닌, USDC와 같은 스테이블코인을 보관하는 비수탁형(Non-custodial) 암호화폐 지갑이 됩니다. 사용자가 A2A 프로토콜을 지원하는 쇼핑 앱에서 물건을 구매하면 '구글 플레이 결제' 팝업 대신 'A2A 결제' 옵션이 나타납니다. 사용자가 이를 승인하면 구글 페이 지갑은 판매자의 지갑으로 직접 스테이블코인을 전송하는 트랜잭션을 생성하여 블록체인에 기록합니다. 이 모든 과정은 수초 내에 완료되며, 30%의 중개 수수료를 징수하는 앱스토어나 2~3%의 수수료를 요구하는 신용카드 사는 존재하지 않습니다.

구글이 이러한 개방형 프로토콜을 주도하려는 데는 뚜렷한 동기가 있습니다. 첫째, 애플 앱스토어의 폐쇄적인 결제 정책에 대항하여 개발자들에게 더 낮은 수수료와 높은 자율성을 제공함으로써 안드로이드 생태계의 매력도를 높일 수 있습니다. 둘째, 비자나 마스터카드 같은 기존 결제 네트워크에 대한 의존도를 줄이고 미래 디지털 결제 시장의 새로운 표준을 선점할 수 있습니다. 셋째, 단순한 '통행료 징수원(Gatekeeper)'에서 벗어나 개방형 프로토콜 위에서 신원 인증, 보안, 데이터 분석 등 다양한 부가 서비스를 제공하는 '인프라 제공자(Enabler)'로 진화할 가능성을 제시합니다. 이는 개발자에게는 수익성 증대와 고객과의 직접적인 관계 형성을, 사용자에게는 낮은 비용과 자산의 자유로운 이동성을 보장하는 앱 경제의 근본적인 구조 변화를 의미합니다.

구글의 A2A 프로토콜이 기존 간편 결제(⑩ 카카오페이)와 다른 점은 무엇인가요?

기반 인프라와 지향점이 다릅니다. 카카오페이와 같은 간편 결제는 기존의 신용카드나 은행 계좌를 '편리하게' 연결해 주는 '인터페이스'에 가깝습니다. 여전히 그 아래에는 낡은 금융망이 작동하고 있으며 국가별로 서비스가 파편화되어 있습니다. 반면, 구글이 구상하는 블록체인 기반 A2A 프로토콜은 아예 새로운 '결제 인프라(레일)'를 만드는 것입니다. 이는 특정 국가나 은행에 종속되지 않는 글로벌 표준을 지향하며 스테이블코인을 통해 전 세계 모든 앱과 사용자를 직접 연결하는 것을 목표로 합니다.

구글이 왜 수수료를 포기하면서까지 이런 개방형 프로토콜을 만들려고 하나요?

단기적인 수수료 수익보다 더 큰 장기적 이익을 보기 때문입니다. 구글은 애플과 달리, 하드웨어(아이폰)가 아닌 소프트웨어(안드로이드, 검색)가 핵심 경쟁력인 회사입니다. 만약, 미래의 인터넷이 폐쇄적인 앱 생태계를 벗어나 개방된 웹 3(Web 3)로 이동한다면 그곳에서 새로운 표준을 선점하는 것이 중요합니다. 구글은 수수료를 포기하는 대신, 새로운 개방형 결제 프로토콜의 '인프라 제공자'가 되어 신원 인증, 광고 클라우드 서비스 등 자사의 핵심 역량과 연계된 새로운 수익 모델을 창출하려는 더 큰 그림을 그리고 있는 것입니다.

'비수탁형 지갑'이 왜 중요한 개념인가요?

자산에 대한 '진정한 소유권'을 의미하기 때문입니다. 현재 우리가 사용하는 은행 앱이나 증권 앱의 돈은 사실상 은행이나 증권사가 관리해 주는 것입니다(수탁형). 하지만 비수탁형 지갑은 사용자가 직접 개인 키를 관리하여 제3자의 개입 없이 온전히 자신의 자산을 통제할 수 있습니다. 구글 페이가 비수탁형 지갑으로 진화한다는 것은 구글조차 사용자의 자금에 접근하거나 동결할 수 없다는 것을 의미하며 이는 사용자가 자신의 디지털 자산에 대한 완전한 주권을 갖게 되는 웹 3.0의 핵심 철학과 맞닿아 있습니다.

③ 구글 AP2 프로토콜

구글 클라우드(Google Cloud)가 2025년 9월 16일(현지 시간) 공식 발표한 에이전트 결제 프로토콜(Agent Payments Protocol, AP2)은 인공지능(AI) 에이전트가 사용자를 대신해 결제를 안전하고 자동으로 수행할 수 있도록 설계된 개방형 표준 프로토콜입니다. 이는 기존의 구글 A2A가 제시했던 AI가 단순한 정보 검색이나 추천했던 기능을 넘어 실제 상거래(쇼핑, 예약, 송금 등)에서 결제까지 독립적으로 처리할 수 있는 기반을 마련합니다. AP2는 기존의 에이전트-투-에이전트(A2A) 프로토콜과 모델 컨텍스트 프로토콜(MCP)을 확장한 형태로, 보안 문제를 보완하며 다양한 결제 수단을 지원합니다. AP2는 다음 3가지 오픈 표준 위에 구축됩니다.

(1) A2A(Agent-to-Agent)

'AI끼리의 B2B 거래'로, 사람이 개입하지 않고 AI 에이전트와 또 다른 AI 에이전트가 직접 소통하고 협력하는 방식입니다.

(2) MCP(Model Context Protocol)

'AI를 위한 유니버설 어댑터'로, AI 모델이 외부 데이터나 도구(시스템)와 연결될 때 사용하는 표준화된 통신 규약입니다.

(3) W3C Verifiable Credentials(VCs)

'AI를 위한 유니버설 어댑터'로, AI 모델이 외부 데이터나 도구(시스템)와 연결될 때 사용하는 표준화된 통신 규약입니다.

기존 A2A가 에이전트 간 '대화하고 협업하는 언어'라면, AP2는 이를 발전시켜 에이전트가 '자금을 주고받을 때 사용하는 안전한 결제 언어'라 할 수 있습니다. 다시 말해 A2A는 에이전트 간 대화를 통해 협상하는 단계라면, AP2는 협상 후 실제로 자금을 주고받으며 거래를 체결하는 단계입니다.

최근 AI 에이전트(예 여행 플래너, 쇼핑 어시스턴트)가 사용자 대신 행동하는 사례가 증가하고 있지만, 결제 과정에서 개인정보 유출, 명의 도용 등의 보안 위험이 컸습니다. 기존 MCP는 API 권한이 넓어 악용 가능성이 높았습니다.

AP2는 AI 에이전트와 판매자(가맹점), 결제 제공자 간의 신뢰 기반 거래를 위한 '공통 언어'를 제공합니다. 이를 통해 AI가 "70만 원 이하로 항공권과 호텔 예약해 줘." 같은 복잡한 지시를 안전하게 실행할 수 있게 합니다.

지원 결제 수단으로는 신용/체크카드, 실시간 은행 이체(계좌 이체), 스테이블코인, 암호화폐 등 모든 유형의 결제를 포괄합니다. 그중에서도 글로벌하게는 스테이블코인 결제가 상당 부분을 차지할 것으로 예상하고 있습니다. 개방형 결제 표준을 지향하며 표준화 기구와 업계 파트너와의 협력을 통해 웹 표준인 HTTP 402(결제 요청)를 재해석한 x402 확장 프로토콜을 도입, 에이전트·앱·서비스 간 실시간 스테이블코인 결제를 지원하는 것을 목표로 합니다.

AP2는 AI 기반 상거래(Agent Commerce) 시대를 열어, 사용자 맞춤형 프로모션, 동시 예약, 자동 구매 등의 시나리오를 가능하게 합니다. 예를 들어, AI가 실시간으로 가격 비교 후 최적 결제를 처리할 수 있습니다. 핀테크와 글로벌 결제 시스템의 혁신을 촉진할 전망하고 있습니다. 구글은 AP2를 오픈소스로 공개하고 커뮤니티 참여를 장려하며 지속 발전시킬 예정입니다. 웹 3 생태계 통합으로 암호화폐 결제가 본격화될 가능성이 큽니다.

[표 8-6] 구글 A2A와 AP2의 차이점

구분	A2A(Agent-to-Agent Protocol)	AP2(Agent Payments Protocol)
정식 명칭	Agent-to-Agent Protocol	Agent-to-Agent Protocol
발표 시기	2024 년 하반기	2025 년 9 월
개발 주체	Google(Open Interop Team)	Google + 파트너 결제 네트워크
핵심 목적	에이전트 간 협업·작업 위임 표준화	에이전트 기반 결제의 신뢰·인증 표준화
대상 문제	여러 AI 에이전트가 서로 다른 환경에서 통신 불가→상호 운용 문제	AI 에이전트가 사람 대신 결제 시 인증·책임·위임 불명확 문제
기능 중심	• 에이전트 검색(Discovery) • Task 전달 및 실행 • 상태/결과(Artifact) 교환	• 결제 위임(Mandate) 서명 • 사용자 인증 및 승인 추적 • 결제 네트워크 통합
핵심 구조	• Agent Card(에이전트 정보 메타데이터) • Task/Message/Artifact-JSON-RPC over HTTP/SSE	• Intent Mandate/Cart Mandate/Payment Mandate-암호서명 기반 권한 위임-Payment Gateway API 연동
기반 기술	JSON-RPC, HTTPS, OAuth, Server-Sent Events	PKI 서명, OAuth2 확장, Payment Network APIs(Visa, Mastercard, RTP, Stablecoin 등)
보안 초점	인증 및 안전한 에이전트간 통신	거래 진위·위임·책임 추적(3A:Authorization/Authe nticity/Accountability)
생태계 파트너	OpenAI, Anthropic, Hugging Face, LangChain 등(AI 프레임워크)	Stripe, Visa, PayPal, Coinbase, Circle 등(결제 네트워크)
적용 영역	멀티-에이전트 협업, 자동화 워크플로우	에이전트 상거래, 자동결제, 구독·구매 자동화
관계	'대화' 계층(Communication Layer)	'경제 활동' 계층(Transaction Layer)
비유하자면	메신저 프로토콜(에이전트들이 대화함)	결제 프로토콜(대화 후 실제 돈이 오감)

6. 기관 투자자 스테이블코인 투자 전망

글로벌 스테이블코인 시장은 3,000억 달러 규모로 연초 대비 47% 성장했습니다. 기관 투자자의 13~15%가 현재 사용 중이며, 54%는 6~12개월 내 도입할 계획입니다.

미국 지니어스 법(2025년 7월 시행) 등 규제 명확화로 제도권 자금이 급유입되고 있으며 J.P. 모건은 2028년 5,000~7,500억 달러, 맥킨지(McKinsey) 2조 달러, 씨티(Citi)는 낙관적인 시나리오로 4조 달러 규모를 전망합니다.

① 기관 투자자의 스테이블코인 '직접 투자' 전망

스테이블코인 자체를 직접 보유하는 것은 기관 포트폴리오에서 다음과 같은 핵심 역할을 수행합니다.

(1) 유동성 및 안전 자산 확보(디지털 머니 마켓)

- **디지털 현금 역할**: 스테이블코인은 블록체인 생태계 내에서 변동성 없이 가치를 저장하는 가장 효율적인 수단입니다. 기관은 암호화폐 시장에서 기회를 포착하거나 위험을 헤지할 때 신속한 시장 진입/퇴출을 위해 스테이블코인을 '디지털 현금'으로 보유합니다.
- **단기 자금 운용의 효율화**: 일부 스테이블코인(특히 USDC 등)은 준비금으로 미국 단기 국채(T-Bills)를 활용합니다. 이를 통해 스테이블코인을 보유하는 것만으로 미국 국채의 안정적인 이자 수익을 온체인에서 간접적으로 얻는 효과를 기대할 수 있습니다. 이는 전통적인 머니 마켓 펀드(MMF)를 대체하거나 보완하는 디지털 머니 마켓의 핵심이 됩니다.

(2) 수익 창출 기회

- **저위험 이자 농사**: 기관들은 규제 준수형 디파이 플랫폼에서 스테이블코인을 예치하고 이자 수익(Yield)을 얻는 전략을 활용합니다. 이는 저금리 환경에서 전통 금융 상품 대비 상대적으로 높은 수익률을 추구하는 방식이 될 수 있습니다.
- **신뢰도 높은 담보형 선호**: 테라(UST) 사태 이후 기관 투자자는 알고리즘형 대신 법정화폐 담보형 또는 실물 자산 담보형(RWA 기반) 등 준비금 투명성과 안정성이 검증된 스테이블코인에만 투자하는 보수적인 접근을 취하고 있습니다.

② 스테이블코인 '인프라 활용'을 통한 간접 투자

스테이블코인의 가장 큰 가치는 대규모 기관 거래의 효율성을 높이는 인프라 역할에 있습니다. 기관들은 스테이블코인 자체에 투자하는 것 외에도 이를 활용하여 RWA 시장에 간접적으로 투자합니다.

(1) 토큰화된 RWA 시장의 핵심 매개체

- **토큰화 국채 시장 확대**: 블랙록의 비들과 같이 기관들은 토큰화된 미국 국채 펀드를 발행하여 블록체인상에서 유통합니다. 투자자들은 스테이블코인을 사용하여 이러한 토큰화된 RWA를 즉시 구매하고 그 대가로 국채 이자 수익을 온체인으로 받습니다. 스테이블코인은 이 시장의 결제 및 정산의 핵심 매개체입니다.
- **부동산 및 사모 신용 토큰화**: 토큰화된 부동산 지분이나 사모 신용 등 다양한 RWA를 거래할 때 스테이블코인은 연중무휴 실시간 결제를 보장하여 거래의 효율성을 극대화합니다.

(2) 토큰화 예금의 활용

- **은행의 기관용 스테이블코인**: J.P. 모건의 JPM 코인(JPM Coin)과 같이 대형 상업 은행들은 블록체인 기반의 토큰화 예금(Tokenized Deposits)을 자체 발행하여, 기관 고객 간 결제 및 외환 거래에 활용하고 있습니다. 이는 스테이블코인의 규제 리스크를 줄이고 기존 금융 시스템의 안전망(예금자 보호 등)을 그대로 유지하면서 블록체인의 효율성을 가져옵니다.

- **국경 간 결제 혁신**: 스테이블코인 인프라는 고비용의 기존 국제 송금 및 결제 시스템을 대체하여 더 빠르고 저렴한 기관 간 거래를 가능하게 합니다.

[표 8-7] 기관 투자자 채택율(2025년 3분기)

지표	수치	출처
현재 사용률(금융 기관)	13~15%	EY(n=350), Morgan Stanley
6~12개월 내 도입 계획	54~57%	EY, Fidelity Digital Assets
10% 이상 비용 절감 보고	41%	EY(현재 사용자 중)
크로스보더 결제 활용 비중	70%	EY
2025년 디지털 자산 투자 확대 계획	83%	EY(기관 투자자)

(출처: EY-Parthenon/Morgan Stanley 조사 결과)

③ 주요 기관 투자자 전략 및 참여 현황

(1) 은행 발행 스테이블코인

- **J.P. Morgan Chase-JPM Coin(현 JPMD)**

- 규모: 일일 20억 달러 결제 처리, 누적 1.5조 달러 거래량(2019년 출시 이후)

- 특징: 기관 전용 예금 토큰(공개 스테이블코인 아님), 허가형 블록체인(Onyx)으로 운영합니다.

- 용도: 연중무휴 크로스보더(해외 입출금) 송금·정산, 수 일→수 초로 단축됩니다.

- 확장: 2025년 6월 베이스(Base) 블록체인 파일럿, 뱅크 오브 아메리카
  (BoFA)/씨티(Citi)/웰스파고(Wells Fargo)와 '디지털 달러' 컨소시엄을 논의하
  였습니다.
- 전략: Kinexys키넥시스(Kinexys: Onyx by J.P. Morgan 이 2024년에 리브랜딩한
  블록체인 사업부) 플랫폼 통해 프로그래머블 결제 재무를 최적화합니다.

• 웰스파고-Digital Cash

- 토큰화 예금 파일럿 진행(도매 CBDC 상호 운용성·내부 이전 초점)
- 2025년 본격 출시 미정, 규제 준수를 우선시합니다.

(2) 자산 운용사 토큰화 MMF

• BlackRock-BUIDL 펀드

- 운용 자산: 6억 달러(2주 간 유입), 총 10~20억 달러(2025년 10월, 출시 이후
  800% 성장)
- 수익률: 연 4~5% APY(미국 국채/repo 담보), 일일 배당금을 지급합니다.
- 분포: 이더리움 중심(다수 점유), 7개 체인으로 확장하였습니다(Polygon,
  Avalanche, Aptos 등).
- 성과: 9월 2주간 6억 달러 유입, 2025년 3월 출시 이후 총 7,800만 달러 배
  당금 분배
- 통합: 프랙스 파이낸스(Frax Finance)와의 파트너십을 통해 USDtb 준비금
  13억 달러를 투입했습니다.

• Fidelity-FDIT

- 운용 자산: 2억 달러(2025년 9월 출시)
- 온도 파이낸스 파트너십, 이더리움 기반 미국 국채 담보
- 70억 달러 토큰화 MMF 시장 진입(Franklin Templeton 등과 경쟁)

• 골드만삭스(Goldman Sachs)+BNY Mellon

- 2025년 7월 Goldman 프라이빗 블록체인 토큰화 MMF 출시

- 연중무휴 소유권 기록 기관 고객 대상

(3) 결제 프로세서 통합

- **PayPal-PYUSD**

- **시가 총액**: 25억 4,000만 달러(2025년 10월, YTD 100% 성장, 7위 스테이블코인)

- **거래량**: 총 600억 달러 이체, 일일 최고 20억 달러(2025년 9월 26일)

- **확장**: 9개 블록체인(Arbitrum, Tron, Avalanche, Sei, Stellar 등)

- **수익률**: 3.7% APY 제공, 가맹점 결제 및 'PayFi' 운전 자본을 지원합니다.

- **분기 실적**: 3분기 유입 14억 달러, 일 거래량 9,000만~1억 달러

- **Visa**

- **발표**: 2025년 9월 30일(SIBOS), 비자 다이렉트(Visa Direct)를 통한 스테이블 코인 선불 파일럿 프로그램 발표

- **메커니즘**: 기업이 스테이블코인(예 USDC) 선불→즉시 법정화폐 전환·정산을 해 줍니다.

- **목표**: 42조 달러 크로스보더 시장 현대화, 유동성 묶임을 감소시킵니다.

- **출시**: 2026년 4월 본격화, Circle USDC와 파트너십을 맺었습니다.

- **Stripe**

- **인수**: Bridge 11억 달러 인수(2025년 초), 스테이블코인 발행 기술 확보

- **출시**: Open Issuance(2025년 9월)-API 통해 커스텀 스테이블코인 발행(최소 코딩)하였습니다.

- **규모**: Polygon/Ethereum에서 월 1억 달러+USDC 처리

- **전략**: e-커머스 재무·결제 지원, 3,000억 달러 스테이블코인 시장이 2028년 2조 달러 달성을 전망하고 있습니다.

기관	베이스 시나리오	낙관 시나리오	전망 시점	핵심 근거
씨티	$1.9T(2030)	$4.0T(2030)	2025년 9월	20% 크립토 성장 +2.5% 예금 대체 vs. 30%+5%
JP모건	$500-750B(2028)	–	2025년 9월	보수적, 인프라 초기 단계 강조
맥킨지	$400B (2025 말)→$2T(2028)	–	2025년	일 $250B 거래량 달성, 카드망 초과
골드만삭스	$2T(2028)	–	2025년 8월	지니어스 법 입법 지원 시 USDC $77B(2027)
스탠다드 차타드	$2T(2028 말)	–	2025년 4월	10배 성장, 국채 수요 $1.6T 증가

7. CBDC와 경쟁 협력 구도

2025년 10월 기준, 스테이블코인 시가총액은 3,020억 달러를 돌파하며 역대 최고치를 기록한 반면, 137개 국(전 세계 GDP의 98%)이 CBDC를 탐색 중이나 실질 채택은 제한적입니다. 미국은 지니어스 법으로 스테이블코인을 지원하며 달러 패권 강화 전략을, EU는 디지털 유로와 MiCA 규제로 주권 통화 방어 노선을, 중국은 e-CNY와 위안화 스테이블코인 병행으로 다극화 체제 추구를 각각 선택했습니다.

경쟁 영역(결제·송금·저축)에서는 스테이블코인이 속도와 비용 우위로 연 27.6조 달러 거래량을 처리하며 앞서가고 CBDC는 통화 주권과 정책 전달 력으로 대응합니다. 협력 측면에서는 합성 CBDC 모델, mBridge 같은 상호 운용성 프레임워크, 공공-민간 파트너십(Project Acacia 등) 등이 공존 경로를 제시하며 규제 조화(지니어스 법)가 진행 중입니다.

[표 8-9] 스테이블코인과 CBDC 구조 비교

구분	스테이블코인	CBDC
발행 주체	민간 기업 또는 기관	중앙은행(국가)
법적 지위	가상 자산(암호화폐), 법정 통화 아님	법정 통화와 같은 지위(나라마다 상이)
주요 목적	암호화폐 시장의 변동성 해소, 디파이 및 국경 간 결제 혁신	통화 주권 및 금융 안정 유지, 결제 시스템 효율화
신뢰 기반	발행 주체의 담보 자산 투명성 및 규제 준수	중앙은행의 공공 신뢰 및 국가의 법적 보장
익명성/ 추적성	퍼블릭 블록체인 사용 시 상대적으로 익명성 보장(KYC 등 규제에 따라 다름)	중앙 집중식 감시 체계로 모든 거래 기록 추적 가능

CBDC는 134개 국이 탐색·개발·파일럿·출시 단계에 있으며 11~16개국이 정식 출시했지만, 채택률은 저조합니다(예 나이지리아 e-Naira 1,000만 사용자 중국 e-CNY는 누적 7.3조 위안 거래에도 결제의 0.1%에 불과). 현재 49~53개국이 파일럿을 진행 중입니다. 인도의 e-루피(e-Rupee)는 1억 2,200만 달러가 유통되며 334% 성장했고 브라질의 DREX는 3단계 PoC를 진행하고 있습니다. 한편 주요국은 속도를 조절하고 있는데, ECB는 디지털 유로 준비 단계를 2025년 10월 종료하고 2028~2029년 출시를 목표로 하며 미국은 소매 CBDC를 중단하고 도매용 연구에 집중하고 있습니다. 글로벌 CBDC 거래액은 2025년 2,130억 달러 예측(2023년 1,000억 달러에서 증가)이지만, 스테이블코인 일일 거래량(300억 달러)에는 크게 미치지 못합니다.

[표 8-10] 스테이블코인과 CBDC 시장 크기 비교

지표	스테이블코인	CBDC
시가 총액/유통량	$302.4B(2025. 10.).	제한적(e-CNY $122M, e-Rupee 등)
연간 거래량	$27.6T(Visa/MC 초과)	$213B 예측(2025)
성장률	+47% YTD(2025)	점진적(31% 프로젝트 지연)
주요 사용처	크로스보더 송금, 디파이, 거래소	국내 결제, 정책 전달, 도매 결제
채택률	높음(일일 1억 달러+)	낮음(e-CNY 0.1% 결제)

① 경쟁 구도: 직접 충돌 영역과 차별화 전략

스테이블코인과 CBDC는 디지털 결제, 국제 송금, 금융 포용 등 여러 영역에서 직접 경쟁할 수 있습니다.

(1) 발행 주체와 신뢰 구조의 차이

스테이블코인은 민간 기업(예 Tether의 USDT나 Circle의 USDC)이 발행하며 준비 자산이나 알고리즘에 기반을 두고 신뢰를 추구합니다. 반대로 CBDC는 중앙은행의 보증으로 안정성을 강조합니다. 이로 인해 스테이블코인은 더 빠른 혁신과 유연성을 제공하지만 투명성 부족이나 준비 자산 관리 문제로 인해 불안정할 수 있습니다. CBDC는 이러한 민간 화폐의 단점을 보완하며 국가 통화 주권을 강화하기 위해 경쟁합니다.

(2) 결제 및 무역 정산 분야

스테이블코인은 이미 글로벌 결제에서 널리 사용되며 특히 크로스보더 거래에서 비용과 속도를 줄입니다. 그러나 CBDC의 도입(예 중국의 e-CNY나 mBridge 프로젝트)은 이러한 영역에서 경쟁을 촉발합니다. 예를 들어, 홍콩의 새로운 스테이블코인 법안은 CBDC와의 경쟁을 통해 금융 부문을 활성화할 수 있지만, 동시에 무역 정산에서 충돌할 가능성이 있습니다.

(3) 금융 권력 구조의 재편

CBDC의 확산은 스테이블코인의 시장 점유율을 위협할 수 있으며, 반대로 스테이블코인은 CBDC의 느린 도입 속도를 이용해 시장을 선점합니다. 한국 금융위원회와 한국은행 간의 스테이블코인 제도 설계 주도권 경쟁처럼 규제 환경에서도 긴장 관계가 나타납니다. 이러한 경쟁은 디지털 화폐의 주도권을 둘러싼 '전쟁'으로 비유되며 민간 vs. 공공의 이해관계 충돌을 초래합니다.

② 협력의 측면

경쟁에도 불구하고 스테이블코인과 CBDC는 상호 보완적으로 협력할 잠재력을 지니고 있습니다.

(1) 상호 보완성

스테이블코인은 빠른 혁신과 접근성을 제공하며 CBDC는 안정성과 규제 준수를 보장합니다. CBDC 확산은 스테이블코인의 시장 점유율을 위협할 수 있으나, 스테이블코인은 CBDC의 느린 도입 속도를 기회 삼아 시장을 선점하고 있습니다. 이는 결제 효율성을 높이고 비용을 절감할 수 있습니다.

(2) 공존 모델

많은 전문가는 이 둘의 공존이 필수적이라고 봅니다. CBDC가 공공 인프라를 제공하면 스테이블코인이 이를 기반으로 민간 서비스를 확장할 수 있습니다. 국제 프로젝트(예 Project Rosalind)처럼 공공-민간 파트너십이 이를 촉진합니다. 또한 스테이블코인의 탈중앙화와 CBDC의 중앙 집중 관리가 결합되어 새로운 금융 생태계를 형성할 수 있습니다.

(3) 국제 협력과 규제

국가 간 경쟁(ⓔ 디지털 통화 발행)에서 협력이 필요합니다. 스테이블코인이 글로벌 금융을 흔들 수 있지만, CBDC와의 협력을 통해 안정된 디지털 경제를 구축할 수 있습니다. 한국의 경우, CBDC 도입 논의에서 스테이블코인을 보완 도구로 활용하는 방안이 검토되고 있습니다.

③ 미래 전망

스테이블코인과 CBDC의 관계는 경쟁과 협력이 공존하는 '이중 구도'로 진화할 가능성이 큽니다. 2025년 현재, 스테이블코인 시장은 급성장 중이며 CBDC는 100개 이상의 국가에서 연구 중입니다. 규제 강화(ⓔ MiCA 규정이나 한국의 「가상자산법」)가 이 둘의 균형을 맞출 전망입니다. 궁극적으로, 이들은 디지털 금융의 효율성과 포용성을 높이는 데 기여할 것입니다. 그러나 탈중앙화 vs. 중앙화의 긴장 관계가 지속될 수 있으므로 지속적인 모니터링이 필요합니다.

8. 금융 포용성과 경제적 불평등 완화

스테이블코인은 변동성이 큰 기존 암호화폐와 달리 법정화폐(주로 달러) 등 특정 자산에 가치가 고정되어 안정성을 확보한 디지털 화폐입니다. 이러한 특성 덕분에 스테이블코인은 금융 포용성을 높이고 장기적으로 경제적 불평등을 완화하는 데 중요한 역할을 할 잠재력을 지니고 있습니다.

① 금융 포용성 증진 역할

스테이블코인은 전통적인 금융 시스템에서 소외된 계층, 즉 미거래자 (Unbanked) 및 저개발국 주민들에게 금융 서비스를 제공하는 혁신적인 수단이 될 수 있습니다.

(1) 은행 접근성 개선

은행 계좌가 없더라도 스마트폰과 인터넷 접속만으로 이용 가능하므로, 지리적 제약이나 까다로운 계좌 개설 절차로 인해 금융 서비스에서 배제되었던 수십억 명의 미거래자에게 디지털 지갑을 통한 금융 접근성을 제공합니다. 이를 통해 저축 결제 송금 대출이 이용 가능해졌습니다. 세계은행 Global Findex 2025(2024년 조사, 141개국 14.5만 명 대상)에 따르면, 전 세계 성인의 79%가 금융 계좌를 보유하고 있지만, 13억 명이 여전히 미거래 (unbanked) 상태입니다. 이 중 절반(6.5억 명)이 방글라데시 중국, 이집트, 인도 인도네시아, 멕시코, 나이지리아, 파키스탄 8개 국에 집중되어 있으며 여성(55%), 최빈곤층 40%(52%), 초등 교육 이하(62%), 실업자(54%)가 대다수를 차지합니다. 중저소득국 계좌 보유율은 75%(2021년 대비 6%p 증가)로 사하라 이남 아프리카 58%, 남아시아 80%(인도 90%)를 기록했지만, 비용, 접근성, 신뢰 부족이 주요 장벽입니다.

IMF(2025년 9월 분석)는 스테이블코인이 '금융 포용성과 결제 효율성에 상당한 가능성'을 지니며 특히 인플레이션·자본통제 지역에서 달러 대체재로 기능한다는 것을 강조합니다. IMF는 9억 명의 은행 계좌 없는 사용자가 모바일 기기를 보유(5.3억 명은 스마트폰)한 점을 활용해 스테이블코인은 전통 은행 없이도 국경 없는 저비용 접근을 제공합니다. 블록체인 인텔리전스 회사 체이널리시스(Chainalysis, 2025)는 사하라 이남 아프리카 암호화폐 거래량(205

억 달러, 2024~2025년) 중 43%가 스테이블코인이며 1만 달러 미만 소액 거래가 8%(글로벌 6%)로 은행 계좌가 없는 사용자 중심 활용이 입증되었습니다.

[표 8-11] 지역별 스테이블코인 이용 데이터

지역	거래량(기간)	성장률	스테이블코인 비중	주요 사용처
라틴 아메리카	$1.5T(2022~2025년)	+63% YoY[※]	70~90%(브라질)	인플레 헤지, 송금, 무역 결제
사하라 이남 아프리카	$205B(2024~2025년)	+52% YoY	43%($88B)	송금, 저축, 나이라 헤지
동남 아시아	$2.36T(APAC 일부)	+69% YoY	~40%	송금, 게임, 디파이 수익
동유럽	$200~300B(추정)	39.5% YoY	10~15%	인플레 헤지, 결제 (우크라이나 분쟁)

※ YoY(Year-over-Year): 전년 동기 대비

(2) 저렴하고 빠른 송금

국경 간 송금은 전통적으로 높은 수수료와 느린 처리 속도가 문제였습니다. 스테이블코인은 블록체인 기술을 활용하여 수수료를 대폭 낮추고 송금 시간을 획기적으로 단축시켜 개발도상국으로의 송금(Remittance)을 주요 수입원으로 삼는 가정에 실질적인 혜택을 제공합니다. 해외 노동자들이 많은 국가의 경우 기존 송금 수수료 8%에서 1%로 낮아짐으로써 500달러 송금 시 35달러 추가 소득이 발생합니다. 이는 저개발 국가의 GDP 성장에도 큰 도움이 됩니다.

[표 8-12] SWIFT와 스테이블코인 전송 비교

방식	평균 수수료	소요 시간	사례
SWIFT 전통 송금	6.62%($200에 $13.24)	3~7일	세계은행 Q2 2024, 367개로 송금
스테이블코인	0.1%(〈$0.01, Solana USDT)	즉시	Axelar: 7배 저렴, 연 390억 달러 절감

(3) 가치 저장 및 인플레이션 헤지

경제가 불안정하거나 자국 통화의 가치가 급락하는 신흥국 시장에서 스테이블코인(주로 달러 연동)은 안정적인 가치 저장 수단으로 기능하여 자산 보호 및 인플레이션 위험 회피(Hedge)의 대안을 제공합니다. 스테이블코인은 USD 일대일 페깅으로 자국 화폐의 평가 절하 20~200%를 회피합니다. 체이널리시스는 라틴 아메리카에서 40~90% 거래가 헤징 목적이며 나이지리아·터키 사용자 70%가 보존 용도로 활용하고 있습니다. 체이널리시스, 코인 텔레그래프, 갤럭시 디지털(Galaxy Digital, 2025)은 유사 경제권 사용자 47%가 달러 저축을 목적으로 사용합니다. 아르헨티나에서 Bitso(라틴 아메리카 최대 암호화폐 기업)를 통한 USDT 거래가 페소 평가 절하 후 월 1,000만 달러로 급증하며 'blue dollar'의 대체재로 작용했고 베네수엘라 원유 관련 기업은 제재 회피용 USDT 운용을 하고 있습니다.

[표 8-13] 국가별 인플레이션 현황 및 스테이블코인 대응

국가	인플레이션(2025년)	스테이블코인 거래량/채택	효과
아르헨티나	33.6%(월 1.9%, Aug)	$93.9B(2022~2025년), 90% 암호화폐 중 스테이블코인	Lemon 등 플랫폼으로 페소 →USDT 전환, 구매력 보존
베네수엘라	123%(H1 2025), 275% 예상	$44.6B, $10K 미만 거래 50% USDT	급여·임대료·식료품 결제로 '바이낸스 달러'라고 불림
나이지리아	20.12%(5개월 연속 하락)	$92.1B(12% 인구 사용), 70% 저축용	나이라 변동성 대응 USDC 저축, 43% 거래량
터키	33.29%(Sep, 예상 초과)	1인당 보유량 세계 최고	달러 저축용, 신규 규제로 일 $3,000 한도
레바논	14.2%(Aug, 4개월 최저)	낮은 채택(5% 미만), 잠재력 논의	경제 위기 속 비공식 달러 저축

② 경제적 불평등 완화 가능성

　스테이블코인의 확산은 경제 구조적 문제 해결을 통해 불평등을 완화하는 데 기여할 수 있습니다. 이는 소외 계층의 자산 관리 및 경제활동 참여 기회를 실질적으로 확대하며 전통 금융 인프라와의 격차, 지역·국가 간 송금 비용 문제를 해소할 수 있습니다.

(1) 이자 수익 접근성

　디파이와 연동된 스테이블코인은 저축 및 대출 서비스를 제공하며 전통 은행의 낮은 예금 금리에 만족해야 했던 개인들에게 더 높은 이자 수익률을 얻을 기회를 제공합니다. 이는 소액 자산가에게도 추가적인 소득 창출 기회를 제공합니다. 특히, 저개발 국가의 은행 문턱이 높아 별도의 은행 계좌가 없이도 예금이나 대출이 가능합니다.

[표 8-14] 수익 창출 스테이블코인 및 디파이 참여(2025년 10월 기준)

방식	연간 수익률(APY)	플랫폼, 예시	대상 사용자
수익형 스테이블코인	6.9~9%	Syrup USDC(6.9%), Ethena sUSDe(9%, 델타 중립 전략)	중저소득 저축자
디파이 대출	4.67~13.58%	Aave V3 USDC(4.67%), Pendle Finance 고정 수익(13.58%)	기술 친화적 신흥 시장 사용자
통합 플랫폼	4.1~8.2%	Coinbase USDC(4.1%, 국채 기반), 디파이 평균(8.2%, Q1 2025)	나이지리아, 케냐, 베네수엘라

(2) 신용 접근성 확대

　블록체인 기반의 금융 거래는 전통적인 신용 기록이 없는 사람들에게 대안적인 신용 평가 데이터를 제공할 수 있습니다. 이를 통해 담보가 부족하거나 신용 기록이 없는 저소득층이 대출과 같은 금융 서비스에 더 쉽게 접근할 수 있게 됩니다.

(3) 거래 비용 절감

저렴한 수수료의 디지털 결제 시스템은 소상공인과 소비자 모두의 거래 비용을 절감하여 경제 활동 효율성을 제고하고 궁극적으로 경제 성장의 혜택을 더 넓게 분산시킬 수 있습니다. 기존 신용카드나 체크카드 대비 훨씬 저렴한 수수료로 소상공인의 부담을 크게 줄여줄 뿐만 아니라 새로운 금융 시스템 구축 없이 기존 블록체인을 활용해 경제 활동을 영위할 수 있습니다.

스테이블코인은 2025년 10월 기준, 금융 포용성 확대와 경제적 불평등 완화의 핵심 도구로 검증되었으며 13억 명의 은행 계좌가 없는 사용자 중 9억 명의 모바일 사용자에게 은행 없는 달러 접근을 제공하고 있습니다. 라틴 아메리카(1.5조 달러), 아프리카(205억 달러), 동남 아시아(69% 성장)에서 초인플레이션 헤지(아르헨티나 33.6%, 베네수엘라 123%), 저비용 송금(2~3% vs. 6.62%), 자산 보존, 디파이 수익(4~13% APY) 수단으로 작동하며 사용자들은 P2P 대출·모바일 결제 통합을 통해 실질 경제적 역량을 강화했습니다.

3부

스테이블코인으로 수익 내기

스테이블코인은 이미 금융 인프라의 지형을 근본적으로 변화시키고 있습니다. 단순한 결제 수단을 넘어 다양한 파생 금융 상품과 투자 모델이 개발되었으며, 정보에 밝은 '얼리 어답터'들은 이미 이를 통해 새로운 부를 창출하고 있습니다.

하지만 일반적인 금융 상품에 비해 진입 장벽이 존재하고 생소한 기술적 개념이 필요하기에, 대중에게는 여전히 낯선 영역으로 남아 있습니다. 시중 은행 상품이 단순히 자금을 예치만 하면 되는 수동적인 구조라면, 스테이블코인 투자는 투자자가 직접 상품을 선별하고 운용해야 하므로 학습해야 할 요소가 많습니다.

그러나 기억하십시오. 스스로 짊어져야 할 책임의 무게가 늘어나는 만큼, 돌아오는 수익률 또한 비례하여 증가합니다. 남들보다 한발 앞서 배우고 실행에 옮길수록 선점 효과에 따른 더 큰 보상을 기대할 수 있습니다. 스테이블코인의 개념을 단순히 이해하는 차원을 넘어, 이를 실질적인 자산 증식의 도구로 적극 활용하는 것이야말로 이 급변하는 시대를 가장 현명하게 살아가는 생존 전략일 것입니다.

9장

스테이블코인의 투자 방향성

많은 이들이 스테이블코인을 단순한 결제 수단으로만 치부하곤 합니다. 하지만 결제는 빙산의 일각일 뿐, 그 수면 아래에는 이미 이를 활용한 무궁무진한 투자 기법들이 개발되어 운용되고 있습니다.

성공적인 투자를 위해서는 기축통화인 달러의 거시적 흐름을 읽는 안목과, 수익을 극대화할 수 있는 정교한 전략적 접근이 필수적입니다. 이 과정을 통해 여러분은 기존 제도권 금융에서는 결코 경험해보지 못한 새로운 차원의 투자 패러다임을 마주하게 될 것입니다. 부디 명심하십시오. 투자의 본질은 끊임없이 늘어나는 통화량의 팽창 속도를 상회하는 수익률을 기록함으로써 내 자산의 실질 가치를 방어하고 증식시키는 치열한 싸움에 있습니다.

1. 달러, 광의 통화량 분석

달러 스테이블코인 투자는 달러에 대한 투자라고 봐도 무방할 듯합니다. 2020년에 1,100원 수준이던 달러 가격은 2025년 10월 기준 1,430원까지 상승한 상태입니다. 그때 달러 스테이블코인을 매수해 투자했다면, 현재 기초 자산 가치는 30% 증가했을 것입니다.

달러에 대한 투자는 투자자의 성향에 따라서 다르겠지만 필자는 달러가 갈수록 강해질 것이라고 생각하는 사람 중 하나입니다. 달러가 오르고 내리는 것을 단기적으로 예측하는 것은 불가능합니다. 다만, 여러 가지 중요한 변수들을 고려한다면 상승 가능성이 큰 것은 사실입니다. 그중에서 지금 상황에서 가장 크게 고려할 만한 것을 살펴보겠습니다.

'광의 통화량(廣義通貨量, Broad Money)'은 경제 전체에서 유통되는 화폐와 그와 유사하게 즉시 사용 가능한 유동성 자산을 포함한 개념입니다. 좁은 의미의 화폐(현금, 요구불예금 등)보다 범위를 확장하여 단기 금융 상품까지 포괄하는 지표로 활용됩니다. 한국은행에 따르면 국내 M2 증가율은 수익 증권(주식, 채권형 펀드 등)이 포함되어 과대 계상된 측면이 있기 때문에 2026년부터는 새로운 방식의 M2 지표를 병행 발표할 계획이라고 했습니다.

① 구성 요소

국가별로 정의가 조금씩 다르지만, 일반적으로 다음과 같은 단계로 구분됩니다.

[표 9-1] M1, M2, M3 통화량의 정의

구분	주요 구성	특징
M1(협의 통화)	• 현금 통화(지폐·동전) • 요구불 예금(보통 예금, 당좌 예금 등)	가장 유동성이 높은 '즉시 사용 가능한 돈'
M2(광의 통화)	• M1+정기 예금, 저축 예금 등 • 단기 금융 상품(MMF 등 국가별 차이)	경제 활동과 밀접, 시중 유동성 파악 지표로 가장 많이 사용
M3(포괄 통화)	• M2+금융 기관 발행 채권, 양도성 예금 증서(CD), 수익 증권 등 • 단기 금융 자산 전반	더 넓은 유동성 개념, 대규모 금융 시스템 분석에 활용

(1) 한국

한국은행은 M1, M2, Lf(금융 기관 유동성), L(광의 유동성)으로 발표합니다.

(2) 미국

과거 M1, M2, M3를 썼지만, 2006년 이후 M3는 집계·발표를 중단했습니다.

(3) EU(유럽 중앙은행)

M1, M2, M3까지 공식 통계로 활용합니다.

광의 통화량은 경제 전반의 유동성 수준을 보여 주는 지표이며 환율에 중요한 간접적인 영향을 줍니다.

② 통화량 증가와 환율 약세(통화 가치 하락)

(1) 원리

시중에 풀린 돈(M2)이 빠르게 늘어나면 화폐의 상대적 가치는 떨어지고 외환 시장에서도 그 통화는 약세를 보이게 됩니다. 이 원리를 한국에 적용하면 한국의 M2가 빠르게 증가할수록 원화 가치가 상대적으로 떨어져 원/달러 환율이 상승하는, 즉 원화 약세 압력이 커집니다. 반대로 미국에서 M2가 크게 증가해 달러 가치가 약세가 되면, 달러 대비 원화의 상대적 가치는 올라가면서 달러/원 환율은 하락하고 이는 원화 강세로 나타날 수 있습니다.

(2) 통화 정책 신호와 자본 흐름

중앙은행이 통화량을 늘리는 저금리 및 양적 완화 정책을 시행하면 금리가 하락하여 외국인 투자 자금이 유출되기 쉽고 그 결과 환율이 상승하며 자국 통화는 약세를 띠게 됩니다. 반대로 고금리·긴축처럼 통화량을 줄이는 정책을 쓰면 더 높은 금리를 좇아 해외 자금이 유입되고 이로 인해 환율이 하락하며 자국 통화는 강세를 나타내게 됩니다.

③ 인플레이션 기대와 환율

광의 통화량이 급증하면 시장의 인플레이션 기대 심리가 높아지고 실제 물가가 상승하면서 통화 구매력이 하락합니다. 그 결과 환율이 상승할 가능성이 커지고 자국 통화가 약세를 보이게 됩니다.

다만, 중앙은행이 금리 인상 등으로 이를 제어하면 오히려 환율이 안정되거나 자국 통화가 강세로 돌아서는 경우도 있습니다.

④ **국제 비교 효과**

한국과 미국의 M2 증가율 차이는 상대적 금리·유동성 차이를 만들며 이 차이가 환율을 결정하는 중요한 요인입니다.

(1) 미국 M2가 크게 늘면 달러 약세→원/달러 환율 하락

"달러가 흔해지니, 상대적으로 원화가 귀해진다."

미국이 수도꼭지를 틀어 시장에 달러를 콸콸 쏟아냅니다. 시중에 달러가 넘쳐나니 달러의 가치(파워)가 약해집니다(달러 약세).

(2) 한국 M2가 더 크게 늘면 원화 약세→원/달러 환율 상승

"원화가 휴지 조각처럼 흔해지니, 달러가 귀해 보인다."

미국도 돈을 풀었지만, 한국이 댐을 방류하듯 원화를 더 많이 시장에 풀어버립니다. 달러보다 원화가 훨씬 더 흔해집니다. 원화의 가치가 급락합니다(원화 약세).

[표 9-2] 한국과 미국의 M2 증가율 차이

연도	한국 M2 증가율	미국 M2 증가율
2020년	약 10% 이상	약 23%
2021년	약 10% 내외	약 26%
2022년	약 5~6%	-2%~0%
2023년	약 2~4%	-4.6%
2024년	약 6.7%	약 3.8%
2025년	약 6~6.5%	약 3.9%

(출처: 통계청. CEIC DATA)

⑤ **주요 특징 및 해석**

(1) 2020~2021년

팬데믹 대응 확장적 정책으로 양국 모두 사상 최대 M2 증가율을 기록했습니다. 미국은 20%대 중후반, 한국도 두 자릿수를 기록했으나, 미국의 증가율이 더 높아 달러 약세를 보였습니다.

(2) 2022~2023년

글로벌 인플레이션, 통화 긴축(QT)으로 미국 M2 증가율은 마이너스 전환, 한국도 한 자릿수로 급락, 특히 미국의 금리 인상으로 달러 강세 상황이 되었습니다.

(3) 2024~2025년

미국은 완만한 회복세로 전환된 반면, 한국은 재상승 또는 횡보세를 보였습니다. 한국의 유동성 공급이 미국에 비해 높은 편이라 달러 강세가 지속되었습니다.

한국은 과거 미국 대비 M2 증가율 변동폭이 작았으나, 최근 다시 확대된 상황입니다. 미국은 팬데믹 이후 급락한 후 2024년부터 소폭 회복 중입니다. M2의 증가율은 양국의 통화 정책, 경제 상황, 인플레이션 대응 기조에 따른 결과이고 앞으로의 환율 변동에 간적적인 영향을 계속 끼칠 것입니다.

2. 미국의 글로벌 관세가 환율에 미치는 영향

트럼프 1기 행정부부터 미국은 관세를 통해 상대 국가들을 관리하고 있습니다. 특히 중국과의 무역 분쟁은 지금도 계속되고 있습니다. 미국은 중국에 관세를 부과하고 중국 수출품의 경쟁력을 하락시키려고 했습니다. 이에 대해 중국은 환율 전략을 통해서 미국의 관세를 방어하였습니다.

① 환율을 통한 수출 경쟁력 방어

(1) 위안화 절하 유도

- 미국 관세로 수출품 가격이 상승하면 환율을 인상(위안화 약세)하여 달러 표시 가격을 낮춤으로써 충격을 완화합니다(예 10% 관세 부과 시 위안화 10% 절하로 수출업체의 가격 경쟁력 유지).
- 2018~2019년 위안화가 달러당 6.3→7.1까지 약세 전환되었습니다.
- 2022~2023년 달러 강세 국면에서도 위안화 약세를 용인하였습니다.

(2) 방법

- 인민은행이 고시 환율을 점진적으로 상향합니다(약세 유도).
- 외환 보유액을 조절하거나 자본유출 규제를 완화해 시장에 신호를 제공합니다.

(3) 과도한 절하 회피

- 지나친 위안화 절하는 자본 유출, 금융 불안, 물가 상승(수입품 가격 상승) 유발합니다.
- 미국이 중국을 환율 조작국으로 재지정할 빌미를 줄 수 있습니다.
- 통상적으로 완만한 절하+관리된 변동성 전략을 사용합니다.

(4) 환율 외 보조 전략

- 수출 다변화: 미국 의존도를 줄이고 아시아·아프리카·남미 시장 확대해야 합니다.

- **위안화 국제화 확대**: 원자재(석유, 철광석 등) 결제에 위안화 사용 확대하여 달러 의존도를 낮추는 방법이 있습니다.
- **내수 확대 정책**: 수출 충격을 흡수할 수 있도록 내수 소비를 진작합니다.

트럼프 2기 행정부에서는 적대국뿐만 아니라 동맹국까지 관세 부과 대상에 포함되었습니다. 기본 15%에서 상황에 따라 25~50%까지 관세가 부과된 상태입니다.

② 기본 시나리오

(1) 주변국 환율 절하→수출 가격 경쟁력 확보

- 중국, 일본 등이 자국 통화 약세를 유도하면, 한국 수출품의 가격 경쟁력은 상대적으로 하락하게 됩니다.
- 한국 기업들은 해외 시장에서 불리해지고 무역 수지 악화→원화 약세 압력이 상승합니다.

(2) 환율 연쇄 효과

아시아 통화 전반이 약세를 보이면, 원화 역시 외환 시장에서 약세 압력을 받을 수밖에 없습니다.

③ 한국의 대응 전략

(1) 적극적 환율 절하 경쟁은 위험

한국은행이 인위적인 원화 절하 정책을 펼칠 경우, 외국인 투자자 이탈에 따른 자본 유출 가능성이 커지고 수입 물가 상승으로 인한 인플레이션 압력이 가중될 수 있습니다. 또한 미국 등 주요 교역국과의 무역 갈등 가능성도 높아져 리스크가 확대됩니다.

(2) 선택적·부분적 원화 방어

- 지나친 원화 강세는 피하면서도 급격한 원화 절하는 억제해야 합니다.

- 외환 보유액을 활용한 시장 안정에 개입하는 방법이 있습니다.

- 기준 금리·정책 금리 조절로 환율 방어와 물가 안정 균형을 추구해야 합니다.

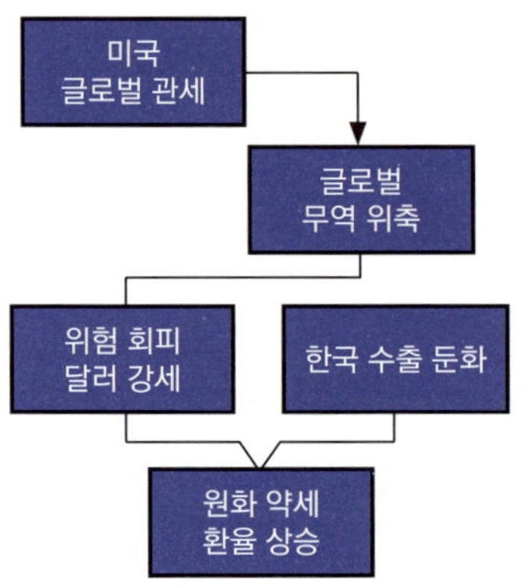

[그림 9-1] 미국 관세가 한국 환율에 미치는 영향

환율이 오를 것인지, 내릴 것인지는 누구도 예측하기 힘든 상황입니다. 다만, 이 역시도 여러 가지 상황을 고려하여 투자자들이 선택해야 할 부분입니다. 보다 안전한 투자를 위해 달러를 헤징하고 투자할 수도 있지만, 필자는 거시적인 변수를 고려해 달러 상승 가능성이 있다고 보고 있습니다.

한국의 M2 증가율이 미국보다 높은 상황에서 미국의 관세 전략으로 인해 주변국 통화가 일제히 절하될 경우, 원화 역시 절하 압력을 피할 수 없게 됩니다. 또한 관세 회피를 위해 자동차, 반도체 등 주요 수출품의 미국 내 생산이 불가피해지면서 이는 수출 경쟁력 약화와 달러 유입 감소로 이어질 수 있습니다. 또한 일본은 경기 부양을 목적으로 200조 원을 투입하기로 하면서 엔화 약세는 계속될 것으로 예상됩니다. 이를 고려한다면 달러 스테이블코인에 대한 투자는 긍정적으로 검토해 볼 부분이라고 생각합니다.

3. 변동성 최소화 전략

암호화폐 시장은 높은 변동성으로 인해 투자자에게 큰 기회와 위험을 동시에 제공합니다. 변동성을 최소화하고 안정적인 투자 결과를 얻기 위해 아래와 같은 전략들을 고려할 수 있습니다.

① 포트폴리오 다각화

특정 암호화폐 자산만으로 포트폴리오를 구성하지 말고 대표적이고 시가총액이 큰 비트코인, 이더리움 같은 안전 자산과 함께 스테이블코인을 혼합하는 것이 효과적입니다. 스테이블코인으로만 구성할 경우, 암호화폐 시장 성장에 따른 수혜를 입기 어렵습니다.

본인의 투자 성향에 따라 비트코인, 이더리움과 같은 변동성 자산과 스테이블코인을 적절한 비중으로 보유하는 것이 좋습니다. 투자 활용성 면에서는 스테이블코인이 훨씬 다양합니다.

② 달러 코스트 애버리징(DCA)

비트코인, 이더리움과 같은 코인을 구입할 때 구입 시점을 정하려 하지 않고 일정 금액을 정기적으로 투자해 평균 매입가를 낮춥니다. 급격한 가격 변동 시 충격이 완화되는 효과가 있습니다. 특히, 스테이블코인 투자 수익금을 활용하여 DCA 방식으로 비트코인이나 이더리움을 매수하는 것이 좋습니다.

③ 스테이블코인 활용

스테이블코인은 법정화폐나 상품 등에 가치가 고정돼 가격 변동 폭이 적습니다. 적정 비율의 스테이블코인을 보유함으로써 하락장에 변동성을 줄일 수 있으며 안정적인 투자 활동을 할 수 있습니다.

④ 손절매 및 리스크 관리

코인을 보유하고 있다면 시장 하락 시 적절한 시점에 손절매하여 손실을 최소화하고 자신의 리스크 허용 범위를 명확히 정해 투자하는 것이 중요합니다. 손절매 역시 투자 성향에 따라 다르지만 일반적으로 15~20% 범위를 설정하고 있습니다.

⑤ 헤징 전략

변동성이 큰 현물 암호화폐 보유 시 선물 시장에서 반대 포지션을 만들어서 가격 변동 리스크를 헤지할 수 있습니다. 이를 델타 중립(뉴트럴) 전략이라고도 부릅니다. 크로스 자산 헤징은 알트코인을 구입했을 경우 비트코인 선물 숏 포지션을 만들어 알트코인 하락 위험의 일부는 방어할 수 있습니다. 알트코인이 상승할 경우 비트코인보다 훨씬 높은 상승 폭을 보여 주기 때문에 비트코인 선물 숏의 손실보다 훨씬 큰 수익을 기대할 수 있습니다. 반대로 알트코인 하락 시 큰 손실이 발생할 수 있으나, 비트코인 선물 수익으로 손실의 일부를 상쇄(헤지)할 수 있습니다.

4. 레버리지 극대화

레버리지(Leverage)는 '지렛대'라는 뜻으로, 적은 자본을 사용하여 더 큰 규모의 자산 또는 포지션에 투자함으로써 잠재적인 수익률을 극대화하는 투자 전략을 통칭합니다. 레버리지 전략은 활용하는 시장과 금융 상품에 따라 매우 다양합니다. 핵심은 타인 자본(부채)이나 특정 금융 상품을 활용하여 투자 효과를 증폭시키는 것입니다.

① 금융 시장 레버리지 전략

금융 시장에서 레버리지 전략은 활용되는 방식에 따라 크게 3가지로 나눌 수 있습니다.

[표 9-3] 레버리지 전략

구분	주요 개념	활용 예시	특징 및 위험
재무 레버리지 (Financial Leverage)	부채를 사용하여 자기 자본 이익률 (ROE)을 높이는 전략	기업의 은행 대출, 채권 발행, 부동산 투자 시 주택 담보 대출(모기지) 활용	• 자산 수익률이 이자 비용보다 높을 때 긍정적 효과 발생 • 금리 상승이나 수익률 악화 시 손실 확대 및 도산 위험 증가
마진 레버리지 (Margin Leverage)	증권사 등 중개인으로부터 자금을 빌려 거래 규모를 키우는 전략	주식 신용 거래, 외환 (Forex), CFD(차액 결제 거래) 등에서 마진 계좌 활용	• 레버리지 비율(예 10:1)에 따라 증폭 효과가 큼 • 손실 발생 시 마진 콜 및 강제 청산 위험이 높음
임베디드 레버리지 (Embedded Leverage)	상품 자체에 레버리지 효과가 내재된 금융 상품을 활용하는 전략	레버리지 ETF/ETN, 선물(Futures), 옵션 (Options) 거래	• 기초 자산의 일간 수익률을 2배, 3배 등으로 추종 • 장기 보유 시 복리 효과로 인해 실제 수익률이 기대와 달라질 수 있어 단기 매매에 적합

[표 9-4] 주식/ETF 시장

전략	상품 및 방법	주요 특징 및 위험
레버리지 ETF (Leveraged ETF)	기초 지수(예 S&P 500, 나스닥 100)의 일간 변동률을 2배, 3배 등으로 추종하도록 설계된 상장 지수 펀드	• 단기 투자에 적합 • 장기적으로는 복리 효과와 일간 정산 (Daily Reset)으로 인해 기초 지수의 누적 수익률과 괴리가 발생할 수 있음(수익뿐만 아니라 손실도 극대화됨)
신용 거래/ 미수 거래	증권사로부터 자금을 빌려(신용) 주식을 매수하거나 주식을 빌려 (공매도) 매도하는 방식	이자 비용 발생. 주가 하락 시 추가 증거금 (마진콜) 요구 가능성이 있으며 미충족 시 강제 청산(반대 매매) 위험

[표 9-5] 암호화폐(가상 자산) 시장

전략	상품 및 방법	주요 특징 및 위험
마진 거래/ 선물 거래	거래소에서 증거금을 담보로 자금을 빌린 후 코인에 투자하여 롱 (매수) 또는 숏(매도) 포지션을 취함	• 고배율(최대 100배 이상) 레버리지 사용 가능 • 시장 변동성이 매우 커서 작은 가격 변동에도 강제 청산(Liquidation) 위험이 높음
디파이 대출	Aave, Compound 등 디파이 프로토콜에 암호화폐를 담보로 예치하고 스테이블코인 등을 빌려 재투자하는 반복적인 차입(Looping) 전략	• 이자율 변동 위험 • 담보 비율(LTV) 관리의 어려움 • 스마트 계약 해킹 위험(스테이블코인 레버리지 극대화의 핵심)

[표 9-6] 외환(Forex) 및 차액 결제 거래(CFD)

전략	상품 및 방법	주요 특징 및 위험
마진 거래	중개업체(브로커)를 통해 환율 또는 지수, 원자재 등의 차액에 투자하며 높은 레버리지를 사용	일반적으로 주식 선물보다 높은 레버리지 (예 50:1, 100:1)가 가능하여 소액으로 큰 포지션을 운용할 수 있지만, 변동성에 취약함

[표 9-7] 부동산 시장

전략	상품 및 방법	주요 특징 및 위험
담보 대출 활용	주택 담보 대출(모기지), 전세 자금 대출 등을 활용하여 자기자본 대비 큰 규모의 부동산을 매수	가장 보편적인 레버리지, 금리 상승 시 이자 부담 증가 부동산 가격 하락 시 깡통 전세 등의 위험 발생 가능

② 레버리지 전략의 장단점

(1) 장점(잠재적 기회)

- 자본 효율성 극대화: 적은 초기 자본으로 큰 규모의 포지션을 운용할 수 있어 자본 효율성이 매우 높습니다.
- 수익률 증폭: 투자 성공 시 자기 자본 대비 매우 높은 수익률을 달성할 수 있습니다.
- 다양한 투자 기회: 고가 자산이나 변동성이 낮은 시장(예 외환)에서도 수익 창출 기회를 모색할 수 있게 해 줍니다.

(2) 단점(내재된 위험)

- 손실 확대: 수익뿐만 아니라 손실 또한 레버리지 비율만큼 확대되므로 투자 원금을 초과하는 손실이 발생할 수 있습니다.
- 이자 비용 부담: 부채를 사용하는 경우, 시장 상황과 관계없이 이자 비용이 발생하여 수익률을 압박합니다.
- 마진콜 및 강제 청산 위험: 시장이 반대로 움직여 계좌의 증거금(마진) 수준이 유지 기준 이하로 떨어지면 추가 자금 납부를 요구받거나 포지션이 강제로 청산되어 손실이 확정될 수 있습니다.
- 시간과의 싸움(레버리지 ETF): 레버리지 ETF 등은 일별 수익률을 추종하고 매일 리밸런싱하기 때문에 시장이 횡보하거나 등락을 반복할 경우 손실이 누적될 수 있습니다.

③ 성공적인 레버리지 전략을 위한 고려 사항

레버리지는 '양날의 검'과 같으므로 성공적인 전략을 위해서는 철저한 위험 관리가 필수적입니다.

(1) 위험 감수 능력 평가

본인의 자산 규모와 심리적 안정성을 고려하여 감당할 수 있는 레버리지의 수준을 설정해야 합니다.

(2) 손절매(Stop-Loss) 설정

손실이 일정 수준을 넘지 않도록 미리 매도 가격을 정해 두는 것이 매우 중요합니다.

(3) 장단기 구분

레버리지 ETF와 같은 상품은 장기 투자에 부적합할 수 있다는 것을 인지하고 전략의 기간을 명확히 구분해야 합니다.

(4) 시장 분석

레버리지는 시장의 방향성에 크게 의존하므로 면밀한 시장 분석과 예측이 선행되어야 합니다.

5. 수익률 극대화를 위해 블록체인 활용

블록체인 기반 스테이블코인 수익률이 중앙화 거래소(CEX)보다 높은 이유는 디파이 생태계의 자동화된 구조와 다양한 전략적 조합(예 이자 농사, 유동성 풀, 고수익 파생 상품 등) 때문입니다. 또한 경쟁적이고 투명한 프로토콜 환경이 더 나은 보상을 가능하게 합니다.

디파이 주요 렌딩 프로토콜(예 Aave, Compound, Curve, Pendle 등)의 평균 APR(Annual Percentage Rate, 연이율)은 3~15%로, 일반 CEX(Central Exchange, 중앙화 거래소)의 주요 예치 상품(고정형·유동형) 4~10% 선에 비해 상대적으로 높은 편입니다.

① 중개자 수수료의 최소화(No Middlemen)

(1) CEX

중앙 기관으로서 운영, 규제 준수(Compliance), 마케팅, 고객 지원 및 이윤 창출을 위해 자금 운용 수익의 일부를 수수료로 수취합니다. 이는 결과적으로 고객 수익률을 낮추는 요인이 됩니다.

(2) 디파이 프로토콜

스마트 컨트랙트(Smart Contract)를 기반으로 작동하며 중개자나 중앙화된 관리 주체가 없습니다. 따라서 중개자가 가져가는 수수료가 최소화되거나 없어져 자금 운용 수익의 더 큰 부분이 유동성 공급자(Liquidity Providers, Yield Farmers)에게 직접 돌아갑니다.

② 자금의 운용 방식(Capital Efficiency and Usage)

(1) CEX

주로 고객의 스테이블코인을 대출(Lending)하거나 마진 거래(Margin Trading) 등에 활용하여 수익을 창출합니다. 이 과정에서 보수적인 리스크 관리를 적용하는 경우가 많습니다.

(2) 디파이

유동성 풀(Liquidity Pool) 제공, 대출 및 차용 프로토콜, 일드 파밍(Yield

Farming) 등 다양한 방식으로 스테이블코인을 운용합니다.

(3) 일드 파밍(Yield Farming, 수익율 농사)

여러 프로토콜을 레고 블록처럼 연결하는 '결합성(Composability)'을 활용하여 복합적인 수익 전략을 구사함으로써 수익률을 극대화할 수 있습니다. 예를 들어, 한 프로토콜에 스테이블코인을 예치하여 이자를 받고 이 이자 토큰을 다시 다른 프로토콜에 예치하는 등의 전략이 가능합니다.
또한 탈중앙화 거래소(DEX)의 유동성 공급, 신규 프로젝트에 대한 자금 대출 수요 등으로 인해 CEX보다 더 높은 이자율이 형성될 수 있습니다.

③ 규제 환경 및 리스크(Regulatory Environment and Risk)

(1) CEX

전통 금융권과 유사하게 규제(Regulation)를 준수해야 하므로 자금 운용에 제약이 생길 수 있으며 이는 수익률을 제한하는 요인이 됩니다.

(2) 디파이

덜 규제된 환경에서 운영되므로 상대적으로 높은 리스크를 감수하는 대신 높은 수익률을 제공할 수 있습니다. 이 높은 수익률은 투자자들이 감수하는 추가적인 리스크에 대한 보상의 성격도 가집니다.

④ 중요 유의 사항: 하이 리스크＝하이 리턴

디파이의 높은 수익률은 다음과 같은 더 높은 리스크를 수반한다는 점을 반드시 이해해야 합니다.

(1) 스마트 컨트랙트 리스크(Smart Contract Risk)

블록체인은 한번 배포하면 수정이 어렵기 때문에 작은 오타나 논리 오류가 거대한 해킹으로 이어집니다.

(2) 프로토콜 리스크(Protocol Risk)

프로토콜 자체가 잘못 설계되었거나(예 스테이블코인의 페그(Peg) 붕괴), 내부자 사기(Rug Pull) 위험이 있습니다.

(3) 변동성 위험(Impermanent Loss)

스테이블코인 단독 유동성 풀의 경우 리스크가 상대적으로 낮지만, 타 자산과 페어(Pair)로 유동성을 제공할 때 비영구적 손실(Impermanent Loss)이 발생할 가능성이 있습니다.

(4) 거래 비용(Gas Fees)

특히 이더리움과 같은 네트워크에서는 수익률이 낮은 경우 높은 가스비가 실제 수익을 상쇄할 수 있음

[표 9-8] CEX와 디파이 수익률 비교

구분	일반 수익률 (APY)	변동성	리스크	적합 투자자
CEX 예치	2~6%	낮음	거래소 파산/출금 제한	보수적 투자자
DeFi Lending	3~6%	중간	해킹/청산	중립적 투자자
DeFi Restaking/델타 중립(Ethena, Pendle)	8~20%+	높음	스마트 컨트랙트/프로토콜 리스크	적극적 투자자
인센티브 파밍 (신규 프로젝트)	20~50%+	매우 높음	디페그, 토큰 가치 폭락	고위험 감수형

6. 하이 리스크, 하이 리턴

스테이블코인은 본질적으로 '가치 안정성'을 목표로 하기 때문에 일반적인 주식이나 변동성 암호화폐처럼 자체 가격 급등을 통한 하이 리턴을 기대하기는 어렵습니다. 그러나 스테이블코인 역시 자금 운용 전략에 따라 '하이 리스크 하이 리턴'의 영역에 진입할 수 있습니다. 이는 주로 디파이 프로토콜을 활용할 때 발생하며 스테이블코인의 안정성(페그)이 깨지거나 복합적인 디파이 리스크에 노출되는 것을 대가로 더 높은 수익을 추구합니다.

① 스테이블코인 투자의 하이 리스크 & 하이 리턴 전략(주로 디파이)

(1) 하이 리턴을 위한 전략

스테이블코인으로 전통 금융 상품 대비 훨씬 높은 수익(APY)을 올리는 것은 주로 다음과 같은 고위험 디파이 전략을 통해 가능해집니다.

[표 9-9] 스테이블코인 투자 전략과 리스크

전략 유형	설명	수익률 원천	리스크 수준
유동성 마이닝 (Liquidity Mining)	스테이블코인을 변동성이 큰 코인과 함께 유동성을 제공하고 이자 수익과 함께 거버넌스 토큰 보상	이자+토큰 보상(가장 큰 수익)	높음(토큰 가격 변동, 프로토콜 리스크)
레버리지 파밍 (Leveraged Farming)	예치한 스테이블코인을 담보로 다시 스테이블코인을 대출받아(차입), 이 차입금을 다시 예치/파밍하는 복합 전략	자본 효율성 극대화, 수익률 증폭	매우 높음(청산 위험, 이자율 역전 위험)
신규/고위험 프로토콜 예치	출시 초기 또는 혁신적인 구조를 가진 신규 디파이 프로토콜에 스테이블코인을 예치	초기 사용자에게 높은 토큰 인센티브 제공	매우 높음(스마트 컨트랙트 검증 부족, 러그 풀 위험)
알고리즘 스테이블코인(舊)	달러를 담보로 하지 않고 알고리즘으로 가치를 유지하는 스테이블코인에 투자(예 UST 사태 이전)	극도로 높은 예치 이자율 제공	최고 리스크(페그 (Peg) 붕괴 시 원금 전체 손실 가능)

② 하이 리스크 요인

고수익 전략은 필연적으로 다음 4가지 주요 리스크에 노출됩니다.

(1) 프로토콜/스마트 컨트랙트 리스크(Protocol/Smart Contract Risk)

- 해킹 및 버그: 프로토콜을 구동하는 스마트 컨트랙트 코드의 취약점으로 인해 해커가 예치된 스테이블코인 전액을 탈취할 수 있습니다.
- 러그 풀(Rug Pull): 악의적인 개발자가 프로젝트를 중단하고 투자금을 가지고 도주할 위험입니다. 신생 프로젝트에서 흔히 발생합니다.

(2) 스테이블코인 자체의 리스크(Stablecoin Peg Risk)

- 페그 붕괴: 스테이블코인이 달러 대비 일대일 가치를 유지하지 못하고 급락할 위험입니다. 특히 알고리즘형 스테이블코인(예 루나-UST 사태)이나 준비금의 투명성이 낮은 스테이블코인에서 이 리스크가 극대화됩니다. 페그가 붕괴하면 스테이블코인이라도 원금 손실이 발생합니다.

(3) 청산 리스크(Liquidation Risk)

- 레버리지 사용 시: 스테이블코인을 담보로 다른 자산을 대출받아 투자하는 경우, 시장 변동성으로 인해 담보 비율이 낮아지면 자동 청산이 발생하여 큰 손실을 볼 수 있습니다.

(4) 인센티브 지속 가능성 리스크(Incentive Sustainability Risk)

디파이의 고수익은 대부분 토큰 보상(인센티브)에서 나옵니다. 이 보상 토큰의 가격이 하락하거나 프로토콜의 인센티브 정책이 중단되면 수익률이 급격하게 떨어져 기대 수익을 얻지 못할 수 있습니다.

결론적으로 스테이블코인은 '자산 보존'이 주목적이나, 디파이 생태계 내 고위험 전략을 통해 고금리(High Yield) 형태의 하이 리턴을 추구할 수도 있습니다. 그러나 이 경우 스테이블코인 본연의 안정성 이점은 희석되고 암호화폐 투자 이상의 기술적/구조적 리스크를 감수해야 합니다.

> ### 리스크 관리 10계명
>
> **1** 원금 보호는 스스로: 스테이블코인이라도 디페깅 청산은 항상 가능
> **2** 레버리지는 느리게 올리고 빠르게 줄이기
> **3** 한 체인, 한 프로토콜, 한 브리지에 몰빵 금지
> **4** 관리키, 어드민 권한, 업그레이드 권한 확인(멀티 시그, 타임 록)
> **5** 버그 바운티, 감사(Audit), TVL, 히스토리 체크(없으면 소액)
> **6** 오라클, 가격 괴리 대비(체결 실패·메브(MEV) 리스크 포함)
> **7** 현금화 계획: 출구(스테이블, 법정화폐) 루트 미리 확보
> **8** 모니터링: PnL, 헬스 팩터, 펀딩, 록업, 언록 캘린더 알림
> **9** 문서화: 진입, 증액, 축소, 청산 트리거를 문서로 정리
> **10** 규정 준수: 거래소, 프로토콜 현지 규제 위반 금지

7. 암호화폐 관련 주요 사기

투자는 버는 것도 중요하지만 손실을 내지 않는 것도 중요합니다. 특히 사기나 해킹 등으로 인해 피해를 입지 않도록 사전에 미리 대비하는 것이 더 중요합니다. 사기나 해킹 등은 사전에 미리 그 유형들을 인지하고 그에 대한

대비책을 알고 있다면 상당 부분 피해갈 수 있습니다. 갈수록 지능적인 사기나 해킹 수법들이 발전하고 있지만 투자를 하는 과정에서 조금만 더 신중하게 이를 체크한다면 어느정도 예방할 수 있습니다. 암호화폐 주요 사기나 해킹 유형은 다음과 같습니다.

① ICO 사기

새로운 암호화폐, 토큰 프로젝트 명목으로 투자금을 끌어모은 후 개발이나 상장 등 약속된 로드맵을 이행하지 않고 자금을 편취하는 대표적인 암호화폐 사기 유형입니다.

② 러그 풀

개발자나 팀이 투자자들의 자금을 모은 후 프로젝트를 갑자기 포기하고 자금을 빼돌리는 사기 수법입니다. '러그(양탄자)를 당겨버린다.'라는 의미에서 유래되었습니다.

③ 펌프 앤 덤프

암호화폐 등 자산의 가격을 거짓 정보나 과장된 홍보로 인위적으로 끌어올린 후 세력(주최자)이 가격이 오르면 자신들의 물량을 모두 매도하여 가격이 급격히 하락하게 만드는 불법적인 시장 조작 수법입니다.

④ 드레인

사용자가 지갑을 피싱 사이트에 연결하거나 악성 거래에 서명할 때 몇 초 만에 자산이 공격자 지갑으로 빠르게 전송되는 자동화된 지갑 탈취 공격 또는 도구를 의미합니다. 블록체인의 불가역성 때문에 피해자의 자산은 도난 후 사실상 회수가 불가능합니다.

⑤ 피싱

이메일, 문자 메신저, 가짜 사이트 등과 같은 전기 통신 수단을 이용해 피해자를 속이고 개인정보나 암호, 금융 정보를 탈취한 후 금전적 피해를 입히는 대표적인 사기 범죄입니다. 'Private Data(개인정보)와 Fishing(낚시)'의 합성어로, 개인 정보나 재산을 노린다는 의미가 내포되어 있습니다.

⑥ 가짜 거래소, 가짜 지갑

실제 서비스처럼 위장하여 사용자의 자산을 탈취하는 대표적인 암호화폐 사기 수법입니다. 가짜 거래소는 공식 거래소를 모방하여 고수익, 저수수료 등을 미끼로 내걸지만, 실제로는 입금된 암호화폐를 탈취합니다. 가짜 지갑은 정상 지갑처럼 앱이나 웹 사이트로 배포되며 사용자가 생성한 지갑의 시드 문구(복구 키), 비밀번호 등을 노출시켜 자산을 훔칩니다.

⑦ 투자 사기, 폰지 사기, 다단계 사기

(1) 투자 사기

높은 수익을 약속하며 투자자를 모집하지만 실제로는 수익을 창출하지 않고 신규 투자자의 돈으로 기존 투자자에게 배당하거나 사라지는 사기입니다.

(2) 폰지 사기

신규 투자자의 자금을 기존 투자자에게 돌려 주는 피라미드 구조로, 지속 불가능하여 결국 피해가 발생합니다.

(3) 다단계 사기

여러 단계로 투자금을 끌어모으는 구조로, 신규 투자자를 계속 유입시켜야 수익이 발생하지만 실제 경제 활동 없이 이루어지는 경우가 많습니다.

⑧ 에어드롭, 채굴, 투자 유도 사기

(1) 에어드롭 사기

무료 토큰을 준다며 사용자의 지갑을 연결하거나 스마트 컨트랙트 서명을 유도해 개인 키 탈취 및 자산을 빼가는 수법입니다. 가짜 NFT를 보내 클릭을 유도하거나 가짜 링크를 통해 개인정보와 권한을 악용합니다.

(2) 채굴 투자 사기

'비트코인 채굴기 임대'나 '채굴기 구매' 명목으로 고수익을 보장하며 투자금을 받고 실제 채굴은 없거나 수익이 발생하지 않는 사기입니다. 콜센터와 조직화된 방법으로 고령층 등에게 접근해 피해를 만듭니다.

(3) 유명인 브랜드, SNS, 라이브 방송 사칭 사기

인스타그램, 페이스북 등 SNS 광고를 통해 유명 브랜드의 공식 홈 페이지와 매우 유사한 가짜 사이트로 소비자를 유인하여 코인 투자, 판매를 하거나 개인 지갑이 니모닉이나 프라이빗 키 또는 드레인을 유발하는 사기입니다.

(4) 멀웨어/해킹프로그램 사기

악성 소프트웨어(멀웨어)를 이용해 사용자의 컴퓨터나 스마트폰 등에 몰래 침투해 데이터 탈취, 시스템 파괴, 원격 제어 등 악의적 행위를 하는 사이버 범죄입니다.

(5) 유사 도메인 사기

정상 기업이나 서비스의 실제 도메인과 매우 비슷한 주소를 가진 가짜 도메인을 만들어 사용자가 착각하도록 유도하는 공격입니다. 이를 통해 개인정보 탈취, 악성코드 배포, 금융 사기 등의 피해가 발생합니다.

- **타이포 스쿼팅**: 실제 도메인 명칭에서 글자 순서 변경, 오타 등을 이용해 가짜 도메인을 생성하는 방법입니다.
- **콤보 스쿼팅**: 실제 도메인에 유사한 단어 추가나 상위 도메인(.com 대신 .co.kr 등)을 사용해 진짜처럼 위장합니다.

지금도 계속 새로운 사기 수법이 개발되고 있으므로 늘 주의 깊게 살펴봐야 할 것입니다.

10장

스테이블코인 투자 준비

'구슬이 서 말이라도 꿰어야 보배'라는 옛말은 투자 공부에 있어 불변의 진리입니다. 이론적 무장이 끝났다면, 이제는 본격적으로 실전에 뛰어들어 비로소 '내 것'으로 만드는 과정이 필요합니다. 자신의 자산이 실제로 투입되었을 때 비로소 시장을 바라보는 관점이 날카로워지고 고민의 깊이 또한 달라지기 때문입니다.

투자의 첫걸음은 국내 거래소의 문턱을 넘어 해외 거래소로, 그리고 다시 고수익의 기회가 열려 있는 블록체인 생태계로 자산을 이동시키는 과정에서 시작됩니다. 여러분은 이 여정 속에서 다양한 블록체인 기술을 자연스럽게 체득하게 될 것입니다. 지금 느끼는 막연한 낯설음은 머지않아 익숙함으로 바뀔 것이며, 이 기술들은 앞으로 다가올 디지털 경제 시대를 살아가기 위해 우리가 매일 숨 쉬듯 사용하게 될 '필수 생존 도구'가 될 것입니다.

1. 국내 거래소 가입하기

달러 스테이블코인을 구입하기 위해서는 국내 거래소 가입이 필수입니다. USDT를 비롯하여 USDC를 대부분의 국내 거래소를 통해서 구입할 수 있습니다. 2025년 현재, 한국의 암호화폐(가상 자산) 시장은 금융 당국의 엄격한 규제를 받으며 안정적으로 성장하고 있습니다. 금융위원회와 금융감독원 산하 디지털 자산거래소공동협의체(DAXA)에 가입되어 있으며 이들 거래소는 대부분 ISMS(정보 보호 관리 체계) 인증을 받은 곳입니다. 원화(KRW) 입출금을 지원하며 주로 현물 거래가 이루어집니다. 해외 거래소와 달리 파생 상품 거래는 제한적입니다.

국내 거래소에 원화를 예치할 경우 2% 정도의 이자를 제공하기 때문에 여유 자금이 있다면 일반 은행보다 예금 면에서 유리합니다. 다만, 출금 시 1,000원 정도의 수수료가 발생합니다. 주요 국내 거래소는 업비트, 빗썸, 코인원, 코빗, 고팍스 등 5곳으로, 이들이 시장의 90% 이상을 점유하고 있습니다.

[표 10-1] 국내 거래소 세부 사항

거래소 이름	설립 연도	주요 특징	거래 수수료 (메이커, 테이커)	거래량 점유율 (대략)	보안 및 기타
업비트(Upbit) upbit.com	2017	국내 최대 거래량, 200+코인 지원, 모바일 앱 편의성 높음, K-Bank 제휴. NFT 및 스테이킹 서비스 제공	0.05%/ 0.25%	70% 이상 (일일 50억 달러 +)	• ISMS 인증, 2FA 및 콜드 월렛 사용 • 2025년 12월 500억 규모 해킹
빗썸(Bithumb) bithumb.com	2014	최장수 거래소, 오프라인 고객센터 운영, 100+코인. 결제/송금 시스템 강점	0.04%/ 0.25%	20~25%	• ISMS 인증, 과거 해킹 이력 있지만 보상 완료 • KB 국민은행 제휴(2025년부터)
코인원 (Coinone)	2014	깔끔한 UI/UX, Pro 차트 및 실시간 채팅 지원, 다중 서명 지갑 적용	0.02%/ 0.20%	5~7%	• ISMS 인증 • 초보자 친화적, 72시간 거래 제한(안전 목적)
코빗(Korbit)	2013	국내 최초 거래소, 안정적 운영, 50+코인	0.08%/ 0.20%	3~5%	• ISMS 인증 • 거래량은 적지만 신뢰성 높음
고팍스(Gopax)	2017	현금 입출금 간편, 100+코인	0.05%/ 0.25%	2~3%	• ISMS 인증 • 소규모이지만 안정적

(출처: 각 사 홈페이지 및 뉴스)

① 거래소의 종류

(1) 업비트(Upbit)

국내 최상위 거래소로, 빠른 거래 속도와 직관적인 앱 UI, 카카오톡을 활용한 서비스, 다양한 코인 지원이 특징입니다. 케이뱅크 실명 계좌 인증이 필수이며 원화 입·출금이 쉽고 보안 수준도 높습니다. 최근에 네이버 파이낸셜과 주식 교환으로 네이버 자회사로 편입되었습니다.

(2) 빗썸(Bithumb)

오랜 역사를 가진 국내 2위 거래소로, 저렴한 수수료와 이벤트, 오프라인 고객센터 24시간 상담 등 차별화된 고객 서비스를 제공합니다. KB국민은행은 실명 계좌 인증 필요합니다.

(3) 코인원(Coinone)

화이트해커 출신 대표가 운영하며 보안성이 우수하고 24시간 고객센터 다중 서명(Multisig) 지갑 등을 적용합니다. 카카오뱅크 실명 계좌 인증 필요합니다.

(4) 코빗(Korbit)

국내 최초 가상 자산 거래소로, 신한은행 실명 계좌 인증을 바탕으로 높은 보안성을 확보하여 ISMS, ISO 27001 등 주요 인증을 보유합니다.

(5) 고팍스(GOPAX)

최근 거래량 확대와 실명 계좌(전북 은행) 확보로 신뢰도를 높였으며 금융위원회 신고 및 ISMS 인증도 완료하였습니다.

이렇게 5개 거래소가 대표적이지만 실질적으로는 업비트와 빗썸만 있으면 거의 대부분의 거래가 가능합니다. 이 책에서는 가장 먼저 업비트 거래소 가입 방법을 간단히 알아보겠습니다. 업비트에 가입하기 위해서는 케이뱅크 실명 계좌와 본인 명의 휴대폰이 필수이며 앱 설치 후 단계별로 본인 인증 및 계좌 연동을 진행해야 합니다.

① **준비물**

(1) 실명 확인용 계좌

업비트는 K-Bank(케이뱅크)와 제휴하여 원화(KRW) 입출금을 지원하며 케이뱅크 계좌가 필요합니다.

(2) 신분증: 주민등록증, 운전 면허증 또는 여권

스마트폰: 모바일 앱을 통한 인증과 2FA(2단계 인증) 설정용

이메일 주소: 계정 등록 및 알림 수신용

2. 국내 거래소에서 달러 스테이블코인 구입하기

국내 암호화폐 거래소(업비트, 빗썸, 코인원 등)에서는 원화(KRW) 입금을 통해 테더, USD코인(USDC, 서클) 등 주요 스테이블코인을 직접 거래할 수 있습니다. 원화(KRW) 스테이블코인은 2025년 6월, '디지털자산기본법'이 발의되었지만 아직 실제 거래는 제한적이며 주로 달러 기반 스테이블코인이 거래됩니다. 이들은 해외 거래소로의 자금 이동이나 안정적 가치 보존 목적으로 인기 있습니다. 2025년 1분기 해외 이체 중 스테이블코인이 차지하는 비중은 47%에 달할 정도로 활발합니다. 최근 들어 World Liberty Financial(WLFI)에서 발행한 USD1도 업비트와 빗썸에 상장되었습니다. 다만, 아직 사용처가 제한적이어서 거래량은 많지 않은 편입니다.

[표 10-2] 국내 거래소 달러 스테이블코인 구입 방법(2025년 12월 기준)

거래소	지원 스테이블코인	KRW 페어 거래 여부	거래 수수료 (메이커/테이커)	구입 방법 요약	기타 특징
업비트	USDT, USDC, USD1	O(KRW/ USDT 등)	0.05%	1. 원화 입금(K-Bank) 2. '거래' 메뉴〉USDT 선택 〉시장가/지정가 매수	• 국내 최대 유동 성. Naver Pay와 KRW 스테이블 코인 개발 중
빗썸	USDT, USDC, USD1	O(KRW/ USDT)	0.04%(수수료 무료 쿠폰 등록 시)/ 0.25%	1. 원화 입금(KB 국민은행, 2025년 3월부터) 2. 코인 거래〉USDT〉 매수 주문 3. 자동 매매/스테이킹 연동 가능	• 거래량 2위, 0% 수수료 프로모션 자주 있음 • 오프라인 센터 지원
코인원	USDT, USDC, USD1	O(KRW/ USDT)	0.20%	1. 원화 입금(KakaoBank) 2. '거래소'〉스테이블 코인 선택〉매수 3. 72시간 제한 후 풀거래	• 초보자 UI 좋음 • 스테이킹 이자 제공(연 4~5%)
코빗	USDT, USDC	O(KRW/ USDT)	0%/ 0.15%	1. 원화 입금(NH 은행 제휴) 2. '매매'〉USDT페어〉 매수 실행	• 안정성 강조 • 소규모지만 신 뢰 높음
고팍스	USDT, USDC	O(KRW/ O(KRW/ USDT))	0.2%	1. 원화 입금(제휴 은행) 2. '거래'〉USDT〉시장 가매수	• Binance 지분 보유 • 간편 입출금

① 원화 입금

제휴 은행 앱을 통해 거래소로 KRW를 송금합니다(최소 1,000원, 수수료 무료).

② 스테이블코인 매수

(1) 거래 메뉴에서 KRW/USDT(또는 USDC) 페어를 선택합니다.

(2) 시장가(즉시) 또는 지정가(가격 지정)로 매수합니다(예 100,000 KRW로 USDT 약 70개 구입(환율 1,400원/USD 기준).

(3) 원화 보유 시 약 2%의 이자가 발생하지만, 달러 스테이블코인 보유 시에
는 이자가 지급되지 않습니다.

③ 보관/이용

거래소 지갑에 보관하거나 해외 송금/스테이킹 목적으로 스테이블 코
인을 구입합니다.

3. 달러 가격 변동 최소화 전략, 달러 선물 헤징

원화/달러 선물은 대한민국 원화(KRW)와 미국 달러화(USD)의 미래 환율
변동에 투자하거나 환위험을 헤지(Hedge, 회피)하기 위한 파생 상품입니다.
달러 스테이블코인을 구입하는 것도 달러에 투자하는 것이기 때문에 달러
가격에 따라 이를 환산한 원화 자산 가격도 변동이 발생합니다. 달러가 강세
가 된다면 수익이 더 늘어나겠지만 달러 약세가 되면 원화자산이 감소하는
상황이 됩니다.

이러한 변동성이 우려된다면 보유한 달러 스테이블코인만큼 달러 선물
숏 포지션을 취함으로써 이론적으로 완벽한 헤징 상태를 만들 수 있습니다.
즉, 달러가 강세가 되면 가지고 있는 달러 스테이블코인 가격이 오르지만 달
러 선물 숏 포지션에서는 손실이 나기 때문에 동일한 총 자산이 유지됩니다.
반대의 경우에도 총 자산은 동일합니다. 달러 선물거래의 주요 포인트를 살
펴보겠습니다.

원화 − 달러 선물 기본 개요

- 거래 대상: 미국 달러화(USD) vs. 원화(KRW)
- 계약 단위: 미화 10,000달러 단위
- 거래 시간: 09:00~15:45(KST), 야간 거래는 Eurex(유럽 거래소) 연계로 가능
- 수수료: 증권사별 0.01~0.05%(왕복 기준)
- 마진: 초기 증거금 약 5~10%(10배 레버리지 효과)
- 가격 표시: 1달러당 원화 가격으로 표시
- 최소 가격 변동폭: 0.10원
- 거래 시간: 09:00~15:45(최종 거래일은 오전 11:30까지)
- 선물은 1달 단위로 청산, 다음 달로 수동 롤오버 가능

① 거래 방법(단계별 가이드)

(1) 계좌 개설

- 증권사(키움증권, NH투자증권, 삼성증권 등) 또는 은행(한국씨티은행, 하나은행)에서 선물 옵션 계좌를 개설합니다.
- KYC(실명 인증)+투자자 보호 계약 필수. 온라인으로 1~2일 소요됩니다.
- 금융 투자 교육원 파생 상품 교육을 이수해야 합니다.
- 모의 투자 10시간 이상 또는 50회 이상 체험해야 합니다.

(2) 거래 실행

- KRX HTS/MTS(홈트레이딩 시스템, 모바일)에서 '외환 선물' 메뉴를 선택합니다.
- 롱(달러 강세 베팅) 또는 숏(원화 강세 베팅) 포지션에 진입합니다.
- 1계약은 1만 달러, 이에 따른 증거금이 있어야 합니다.
- Eurex 연계: KRX 회원을 통해 야간(유럽 및 미국 시간) 거래가 가능합니다.

(3) 청산 및 출금

- 만기 전 롤오버 또는 청산해야 합니다.
- 만기일까지 포지션을 정리하지 않을 경우, 해당 금액만큼 현금을 결제해야 합니다.

4. 해외 거래소 가입하기

달러 스테이블코인의 투자처로 해외 거래소, 블록체인이 가장 적합합니다. 이를 위해서는 국내 거래소에서 구입한 USDT나 USDC를 해외 거래소로 보내야 합니다. 이 때문에 해외 거래소를 반드시 가입해야 합니다. 해외 거래소는 수백 개에 달하지만, 실질적으로 이용 가능한 거래소는 소수에 불과합니다. 그중에서 시장 점유율이나 활용도 면에서는 바이낸스, 바이비트, OKX 정도만 가입해 두면 달러 스테이블코인 투자에는 전혀 무리가 없을 것입니다.

① 바이낸스 가입하기

바이낸스는 세계 최대 암호화폐 거래소로, 2025년 현재 이메일, 전화번호를 통한 간편 가입과 KYC(실명 인증)를 지원합니다. 가입 과정은 비교적 어렵지 않습니다. 글로벌 사용자에게 개방적이지만 한국 사용자도 접근 가능하며 국내 규제(자금 출처 신고 등)를 준수해야 합니다. KYC 완료 시 입출금 한도가 증가(기본: 2BTC/일, 고급: 100BTC/일)합니다. 웹 사이트(accounts.binance.com/register)와 앱을 통해 단계별로 가입하면 됩니다.

[표 10-3] 2024년 해외 거래소 연간 거래량(현물 선물 포함)

순위	거래소	거래소 점유율 (%)	2024년 거래량 (USD, 조)	주요 특징(2024년 동향)
1	Binance	38.5	7.65	시장 리더, Q4 40% 초과. 규제 준수 강화로 안정적 성장
2	Bybit	7.2	1.43	+25% YoY, 파생 상품 특화로 아시아 시장 확대
3	OKX	6.8	1.35	글로벌 확장, 스테이킹 서비스로 사용자 +15%
4	Gate.io	6.5	1.29	+30% MoM* 성장, 신흥 시장 공략
5	MEXC	6.0	1.19	저수수료 전략으로 급성장, +50% YoY
6	Bitget	5.5	1.09	모바일 트레이딩 강점, 5위권 진입
7	HTX(Huobi)	5.2	1.03	아시아 중심, 규제 적응으로 안정 유지
8	KuCoin	5.0	0.99	사용자 +20%, 저비용 거래소로 인기
9	Coinbase	6.5	1.29	미국 규제 영향으로 -5% 하락, 기관 투자 유입
10	Upbit	3.8	0.75	한국 중심, 글로벌 3~4% 유지, 현물만 포함

(출처: CoinGecko, CoinMarketCap, Statista의 2024년 연간 평균 거래량)
* MoM(Month over Month: 전월 대비)

(1) 준비물

- **이메일 주소 또는 전화번호**: 가입 시 필수, Google, Apple ID, Telegram 연동 가능

- **신분증**: 여권, 운전 면허증, 주민등록증 등(KYC용)

- **스마트폰**: 앱 설치 및 얼굴 인증, SMS/OTP 인증

- **비밀번호**: 영문 대소 문자, 숫자, 특수 문자 포함 8자 이상

- **주의**: VPN 사용 시 지역 제한 발생 가능. 한국 IP로 접속 추천

5. 트래블 룰 이해하기

트래블 룰(Travel Rule)은 암호화폐(가상 자산) 거래 시 자금 세탁 방지 (AML)와 테러 자금 조달 방지(CFT)를 목적으로 송신자와 수신자의 정보를 거래소 간 공유하도록 요구하는 국제 규제입니다. 이는 FATF(Financial Action Task Force, 금융행동특별위원회)의 권고안 16호를 기반으로 하며 2019년 6월 FATF가 암호화폐 거래소(가상 자산 서비스 제공자 VASP)에 이를 적용하면서 글로벌 표준으로 자리 잡았습니다.

2025년 10월 기준, 트래블 룰은 한국을 포함한 주요 국가에서 법적 의무로 시행되고 있으며 특히 한국에서는 「특금법」(「특정 금융 거래 정보의 보고 및 이용 등에 관한 법률」)과 연계되어 강화되었습니다.

① 트래블 룰이란?

(1) 정의

트래블 룰은 암호화폐 거래에서 송신인(보내는 사람)과 수신인(받는 사람)의 식별 정보를 VASP(거래소, 지갑 서비스 등)가 수집, 공유, 보관하도록 요구하는 규제입니다. 이는 기존 은행 시스템의 송금 규칙을 암호화폐에 적용한 것으로, 자금 흐름의 투명성을 높이고 불법 활동을 추적하기 위한 것입니다.

(2) 목적

- 자금 세탁 및 테러 자금 조달 방지
- 암호화폐의 익명성을 악용한 범죄 억제
- 글로벌 금융 시스템과의 통합성 강화

(3) 적용 대상

VASP(Virtual Asset Service Provider, 고객의 자산을 대신 보관하거나 전송해 주는 사업자, 암호화폐 거래소, 커스터디 서비스, 지갑 제공자 등) 및 기준 금액 이상의 거래가 발생했을 때 트래블 룰 대상입니다.

(4) 기준 금액

- FATF 권고: 1,000 USD 이상 거래(2025년 기준, 국가별 상이)
- 한국: 100만 원(약 700 USD) 이상 또는 모든 거래(「특금법」 강화)

② 트래블 룰 작동 방식

트래블 룰은 송금 과정에서 송신자와 수신자의 정보를 VASP 간 안전하게 공유하는 프로세스를 포함합니다. 다음은 주요 절차입니다.

(1) 정보 수집

- 송신자 정보: 이름, 계좌, 지갑 주소, 거주지 주소, 신분증 번호(또는 국가별 고유 식별자)
- 수신자 정보: 이름, 계좌/지갑 주소, VASP 정보(수신 거래소 이름 등)
- 한국에서는 KYC(실명 인증) 정보와 연계

(2) 정보 공유

- 송신 VASP는 IVMS 101과 같은 안전한 메시징 프로토콜을 통해 수신 VASP에게 송수신자 정보를 전송합니다. 예를 들어, 업비트(송신 VASP)에서 바이낸스(수신 VASP)로 USDT를 이체할 경우, 업비트는 이 표준 규격에 맞춰 한국인 송신자와 수신자의 신원 정보를 바이낸스 측에 안전하게 제공하게 됩니다.

(3) 보관 의무

- 양측 VASP는 거래 정보를 최소 5년간 보관(국가별 상이)
- 한국 「특금법」: 7년 보관 요구

(4) 기술 솔루션

- TRUST, CODE, VerifyVASP: 트래블 룰 준수를 위한 블록체인 기반 솔루션
- 한국: VerifyVASP(업비트, 빗썸 등 DAXA 거래소 사용) 및 CODE 네트워크 채택
- 글로벌: 체이널리시스, Elliptic 등 AML 소프트웨어로 데이터 분석

(5) 제외 사례

- 개인 지갑 간 거래(Non-custodial wallet)는 트래블 룰 적용 제외. 단, VASP가 관여 시 적용(예 메타마스크→트러스트 월렛은 제외, 바이낸스→메타마스크는 적용)

③ 한국 내 트래블 룰 현황(2025년)

한국은 2021년 「특금법」 개정 이후 트래블 룰을 엄격히 시행해 왔으며 2025년 「디지털자산기본법」 제정을 통해 규제를 더욱 강화했습니다. 주요 특징은 다음과 같습니다.

(1) 시행 시기

2022년 3월 25일부터 모든 VASP에 트래블 룰 의무화하였습니다. 한국은 FATF의 권고안을 가장 선제적이고 엄격하게 적용한 국가로 평가받고 있습니다.

(2) 적용 기준

100만 원 이상의 거래에 대해 적용했으며 일부 거래소는 모든 거래에 트래블 룰을 적용하고 있습니다.

(3) DAXA(디지털 자산 거래소 공동 협의체)

- 업비트, 빗썸, 코인원, 코빗, 고팍스가 참여하였습니다.
- VerifyVASP 솔루션으로 정보 공유 체계를 구축하였습니다.

(4) 제재

미준수 시 최대 7년 징역 또는 2억 원의 벌금이 부과됩니다. 일반 사용자는 트래블 룰을 따르지 않을 경우 해외 거래소와 국내 거래소 간의 입출금이 불가능합니다.

(5) 현황

- 2024년 거래소 96%가 트래블 룰을 준수하고 있습니다(금융 감독원 보고서).
- 업비트는 VerifyVASP으로 24시간 내 정보 전송, 빗썸은 CODE 네트워크를 변행 사용합니다.

④ 글로벌 트래블 룰 현황(2025년)

글로벌적으로 트래블 룰은 국가별로 상이하게 적용되며 주요 동향은 다음과 같습니다.

(1) 미국

- 기준 금액: 3,000달러(약 420만 원) 이상 전송 시 적용됩니다(타국 대비 기준이 높음).

- **특징**: FinCEN(금융범죄단속국) 규제를 따르며, 전송 시 송수신자 정보를 기록·보관해야 합니다.
- **핵심**: 트래블 룰 자체보다는 제재 대상(SDN 리스트)과의 거래 차단에 더 중점을 둡니다.

(2) EU

- **기준 금액**: 0유로로 모든 거래에 적용됩니다(가장 강력한 규제 'TFR' 시행).
- **특징**: 금액과 상관없이 거래소 간 이체 시 정보를 제공해야 하며 개인 지갑은 1,000 초과 시 소유 인증이 필수입니다.
- **핵심**: 2024년 12월 말부터 전면 시행된 세계에서 가장 엄격한 '무관용' 표준입니다.

(3) 일본

- **기준 금액**: 통상 10만 엔(약 90만 원) 상당액 초과 시 적용됩니다(거래소 정책에 따라 모든 거래 적용도 많음).
- **특징**: 「범죄수익이전방지법」에 따라 트래블룰 준수 국가(통지 대상국)로만 송금이 가능하도록 제한합니다.
- **핵심**: 송금 목적과 수취인 관계 등 매우 상세한 정보를 요구하며, 한국과 유사하게 절차가 깐깐합니다.

(4) 문제점

국가별 규제 기준의 차이와 비준수 오프쇼어 거래소의 존재는 트래블 룰을 회피하는 사각지대가 될 수 있습니다. 특히, 바이낸스 사례처럼 지역 간 규제 격차를 악용할 가능성이 있어 제도의 실효성을 저해할 우려가 있습니다.

(5) 솔루션 보급

2024년 기준 VASP 60%가 트래블 룰 솔루션을 도입하였습니다.

⑤ 트래블 룰의 영향

(1) 장점

- 자금 세탁 감소: 2024년 불법 자금 흐름 22% 감소되었습니다(체이널리시스).

- 시장 신뢰도 증가: 기관 투자가 유입되었습니다(20억 달러 ETF, 2024).

- 글로벌 표준화로 거래소 간 협력이 강화되었습니다.

(2) 단점

- 해외 거래소 송금 제한. 국내 투자자 불편이 증가되었습니다.

- 탈중앙성이라는 가상 자산 본래 철학과 충돌하고 있습니다.

- 사용자 불편: KYC 강화로 거래가 지연되고 있습니다(평균 5~30분).

⑥ 사용자 주의 사항

안전한 암호화폐 거래를 위해 국내외 거래소 모두 실명 인증(KYC)을 필수로 완료해야 합니다. 개인 지갑이나 해외 거래소로 송금할 때는 트래블 룰 준수 여부와 VASP 등록 상태를 확인하여 송금 제한을 방지해야 합니다.

계정 해킹 방지를 위해 2단계 인증(2FA)을 설정하고 접속 시 공식 URL 인지 확인하여 피싱 피해를 예방해야 합니다. 규제를 준수하지 않는 오프쇼어 거래소 이용 시 자금 동결 위험이 있으므로 각별한 주의가 필요합니다. 결과적으로 거래소의 송금 정책과 보안 수칙을 철저히 준수하는 것이 자산을 안전하게 지키는 핵심입니다.

6. 해외 거래소로 USDT 보내기

국내 거래소(업비트, 빗썸 등)에서 해외 거래소(바이낸스, 바이비트 등)로 USDT(테더)를 전송할 수 있으나, 트래블 룰(Travel Rule) 및 「외국환거래법」 준수가 필수입니다. 2025년 한국은 「특금법」과 「디지털자산기본법」에 따라 트래블 룰을 엄격히 시행하며 해외 송금 시 트래블 룰이 적용되고 본인으로 KYC된 해외 거래소로만 가능합니다. 현재 한국에서는 달러 기반 스테이블 코인을 포함한 가상 자산이 정식으로 외국환 거래법상 지급 수단 또는 외국 환으로 인식되지 않고 있는 상태입니다. 최근 국회에서는 스테이블코인을 「외국환거래법」상 지급 수단에 포함하는 개정안이 발의되었습니다. 이 법이 통과되면 특정 금액 이상을 해외 거래소로 송금할 경우, 신고 의무가 발생할 수 있습니다.

① 준비물

(1) 실명 인증(KYC)이 완료된 국내 거래소 계정

가장 먼저 업비트, 빗썸, 코인원, 코빗, 고팍스 등 국내 가상자산 거래소 중 한 곳의 계정이 필요합니다. 트래블룰에 따라 자금을 보내는 사람의 신원이 명 확해야 하므로, 반드시 고객확인제도(KYC) 인증을 마친 상태여야 합니다.

(2) 본인 명의의 해외 거래소 계정

송금받을 해외 거래소(바이낸스, Bybit, OKX 등)의 계정을 준비해야 합니다. 트래블룰 핵심 요건에 따라 보내는 사람과 받는 사람의 정보가 일치해야 하 므로 해외 거래소 계정 또한 국내 거래소와 동일한 본인 명의로 KYC 인증 이 완료되어 있어야 합니다.

(3) 입금용 은행 계좌

국내 거래소에서 USDT를 매수하기 위해 원화(KRW)를 입금할 수 있는 실명 확인 계좌가 필요합니다. 각 거래소마다 제휴된 은행이 다르므로 해당 은행의 계좌를 개설하고 연동해야 합니다.

- 업비트: 케이뱅크(K-Bank)
- 빗썸: KB국민은행 등

(4) 2단계 인증(2FA) 설정

안전한 자산 출금을 위해 양쪽 거래소 모두 보안 설정이 완료되어 있어야 합니다.

- 국내 거래소: 네이버 인증서, 카카오톡 인증, 하나인증서(업비트) 등 사설 인증서 등록
- 해외 거래소: Google Authenticator(OTP), SMS 인증 또는 생체 인식(바이오메트릭) 등 보안 수단 활성화

② 단계별 절차

(1) 1단계 국내 거래소에서 USDT 구매

- 원화 입금
- 국내 거래소(예 업비트) 앱/웹에 로그인
- [입출금] – [원화 입금] 선택
- 제휴 은행(예 KBank) 계좌로 송금(최소 1,000원, 무료)
- 송금자명은 거래소 계정 실명과 일치해야 함. 1~5분 내 반영
- USDT 매수
- 거래소 [거래] 또는 [마켓] 메뉴에서 [KRW/USDT 페어] 선택

– 시장가(즉시) 또는 지정가(가격 설정)로 매수(예 100,000KRW→약 70 USDT(환율 1,400KRW/USD 기준, 2025년 10월)

(2) 2단계 해외 거래소 USDT 입금 주소 확인

• 해외 거래소 로그인

– 바이낸스, Bybit 등 앱/웹 접속

– [Wallet] – [Deposit] – [USDT] 선택

• 네트워크 선택

– USDT는 여러 블록체인 네트워크 지원(ERC-20, TRC-20, BEP-20 등)

– 바이낸스로 송금 시 TRC-20(수수료 저렴, 약 1USDT), ERC-20(보안성 높음, 5~20USDT)

– 네트워크 미일치 시 자금 손실 위험, 반드시 확인

• 입금 주소 복사

– 해외 거래소에서 제공된 USDT 입금 주소 복사(문자열 또는 QR코드)

(3) 3단계 USDT 송금

• 국내 거래소 출금 신청

– 국내 거래소(예 업비트) [입출금] – [USDT] – [출금] 선택

– 해외 거래소의 USDT 입금 주소 입력(붙여넣기 추천)

– 네트워크 선택(예 TRC-20, ERC-20, APT, Kaia 일치 확인). TRC-20은 수수료 무료

– 송금 금액 입력(최소 10 USDT 이상 권장)

– 처음 송금할 때는 소량으로 먼저 보내 도착을 확인한 후 나머지 송금

• 트래블 룰 정보 제공

– 100만 원(약 700 USD) 이상 송금 시 트래블 룰 적용

- 송신자 정보(이름, KYC 데이터)와 수신자 정보(해외 거래소 이름, USDT지갑 주소) 입력(예 업비트는 VerifyVASP를 통해 바이낸스로 자동 전송)

- 해외 거래소가 트래블 룰 미지원 플랫폼일 경우 송금 차단

• 2FA 인증

- 네이버/카카오 기타 인증 확인

(4) [4단계] 송금 확인

• 블록체인 확인: 송금 후 5~60분 내 해외 거래소 지갑에 반영(네트워크 혼잡도에 따라 다름).

• 탐색기 활용: Etherscan(ERC-20), Tronscan(TRC-20)으로 트랜잭션 추적.

• 문제 발생 시: 국내 거래소 고객센터(예 업비트 1544-8750) 또는 해외 거래소 지원팀(바이낸스 support@binance.com) 문의

[표 10-4] 거래소별 특징 및 출금 수수료(2025년)

거래소	USDT 출금 지원 네트워크	출금 수수료(USDT)	트래블 룰 준수	비고
업비트	ETH, Tron, APT, KAIA	ETH: 4~10, APT/KAIA 0.01 달러 Tron: 무료 이벤트	VerifyVASP	한국 최대, 빠른 처리
빗썸	ERC-20, TRC-20, APT, KAIA	ETH: 4-10, APT/KAIA 0.01 달러 Tron: 무료 이벤트	CODE, VerifyVASP	오프라인 지원 강점
코인원	ETH	10~20	VerifyVASP	72시간 제한 후 송금
코빗	ETH	15	VerifyVASP	소규모, 안정적
고팍스	ETH, Tron	ETH:10, Tron:2	VerifyVASP	바이낸스 지분 연계
바이낸스(수신)	ETH, Tron, APT,KAIA 외 20여 개 지원	입금 무료	TRUST, IVMS 101	글로벌 1위, 빠른 반영
Bybit(수신)	ETH, Tron, APT,KAIA 외 20여 개 지원	입금 무료	부분 준수	파생 상품 강점

7. 블록체인 이용을 위한 개인 지갑 사용

스테이블코인을 활용해 보다 높은 수익률을 내기 위해서는 거래소를 이용하기 보다는 블록체인에 직접 접근하여 투자를 하는 것이 좋습니다. 거래소에 코인을 보관하면 사실상 거래소의 지갑에 있는 것이고 사용자는 그저 '계정 잔고'를 보는 것뿐입니다. 개인 지갑은 내가 직접 프라이빗 키(Private Key)를 관리하므로 누구도 대신 건드릴 수 없습니다.

'Not your keys, not your coins. (내 키가 아니면 내 코인도 아니다.)'

블록체인은 거래소보다 접근성이 떨어지지만 다양한 투자처가 있어서 훨씬 높은 수익률을 기대할 수 있습니다. 자유도가 높은 대신 그만큼 위험도가 크고 배워야 할 부분이 많습니다.

블록체인 투자를 위해서는 먼저 개인 지갑을 설치해야 합니다.

'개인 지갑'은 암호화폐(특히 이더리움 기반)에서 거래소가 아닌 사용자가 직접 관리하는 지갑을 의미합니다. 대표적인 예로 메타마스크(MetaMask)나 래비 월렛(Rabby Wallet)이 있으며 이들은 브라우저 확장 프로그램이나 모바일 앱을 통해 간편하게 설치할 수 있습니다. 이더리움 계열은 메타마스크, 래비 월렛, 솔라나는 팬텀, 수이는 슬러시(Slush), 코스모스 허브는 케플러(Keplr), 앱토스(APTOS)는 페트라(Petra) 지갑을 많이 사용합니다. 만약, 보안에 좀 더 신경을 쓴다면 하드웨어 지갑을 사용하면 됩니다. 중요한 키를 USB 타입의 하드웨어에 보관하기 때문에 PC의 해킹에도 안전합니다. 대표적인 하드웨어 지갑으로는 렛저(Ledger)가 있습니다.

① 메타마스크 설치 단계(크롬 브라우저, 모바일 앱 기준)

(1) 브라우저 준비

구글 크롬, 네이버 웨일, 마이크로소프트 엣지, 파이어폭스, 브레이브 중 하나를 사용하면 됩니다.

(2) 메타마스크 다운로드

• 크롬 웹 스토어나 휴대폰은 플레이스토어/앱스토어로 이동합니다.

• 메타마스크를 검색 후 리뷰 개수 등을 살펴보고 설치합니다.

(3) 지갑 생성

• 설치 후 아이콘 클릭→[지갑 시작]을 선택합니다.

• 강력한 비밀번호를 설정합니다(지갑 잠금용).

• 시드 구문(12~24단어) 백업: 화면에 나오는 단어들을 종이에 적어 오프라인 안전한 곳에 보관(절대로 외부 노출이 되지 않게 보관, 잃어버리면 자산 복구 불가).

(4) 네트워크 설정

기본은 이더리움 메인넷이지만 가스비가 상대적으로 비싸기 때문에 Kaia 체인을 이용하면 메타마스크를 통해서도 스테이블코인 전송이 가능합니다. 가스비인 Kaia 코인도 같이 보내야 합니다.

(5) 확인

주소(0x로 시작)가 생성되면 성공, 업비트 같은 거래소에 등록하려면 [개인 지갑 주소 관리]에서 연결합니다.

② **가스비 보내기(이더리움 네트워크 기준)**

　　가스비(Gas Fee)는 트랜잭션을 실행할 때 검증자에게 지불하는 수수료로, 지갑에 충분한 가스비가 없으면 거래(송금, 스왑 등)가 실패합니다.

(1) 가스비는 체인마다 사용하는 코인이 다릅니다.

- Ethereum→ETH
- BNB Chain→BNB
- Arbitrum→ETH

③ **ETH(가스비용) 충전 단계**

(1) 거래소에서 ETH 구매/보유

　　업비트나 바이낸스에서 ETH를 구입합니다.

(2) 개인 지갑 주소 확인

　　메타마스크를 열고 '계정 1'주소(0x…)를 복사합니다.

(3) 거래소 출금 신청

- 업비트: [MY]→[입출금]→[출금]→ETH 선택→네트워크 'ERC-20' 확인 →주소 입력→2FA 인증→출금
- 바이낸스: Wallet→Withdraw→ETH→ERC-20→주소 입력→출금
- 전송 확인: 5~30분 소요. Etherscan.io에서 주소 검색해 트랜잭션 확인을 확인 가능합니다.
- 지갑에서 사용: ETH가 도착하면 메타마스크 잔고에 표시, 토큰 전송 시 가스비가 자동 차감됩니다.

— **11장** —

투자 전략 (실전 초급)

지금까지의 과정은 성공적인 스테이블코인 투자를 위한 탄탄한 기초 공사였습니다. 대다수의 사람들이 스테이블코인을 단순한 결제 수단으로만 여기는 동안, 시장의 흐름을 먼저 읽어 낸 선구자들은 이를 강력한 자산 증식의 도구로 활용하고 있습니다.

하지만 서두를 필요는 없습니다. 처음부터 무리하게 고수익을 좇아 위험을 감수하기보다는 사용자 친화적인 서비스부터 차근차근 경험하며 충분한 '워밍업' 과정을 거치시길 권합니다. 블록체인 세계에서 '투자'란, 모든 수익과 위험을 오롯이 투자자 스스로가 감당해야 하는 냉정한 승부처입니다. 부디 조급함을 내려놓고 하루에 한 걸음씩, 이 새로운 투자의 가능성을 직접 체험하며 나아가시길 바랍니다.

1. 안전한 스테이블코인 투자법

스테이블코인은 USDT, USDC, 다이 등처럼 달러 가치에 고정된 코인으로, 변동성 낮은 '안전 자산'의 역할을 합니다. 그러나 디페깅(가치 고정 실패), 해킹, 규제 리스크가 존재하므로 안전성을 최우선으로 고려해야 합니다.

'안전한 스테이블코인 투자법'은 단순히 높은 이자 수익을 좇는 것이 아니라 원금 손실 없이 안정적으로 복리 수익을 쌓는 구조를 설계하는 것입니다.

① 기본 원칙: 리스크는 줄이고 복리는 살린다

(1) 확실한 스테이블코인 선택하기

USDT나 USDC와 같은 일대일 달러 담보가 있는 코인만 사용합니다.

(2) CEX(중앙화 거래소)와 디파이 병행

상위 거래소인 바이낸스, 바이비트와 디파이 서비스 중에서 검증된 에이브(Aave), 컴파운드, 유니스왑 등을 이용합니다.

(3) 원금 인출 가능성 확보

기간 제한 없이 자유로운 입출금이 가능한 서비스 위주로 투자해야 합니다.

(4) 지갑 보안 유지

개인 지갑의 경우 하드 월렛 사용 추천, 거래소는 반드시 2FA 등으로 최고 보안 레벨을 유지해야 합니다.

(5) 한곳에 몰빵 투자 금지

예치처, 토큰, 네트워크를 한쪽으로 몰지 말고 분산 투자를 하는 것이 좋습니다.

② 코인 선택: 무조건 안정성이 1순위

(1) 스테이블코인 투자의 가장 큰 위험 요인은 1달러 가치를 상실하는 디페그 현상입니다. 따라서 각 스테이블코인의 특성을 파악하여 디페그 가능성이 낮은 코인에 투자해야 합니다.

(2) USDC와 같이 투명한 외부 감사를 받고 규제 준수 의지가 높은 코인이거나 USDT처럼 보편적으로 통용되는 코인으로 투자를 진행하는 것이 좋습니다.

[표 11-1] 담보의 종류에 따른 스테이블코인 분류

유형	대표 코인	설명	안정성
법정화폐 담보형	USDC, USDT, FDUSD, PYUSD	실제 달러 100% 담보	★★★★★
RWA 담보형(실물 자산 기반)	ONDO USDY, Mountain USDM, Ethena USDe	채권/헤징 구조	★★★★
암호 자산 담보형	DAI, LUSD, sDAI	ETH, USDC 등 초과 담보	★★★
하이브리드형	USDe, USDf	다양한 초과 담보 자산	★★★
알고리즘형	UST, USDD, USDN	구조적 위험, 붕괴 가능	절대 비추천

③ 가장 안전한 투자 경로

(1) CEX 예치/스테이킹(가장 안전한 방법)

- 플랫폼: 바이낸스 언(Binance Earn), 바이비트 세이빙(Bybit Savings), OKX Grow 등

- 방식: USDC/USDT 예치하여 매일 이자 수익을 기대할 수 있습니다.

- 예상 수익률: 연 3~8%

- 리스크: 거래소 파산, 해킹

(2) 디파이 대출/예치(중간 안전성, 수익 최적화)

- 플랫폼: 에이브(Aave), 컴파운드(Compound), 메이커다오, 프랙스(Frax)

- 방식: 개인 지갑 연결→USDC, USDT를 예치합니다.

- 예상 수익률: 연 5~10%(시장 상황에 따라 변동)

- 리스크: 스마트 컨트랙트 해킹/버그

- 오픈소스 감사(Audited)된 프로토콜만 사용합니다.

- 유명 지갑(메타마스크, 래비, 렛저)을 이용합니다.

(3) 거래소 런치패드, 런치풀 참여

- 플랫폼: 바이낸스, 바이비트, OKX의 런치패드, 런치풀

- 방식: USDC/USDT를 이용해 IEO 코인 구입, 스테이킹하고 런치풀 참여하여 신규 코인을 보상 수령합니다.

- 예상 수익률: 연 30~40%, 기간이 1주일 정도로 짧습니다.

- 리스크: 거래소 파산, 해킹

[표 11-2] 투자 방법에 따른 수익률과 위험도(2025년 10월 기준)

구분	추천 투자법	연수익률	난이도	리스크
CEX 자유 예금	Binance/Bybit Savings	3~8%	쉬움	낮음
디파이 예치(Aave, DSR)	USDT, USDC 예금	5~10%	중간	낮음~중간
디파이 복합형(Pendle, Ethena)	USDe, USDf	10~25%	중간~고급	중간
거래소 런치풀, 런치패드	스테이블 예치	30~40%	쉬움	낮음

2. 거래소 스테이블코인 예치하기

암호화폐 거래소는 일반적으로 은행＋거래 기능이 합쳐져 있습니다. 이 중에서 우리는 은행의 기능을 이용해 보도록 하겠습니다. 대부분의 암호화폐 거래소에서는 스테이블코인을 포함한 다수의 암호화폐 예금 및 대출이 가능합니다. 여기서는 스테이블코인 예금에 대해서 알아보겠습니다.

각각의 거래소마다 이름은 다르지만, 기능은 비슷하기 때문에 가장 대표적 거래소인 바이낸스를 기준으로 알아보겠습니다. 바이낸스는 암호화폐를 예치하여 이자를 받을 수 있는 'Earn' 프로그램을 통해 다양한 예금 상품을 제공합니다. 이는 은행 예금과 유사하게 자유 예금, 고정 예금 등의 형태로 운영되며 주로 USDT, BTC, ETH 등 주요 코인을 대상으로 합니다. 이 자율은 시장 상황에 따라 변동되며 바이낸스에서 마진 대출이나 유동성 제공을 통해 발생하는 수익으로 지급됩니다.

① **자유 예금(Flexible Savings, Flexible Deposit)**

자유 예금(Flexible Savings)은 은행의 수시 입출금 통장처럼 언제든지 자유롭게 가상 자산을 예치하고 인출할 수 있는 상품으로, 높은 유동성을 필요로 하는 단기 자금 운용에 최적화되어 있습니다.

가장 큰 장점은 필요시 즉시 인출이 가능하다는 것이며, '자동 구독' 기능을 활용하면 지갑 내 유휴 잔고를 자동으로 예치해 끊김 없이 수익을 창출할 수도 있습니다. 입출금이 자유로운 편의성 때문에 자금이 묶이는 고정 예금보다는 이자율이 다소 낮지만, USDT 기준 연평균 1~5% 내외의 안정적인 수익을 제공하며 시장 상황이 좋을 때는 5% 이상의 고이율을 기록하기도 합니다. 단, 이자 지급은 예치 직후가 아닌 통상 다음 날부터 산정되거나 특정 시점에 정산된다는 점을 유의해야 합니다.

바이낸스 앱의 [지갑] - [Earn] - [Flexible] 메뉴에서 원하는 코인을 선택하는 것만으로 간편하게 시작할 수 있습니다.

② **고정 예금(Locked Savings, Fixed Deposit/Locked Savings)**

고정 예금(Locked Savings)은 은행의 정기예금과 같이 약정된 기간 동안 자산을 예치하여 수익을 극대화하는 상품입니다. 예치 기간은 보통 7일, 30일, 90일 등으로 다양하게 설정할 수 있으며 자금을 오래 묶어 둘수록 더 높은 이자율을 적용받는 것이 특징입니다.

자유 예금에 비해 확실한 금리 우위를 점하고 있어 USDT 기준 연 5~6%의 안정적인 수익률을 보이며 과거 이벤트 기간에는 최대 23%에 달하는 고수익을 기록하기도 했습니다. 만기가 도래하면 원금과 이자가 자동으로 지급되지만, 만기 전 중도 해지를 요청할 경우 약정된 이자를 받지 못하거나 손실이 발생할 수 있으므로 자금 사용 계획을 신중히 세워야 합니다.

바이낸스 앱 내 [지갑] – [Earn] – [Locked] 메뉴로 이동하여 원하는 코인과 기간을 선택하면 간편하게 시작할 수 있습니다.

③ 활성화 예금(Activities 또는 이벤트성 예금)

활성화 예금(Activities)은 특정 블록체인 프로젝트의 론칭이나 이벤트를 기념하여 한시적으로 제공되는 특판 상품으로, 정해진 모집 한도가 채워지면 조기 마감되는 높은 희소성을 가집니다. 이 상품의 가장 큰 매력은 단순한 이자 수익뿐만 아니라 런치풀과 연계되어 잠재력 있는 신규 코인을 추가 보상으로 획득할 수 있다는 점입니다.

스테이블코인이나 BNB 등 다양한 자산으로 참여 가능하며 평균 연 10% 이상, 프로젝트에 따라 20%를 훌쩍 넘는 파격적인 수익률을 제공하기도 합니다. 다만, 높은 수익만큼이나 운영 기간이 짧고 비정기적으로 진행되며 경우에 따라 BNB 보유 등 특정 참여 요건이 필요할 수 있습니다.

바이낸스 앱 내 [Earn] – [Activities] 섹션을 주기적으로 확인하여 발 빠르게 참여하는 전략이 필요합니다.

[표 11-3] 자유 예금과 고정 예금 비교

항목	자유 예금	고정 예금/고정 스테이킹 등(Locked)
인출 가능성/유동성	언제든지 인출 가능(예치 후 하루 뒤부터 이자 발생 등 조건 있을 수 있음)	예치한 기간 동안 인출 불가 또는 제한, 만기 후 인출 가능
이자율/보상	일반적으로 낮음	보통 자유 예금보다 높음
리스크	유동성 리스크 낮음(자금 묶이지 않음)	기간 묶임→시장 변동성, 기회비용 리스크 존재
이자 지급 방식	보통 매일 또는 일 단위 누적 지급	만기 시 또는 일정 간격 지급(또는 일부 선지급)
적용 코인/자산	비교적 다양한 자산에 적용되는 경우 많음	일부 코인/상품에만 적용되는 경우 많음

[표 11-4] 거래소별 코인 예금 이자(2025년 10월 3일 기준)

거래소	상품 유형	USDT APY (자유/고정)	BTC APY (자유/고정)	ETH APY (자유/고정)	지원 코인 수	주요 특징 및 단점
바이 낸스	자유/고정/ 활성화/ 스테이킹	1~5%/ 5~6%	0.5~2%/ 2~4%	2~4%/ 4~8%	100+	안정적, 자 동 예치 기능. 단, 중도 해지 시 이자 손실
OKX	Simple Earn(자유/고정), On-chain Earn, Loan	2~4%/ 4~7%	1~3%/ 3~5%	2.48%/ 5~9%	100+	디파이/스왑 통합, 높은 고 정 APY. 단, KYC 엄격
KuCoin	Flexible/ Fixed Savings, Staking, Pool-X	1.5~4%/ 4~8%	0.8~2.5%/ 2.5~5%	3~5%/ 5~10%	700+	알트코인 스테 이킹 풍부, 이 벤트 고수익
Bybit	Earn(Savings/ Stakin g), 웹 3 Earn	1~3%/ 3~5%	1~2.5%/ 2.5~4%	2~4%/ 4~7%	1,000+	파생 상품 연계, 모바일 최적화
Gate. io	HODL & Earn(자유/고정), Staking	1.2~3.5% /3.5~6%	0.6~2%/ 2~4.5%	2.5~4.5%/ 4.5~8%	1,400+	알트코인 최대 다양, 저수수료. 단, 인터페이스 복잡

3. 블록체인 스테이블코인 예치하기

시파이(CeFi, 중앙화 금융)와 디파이(DeFi, 탈중앙화 금융)에서의 '예금'은 자산을 맡기고 이자를 수취한다는 기본 개념은 동일하나, 자금 통제권, 이자 결정 방식, 리스크 종류 등 근본적인 구조에서 큰 차이를 보입니다.

[표 11-5] 시파이(CeFi) vs. 디파이(DeFI)

구분	시파이 예금(중앙화 거래소)	디파이 예치(탈중앙화 금융)
자금 통제권(Custody)	수탁형(Custodial): 플랫폼이 자금 통제(개인은 지갑의 개인 키를 보유하지 않음)	비수탁형(Non-Custodial): 개인이 자금 통제(개인이 지갑의 개인 키 보유)
중개자 존재 여부	중개자 존재: 중앙화된 기업(거래소, 금융사)이 모든 거래와 예금을 관리	중개자 없음: 스마트 계약(Smart Contract)이 모든 거래와 이자 지급을 자동 관리
이자 결정 방식	플랫폼 정책 기반: 거래소의 운용 전략, 시장 상황, 프로모션 등을 고려하여 결정(상대적으로 안정적이거나 고정 이율 제공)	수요/공급 기반: 프로토콜 내 대출 및 차입 수요(자본 활용률)에 따라 실시간으로 변동
이자율	USDT: 4~7%(자유), 5~12%(고정, 이벤트 20%+) USDC: 3~6%(자유), 4~12%(고정)	USDT: 5~10%(평균 6~8%) USDC: 4~9%(평균 5~7%, E-Mode 10%+)
유동성	자유: 즉시 인출 고정: 7~180 일 잠금	즉시 인출 가능, 이용률 100% 시 지연 가능
투명성	불투명: 자금 운용 및 대출 내역이 내부적으로 처리되며 외부 공개되지 않음	투명: 모든 거래, 이자 지급, 자금 운용이 블록체인에 기록되어 누구나 확인 가능(온체인 데이터)
주요 위험	카운터파티 위험: 플랫폼의 파산, 해킹, 내부 부정, 규제에 의한 자산 동결 위험	스마트 계약 위험: 코드 오류, 해킹 위험, 네트워크 혼잡으로 인한 거래 지연, 실패 위험
사용 편의성	쉬움: 일반적인 웹 사이트/앱 환경, KYC(신원 인증) 필요, 고객 지원 용이	어려움: 웹 3 지갑 사용, 가스비(네트워크 수수료) 이해 기술적 지식 요구, 고객 지원 없음
피아트(Fiat) 연동	원활함: 은행 송금 등을 통한 명목화폐 입출금(Fiat On/Off-Ramp) 용이	제한적: 명목화폐와 직접적인 연결이 어렵거나 복잡함

시파이 예금과 디파이 예금은 거래 구조, 신뢰성, 자산 관리 방식, 리스크 등의 측면에서 뚜렷한 차이를 보입니다.

① 시파이 예금의 특징

시파이 예금은 바이낸스나 바이비트와 같은 중앙화 거래소가 주체가 되어 고객의 자산을 직접 위탁받아 관리하고 운용하는 금융 모델입니다. 이 방식의 가장 큰 강점은 사용 편의성으로, 기존 뱅킹 앱과 유사한 직관적인 UI/UX를 제공하며 법정화폐 연동과 신속한 고객 지원을 통해 암호화폐 초보자도 기술적 장벽 없이 쉽게 접근할 수 있습니다.

수익률은 연 1~12% 수준으로 디파이에 비해 변동성이 적고 안정적이며 투자 성향에 따라 자유 입출금과 고정 기간 예금 중 유연하게 선택할 수 있습니다.

다만, 거래소 자체의 해킹이나 운영사의 파산(부도)과 같은 중앙화 리스크가 구조적으로 존재함을 유의해야 하며 제도권 편입에 따라 엄격한 신원확인(KYC) 절차를 완료해야만 서비스를 정상적으로 이용할 수 있습니다.

② 디파이 예금의 특징

디파이 예금은 에이브(Aave), 컴파운드(Compound), 커브(Curve) 등 스마트 컨트랙트 기술이 적용된 탈중앙화 프로토콜을 기반으로 작동하는 금융 서비스입니다. 중앙화된 중개자 없이 사용자가 개인 지갑(Wallet)을 통해 자산의 소유권을 직접 행사하며 스마트 컨트랙트에 자금을 위임하는 방식으로 운용됩니다.

모든 과정이 블록체인상에 투명하게 기록되고 코드에 의해 이자 지급이 자동화된다는 장점이 있으며 시장 수급에 따라 연 5~20% 이상의 고수익을 기대할 수 있어 공격적인 투자자에게 적합합니다.

별도의 신원 확인(KYC) 절차 없이 누구나 익명으로 참여할 수 있는 개방성을 갖추었지만, 스마트 컨트랙트의 버그나 해킹 취약점 등 기술적 리스크가 존재하고 사용법이 다소 복잡할 수 있어 투자 전에 시스템에 대한 충분한 학습이 필요합니다.

블록체인에서 스테이블코인을 이용한 예금은 주로 디파이 플랫폼에서 이루어지며 일정 기간 동안 스테이블코인(예 USDT, USDC, DAI 등)을 예치하고 이자를 받는 방식입니다. 대표적인 플랫폼으로는 에이브와 컴파운드가 있으며 다수의 플랫폼이 이를 기반으로 구축되었습니다. 에이브는 스마트 컨트랙트를 통해 스테이블코인(USDC, USDT, DAI 등)을 예치하고 자동으로 이자를 수취할 수 있는 디파이(탈중앙화 금융) 프로토콜입니다. 여기서는 에이브에 달러 스테이블코인을 예금하는 방법을 알아보겠습니다.

③ 준비 단계

(1) 지갑 설치

메타마스크, 래비 지갑 등을 다운로드합니다(크롬 확장 또는 모바일 앱 추천).

(2) 스테이블코인 확보

거래소(바이낸스 등)에서 USDC/USDT/DAI 구매 후 블록체인 지갑으로 전송, 네트워크를 맞춰 가스비와 달러 스테이블을 전송합니다(예 Ethereum ERC20).

(3) Aave 앱 접속

브라우저에서 https://app.aave.com/에 접속합니다.

④ 지갑 연결

(1) 앱 상단의 [Connect Wallet] 클릭 – [MetaMask] 등 선택 – 연결을 승인합니다.

(2) 체인 선택

Ethereum 메인넷 추천, 가스비를 절약하려면 BSC나 아비트럼 등으로 전송, 가스비와 스테이블도 체인을 맞춰 전송합니다.

⑤ 예치(Supply) 실행

(1) 'Supply' 섹션 이동

Aave 앱의 메인 화면에서 예치(Supply) 가능한 자산 목록을 확인합니다.

(2) 스테이블코인 선택

예치하고자 하는 스테이블코인(예 USDC)을 찾아 클릭합니다.

(3) 금액 입력

예치할 금액을 입력합니다.

(4) 승인(Approve) 트랜잭션(첫 예치 시 필수)

디파이 프로토콜에 토큰을 사용하도록 허가하는 'Approve' 트랜잭션을 먼저 서명. 지갑에서 가스비를 지불하고 승인합니다.

(5) 예치(Supply) 트랜잭션

'Approve'가 완료되면 이제 'Supply' 버튼을 눌러 실제 스테이블코인을 에이브(Aave) 프로토콜에 예치하는 트랜잭션을 서명하고 가스비를 지불합니다.

⑥ **이자 수령 관리 및 인출**

(1) 예치가 완료되면 사용자는 예치한 스테이블코인 수량에 비례하는 aToken(예 USDC 예치 시 aUSDC)을 지갑으로 수령합니다.

(2) aToken은 이자가 자동으로 복리(Compound)로 쌓이는 이자 발생 토큰, 시간이 지남에 따라 사용자의 지갑에 있는 aToken 수량은 그대로이지만, aToken당 교환할 수 있는 기본 스테이블코인(USDC)의 양이 증가

(3) 대시보드(Dashboard)에서 포지션 및 누적 이자를 확인합니다.

(4) 인출

[Withdraw] 클릭 – 금액 입력 – 승인합니다(즉시 가능하지만, 이용률 100% 시 대기 발생).

(5) 예시

1,000 USDC 예치 시 연 6% APY로 약 60 USDC 이자, E-Mode 활성화 시 대출 가능합니다(예 USDC 예치 후 다이 대출).

4. 거래소 런치패드/런치풀 참여하기

런치패드(Launchpad)와 IEO(Initial Exchange Offering)는 중앙화 거래소

(CeFi)에서 신규 암호화폐 프로젝트의 토큰을 초기 가격에 구매할 수 있는 플랫폼입니다. 런치패드는 거래소의 전용 런치 프로그램(예 Binance Launchpad)을 의미하며 IEO는 ICO(Initial Coin Offering)의 거래소 버전으로, 거래소가 프로젝트를 검증하고 유동성을 제공합니다.

런치풀은 스테이블코인이나 일반 코인을 예치(스테이킹)해 신규 코인을 보상으로 받는 방식입니다. 본인의 원금은 유지하면서 신규 코인을 받을 수 있습니다. 참여 시 높은 수익(ROI 10x 이상 가능)이 있지만, 경쟁(로터리/스테이킹)이 커서 실제로 원하는 만큼 구입은 불가능합니다. 다만, 단기 수익률 면에서 스테이블코인 기준으로 보통 APY 30% 이상이 나옵니다.

[표 11-6] 런치패드와 런치풀의 차이점

구분	런치패드(Launchpad)	런치풀(Launchpool)
방식	IEO(판매 참여)	스테이킹 보상(무료)
참여자 비용	거래소에 토큰 지불	거래소에 토큰 예치
수익 구조	신규 토큰 구매→상장 이익	신규 토큰 보상(무료 채굴)
위험도	상대적으로 높음	낮음(원금 보존)
예시	액시(Axie), 스테픈(StepN), 매틱(MATIC)	이더나(Ethena), 세이(Sei), 에이보(AEVO)
주 목적	자금 조달	마케팅 & 유저 확보

[표 11-7] 각 거래소별 런치패드 런치풀

거래소	런치패드 이름	런치패드 특징	런치풀 이름	런치풀 특징
Binance	Binance Launchpad	BNB 스테이킹으로 자격 획득 후 토큰 청약. 100+프로젝트 런칭, 평균 ROI 94% 성공률. 고액 할당 제한적	Binance Launchpool	BNB/FDUSD 스테이킹으로 신규 토큰 에어드롭. 시간별 캡 제한으로 공정성 강조. 자유 입출금 가능
OKX	OKX Jumpstart	USDT 등으로 토큰 판매 참여. CEX/DEX 통합, whitelist/vesting 지원. 40% 프로젝트 ROI 긍정적	OKX Launchpool	자산 잠금으로 신규 토큰 보상. 유연한 캡과 다중 체인 지원. 스테이킹 기간 중 조정 가능
Bybit	Bybit Launchpad	MNT/USDT 듀얼 트랙으로 할당. 투명한 스냅샷 통계 제공	Bybit Launchpool	다양한 크립토 스테이킹(USDT 등)으로 신규 토큰 획득. 과거 이벤트 상세 추적 가능
KuCoin	KuCoin Spotlight	KCS 스테이킹으로 IEO 참여. 30+프로젝트(게임/웹 3 중심), 44% ROI 긍정적. 저위험 프로젝트 다수	KuCoin Launchpool	자산 잠금으로 보상. 소규모 프로젝트 중심, 자유로운 입출금. 추가 이자 수익 가능
Gate.io	Gate.io Startup	USDT 기반 토큰 판매. 56% 프로젝트 ROI* 성공. 다중 체인 지원, 빠른 상장	Gate.io Launchpool	스테이킹으로 신규 토큰 분배. 3,800+토큰 지원, niche 프로젝트 강점.

* ROI(Return on Investment: 투자 수익률)

참여 방법은 바이낸스를 기준으로 설명드리겠습니다.

① 런치패드

(1) 목적

새로운 암호화폐 프로젝트의 자금 조달(Fundraising)을 위해 토큰을 투자자들에게 판매하는 플랫폼입니다. 이는 전통적인 주식 시장의 IPO(기업공개)와 유사한 IEO(Initial Exchange Offering, 거래소 공개) 형태로 진행됩니다.

(2) 참여 방식

- 사용자가 특정 조건을 충족하여(예) BNB 보유) 토큰 세일 이벤트에 직접 참여하여 신규 토큰을 구매합니다.
- 일반적으로 추첨(복권) 시스템이나 구독(Subscription) 시스템을 통해 토큰 할당량이 결정됩니다.
- 직접적인 투자(구매)가 필요하며 당첨 시 토큰을 정해진 가격에 매입. 구입한 토큰의 가격이 하락할 경우 투자 손실이 발생할 수 있습니다.

(3) 위험 및 보상

성공적인 프로젝트의 경우, 초기 구매 가격 대비 상장 후 높은 수익을 기대할 수 있지만, 토큰을 구매하는 직접적인 투자 위험이 있습니다.

(4) 참여 방법

- **1단계** BNB 보유 계산 기간(평균 4~7일), 지정된 기간 동안 사용자의 바이낸스 지갑(현물, 마진, 이자 농사 등)에 있는 BNB 일평균 보유량이 계산합니다.
- **2단계** 구독 기간(Subscription Period)(보통 24시간), 보유량 계산 기간 동안 확인된 최대 참여 가능한 코인(FDUSD, BNB등) 수량 내에서 사용자가 신규 토큰 구매에 사용할 코인을 확약합니다(Commit).
- **3단계** 계산 기간(Calculation Period)(보통 1시간), 확약된 전체 코인을 기준으로 개인별 최종 토큰 할당량이 계산, 경쟁률에 따라 할당량이 결정됩니다.

- **4단계** 최종 토큰 분배 할당된 토큰을 구매하는 데 사용된 코인(FDUSD, BNB)는 차감되고 나머지 코인과 신규 토큰이 사용자의 현물 지갑으로 분배됩니다.

[표 11-8] 바이낸스 런치패드 수익률

프로젝트	ROI 배수(All-Time High 기준)	비고/특이 사항
Axie Infinity(AXS)	약 ×1,649배	Binance Launchpad 상장 이후 최고 수익 사례 중 하나
Polygon(MATIC)	약 ×1,104배	낮은 초기 가격 대비 강한 상승세 기록
The Sandbox(SAND)	약 ×1,000배	메타버스/게임 분야의 성장 기대감 반영됨
MultiversX(EGLD)	약 ×833배	L1 블록체인으로서 초기 투자 대비 수익 큼
GMT(StepN)	약 ×411배	비교적 최근 프로젝트 중 강한 성장 보여 준 사례
WRX	약 ×294배 이상	거래소 자체 토큰 관련 프로젝트
기타 CTSI, ONE, Alpha 등	100배대~수십 배대	수익 사례 다수

② 런치풀

(1) 목적

새로운 프로젝트의 토큰을 사용자들에게 분배(Distribution)하고 유동성 제공(Staking)을 통해 커뮤니티 참여를 유도하는 플랫폼입니다.

(2) 참여 방식

- 사용자가 자신이 보유한 기존 암호화폐(주로 스테이블코인이나 BNB)를 특정 풀(Pool)에 스테이킹합니다(Staking, 예치).

- 스테이킹된 자산에 대한 보상으로 새로운 프로젝트의 토큰을 지급합니다.

- 별도의 구매 없이 기존 자산을 예치하여 수익을 창출(Yield Farming)하는 개념입니다. 원금 손실 가능성이 낮습니다.

(3) 위험 및 보상

원금(스테이킹한 기존 자산)은 유지되며 새로운 토큰을 이자처럼 추가 보상으로 받을 수 있어 런치패드보다 위험도가 낮다고 간주됩니다. 보상은 스테이킹한 금액과 기간에 비례하여 지급됩니다.

(4) 참여 방법

- **1단계** 런치풀 페이지 접속, 바이낸스 로그인 후 상단 메뉴에서 [Earn] 또는 [More] 아래의 [Launchpad & Launchpool] 페이지로 이동합니다.

- **2단계** 풀 선택 및 스테이킹, 현재 진행 중인 런치풀 프로젝트를 확인하고 원하는 코인 풀(예 BNB 풀 또는 FDUSD 풀)을 선택합니다.

- **3단계** 자산 예치(Lock/Stake), 예치할 코인의 수량을 입력하고 [Lock] 또는 [Stake] 버튼을 클릭하여 자산을 예치(최소 수량이 있을 수 있음)합니다.

- **4단계** 신규 토큰 보상 수령, 예치한 시점부터 시간 단위로 신규 토큰 보상이 사용자에게 적립. 적립된 보상은 언제든지 [Claim] 버튼을 눌러 현물 지갑으로 옮길 수 있습니다.

- **5단계** 예치 해제, 파밍 기간 중 언제든지 [Unstake] 버튼을 눌러 예치했던 자산을 회수할 수 있으며 프로젝트 종료 시점에는 예치된 자산은 자동으로 현물 지갑으로 반환됩니다.

[표 11-9] 바이낸스 런치풀 수익률 분석

프로젝트/토큰	ROI 배수 또는 수익 배수	비고/설명
SUI	약 ×34.5배	ChainBroker 기준, SUI 프로젝트가 런치풀 ROI 상위 사례 중 하나로 언급됨
Pendle	약 ×4.98배	런치풀 내 보상 토큰 배포 사례 중 하나로 ROI 보고됨
평균/누적 수익	약 15.37% 누적 수익(3년 기준)	Binance 런치풀 전반을 통틀어 '누적 수익률'을 계산한 기사에서 제시한 수치임

5. 블록체인 런치패드, 런치풀 참여하기

디파이 런치패드(Initial DEX Offering)와 런치풀은 신규 블록체인 프로젝트의 토큰을 판매하여 자금을 조달하고 보상을 제공하는 탈중앙화 플랫폼입니다. 디파이 런치풀은 사용자가 기존 암호화폐를 스테이킹하고 그 대가로 신규 프로젝트 토큰을 '채굴'하는 방식입니다.

[표 11-10] 거래소와 블록체인의 런치패드/런치풀 비교

구분	거래소 런치패드/런치풀	블록체인(온체인) 런치패드/런치풀
운영 주체	중앙화 거래소(CEX)	탈중앙화 프로토콜(디파이)
대표 서비스	바이낸스(Binance), 바이비트(Bybit), 오케이엑스(OKX)	비들패드(BuidlPad), 팬케이크스왑(Pancakeswap), 에어로드롬(Aerodrome)
참여 방식	거래소 계정 예치	개인 지갑 연결(Metamask 등)
자금 보관	거래소 내부 계정	블록체인 스마트 컨트랙트
KYC 필요 여부	있음(실명 인증 필수)	없음(지갑 주소로 참여 일부 요구)
보상 지급	거래소 내 토큰 자동 분배	온체인으로 실시간 분배
위험도	낮음(거래소가 중개)	중간~높음(스마트 컨트랙트 리스크)

① 디파이 런치패드(IDO) 참여 방법

디파이 런치패드(비들 패드, 리전(Legion), 카이토 런치패드 등)는 프로젝트 토큰을 구매할 수 있는 플랫폼이며 주로 '지분(Tier)' 시스템을 운영합니다.

IDO는 새로운 블록체인 프로젝트가 자신들의 토큰을 판매할 때, 탈중앙화 거래소(DEX) 또는 디파이(DeFi) 런치패드 플랫폼을 통해 진행하는 방식입니다. 이는 중앙화된 거래소(IEO)를 거치지 않고 직접 블록체인 상에서 이루어집니다.

(1) `1단계` 준비물 갖추기

- **웹 3 지갑 설치**: 메타마스크, 래비 월렛 등 블록체인 네트워크를 지원하는 비수탁형(Non-Custodial) 지갑을 설치하고 시드 구문(복구 구문)을 안전하게 보관합니다.

- **네트워크 설정**: 참여하려는 런치패드가 운영되는 블록체인 네트워크(예 이더리움, BNB Chain, 폴리곤 등)를 지갑에 추가합니다.

- **기본 가스비 토큰 확보**: 해당 네트워크의 기본 토큰(예 ETH, BNB, MATIC 등)을 소량 구매하여 지갑에 넣어둠. 이는 거래 수수료(가스비)로 사용합니다.

- **런치패드 토큰 확보(필수)**: 일부 디파이 런치패드는 자체 플랫폼 토큰을 일정량 이상 보유(홀딩)하거나 스테이킹해야 참여 자격. 해당 토큰을 구매하여 지갑에 보유하거나 지정된 방식으로 예치. 최근 들어 자체 토큰이 없더라도 스테이블코인으로도 참여가능 하지만 지분율이 감소합니다.

(2) `2단계` 프로젝트 참여 자격 확보(Tier 시스템)

- **자격 요건 확인**: 런치패드 플랫폼에 접속하여 참여하려는 프로젝트의 IDO

조건을 확인합니다.

- 토큰 스테이킹/록업: 플랫폼 토큰을 정해진 기간 동안 스테이킹하거나 록업하여 '화이트리스트(Whitelist)' 추첨에 참여하거나 확정된 할당량(Guaranteed Allocation)을 받을 수 있는 자격을 획득합니다. 특별한 조건없이 스테이블코인을 스테이킹하고 IDO에 참여하는 경우도 있습니다.

- 화이트리스트 신청/당첨 확인: 추첨 방식일 경우, 지정된 기간 내에 신청하고 당첨 여부를 확인합니다.

(3) 3단계 토큰 구매

- 구매일 및 시간 확인: IDO가 진행되는 정확한 날짜와 시간을 확인하고 대기합니다.

- 지갑 연결: 런치패드 웹 사이트에 지갑을 연결합니다.

- 토큰 교환(Swap): 지정된 투자 토큰(예 USDC, ETH 등)을 사용하여 프로젝트의 신규 토큰을 구매합니다(이때 지갑에서 거래 승인 및 가스비 지불이 필요합니다.).

- 토큰 수령(Claim): IDO가 끝난 후 정해진 일정(베스팅 기간)에 따라 구매한 신규 토큰을 지갑으로 전송받습니다.

구분	장점(Pros)	단점(Cons)
탈중앙성	• **KYC 불필요 및 익명성**: 대부분 신원인증(KYC) 절차 없이 전 세계 누구나 참여. 최근 일부 서비스는 KYC 요구	• **낮은 투자자 보호**: 중앙화된 심사 기관이 없어 투자자가 프로젝트의 부실 또는 러그 풀(Rug Pull) 위험에 그대로 노출될 수 있음
공정성	• **누구나 접근 가능**: CEX 처럼 대형 투자자 중심의 시스템이 아닌, 화이트리스트나 소규모 지분 시스템을 통해 개인 투자자에게 더 많은 기회를 제공하려는 경향	• **복잡성과 비용**: 지갑 연결, 가스비(Gas Fee) 지불, 네트워크 설정 등 디파이 환경에 대한 이해가 필요하며 특히 이더리움 기반일 경우 가스비가 비쌀 수 있음
투자 잠재력	• **극초기 투자**: CEX에 상장되기 전에 프로젝트 토큰을 가장 낮은 가격에 구매할 기회를 얻어 성공 시 매우 높은 수익률을 기대	• **높은 변동성**: 초기 유동성이 낮아 토큰 출시 직후 가격이 급등락할 가능성이 크며 유동성이 부족하면 판매가 어려울 수 있음

② 디파이 런치풀 참여 방법

디파이 런치풀은 기존 자산을 스테이킹해 신규 토큰을 보상으로 받는 방식으로, 무료 참여가 특징입니다. 다만, 특정 코인이나 유동성을 일정 기간 동안 공급해야 받을 수 있는 신규 토큰의 할당이 늘어납니다.

(1) 1단계 준비물 및 플랫폼 선택

• **웹 3 지갑 설치**: 메타마스크 등 사용(위와 동일)

• **디파이 플랫폼 선택**: 참여하려는 런치풀을 제공하는 덱스(DEX) 또는 일드 파밍(Yield Farming) 플랫폼(예 팬케이크스왑(PancakeSwap), 유니스왑(Uniswap), 모멘텀(Momentum) 등)을 선택합니다.

• **스테이킹 토큰 준비**: 런치풀에서 요구하는 토큰(예 플랫폼 자체 토큰, 스테이블코

인 또는 LP 토큰)을 준비합니다.

(2) 2단계 스테이킹 또는 유동성 공급(LP 토큰 생성)

- **지갑 연결**: 플랫폼 웹 사이트에 지갑을 연결합니다.

- **LP 토큰 생성(필요시)**: 만약, 유동성 풀(Liquidity Pool)에 참여해야 한다면 요구되는 두 종류의 토큰(예 ETH/USDC)을 50:50 금액 비율로 준비하여 플랫폼의 'Pool' 섹션에서 LP 토큰을 생성합니다.

- **토큰/LP 토큰 스테이킹**

- 플랫폼의 'Farm' 또는 'Launchpool' 섹션으로 이동합니다.

- 준비된 토큰 또는 LP 토큰을 선택하고 원하는 수량을 'Stake(예치)'합니다.

- 지갑에서 거래를 승인하고 가스비를 지불합니다.

(3) 3단계 보상 수령 및 예치 해제

- **보상 획득**: 예치한 시간만큼 신규 프로젝트 토큰(또는 이자)이 실시간으로 누적됩니다.

- **보상 수령(Harvest/Claim)**: 누적된 보상을 언제든지 지갑으로 수령할 수 있습니다.

- **예치 해제(Unstake/Withdraw)**: 원할 때 언제든지 예치했던 원본 토큰을 인출할 수 있습니다(플랫폼에 따라 록업 기간이 있을 수 있습니다.).

구분	장점(Pros)	단점(Cons)
위험 대비 수익	• **무료 토큰 획득**: 이미 보유한 자산(예: 스테이블코인, 플랫폼 토큰)을 담보로 사용하여 추가 자금 투입 없이 신규 토큰을 보상으로 획득	• **낮은 수익률**: 경쟁이 치열해지면 분배되는 보상(신규 토큰)의 양이 줄어들어 수익률(APR)이 점차 감소할 수 있음
유연성	• **높은 유연성**: 대부분의 런치풀은 언제든지 스테이킹을 해제하고 원본 자산을 인출할 수 있는 유연성을 제공	• **원본 자산의 위험**: 스테이킹한 원본 토큰(플랫폼 토큰 등)의 가격 변동 위험 발생 가능성. 또한 LP 토큰을 예치할 경우 비영구적 손실(Impermanent Loss) 위험 존재
참여 방식	• **수동적 소득**: 한 번 스테이킹하면 별다른 조작 없이 시간이 지남에 따라 보상이 쌓이는 수동적인 수익 창출이 가능	• **스마트 컨트랙트 위험**: 런치풀을 구동하는 스마트 컨트랙트에 버그나 취약점이 발견될 경우, 예치된 자산이 해킹당할 위험 가능성

6. 거래소, 개인 지갑 안전하게 지키기

해킹은 암호화폐에 있어서 가장 치명적인 리스크입니다. 해커들은 사용자들의 취약점들을 파고들어서 함정을 설치하고 여기에 빠지면 사용자들의 자금을 남김없이 빼앗아 갑니다. 이에 대한 해결책은 철저한 방지밖에 없습니다. 보안 레벨이 높아질수록 사용자의 불편은 늘어나게 됩니다. 이럴수록 해커의 위협이 줄어들게 됩니다.

암호화폐 거래소(예: 업비트, 빗썸, 바이낸스, 바이비트 등)의 보안 레벨을 높이는 것은 해킹과 피싱 공격으로부터 자산을 보호하기 위해 필수적입니다. 한국의 「특금법」에 따라 거래소들은 보안 등급을 강화하고 있으며 사용자도 개인적으로 보안을 업그레이드할 수 있습니다.

① 기본 인증 강화(2FA 및 OTP 설정)

(1) 왜 중요한가?

비밀번호만으로는 부족하며 해커가 비밀번호를 알아내더라도 2단계 인증으로 접근을 차단할 수 있습니다.

(2) 방법

- 거래소 앱/웹에서 2FA(이중 인증)를 활성화하시기 바랍니다. 구글 인증기(Google Authenticator)나 오씨(Authy) 같은 앱을 사용하시기 바랍니다.
- OTP(일회용 비밀번호)나 유비키(YubiKey) 같은 하드웨어 사용을 추천합니다.
- 국내 거래소는 네이버 카카오 인증 등으로 2단계 인증을 사용하고 있습니다.

> 💡 **팁**
>
> SMS 기반 2FA는 피하시기 바랍니다. SIM 스와핑 공격에 취약합니다.

② 강력한 비밀번호와 암호 관리자 사용

(1) 왜 중요한가?

약한 비밀번호는 피싱으로 쉽게 유출됩니다. 비밀번호를 공용으로 사용할 경우 다른 곳을 통해 유출된 번호로 해커가 접근할 수 있습니다.

(2) 방법

- 비밀번호는 12자 이상, 대소 문자+숫자+기호 조합으로 생성
- 정기적으로(3개월마다) 변경하고 재사용을 금지합니다.

③ 피싱 및 의심스러운 링크 차단

(1) 왜 중요한가?

대부분의 거래소 해킹은 피싱(가짜 이메일/사이트)으로 시작됩니다. 이상하다 싶은 것들은 누르지 않는 게 좋습니다.

(2) 방법

- 공식 거래소 도메인(예 upbit.com)만 사용, URL을 항상 확인합니다.
- 이메일/문자에서 온 링크는 하지 않고 직접 거래소 사이트에 접속합니다.
- 브라우저 확장(예 uBlock Origin)으로 악성 광고 차단합니다.
- 안티바이러스 소프트웨어(예 Kaspersky)를 설치해 악성코드를 탐지합니다.

④ 자산 분산: 핫 월렛→콜드 월렛 이동

(1) 왜 중요한가?

거래소 지갑(핫 월렛)은 온라인 연결로 해킹 위험이 높습니다. 비트코인 거래소 해킹 사례에서 대부분 지갑 유출이 원인입니다. 비트코인처럼 투자에 사용하기 보다는 장기 보관으로 수익을 기대한다면 하드웨어 지갑에 보관을 추천합니다.

(2) 방법

- 장기 보유 자산은 렛저(Ledger)나 트레저(Trezor) 같은 하드웨어 콜드 월렛으로 이동시킵니다.
- 시드 단어(복구 키)는 오프라인에 저장합니다(종이에 적어 금고 보관). 절대 디지털 저장은 피하시기 바랍니다.
- 거래소에 최소 자금만 두고 출금 시 소액으로 테스트해 보시기 바랍니다.

⑤ VPN과 네트워크 보안 강화

(1) 왜 중요한가?

공공 와이파이에서 거래하면 트래픽이 노출될 수 있습니다. 특히 DNS를 변조하여 유사 거래소로 접속하게 하여 계정과 비밀번호를 털릴 수 있습니다.

(2) 방법

- 카스퍼스키(Kaspersky) VPN이나 익스프레스(Express) VPN 같은 신뢰할 수 있는 VPN을 사용해서 모든 트래픽을 암호화합니다.
- 공공 네트워크에서의 거래는 피하는 게 좋습니다.
- OS/앱을 최신 버전으로 업데이트해 취약점을 패치하기 바랍니다.

[표 11-13] 거래소 보안 강화 방법

보안 수칙	설명
이중 인증(2FA) 설정	필수 중의 필수! 로그인, 출금 시 비밀번호 외에 추가 인증(Google Authenticator 등의 TOTP 방식 권장)을 요구하도록 설정. SMS 인증은 SIM 스와핑 위험이 있어 TOTP* 방식이 더 안전
강력한 비밀번호 사용	영문 대소 문자 숫자 특수 문자를 조합한 12자 이상의 비밀번호를 사용하며 다른 웹 사이트와 절대 공유 금지
출금 주소 화이트리스트	자주 사용하는 출금 주소(개인 지갑 주소 등)를 거래소에 미리 등록하여 미등록 주소로의 출금 차단. 해커가 계정에 침입해도 자금을 빼가기 어렵게 설정
피싱 방지 코드 설정	거래소 알림 이메일에 이 코드를 포함하도록 설정하여 해당 코드가 없는 메일은 피싱 메일이라는 것을 즉시 식별 가능

* TOTP(Time-based One-Time Password: 시간 기반 일회용 비밀번호)

개인 지갑의 보안 레벨을 높이는 것은 자산을 안전하게 지키기 위한 핵심입니다. 개인 지갑은 사용자 본인이 자산에 대한 모든 통제권과 책임을 가지므로 다음의 요소들을 철저히 지키는 것이 가장 중요합니다.

⑥ 하드웨어 지갑 사용(콜드 스토리지)

(1) 왜 중요한가?

하드웨어 지갑은 오프라인 환경에서 프라이빗 키를 저장해 온라인 해킹 위험을 최소화합니다.

(2) 방법

- 렛저 나노(Ledger Nano) X, 트레저(Trezor) Model T 같은 신뢰할 수 있는 하드웨어 지갑을 구매합니다.
- 공식 웹 사이트(ledger.com, trezor.io)에서만 구매해 위조품 방지. 일반 쇼핑몰의 경우 위조품이 판매된 사례가 있고 이를 사용하면 해커에게 지갑 권한을 넘겨 주게 됩니다.
- 시드 문구(12~24단어 복구 키)를 오프라인에 기록(종이에 적어 금고 보관하고). 절대로 디지털 저장(사진, 클라우드 등)은 하지 않는 것이 좋습니다.
- 지갑 초기화 후 소액 테스트 전송으로 정상적으로 작동하는지 확인합니다.

> 💡 **팁**
>
> 시드 문구를 금속 플레이트(예 빌포들(Billfodle))에 백업해 화재/물 손상을 방지하는 방법도 있습니다.

⑦ 강력한 인증 및 비밀번호 설정

(1) 왜 중요한가?

소프트웨어 지갑(예 메타마스크) 사용 시 약한 비밀번호는 피싱/무차별 대입 공격에 취약합니다.

(2) 방법

- 비밀번호를 길게 만들기, 대소 문자+숫자+특수 문자 조합으로 설정합니다.
- 빗와덴(Bitwarden), 1Password 같은 암호 관리자 활용해 고유 비밀번호 생성합니다.
- 소프트웨어 지갑에 2FA(이중 인증, Google Authenticator 등) 지원 시 활성화합니다.
- PIN 코드 설정(하드웨어 지갑) 시 단순 숫자(1234, 0000)를 피합니다.

⑧ 피싱 및 악성코드 방어

(1) 왜 중요한가?

피싱 공격은 개인 지갑 해킹의 주요 원인입니다(예 가짜 메타마스크 사이트로 프라이빗 키 유출).

(2) 방법

- 공식 지갑 앱/웹 사이트만 사용하고 URL은 직접 입력합니다. (예 metamask.io)
- 의심스러운 이메일, 문자 링크 절대 클릭 금지. 피싱 사이트 탐지 확장(예 MetaMask의 PhishFort)을 사용합니다.
- PC/모바일에 카스퍼스키(Kaspersky), 말웨어바이트(Malwarebytes) 같은 안티바이러스를 설치합니다.
- 프라이빗 키나 시드 문구를 요구하는 앱/사이트는 100% 사기입니다.

> 브라우저 북마크에 공식 사이트 저장해 실수로 가짜 사이트 접속을 방지합니다.

⑨ 네트워크 보안 강화

(1) 왜 중요한가?

공공 와이파이나 안전하지 않은 네트워크는 키로거, 트래픽 감청 및 DNS 변조 위험을 높입니다.

(2) 방법

- NordVPN, ExpressVPN 같은 신뢰할 수 있는 VPN 사용해 트래픽 을 암호화합니다.
- 공공 와이파이에서 지갑 접속을 금지합니다.
- 운영 체제(OS), 브라우저, 지갑 앱을 항상 최신 버전으로 업데이트해 취약점을 패치합니다.
- 전용 기기(지갑 전용 노트북/폰)를 사용해 보안을 강화합니다.

⑩ 자산 분산 및 백업 관리

(1) 왜 중요한가?

단일 지갑에 모든 자산을 보관하면 문제가 생길 경우 전 자산 손실이 발생할 수 있습니다.

(2) 방법

- 자산을 여러 지갑(하드웨어+소프트웨어)으로 분산 저장합니다.

- 시드 문구를 여러 안전한 장소(예 은행 금고, 가족 집)에 분산 백업합니다.

- 소액으로 송금 테스트 후 순차적으로 자산을 이동합니다.

11 스마트 컨트랙트 및 거래 확인

(1) 왜 중요한가?

디파이 지갑 사용 시 악성 컨트랙트 승인은 자산 손실로 이어질 수 있습니다.

(2) 방법

- 이더스캔(Etherscan), BscScan으로 스마트 컨트랙트 주소를 검증합니다.

- 메타마스크 같은 지갑에서 거래 세부 정보(가스비, 대상 주소) 확인합니다.

- 의심스러운 DApp(탈중앙 앱) 사용 시 새 지갑/소액만 연결합니다.

> ### 팁
>
> Revoke.cash로 불필요한 컨트랙트 승인 취소합니다. 한 번 사용했던 토큰 컨트랙트는 주기적으로 취소해 주는 것이 좋습니다.

(4) 송금 주소 재확인

- 암호화폐 전송 시에는 수신 주소를 두 번, 세 번 꼼꼼하게 확인. 주소 도용 악성 코드(Address Poisoning)에 대비하여 처음과 끝 몇 글자뿐만 아니라 전체 주소를 확인합니다.

(5) 소액 테스트 전송

- 큰 금액을 보내기 전에 반드시 소액을 먼저 테스트로 보내 주소가 정확한지 확인하고 진행합니다.

⑫ 정기 모니터링 및 보안 점검

(1) 왜 중요한가?

이상 거래를 빠르게 탐지하면 피해를 최소화할 수 있습니다. PC와 휴대폰을 지속적으로 검사하여 이상 유무를 점검하는 것이 좋습니다.

(2) 방법

- 지갑 거래 내역을 주간 점검합니다.
- DeBank, Zapper 같은 포트폴리오 추적 앱으로 자산 모니터링합니다.
- 바이러스 검사, Malware Zero 등으로 악성코드를 주기적으로 검사합니다.

팁

이상 징후(알 수 없는 거래)시 즉시 지갑에 있는 자산을 다른 안전한 곳으로 이동합니다.

[표 11-14] 개인 지갑 보안 강화 방법

보안 수칙	설명
공용 와이파이(와이파이) 접속 금지	카페, 공항 등의 공용 와이파이망은 해킹에 취약. 거래소 로그인이나 민감한 거래를 할 때는 절대 사용 금지
공식 경로만 이용	거래소 접속 시 URL 주소를 직접 입력하거나, 미리 북마크해 둔 링크 또는 공식 앱만을 사용. 피싱 링크가 포함된 광고나 이메일을 통해 접속 금지
최신 보안 소프트웨어/백신 사용	접속 기기의 운영 체제(OS)와 백신 소프트웨어를 항상 최신 상태로 유지하여 악성 코드나 해킹 프로그램의 침투 방지
의심스러운 메시지/이메일 무시	거래소나 프로젝트를 사칭하는 이메일, 메신저 메시지(DM) 등에 포함된 링크나 첨부파일은 절대 클릭하지 않고 삭제

12장

투자 전략(실전 중급)

스테이블코인의 투자 영토는 날이 갈수록 그 경계를 허물며 확장되고 있습니다. 바야흐로 전 세계가 스테이블코인을 매개로 하나의 거대한 단일 통화권으로 통합되는 중입니다. 이제 우리는 복잡한 환전 절차 없이도 달러 스테이블코인을 이용해 미국 나스닥 상장 기업의 주식을 손쉽게 매수할 수 있으며, 국경 없는 은행이라 불리는 '디파이'의 고효율 예금 서비스도 자유롭게 누릴 수 있습니다.

특히, 블록체인의 '스마트 컨트랙트' 기술은 이 모든 것을 가능케 하는 핵심 동력입니다. 이를 통해 프로그래밍된 정교한 금융 상품들이 쏟아져 나오면서, 스테이블코인의 활용 가치는 단순한 화폐를 넘어 무한한 확장성을 가진 금융 플랫폼으로 진화하고 있습니다.

1. 스테이블코인으로 미국 주식 구입하기

스테이블코인을 활용한 미국 주식 투자는 전통 금융과 블록체인의 경계를 허물고 있습니다. 이제 달러 송금이나 해외 계좌 개설 없이도 USDC·USDT 등 스테이블코인만으로 글로벌 증권형 자산을 매매할 수 있습니다. 국내 증권사를 이용할 경우 양도세 이슈가 있지만 스테이블 코인으로 해외 주식을 구입할 경우 아직까지 세금 규정이 불명확합니다.

① 로빈후드 거래소

미국 나스닥 상장 투자 플랫폼 로빈후드(Robinhood)는 2024년 하반기부터 서클의 스테이블코인 USDC 입금을 지원하기 시작했습니다.

로빈후드는 거래 수수료가 없는 Zero-Commission 구조를 운영하며 스프레드와 잔액 운용 수익으로 수익을 창출합니다. 일반 개인 투자자에게 접근성이 높고 디지털 자산과 전통 자산을 잇는 가교 역할을 수행하고 있습니다. 다만, 한국 거주자는 직접적인 미국 주식 매매가 불가능하며 미국 내 거주자 또는 법인을 통해서만 이용할 수 있습니다.

② 중앙화 암호화폐 거래소

(1) Kraken, Bybit, Gemini 등

스테이블코인으로 미국 주식 또는 이에 연동된 토큰화 증권(Tokenized Stocks)을 거래할 수 있는 중앙화 암호화폐 거래소도 등장하고 있습니다.

- Kraken(xStock): 크라켄(Kraken)은 2024년 말, 백드 파이낸스(Backed Finance)라는 토큰화 증권 플랫폼에서 제공하는 xStock 서비스를 통해 토큰화된 미국 주식과 ETF를 온체인에서 거래할 수 있도록 지원한다고 발표했습니다. 이는 실제 주식 가치에 연동된 구조로, 사용자는 USDC로 토큰화 주식을 사고팔 수 있습니다. 다만, 미국 거주자는 규제상 제한되며 해외 사용자 위주로 운영됩니다.

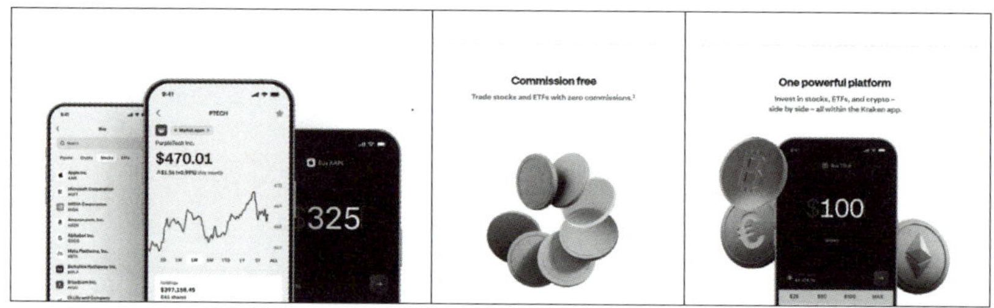

[그림 12-1] Kraken xStock 거래 화면

- Bybit(xStock 연동): 바이비트 또한 xStock 토큰화 주식 거래 기능을 지난 2025년 5월 공식 출시했습니다. USDT를 활용해 TSLA(테슬라), Google(구글), NVIDIA(엔비디아) 등 주요 종목을 매수할 수 있습니다. 그러나 거래량은 아직 적습니다(테슬라 월 거래량 약 53만 달러 수준).
- 제미나이: 미국 규제 기반 거래소인 제미나이(Gemini)는 디지털 증권과 토큰화 자산의 인프라 확장을 준비 중입니다. 현재 완전한 주식형 증권 토큰 거래는 아니지만, SEC·FINRA 등록된 브로커 딜러 파트너십을 통해 향후 '온체인 증권형 토큰 거래 시장'으로 진화할 가능성이 높습니다. 나스닥은 제미나이에 5,000만 달러를 투자해서 전략적 제휴를 맺었습니다.

③ 증권화 토큰 프로토콜

(1) 온도 파이낸스

스테이블코인을 통한 미국 증권 투자 분야에서 가장 주목받는 프로젝트는 온도 파이낸스(Ondo Finance)입니다. 온도는 본래 미국 국채(T-Bills) 기반 RWA(Real World Asset, 실물 자산 토큰화) 토큰(USDY, OUSG)으로 유명했으나, 2025년 하반기에 미국 주식과 ETF를 토큰화한 'GM(Generalized Markets)' 플랫폼을 정식 출시했습니다. GM 토큰은 실제 상장 주식의 총수익(Total Return)을 추종하며 배당금과 주식 분할까지 모두 반영합니다.

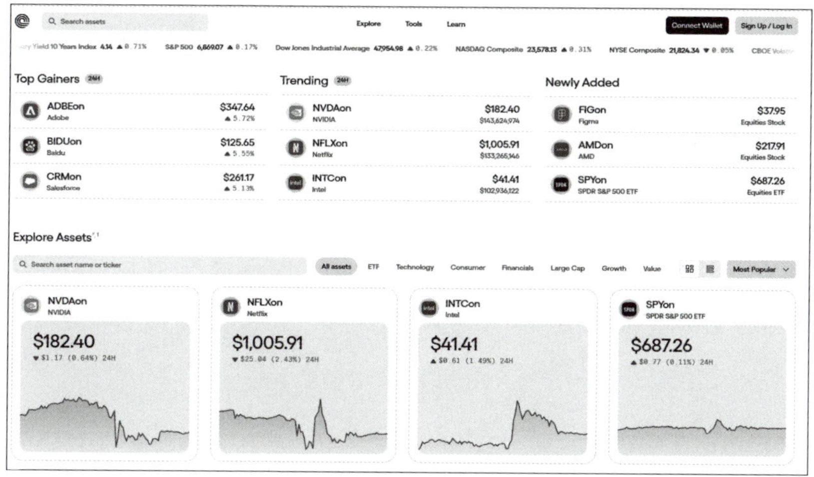

[그림 12-2] 온도 파이낸스 토큰화 주식 현황

GM 토큰은 배당금을 별도로 지급하지 않고 배당 및 수익을 토큰 가치에 복리(Compound)로 반영합니다. 따라서 시간이 지날수록 한 토큰이 대표하는 주식 수(Shares Per Token)가 늘어나며 이는 '배당 자동 재투자형 총수익 지수(Total Return Index)'와 유사한 구조입니다. 온도는 실제 브로커를 통해 실물 증권을 보유하고 이를 일대일로 매핑된 온체인 토큰으로 발행하므로 단순한 CFD(차익 계약)가 아닌 실물 증권 기반 토큰화 구조로 평가받습니다. 이는 온체인 금융에서 최초로 구현된 합법적 주식형 증권 투자 인프라 중 하나입니다.

온도의 등장은 스테이블코인이 단순한 가치 저장 수단을 넘어 미국 증권 투자 수단으로 진화하고 있다는 것을 보여 줍니다.

④ 탈중앙화 무기한 선물 거래소(Perpetual DEX)

(1) Ostium, Variational, Avantis, Vest 등

탈중앙화 파생 상품 거래소(PerpDEX)에서도 미국 주식의 가격을 추종하는 무기한 선물(Perpetual Futures) 형태의 거래가 가능해지고 있습니다. 예를 들어, 오스티움(Ostium), 베리에이셔널(Variational), 아반티스(Avantis), 베스트(Vest) 등은 나스닥 100, 테슬라(TSLA) 등 실제 주식 가격을 반영한 파생 상품을 USDC 담보로 최대 100배 레버리지까지 거래할 수 있도록 지원합니다. 이들 거래소는 또한 SPX(S&P500), DJI(Dow Jones) 등의 지수 상품도 레버리지 거래를 할 수 있게 지원하고 있습니다. 하지만 이들은 실제 주식을 보유하지 않고 가격 지수에 연동된 파생 상품형 토큰을 거래하며 유동성이 낮을 경우 시장 가격과 실제 주가 간 괴리가 발생할 수 있습니다. 따라서 단기 매매 또는 헤징용으로 접근하는 것이 적절합니다.

⑤ 스테이블코인으로 미국 주식 매매 시 장단점

스테이블코인을 활용한 미국 주식 매매는 글로벌 투자 접근성을 비약적으로 높였지만, 아직 제도와 기술이 완전히 정착된 것은 아닙니다. 다음은 대표적인 장단점입니다.

[표 12-1] 암호화폐 거래소에서 주식 구매 시 장단점

장점	단점
• 즉시 거래 가능	• 규제 불확실성
• 분할 매매 가능	• 제한된 종목 수
• 배당 자동 복리 반영	• 유동성 부족
• 온체인 투명성	• 중앙화 리스크
• 24시간 글로벌 거래	• 주주권 제한
• 세금 유연성	• 법적 명확성 부족

(1) 장점

• 즉시 거래 및 쉬운 접근성

- USDC나 USDT만 보유하면 언제든 미국 주식형 토큰을 매수 가능합니다.

- 복잡한 해외 송금이나 계좌 개설이 필요 없습니다.

• 분할 매매: 1달러 단위로 주식 일부를 매수할 수 있어 소액 투자자도 참여 가능합니다.

• 배당 자동 복리 반영: 온도의 GM 토큰처럼 배당금이 토큰 가치에 자동 반영되어 장기 보유 시 '총수익형 자산'으로 성장합니다.

• 온체인 거래 투명성: 거래 기록이 블록체인에 남아 검증 가능

• 전 세계 어디서나 24시간 거래 가능

• 규제 공백으로 인한 유연성: 일부 국가에서는 토큰화 증권에 대한 명확한 과세 규정이 없어 세금 부담이 일시적으로 낮을 수 있습니다.

(2) 단점

• 규제 불확실성: 각국 증권법 적용 여부가 불명확하여 규제 리스크가 상존합니다.

• 제한된 종목 및 유동성 부족: 현재 거래 가능한 토큰화 주식 종류가 적고 거래

량이 제한적입니다.

- **중앙화 리스크**: 온도 등 일부 사업자가 실물 증권 보유 및 관리 권한을 갖고 있어 완전한 탈중앙화 구조는 아닙니다.
- **주주권 부재**: 일부 토큰화 구조에서는 의결권이 부여되지 않음. 다만, Ondo 의 GM 구조는 배당 수익이 내재 반영되어 부분 보완됩니다.
- **법적 명확성 부족**: 미국 내에서도 토큰화 주식의 법적 지위가 완전히 정립되지 않아, 기관급 채택은 아직 초기 단계입니다.

⑥ 요약 정리

스테이블코인으로 미국 주식을 매매하는 것은 전통 금융 자산의 온체인화를 상징하는 혁신적 흐름입니다. Kraken과 Bybit이 시범 시장을 열었고 Ondo Finance가 실물 증권 기반 구조를 도입하며 이 시장의 현실화를 주도하고 있습니다. 아직은 초기 단계지만, 향후 규제 명확화와 유동성 확대가 이루어지면 '온체인 미국 증권 시장' 이라는 새로운 자산군이 자리 잡을 것입니다.

2. 탈중앙화 거래소 유동성 제공

스테이블코인을 활용한 가장 대표적인 수익 전략 중 하나는 탈중앙화 거래소(DEX, Decentralized Exchange)에 유동성을 공급하는 것입니다. 이 전략은 단순히 코인을 보유하는 것을 넘어 다른 사용자의 거래를 도와주는 대가로 거래 수수료와 인센티브 보상을 수익으로 얻는 방식입니다. 이번에는 탈중앙화 거래소의 개념, 시장 조성 방식, 유동성 유인 구조, 그리고 스테이블코인 기반 유동성 공급의 실제 사례를 살펴보겠습니다.

① 탈중앙화 거래소

탈중앙화 거래소(Decentralized Exchange, 이하 DEX)는 중앙화된 중개 기관 없이 스마트 컨트랙트(Smart Contract) 를 통해 암호화폐 자산을 자동으로 교환할 수 있는 거래소를 말합니다. 2025년 10월 14일 기준, 디파이 데이터 플랫폼 디파이라마(DeFiLlama)에 따르면, 등록된 DEX는 총 1,798개, 총 예치금(TVL)은 241억 달러(약 35조 원), 하루 거래량은 249억 달러(약 36조 원) 에 달합니다.

Category	Protocols	Combined TVL	1d TVL Change	7d TVL Change
1 Lending	571	$64.435b	[illegible]	+0.27%
2 Liquid Staking	260	$56.875b	[illegible]	[illegible]
3 Bridge	145	$47.739b	[illegible]	[illegible]
4 Staking Pool	46	$25.344b	[illegible]	+746%
5 Restaking	15	$18.397b	[illegible]	[illegible]
6 Dexs	1852	$17.999b	+0.67%	+1.77%
7 RWA	123	$16.805b	+3.79%	+3.25%
8 Canonical Bridge	80	$14.521b	[illegible]	[illegible]
9 Basis Trading	33	$11.244b	[illegible]	[illegible]
10 Liquid Restaking	29	$9.632b	[illegible]	[illegible]

[그림 12-3] 디파이라마의 DEX Category 현황

② 탈중앙화 거래소의 시장 조성 메커니즘

탈중앙화 거래소는 기존 거래소처럼 주문서(Orderbook)를 사용하는 대신, 자동화 시장 조성 메커니즘(AMM, Automated Market Maker)을 채택합니다.

AMM은 특정 유동성 풀(Liquidity Pool)에 두 개 이상의 암호화폐를 예치하고 스마트 컨트랙트(Smart Contract)의 수식에 따라 거래 가격을 자동으로 조정합니다.

(1) CSMM(Constant-Sum Market Maker)

초창기에는 같은 가치의 자산 교환에 사용되었으며 수식은 $X+Y=k$입니다. 주로 스테이블코인 간 거래에서 적용되었습니다.

(2) CPMM(Constant-Product Market Maker)

이후 가격이 다른 자산 교환을 위해 $X×Y=k$ 공식을 사용했으며, 이는 유니스왑(Uniswap) V2의 핵심 구조로 널리 알려져 있습니다. 단, 모든 가격 구간에 유동성이 분산되어 효율성이 낮은 단점이 있었습니다.

(3) CLMM(Concentrated Liquidity Market Maker)

유니스왑 V3에서 도입된 구조로, 유동성을 특정 가격 범위에 집중시켜 자본 효율성(Capital Efficiency) 을 극대화합니다. 이후 다양한 프로토콜들이 이를 변형·확장하여 발전시켰습니다. 예를 들어, 트레이더 조(Trader Joe)의 유동성 북(Liquidity Book, LB), 메테오라(Meteora)의 동적 유동성 마켓 메이커(DLMM) 등은 유동성 집중에 가변 수수료 구조를 더해 효율을 개선했습니다.

③ 탈중앙화 거래소의 유동성 유인

DEX의 거래가 원활히 이루어지기 위해서는 충분한 유동성(liquidity)이 필요합니다. 하지만 탈중앙화 거래소는 중앙기관이 직접 자금을 공급하지 않기 때문에 사용자(유동성 공급자 LP) 들이 자발적으로 자금을 예치해야 합니다.

이를 유도하기 위한 인센티브는 다음 2가지가 핵심입니다.

(1) 거래 수수료(Swap Fee)

거래를 수행하는 사용자가 지불하는 수수료의 일부를 유동성을 제공한 LP들에게 비율대로 분배합니다. 예를 들어, 유니스왑에서는 일반적으로 0.05~0.3%의 수수료가 풀 내 유동성 비율에 따라 분배됩니다. 거래량이 많을수록 수익도 커지는 구조입니다.

(2) 암호화폐 인센티브(Reward Token)

거래소 또는 외부 프로젝트가 자체 토큰을 보상(Reward)으로 지급합니다. 예를 들어 트레이더 조는 JOE 토큰을, 팬케이크스왑(PancakeSwap)은 CAKE 토큰을 지급하여 유동성 공급자의 참여를 유도합니다. 이는 단순 수수료 이상의 추가 수익을 제공하는 구조로, DEX 생태계 성장을 촉진하는 것이 핵심 메커니즘입니다.

④ 탈중앙화 거래소 스테이블코인 유동성 공급

탈중앙화 거래소에서는 다양한 암호화폐 쌍을 대상으로 유동성을 제공할 수 있지만, 가격 변동성이 있는 자산의 경우 시장 가격이 변할 때 손실(일명 비영구적 손실, Impermanent Loss)이 발생할 수 있습니다. 이에 따라 많은 투자자는 스테이블코인 간 거래 쌍(예 USDC/USDT, USDC/DAI)에 유동성을 공급합니다. 이 경우, 두 자산의 가치가 거의 동일하므로 가격 변동에 따른 손실 가능성이 극히 낮고 안정적으로 수수료 수익을 얻을 수 있습니다. 예를 들어, 특정 DEX에서 USDC/USDT 풀에 유동성을 공급하면 일반적으로 거래 수수료 수익률(풀 APR, Average Percentage Rate, 연간 단리 수익률)이 연

1.71%, 여기에 거래소의 보상 인센티브 APR이 약 8.18%가 추가되어 총 연이율 약 9.9% 수준의 연간 수익을 기대할 수 있습니다.

[그림 12-4] Uniswap USDC/USDT 유동성 풀 이자율 현황

이처럼 스테이블코인 기반 유동성 공급은 가격 변동 리스크가 제한적이면서도 일정 수준의 이자형 수익을 확보할 수 있어 가장 인기 있는 중위험·중수익 전략 중 하나로 자리 잡았습니다.

⑤ 탈중앙화 금융의 위험성

탈중앙화 거래소를 포함한 디파이는 빠른 속도로 성장하며 고도화되고 있지만, 아직 다양한 보안·운영 리스크에 노출되어 있습니다.

(1) 스마트 컨트랙트 해킹

코드의 취약점을 이용한 공격으로, 예치된 자금이 탈취될 수 있습니다. 실제로 2024년 한 해 동안 전 세계 디파이 해킹 피해액은 약 22억 달러에 달했습니다.

(2) 러그 풀

프로젝트 개발자가 자금을 모은 후 의도적으로 청산하거나 사라지는 사기 행위입니다. 특히 신규 토큰이나 미검증 프로토콜에서 자주 발생합니다.

- **피싱 및 드레인 공격**: 악성 사이트나 지갑 서명을 유도하여 사용자의 자산을 모두 인출하는 형태의 공격입니다.

- **시스템적 리스크**: 스테이블코인 가치 붕괴(예 UST 사태)나 오라클 조작 등 외부 요인으로 인한 시스템 전체의 붕괴 가능성도 존재합니다. 따라서 디파이를 통한 유동성 공급은 높은 수익 기회를 제공하지만 보안 점검·스마트 컨트랙트 감사·신뢰도 높은 프로토콜 선택 등 사전 검증이 필수적입니다.

3. 델타 중립 헤징을 이용한 수익 전략, 스테이킹 및 펀딩비

암호화폐 시장은 높은 변동성을 가지고 있지만, 가격 변동과 상관없이 안정적인 수익을 추구할 수 있는 전략도 존재합니다. 그중 대표적인 것이 델타 중립 헤징(Delta-neutral Hedging)입니다. 이 전략은 현물과 선물 포지션을 상쇄시켜 시장 방향성의 영향을 제거하고 대신 스테이킹 이자와 펀딩비를 수익원으로 삼는 구조입니다. 이번에는 델타 중립 헤징의 개념과 구조, 실제 활용 예시 그리고 주의해야 할 리스크를 살펴보겠습니다.

① 델타 중립 헤징

델타 중립 헤징(Delta-neutral Hedging)이란, 자산의 가격 변동이 전체 자산 가치에 영향을 주지 않도록 포지션을 구성하는 투자 기법을 말하며 선물이나 풋 옵션, 스왑 계약 등을 통해 델타를 중립화합니다. 반면, 암호화폐 시장에서는 현물 코인을 보유하면서 동시에 동일한 수량의 무기한 선물 (Perpetual Futures) 에서 숏(Short) 포지션을 구축함으로써 델타를 0으로 맞춥니다. 이러한 구조를 통해 시장 방향성과 관계없이 일정한 수익을 확보할 수 있으며 이를 '가격 중립형 수익 전략'이라고 합니다.

② 스테이킹

암호화폐는 스테이킹(Staking)을 통해 네트워크 운영에 기여하고 그 대가로 보상을 받을 수 있습니다. 스테이킹은 지분 증명(PoS, Proof of Stake) 방식의 블록체인에서 네트워크의 보안을 유지하기 위해 사용자가 코인을 일정 기간 예치하고 블록 생성 과정에 참여한 보상으로 이자를 받는 구조입니다. 대표적으로 이더리움(Ethereum)은 2022년 '머지(The Merge)' 이후 완전한 지분 증명 구조로 전환되었으며 Lido, Rocket Pool 등의 프로토콜에서 스테이킹 서비스를 제공합니다.

이더리움 스테이킹의 평균 수익률은 연 약 4% APY, 솔라나(Solana)의 경우 5% 이상 APY 수준을 보이고 있습니다.

Statistics of the Lido protocol　　　View on Etherscan

Annual percentage rate *	3.2%
Total staked with Lido	8,491,714.128 ETH
Stakers	569,175
stETH market cap	$35,935,637,503

[그림 12-5] Lido 프로토콜 현황(이자율 3.2% APY)

③ 펀딩비

　펀딩비(Funding Fee)는 무기한 선물 시장에서 롱(Long)과 숏(Short) 포지션의 균형을 유지하기 위해 주기적으로 교환되는 이자 성격의 비용을 말합니다. 무기한 선물은 만기가 없으므로 선물 가격이 현물 가격과 과도하게 괴리되지 않도록 펀딩비 제도를 운영합니다. 일반적으로 시장이 상승세일 때는 롱 포지션 보유자가 많아지기 때문에 롱 포지션 투자자들이 숏 포지션 보유자에게 펀딩비를 지불하게 됩니다. 반대로 시장이 하락세일 때는 숏 포지션 투자자가 펀딩비를 지불합니다. 비트코인과 이더리움의 경우, 상승장에서는 연환산 기준 약 8~10% 수준의 펀딩비가 발생하며 숏 포지션을 유지하고 있으면 해당 비율만큼의 이자 수익을 얻을 수 있습니다.

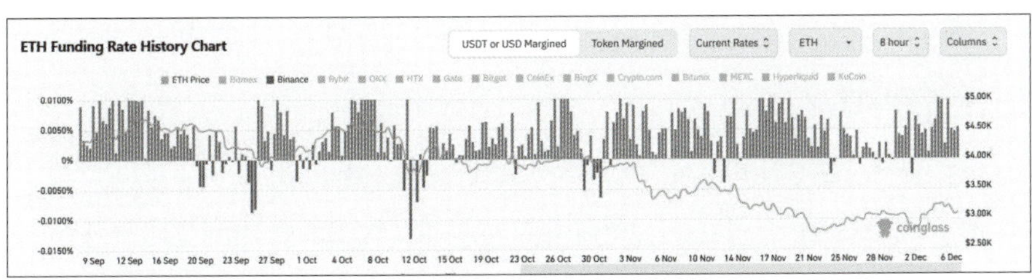

[그림 12-6] 바이낸스 거래소의 ETH 펀딩비 추이(8시간 기준으로 0.01%=연 환산 약 10% APY)

　다만, 코인 가격이 상승할 경우 숏 포지션의 평가 손실이 발생하므로 단독으로 운용할 때는 손실 위험이 존재합니다.

④ 델타 중립 헤징을 이용한 수익 전략

　델타 중립 전략은 스테이킹과 펀딩비를 결합하면 더욱 효과적인 수익 구조를 만들 수 있습니다. 즉, 현물 코인을 매수하여 스테이킹을 진행하고 동시에 동일 수량만큼 무기한 선물 시장에서 숏 포지션을 보유하면 전체 자산의 가격 변동 영향을 상쇄하면서 스테이킹 보상(APY)과 펀딩비 수익(Funding Yield)을 동시에 얻을 수 있습니다. 예를 들어, 100만 원어치의 ETH를 매수하여 Lido에서 스테이킹하고(연 4% 수익), 같은 수량의 ETH를 선물 시장에서 숏 포지션으로 보유한다면 시장이 상승하든 하락하든 전체 자산 가치는 변하지 않습니다. 이때 펀딩비가 연 10% 수준이라면 스테이킹 수익 4%와 펀딩비 수익 10%를 합쳐 이론상 약 7%의 연간 수익률을 기대할 수 있습니다. 다만, 실제 수익률은 시장 상황에 따라 달라지며 가격 변동으로 인해 현물과 선물의 비율이 달라질 경우 헤징 효과가 약화될 수 있습니다.

⑤ 델타 중립 헤징 시 유의해야 할 점

델타 중립 헤징 전략은 비교적 안정적인 수익을 기대할 수 있는 전략이지만, 완전한 무위험 전략은 아닙니다. 몇 가지 주요한 리스크를 반드시 인지해야 합니다.

첫째, 청산 위험(Liquidation Risk)입니다. 숏 포지션은 일정 수준의 가격 상승 시 청산될 수 있으며 레버리지를 사용하지 않더라도 격리 포지션의 경우 기초 자산 가격이 100% 상승하면 포지션이 강제 청산됩니다. 청산 이후 시장이 다시 하락하면 현물 자산은 손실을 입게 되어 포트폴리오의 균형이 무너질 수 있습니다.

둘째, 유동성 리스크와 가격 괴리입니다. 선물 시장의 유동성이 급격히 줄거나 시장 조성자가 부족할 경우, 선물 가격이 현물보다 과도하게 하락하거나 상승하는 '디커플링(Decoupling)' 현상이 발생할 수 있습니다. 실제로 2025년 10월 11일, 트럼프 대통령과 중국 간 희토류 관세 전쟁 관련 뉴스로 글로벌 시장이 급락하면서 일부 거래소에서는 선물 가격이 현물보다 훨씬 크게 하락했고 일부 알트코인은 순간적으로 0달러에 가까운 가격 왜곡이 발생했습니다. 이러한 상황에서 거래소의 보험 기금이 부족할 경우 자동 디레 버리징(ADL, Auto-Deleveraging)이 발동되어 숏 포지션이 의도치 않은 가격에 청산될 수 있습니다.

셋째, 스테이킹 리스크입니다. 스테이킹된 자산이 해킹이나 시스템 오류 또는 네트워크 규칙 위반에 따른 슬래싱(Slashing) 으로 인해 일부 또는 전체가 손실될 가능성이 있습니다.

이러한 위험은 드물게 발생하나 실현 가능성이 있으므로 델타 중립 헤징 전략 운용 시 스테이킹 프로토콜의 보안성, 선물 시장 유동성, 거래소 보험 기금 규모 등을 주기적으로 점검해야 합니다. 그럼에도 불구하고 델타 중립 헤징은 시장 방향성과 관계없이 안정적인 복리형 수익을 추구할 수 있는 고급형 운용 전략으로, 변동성이 큰 암호화폐 시장에서 특히 유용한 방어적 수익 구조로 평가됩니다.

4. 해외와 국내 가격 차이를 이용한 차익 거래

암호화폐 시장은 글로벌하게 연결되어 있지만, 실제 거래 가격은 거래 소와 국가에 따라 다르게 형성됩니다. 특히 한국 시장에서는 해외보다 높은 가격이 형성되는 '김치 프리미엄(Kimchi Premium)' 현상이 자주 발생합니다. 이러한 가격 차이는 시장 간 자금 이동이 원활하지 않기 때문에 발생하며 이 를 활용하면 비교적 안정적인 수익 창출이 가능합니다. 이번 절에서는 김치 프리미엄의 원인과 구조, 실제 차익 거래 방법 그리고 환율·헤징까지 포함한 실전 전략을 살펴보겠습니다.

① 코인의 해외와 국내 가격 차이

암호화폐는 거래되는 국가와 거래소에 따라 가격이 다르게 형성됩니다. 그 이유는 다양하지만 가장 큰 원인은 결제 통화의 차이와 입출금 제한입니다. 해외 거래소는 대부분 스테이블코인(USDT, USDC 등)을 기축통화로 사용하며, 달러(USD) 외 타국 법정화폐 입금을 지원하지 않는 경우가 많습니다. 특히 원화 입금은 업비트, 빗썸 등 한국에 본사를 둔 일부 거래소를 제외하면 거의 불가능합니다.

과거 국내 거래소에는 스테이블코인이 상장되어 있지 않았으며 상장된 코인의 종류도 해외 거래소에 비해 제한적이었습니다. 따라서 투자자들은 원하는 코인을 구매하기 위해 먼저 BTC나 ETH 같은 주요 코인을 국내에서 매수한 후 해외 거래소로 송금하여 해당 코인을 교환해야 했습니다. 이 과정에서 거래 비용과 시차가 발생했고 자연스럽게 국내 시장에서 동일 자산이 더 높은 가격에 거래되는 현상이 나타났습니다. 이것이 바로 '김치 프리미엄'이라 불리는 것입니다.

국내 거래소에 스테이블코인이 상장된 현재도 상장 종목 수가 제한적이기 때문에 여전히 스테이블코인 자체에도 프리미엄이 형성됩니다. 예를 들어, USDT의 국내 거래 가격이 해외 대비 약 1~2% 이상 높은 경우가 자주 발생합니다. 암호화폐 활성화 초기인 2017년에는 김치 프리미엄이 50% 이상까지 치솟은 적도 있었으며 이후 차익 거래 세력의 등장과 시장 효율성 향상으로 평균 2~3% 내외 수준으로 안정되었습니다. 그러나 지정학적 이슈나 글로벌 규제 이슈가 발생할 경우 일시적으로 10% 이상의 프리미엄이 발생하거나, 반대로 역(逆)프리미엄 상황이 나타나기도 합니다. 이러한 시세 차이는

단기적으로는 위험 요인이지만, 적절한 구조를 갖추면 차익 거래(Arbitrage)
를 통해 수익 기회로 활용할 수 있습니다.

② 김치 프리미엄 차익 거래

김치 프리미엄 차익 거래는 한국 시장과 해외 시장 간의 스테이블코인
이나 암호화폐 가격 괴리를 활용한 전략입니다. 기본 원리는 간단합니다. 프
리미엄이 낮을 때(해외 가격이 더 낮거나 비슷할 때) USDT나 USDC, 암호화폐
(매수 시 동일 수량 숏 포지션)를 거래소에서 매수하고 한국 거래소에서 프리미
엄이 높아졌을 때(국내 가격이 비쌀 때) 매도하여 그 차이만큼 수익을 실현하는
구조입니다.

김치 프리미엄은 일반적으로 20~40일 주기로 변동하는 경향이 있으며
두 달에 2~3회 정도의 사이클이 발생하는 경우가 보편적입니다. 예를 들어,
한 달에 단 2%의 차익만 반복적으로 실현해도 연 환산 수익률은 약 24%, 수
익 기회를 더 자주 포착하거나 프리미엄 폭이 클 경우 연 40% 이상의 수익
률도 가능합니다. 실제로 차익 거래 전문 트레이더들은 자금 이동 경로를 자
동화하거나, 다중 거래소 계정을 이용해 이런 미세한 가격 차이를 수익화 합
니다.

다만, 이 복잡한 전략을 실행하기 위해서는 해외 거래소 계정 개설,
KYC 인증, 송금 절차, 출금 제한 시간 등을 명확히 이해하고 있어야 하며 거
래소 간 송금 지연이 발생하면 프리미엄이 사라질 수 있으므로 속도와 타이
밍 관리가 매우 중요합니다.

[표 12-2] 김치 프리미엄 차익 거래 중요 포인트

구분	내용
기본 구조	해외 거래소에서 저가 매수-국내 거래소에서 고가 매도
주기적 변동성	평균 20~40일 주기로 프리미엄 폭 변동
평균 프리미엄 폭	2~3% 내외, 변동기에는 5~10% 이상 가능
연 환산 기대 수익률	약 20~30%, 고변동기에는 최대 40% 이상 가능
주요 리스크	환율 하락, 송금 지연, 출금 제한, 세금 문제, 규제 리스크
보완 방법	달러 헤지, 자동화 시스템 구축, KYC 정비, 합법적 송금 루트 확보

③ 차익 거래와 환율

해외와 국내 시장 간의 차익 거래에서는 반드시 환율(USD/KRW)을 고려해야 합니다. 김치 프리미엄으로 차익을 얻었다 하더라도 이후 달러 가치가 하락하면 원화 환산 수익이 줄어들거나 오히려 손실이 발생할 수 있습니다. 예를 들어, 1달러가 1,400원일 때 김치 프리미엄이 0%라면 USDT를 1,400원에 매수하고 김치 프리미엄이 5%로 상승하였어도 다시 원화로 환전하는 시점에 환율이 1,300원으로 떨어지면 오히려 환차손이 발생하게 됩니다.

[표 12-3] 김치 프리미엄과 환율로 인한 수익률 비교

구분	해외 거래소 매수가	국내 거래소 매도가	프리미엄 (%)	예상 수익률(%)	비고
예시 ①	1 USDT = 1.00 USD	1 USDT = 1.02 USD	2%	약 2.0%	일반적 시장 상황
예시 ②	1 USDT = 1.00 USD	1 USDT = 1.05 USD	5%	약 5.0%	단기 급등기
예시 ③	1 USDT = 1.00 USD	1 USDT = 1.10 USD	10%	약 10.0%	시장 불안, 급등기
예시 ④	1 USDT = 1.00 USD	1 USDT = 0.98 USD	-2%	약 -2.0%	역(逆)프리미엄 발생 시

달러 환율은 미국 금리 정책, 무역 수지, 지정학적 이슈 등 다양한 변수에 영향을 받기 때문에 예측이 매우 어렵습니다. 따라서 단순히 프리미엄 차익만 계산하는 것은 위험하며 달러 헤징(Hedging)을 통해 변동성을 줄이는 것이 바람직합니다.

④ 달러 헤징

헤징(Hedging)이란, 가격 변동성에도 불구하고 전체 자산 가치가 변하지 않도록 포지션을 조정하는 것을 의미합니다. 앞서 설명한 델타 중립 전략과 유사하게 환율 리스크를 완화하기 위해 달러 자산을 헤지할 수 있습니다.

가장 널리 사용되는 방식은 국내 주식 시장에서 거래 가능한 달러 공매도 파생 상품을 활용하는 것입니다. 예를 들어 달러 선물(Dollar Futures) 매도 포지션은 환율 하락 시 수익이 발생하므로 달러 보유자의 환차손을 상쇄하는 역할을 합니다. 단, 이러한 파생 상품 거래를 위해서는 금융위원회가 발표한 「파생 상품 발전 방안」(2019. 05. 30.)에 따라 파생 상품 교육과정을 이수해야 합니다. 해당 교육은 온라인으로 약 1시간 정도 소요되며 기본적인 금융 지식이 있다면 누구나 이수할 수 있습니다.

달러 공매도 파생 상품은 만기가 존재하기 때문에 만기 시에는 다음 상품으로 롤오버(Roll-over) 해야 하며 이 과정에서 추가 비용이 발생합니다. 또한 한 계약 단위가 약 1만 달러(2025년 10월 환율 기준 약 1,423만 원)로 크기 때문에 세밀한 금액 조정이 쉽지 않은 단점이 있습니다.

이외에도 일부 암호화폐 거래소나 탈중앙화 선물 거래소에서는 달러 가치에 연동된 무기한 선물 상품을 통해 숏 포지션으로 헤지를 시도할 수 있습니다. 그러나 아직 유동성이 부족하고 실제 환율보다 변동성이 커서 실사용에는 제약이 많습니다. 향후 온체인 기반 외환 상품(DeFi FX)이 발전하면 이러한 헤지 수단도 점차 대중화될 것으로 예상됩니다.

⑤ 정리 요약 및 실전 예시

해외와 국내 암호화폐 시장의 가격 차이는 구조적으로 완전히 사라지기 어렵습니다. 특히 한국 시장은 원화 기반의 자본 통제가 존재하고 스테이블 코인 입출금이 제한되어 있기 때문에 완전한 시장 효율성이 이루어지지 않습니다. 따라서 가격 괴리가 존재하는 한, 차익 거래 전략은 유효한 수익 모델이 될 수 있습니다. 다만, 실제 운용에서는 다음과 같은 요인을 반드시 고려해야 합니다.

(1) 환율 변동 및 송금 지연

은행에서 거래소로 송금해서 코인을 구입후 해외 거래소로 보내기까는 24시간이 소요됩니다. 이 기간중 환율이 급변하면 차익이 상쇄되거나 손실로 이어질 수 있습니다.

(2) 각 거래소의 출금 한도 및 정산 지연

등급별 1일 출금 한도 제한이나 거래소의 심사 지연으로 인해 자금이 묶여 막대한 기회비용이 발생할 수 있습니다. 사전에 본인의 한도를 상향 조정하고 이상 거래(FDS)로 분류되지 않도록 입출금 패턴을 관리해야 합니다.

(3) 스테이블코인 및 법정화폐의 세금 처리 기준

법정화폐의 환차익과 스테이블코인(USDT) 매매 차익은 과세 기준이 다르게 적용될 소지가 큽니다. 미래를 대비해서 가상자산 양도 차익을 명확히 구분하여 기록해 두는 것이 안전합니다.

(4) KYC(신원 인증) 및 자금 세탁 방지 규정

트래블룰과 AML 규정에 따라 자금 출처 소명을 요구받거나 인증 미비 시 계정이 동결될 위험이 있습니다. 반드시 양방향 거래소 모두 본인 명의 계정을 사용하고 KYC 인증을 최고 레벨까지 완료해 두어야 합니다.

(5) 대규모 거래 시 발생할 수 있는 유동성 슬리피지(Slippage)

한 번에 대량 주문을 낼 경우 호가 공백으로 인해 불리한 가격에 체결되어 수익률이 깎이는 슬리피지 현상이 발생합니다. 이를 막기 위해 유동성이 풍부한 메이저 코인을 선택하거나 주문을 잘게 쪼개는 분할 매매 전략이 필수적입니다.

이러한 요소를 충분히 관리할 수 있다면 김치 프리미엄 차익 거래는 비교적 낮은 위험으로 안정적인 수익을 얻을 수 있는 전략입니다.

⑥ 결론

김치 프리미엄 차익 거래는 단순히 가격 차이를 이용한 재정거래를 넘어 자본 이동이 제약된 환경에서 시장 비효율성을 활용하는 전략적 접근이라 할 수 있습니다. 시장 변동성에 따라 프리미엄 폭이 달라지므로 단기적 타이밍보다는 장기적 평균 프리미엄 구간을 활용한 시스템화된 반복 거래 전략이 바람직합니다. 지속적인 환율 및 거래소 유동성 모니터링과 함께 법적·세무적 리스크를 관리한다면, 안정적 수익 확보와 리스크 분산이 가능한 저변동성 전략으로 운용할 수 있습니다.

13장

투자 전략 (실전 고급)

블록체인 기술과 스마트 컨트랙트의 결합은 바야흐로 금융의 새로운 시대를 여는 기폭제가 되었습니다. 과거의 금융이 사람의 판단과 개입에 의존했다면, 스마트 컨트랙트는 사전에 합의된 조건이 충족되는 즉시 코드가 실행되는 '자동화된 신뢰'를 기반으로 합니다. 덕분에 고도의 복잡성을 지닌 파생 상품이나 구조화 금융도 중개인 없이 정교하게 운용될 수 있습니다.

특히, 스테이블코인 기반의 투자 상품은 단순한 예치나 유동성 공급의 차원을 넘어, 과거에는 소수 전문가나 기관의 전유물이었던 정교한 투자 영역을 일반 개인에게까지 활짝 개방했습니다.

비록 생소한 개념일 수 있지만, 그 작동 원리와 잠재된 리스크만 명확히 이해한다면 기존 시장에서는 상상하기 힘든 매력적인 수익 기회를 포착할 수 있습니다. 머지않아 기존 제도권 금융도 이 흐름에 합류하겠지만, 진정한 기회는 늘 한발 앞선 자들의 몫입니다. 남들보다 빠르게 이 새로운 금융의 세계를 경험하고 선점하시기 바랍니다.

1. 펜들, 원금과 이자를 분리해서 투자

디파이 시장이 성장함에 따라 단순 예치나 유동성 공급을 넘어 이자율 자체를 거래하는 '이자율 마켓(Interest Market)'이 등장했습니다.

펜들은 '이자를 받는 코인'의 미래 가치를 분리해 거래할 수 있도록 설계된 혁신적인 탈중앙화 금융 프로토콜로, 투자자는 이자율과 에어드롭 기대치를 기준으로 다양한 투자 전략을 선택할 수 있습니다. 이 절에서는 펜들의 구조와 작동 방식 그리고 투자자와 시장에 미치는 영향을 살펴보겠습니다.

① 펜들이란?

펜들(Pendle)은 이자 수익이 발생하는 자산을 '이자'와 '원금'으로 분리하여 거래할 수 있게 한 디파이 프로토콜입니다. 사용자가 스테이킹 토큰이나 예치형 자산(stETH, sUSDe 등)을 예치하면 프로토콜은 이를 이자 토큰(YT, Yield Token)과 원금 토큰(PT, Principal Token)으로 분리합니다. 이렇게 분리된 두 토큰은 자동화 시장 조성 메커니즘(AMM)을 통해 유동성이 형성되어 서로 교환이 가능하며 각각의 가치가 시장 수요에 따라 결정됩니다.

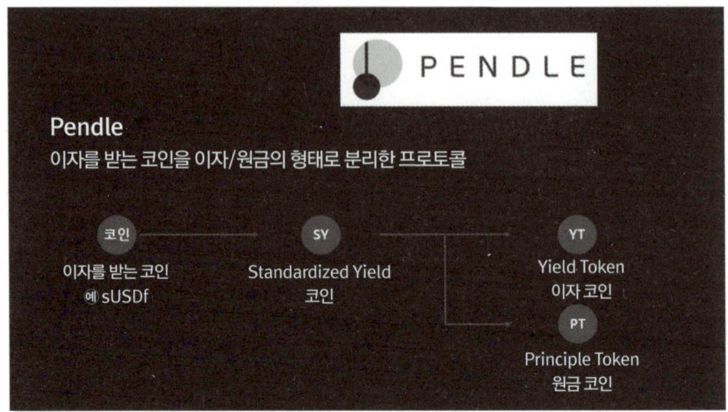

[그림 13-1] Pendle의 구조

펜들은 이러한 구조를 통해 '이자의 미래 가치를 거래할 수 있는 시장', 즉 온체인 금리 파생 상품 시장을 구축하였습니다.

② 이자 토큰

이자 토큰(Yield Token, YT)은 이자를 받을 수 있는 자산에서 이자 부분만을 분리한 토큰입니다. 예를 들어, 이자를 지급하는 자산을 예치하면 그 자산에서 향후 발생할 이자를 YT 형태로 분리하여 현재 시점의 저렴한 가격으로 거래할 수 있습니다. YT의 가격은 기초 자산보다 훨씬 낮기 때문에 동일한 금액으로 더 많은 수량을 매수할 수 있으며 YT 1개는 기초 자산 1개에서 발생하는 모든 이자 및 에어드롭 포인트에 대한 권리를 가집니다. 따라서 같은 자본으로 더 높은 잠재 수익을 노릴 수 있는 공격적 투자 수단입니다. 다만 YT의 가격은 시간이 지날수록 만기까지 남은 이자 기간이 줄어들기 때문에 점차 감소하며 만기 시점에는 가치가 0이 됩니다. 이는 만기 이후에는 더 이상 이자가 발생하지 않기 때문입니다.

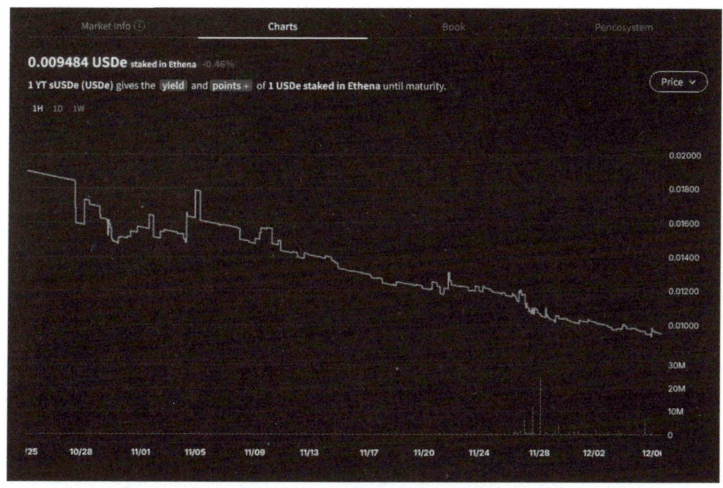

[그림 13-2] 시간이 지남에 따라 감소하는 YT의 가치

하지만 에어드롭의 가치가 YT 매입가를 초과할 경우 폭발적인 수익을 얻을 수도 있습니다. 실제 사례로 합성 달러 프로젝트 에테나(Ethena)의 USDe YT 보유자들은 원금 대비 약 7배에 달하는 에어드롭 수익을 거뒀으며 미국 국채 기반 RWA 프로젝트 유주얼(Usual)의 USD0++YT 보유자들은 10배 이상의 보상을 획득했습니다.

다만, 프로젝트가 해킹되거나 중단될 경우 YT의 가치가 즉시 0이 될 수 있으므로 고위험·고수익 자산으로 분류됩니다.

③ 원금 토큰

원금 토큰(Principal Token, PT)은 이자 자산에서 이자를 제외한 원금 부분만을 토큰화한 형태입니다. PT는 채권과 유사하게 할인된 가격으로 매수하여 만기 시 기초 자산 1개와 교환함으로써 확정 수익을 얻는 구조입니다. 시간이 지날수록 만기까지 남은 기간이 짧아지기 때문에 PT의 가치는 점차 상승하며 만기 시점에는 기초 자산과 일대일로 상환됩니다. PT는 YT 매수자의 손실 가치(시간 경과에 따른 가치 하락분)를 수익으로 전환하기 때문에 예측 가능한 고정 이자를 선호하는 투자자에게 적합한 안정형 상품입니다. 다만 이자와 에어드롭을 받을 권리는 없으며 만기 전 거래 시에는 시장 유동성에 따라 가격이 일시적으로 하락할 수 있습니다. 현재 펜들에는 연 15~20% 수준의 스테이블코인 기반 PT 상품이 다수 존재하며 비교적 큰 금액을 안정적으로 운용하고자 하는 기관 투자자 및 고액 투자자('고래')들이 주로 이용하고 있습니다.

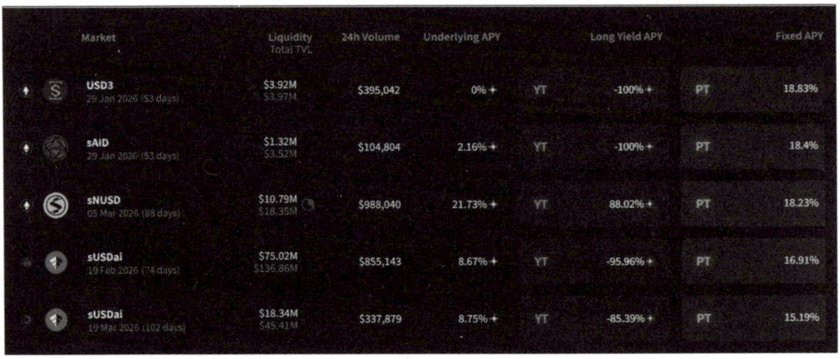

Market	Liquidity Total TVL	24h Volume	Underlying APY		Long Yield APY		Fixed APY
USD3 29 Jan 2026 (53 days)	$3.92M $3.97M	$395,042	0% +	YT	-100% +	PT	18.83%
sAID 29 Jan 2026 (53 days)	$1.32M $3.52M	$104,804	2.16% +	YT	-100% +	PT	18.4%
sNUSD 05 Mar 2026 (88 days)	$10.79M $18.35M	$988,040	21.73% +	YT	88.02% +	PT	18.23%
sUSDai 19 Feb 2026 (74 days)	$75.02M $136.86M	$855,143	8.67% +	YT	-95.96% +	PT	16.91%
sUSDai 19 Mar 2026 (102 days)	$18.34M $45.41M	$337,879	8.75% +	YT	-85.39% +	PT	15.19%

[그림 13-3] Pendle PT 이자율

④ 유동성 토큰

펜들의 유동성 토큰(Liquidity Providing Token, LP)은 PT와 YT를 묶어 자동화 시장 조성(AMM)을 지원하기 위한 유동성 공급 토큰입니다. LP는 두 자산 간 거래가 발생할 때마다 스왑 수수료(Swap Fee)를 분배받으며 펜들에서 유동성 공급자에게 PENDLE 토큰 보상(Reward)도 지급합니다.

[그림 13-4] Pendle LP의 이자 구조기초 자산 이자+PT 이자+Swap Fee+PENDLE 토큰 보상

LP 구조는 실제로 PT-YT 쌍을 포함한 SY(Standardized Yield) 토큰과 거래가 활발한 자산(보통 PT)으로 구성됩니다. SY 토큰은 YT를 포함하고 있어 이자 및 에어드롭 포인트를 받을 수 있고 PT는 만기 시 고정 이자를 제공합니다. LP의 연간 수익률(APY)은 시장 거래량과 풀 내 PT/SY 구성 비율에 따라 달라지며 거래가 활발할수록 스왑 수수료 수익이 증가합니다. 다만, 복잡한 구조로 인해 LP 생성 및 해제 시 가스비(거래 수수료)가 높고 SY 비중이 높을 경우 포인트 획득 효율이 떨어질 수 있습니다. 하지만 거래량이 증가하는 시기에는 LP의 총 수익률이 30%를 넘어가는 경우도 있습니다.

⑤ 펜들 상품에 투자하는 이유

펜들을 이용하는 이유는 투자자의 성향에 따라 다릅니다. YT는 시장이 활발하고 에어드롭 기대감이 큰 시기에 높은 수익을 노리는 공격형 투자자에게 적합합니다. PT는 시장 방향성과 관계없이 확정된 이자를 얻을 수 있기 때문에 안정적인 수익을 추구하는 보수형 투자자에게 알맞습니다. LP는 그 중간 단계로, 기본 자산을 그대로 보유할 때보다 조금 더 높은 수익률과 포인트 혜택을 제공하기 때문에 중립적인 투자자에게 인기가 많습니다. 결국 펜들은 '공격형(YT)안정형(PT)중립형(LP)'의 선택지를 제공하며 자본 효율성과 유동성의 균형을 모두 잡을 수 있는 구조를 가지고 있습니다.

⑥ 펜들의 시장적 의미와 확장성

펜들은 디파이 시장에서 이자율을 거래하는 금리 시장을 개척한 최초의 프로토콜로 평가받고 있습니다. 이는 단순한 투자 플랫폼이 아니라 금리 파생 상품(Interest Derivatives)의 기반 생태계를 형성한 혁신적인 시도입니다. 이 구조를 통해 프로젝트들은 유동성과 참여도를 확보하고 투자자들은 자신의 리스크 선호도에 맞는 전략적 자산을 선택할 수 있게 되었습니다. 펜들은 결과적으로 '금리의 탈중앙화'라는 새로운 시장을 열었으며 프로토콜 자체는 PT·YT·LP 생태계를 기반으로 지속적인 거래 수수료와 토큰 인센티브를 창출하고 있습니다.

앞으로 펜들은 RWA(Real World Asset), 스테이블코인, LSD(Liquid Staking Derivative) 등 다양한 온체인 수익형 자산과 결합되어 온체인 금리 곡선(Yield Curve)을 형성하는 핵심 인프라로 발전할 가능성이 높습니다.

2. 스테이블코인과 펜들을 이용한 레버리지 파밍

디파이 시장이 성숙함에 따라 단순한 예치 수익만으로는 높은 수익을 기대하기 어려워졌습니다. 이에 따라 레버리지 파밍(Leverage Farming), 즉 자산을 담보로 대출을 일으켜 더 큰 규모로 운용하는 전략이 각광받고 있습니다. 특히 이자 지급 스테이블코인(Yield-Bearing Stablecoin)과 펜들(Pendle)의 금리형 상품이 결합되면서 복합적 수익 구조를 형성한 새로운 형태의 수익 모델로 진화하고 있습니다.

① 레버리지 파밍이란?

파밍(Farming)이란 자산을 예치하여 이자나 인센티브, 에어드롭을 받는 행위를 의미합니다. 레버리지(Leverage)는 대출을 통해 자신이 보유한 자금보다 더 큰 금액을 운용하는 것을 말합니다.

[그림 13-5] 자신이 보유한 금액보다 더 큰 금액을 운용하는 레버리지

따라서 레버리지 파밍은 자산을 예치한 후 이를 담보로 대출을 일으켜 다시 예치 자산으로 전환하여 추가 수익을 노리는 구조입니다. 즉, 같은 자본으로 여러 번 예치와 대출을 반복하여 자산의 복리적 예치 효과를 극대화하는 전략입니다. 이 방식은 수익률을 크게 높일 수 있지만, 동시에 청산 위험과 복합 리스크도 함께 증가합니다.

② 레버리지 파밍을 위한 탈중앙화 대출 프로토콜

레버리지 파밍을 실행하기 위해서는 자산을 예치하고 다른 자산을 대출할 수 있는 탈중앙화 대출 프로토콜(Lending Protocol)이 필요합니다. 대출 프로토콜은 자산을 매도하지 않고도 유동성을 확보할 수 있게 하여 디파이 생태계의 핵심 인프라인 유동성 허브(Liquidity Hub) 역할을 수행합니다. 2025년 10월 19일 기준, 디파이라마에 등록된 대출 프로토콜은 총 561개, 예치금(TVL)은 약 790억 달러(한화 약 110조 원)에 달합니다.

Category	Protocols	Combined TVL
1 Lending	561	$79.669b
2 Liquid Staking	250	$71.949b
3 Bridge	141	$59.922b
4 Restaking	14	$24.885b
5 Dexs	1807	$23.124b
6 Canonical Bridge	80	$18.888b
7 Basis Trading	32	$18.108b
> 8 RWA	116	$17.809b
9 Liquid Restaking	29	$13.746b
10 Yield	590	$11.444b

[그림 13-6] 디파이라마 기준 탈중앙화 대출 프로토콜 예치금(TVL)

대표적인 프로토콜로는 에이브(Aave), 모포(Morpho), 오일러(Euler)가 있습니다. 에이브는 핀란드어로 '유령'을 뜻하며 총 예치금 390억 달러로 세계 최대의 대출 프로토콜입니다. 현재 18개 네트워크에서 서비스를 제공하고 있으며 BTC, ETH, USDT, USDC 등 주요 자산을 한 풀(Pool) 내에서 관리합니다. Morpho는 '푸른빛 나비'를 뜻하며 예치금 75억 달러로 2위를 차지하고 있습니다. 모포는 자산 쌍별로 독립된 풀을 운영하여 보안성과 자본 효율성을 동시에 확보했으며 해킹 발생 시 피해를 개별 풀로 격리하는 구조를 채택하고 있습니다.

오일러는 '오일러의 정리'로 알려진 수학자 오일러의 이름에서 따왔으며 독립형 풀 구조를 갖추고 원클릭 자동 레버리지 기능을 제공하는 것이 특징입니다. 약 18억 달러가 예치되어 있으며 12개 네트워크에서 서비스를 지원합니다.

[그림 13-7] 레버리지를 위한 탈중앙화 대출 플랫폼, Aave, Morpho, Euler

③ 레버리지 파밍 수익 포인트

레버리지 파밍을 통해 수익을 얻기 위해서는 예치 이자 ≥ 대출 이자 조건이 충족되어야 합니다. 예치 이자가 대출 이자보다 높다면 대출 자산을 다시 예치하거나 스왑을 통해 예치 자산으로 전환함 후 다시 예치함으로써 순이익을 창출할 수 있습니다. 또한 (예치 이자+에어드롭 수익) > 대출 이자 조건이 충족될 경우에도 수익을 기대할 수 있습니다. 예를 들어, 예치 이자와 대출 이자가 각각 10%로 동일하더라도 1만 원을 예치하고 8,000원을 대출해 이를 다시 예치한다면 총 1만 8,000원 규모의 예치 효과가 발생합니다. 이 경우 대출 이자를 제한다면 기본 이자 수익은 같지만, 에어드롭이 예치 금액 기준으로 지급된다면 1.8배의 보상을 받을 수 있어 추가적인 수익 극대화가 가능합니다.

	예치	대출	
1회 대출	10,000	8,000	← 대출금 재예치

예치 이자율	10%	
예치금	18,000	← 예치 포인트 1.8배
연간 예치 이자	*1,800*	

대출 이자율	10%
대출금	8,000
연간 대출이자	*800*

[그림 13-8] 예치 이자=대출 이자일 경우에도 에어드롭 포인트 극대화

결국 레버리지 파밍의 핵심은 단순 이자 차익보다는 에어드롭과 인센티브를 통한 총 기대 수익이 대출 비용을 상회하느냐입니다.

④ 레버리지 파밍 이자 지급 스테이블

최근에는 Morpho나 Euler와 같은 프로토콜에서 예치 이자를 별도로 제공하지 않는 경우가 늘어나고 있습니다. 그럼에도 불구하고 대출 이자를 부담하면서까지 예치와 레버리지를 반복하는 이유는 크게 2가지입니다.

첫째, 예치 자산 자체가 이자를 지급하는 스테이블코인(Yield-Bearing Stablecoin)인 경우입니다. 예를 들어, Ethena의 sUSDe, Ondo의 USDY, Usual의 USD0++ 등은 자체적으로 이자를 내포하고 있기 때문에 대출 플랫폼이 추가 예치 이자를 지급하지 않더라도 기본 수익이 발생합니다.

둘째, 에어드롭에 대한 기대감입니다. 대출 이자가 다소 높더라도 향후 수령할 에어드롭 가치가 이를 상회할 것으로 기대되면, 투자자들은 적극적으로 레버리지를 활용합니다. 이러한 수요는 2024년 Ethena 프로젝트에서 본격화되었습니다. Ethena는 펀딩비(Funding Fee)를 활용한 Basis Trading 구조로, 단순 예치자들에게도 약 6개월 만에 예치금의 70%에 달하는 에어드롭을 제공하였습니다. 특히 레버리지를 병행한 투자자들은 이 수익률을 두 배 이상까지 확대시켰습니다. 이후 여러 프로젝트들이 이자 지급 스테이블코인과 대출 프로토콜을 결합한 상품을 출시하면서 대출 플랫폼의 예치금(TVL)이 급격히 증가하였고 레버리지 파밍은 디파이 생태계의 주요 전략 중 하나로 자리 잡게 되었습니다.

⑤ 레버리지 파밍 펜들

2024년 이후 펜들의 금리형 상품이 인기를 얻으면서 대출 플랫폼들은 펜들의 PT(Principal Token)와 LP(Liquidity Providing Token)를 담보로 인정하기 시작했습니다. PT와 LP는 만기 기준으로 비교적 안정적인 가치 구조를 가지며 자체적으로 이자 흐름을 포함하고 있어 이자 지급 스테이블코인과 함께 담보 자산으로 활용하기 적합했습니다.

2025년 들어 Ethena의 USDe, sUSDe PT가 에이브, 모포, 오일러 등의 주요 프로토콜에서 담보로 등록되었으며 이를 기반으로 USDT, USDC 등 주요 스테이블코인을 대출할 수 있는 기능이 도입되었습니다. 2025년 10월 19일 기준, 에이브에서 sUSDe PT 담보 예치금은 15억 8,000만 달러에 달해 BTC, ETH, USDT/USDC를 제외하면 가장 높은 수준의 담보 가치를 기록하고 있습니다.

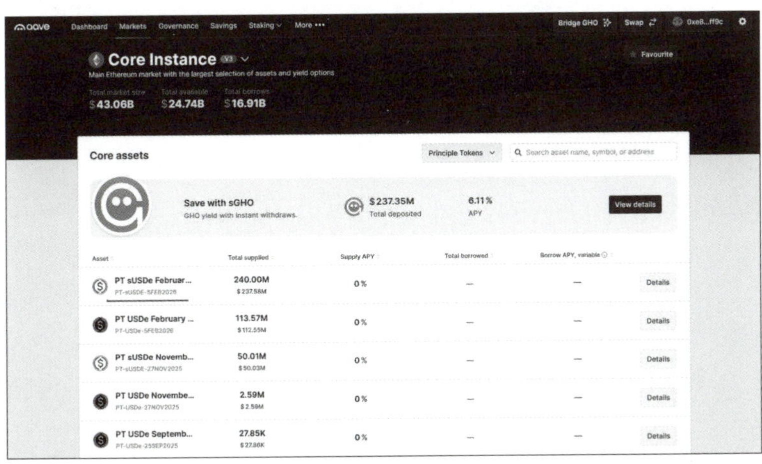

[그림 13-9] Aave에 15억 8,000만 달러의 sUSDe PT가 예치되어 있는 모습

이후 Falcon의 USDf, Strata의 srUSDe 등 다양한 펜들 PT/LP 기반 대출 상품이 등장하면서 레버리지 파밍의 활용 범위는 더욱 넓어지고 있습니다.

⑥ 레버리지 파밍의 유의점

레버리지 파밍은 자본 효율을 극대화하는 전략이지만, 그만큼 복합 리스크가 존재합니다.

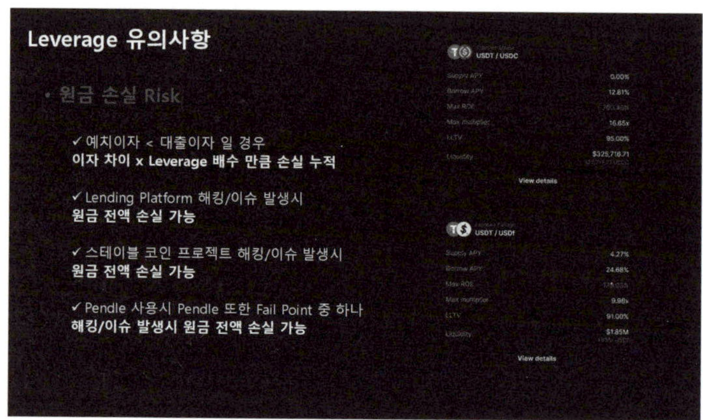

[그림 13-10] Leverage 유의 사항

첫째, 예치 이자와 에어드롭 수익이 대출 이자를 초과하지 못하는 경우 손실이 발생할 수 있습니다. 인기 있는 상품일수록 레버리지 수요가 많아 대출금리가 급등할 가능성이 있으며 장기간 높은 이자율이 유지되면 전체 수익 구조가 붕괴될 수 있습니다.

둘째, 다중 프로토콜 노출 리스크가 있습니다. 단일 예치만 하는 경우에는 해당 프로토콜의 보안만 주의하면 되지만, 레버리지를 사용하면 예치·대출·파생 상품 프로토콜 간 상호 의존성이 생깁니다. 이 중 하나라도 해킹이나 스마트 컨트랙트 오류가 발생하면 전체 자산이 연쇄 손실을 입을 수 있습니다. 특히 펜들 기반 자산을 이용할 경우 여러 프로토콜이 연결되어 있어 리스크가 증폭될 수 있습니다.

셋째, 해킹이나 이슈 발생으로 인해 스테이블코인의 가격에 괴리가 발생하는 디페깅(Depegging) 이슈에 의해서도 큰 손실을 얻을 수 있습니다. 보통 스테이블코인이나 스테이블코인의 PT/LP를 담보로 할 경우, 높은 대출율(LTV, Loan To Value, 담보 대비 대출금액 비율)로 대출을 하게 되는데, 이때 이슈로 인해 스테이블코인의 가격이 1달러가 아닌 0.8달러와 같이 하락하게 되면 담보로 맡겨 놓은 자산이 청산되어 회수할 수 없게 되어 버립니다. 이때 청산 수수료(Liquidation Penalty) 또한 발생하여 추가적인 손실을 입게 됩니다.

다만, 에이브, 모포, 펜들 등은 업계 상위권 프로토콜로서 다수의 보안 감사와 코드 검증을 거쳤으며 지속적인 업그레이드를 통해 안정성을 확보하고 있습니다. 따라서 일반적으로는 신생 스테이블코인 프로젝트보다 오히려 보안성이 높은 편으로 평가됩니다.

3. 유망 프로젝트 투자

① 신규 프로젝트 선별 포인트

디파이 생태계에서는 하루에도 수십 개의 신규 프로젝트가 런칭되며 이 중에는 스캠(Scam)이나 러그 풀(Rug Pull)처럼 의도적 사기가 포함되거나 보안 미비로 예치 자금이 탈취되는 해킹 사례도 적지 않습니다.

신규 프로젝트 선별 시에는 ① 투자 기관과 투자금, ② 예치금의 규모(TVL), ③ 코드 보안 감사(Audit), ④ 설립자 신상 및 팀 백그라운드, ⑤ 커뮤니티 활동성 등 5가지를 기본 점검 항목으로 삼는 것을 권장합니다.

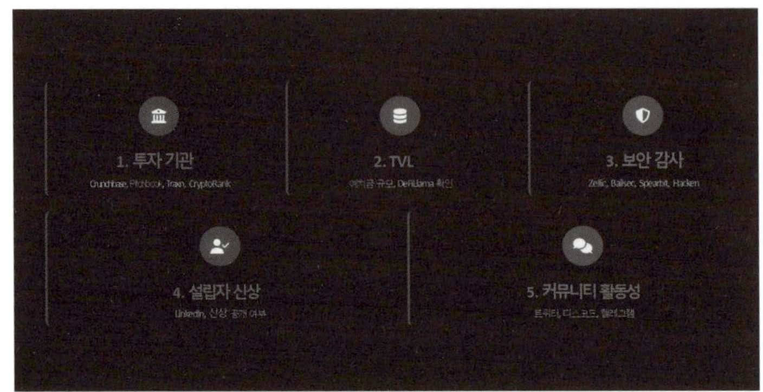

[그림 13-11] 신규 탈중앙화 프로젝트 선별 5대 포인트

② 선별 포인트 1: 투자 기관

탈중앙화 프로토콜 다수는 벤처 단계에서 자금을 유치하며 VC(벤처 캐피털)가 주요 투자자로 참여합니다.

전통 스타트업은 IPO·M&A 등으로 회수하지만 웹 3에서는 토큰 발행과 유통을 통해 투자금을 회수하는 구조가 일반적입니다. 업계에서 신뢰받는 투자사로는 a16z crypto, Paradigm, Coinbase Ventures, Binance Labs, Hack VC 등 다수의 VC가 거론됩니다.

[그림 13-12] 신뢰받는 크립토 벤처 투자사 목록

투자금 규모는 시장 사이클마다 다르지만, 비교적 큰 라운드를 유치한 프로젝트일수록 사전 실사(DD)가 엄격히 진행되었다는 점에서 리스크 완화 지표로 참고할 수 있습니다.

다만, 우량 VC의 투자가 '개인 투자자 수익'을 보장하는 것은 아니며 반대로 무자본 팀이 더 큰 수익을 주는 경우도 있으므로 'VC 참여 여부는 리스크 하향 신호'로만 활용하시는 것이 바람직합니다.

투자 내역 탐색에는 PitchBook, Crunchbase 같은 일반 데이터베이스와 CryptoRank, Decentralized.co 같은 웹 3 특화 리서치 툴을 병행하시면 효율적입니다.

③ 선별 포인트 2: 총 예치금(TVL)

'Money talks'라는 말처럼 TVL은 집단 검증의 결과물로 해석할 여지가 있습니다. 많은 사용자가 큰 금액을 맡겼다는 사실은 그만큼 다층적인 실사(토큰 이코노미, 운영 리스크, 보안 감사, 팀 신뢰도 등)가 시장에서 자생적으로 이루어졌음을 시사합니다. 물론 인플루언서 마케팅이나 과열 심리로 왜곡될 수 있으므로 TVL만으로 판단해서는 안 되지만, 일정 수준 이상(예 수억~수십억 달러)의 TVL은 '단독 리서치에서 놓친 리스크가 집단적으로 보완되었을 가능성'을 보여 주는 보조지표로 유용합니다.

TVL과 변화 추세는 디파이라마와 같은 데이터 포털에서 체인·섹터·프로토콜별로 손쉽게 확인하실 수 있습니다.

④ 선별 포인트 3: 보안 감사(Audit)

디파이 프로토콜은 스마트 컨트랙트로 실행되므로 코드 취약점은 곧 자금 손실로 이어질 수 있습니다.

외부 보안감사(Audit)는 수익성과는 무관하지만 원금을 지키기 위한 최소한이자 가장 중요한 체크포인트입니다. 다만, 감사를 받았다고 해서 '무조건 안전'한 것은 아니며 파라미터 설정 오류, 운영 키 유출, 오라클 조작 등 비코드 리스크도 상존합니다.

최근 웹 3 보안 분야에서 자주 거론되는 업체로는 Zellic, Spearbit, Halborn, Trail of Bits, Hacken 등이 있으며 단일 업체의 간판보다 실무 감사원(Auditor)의 역량과 다중 감사·버그바운티 유무, 업그레이드 거버넌스가 더 중요합니다.

[그림 13-13] 자주 거론되는 보안 감사 업체 목록

상위 프로토콜들의 '감사 리포트' 들을 비교해 동일 업체·동일 감사원이 반복적으로 대형 프로토콜을 맡아온 이력이 있는지 확인하시면 신뢰도 판단에 도움이 됩니다.

⑤ 선별 포인트 4: 설립자 신상 및 팀 백그라운드

설립자와 핵심 팀의 신원이 공개되어 있으면 사고 발생 시 책임 소재가 비교적 명확해지고 커뮤니케이션·보상·사후 대응의 신뢰가 올라갑니다. 물론 익명 팀이라도 성공한 프로젝트가 많지만, 최소한의 안전장치를 원한다면 실명 공개, 과거 경력(웹 2 빅테크·핀테크·보안·퀀트 등), 레퍼런스 검증, 자문단 구성 등 외부 신뢰의 고리가 확인되는 팀을 선호하는 것이 합리적입니다.

[그림 13-14] (시계 방향으로) ETH의 설립자 비탈릭 부테린(Vitalik Buterin),
트론(Tron)의 설립자 저스틴 선(Justin Sun), 바이낸스(Binance)의 설립자 자오창펑(Changpeng Zhao)

트위터(X)·깃허브·링크드인 탐색과 프로젝트 커뮤니티(디스코드·텔레그램)에서의 활동 내역, 업계 인플루언서의 상호 팔로잉·멘션 등을 크로스체크하시면 실전을 크게 줄일 수 있습니다. 최근에는 Crypto-native 검색에 특화된 AI 도구를 병행해 초기 신호를 빠르게 모니터링하는 방식도 활용됩니다.

⑥ 선별 포인트 5: 커뮤니티

대부분의 프로토콜은 트위터(X)·디스코드·텔레그램을 공식 커뮤니티 채널로 운영합니다. 커뮤니티의 활성도 팀의 응답 속도 이슈 대응의 투명성, 문서화 수준(Docs·FAQ·리스크 공시), 캠페인(포인트·퀘스트·테스트넷) 운영은 프로젝트의 진정성과 실행력을 가늠하는 중요한 간접 지표입니다.

커뮤니티 이벤트 참여는 단순 정보 취득을 넘어 에어드롭·포인트 적립 등 실질 수익 극대화와도 연결되므로 장기 예치·투자를 고려하신다면 최소 주간 단위로 확인하시는 것을 권합니다.

⑦ 신규 스테이블코인 예치 가능 프로젝트들

스테이블코인은 디파이의 기축 자산으로 자리 잡았으며 향후 활용도는 더 가속화될 전망입니다. 현재 예치 수익 기회가 비교적 뚜렷한 섹터는 크게 네 갈래로 정리할 수 있습니다.

첫째, 이자 지급 스테이블코인(Yield-Bearing Stablecoin)입니다. 펀딩비 기반 베이시스 트레이딩(예 파생 시장의 펀딩 수익), 미국 국채 연계 T-Bill RWA, 실물 부동산·대출 채권 등 오프체인 수익을 온체인으로 전달하는 구조가 대표적이며 최근에는 복합 구조로 수익원을 다변화하는 사례가 늘고 있습니다.

둘째, 페이먼트입니다. 상거래·송금에서 스테이블코인의 결제 비중이 확대되면서 가맹점 정산, 크로스보더 결제, 온체인 인보이스 등 실사용 수요가 성장하고 있습니다.

셋째, RWA(Real-World Asset)입니다. 미국 국채·회사채·송장 채권·크레딧 펀드 등 전통 수익 자산을 토큰화하여 예치형 수익을 제공하는 프로토콜이 빠르게 늘고 있습니다.

넷째, AI·네오뱅크형 서비스입니다. 온체인 위험관리·포트폴리오 자동화, 로보어드바이저형 수익 전략, 커스터디·카드·대출을 아우르는 '크립토 네오뱅크'가 출현하면서 스테이블코인의 예치·결제·신용이 한번에 연결되는 사용자 경험이 확산되고 있습니다.

이러한 프로토콜은 지금도 빠르게 런칭되고 있으며 일부는 전통 금융의 평균 수익률을 현저히 상회하는 기회를 제공합니다. 동시에 제도권 편입과 규제 명확화가 진행되면서 안정성도 개선되는 추세입니다. 결론적으로 스테이블코인 이해도를 높이고 유망 섹터의 톱티어 프로토콜을 중심으로 학습·분산·점증 투자 원칙을 적용하신다면 구조적 성장의 수혜를 받을 수 있는 가능성이 높습니다.

[표 13-1] 신규 프로젝트 투자 점검표

구분	점검 항목	확인 방법	체크
1. 투자기관	투자 VC 존재 여부(a16z, Binance Labs 등)	CryptoRank, Decentralized, PitchBook	☐
	투자 규모(총 10M달러 이상)	Press Release, Fundraising Docs	☐
2. 예치금 (TVL)	현재 예치금 규모(100M달러 이상)	DeFiLlama, DefiLytics	☐
	최근 30일간 유입 추세(증가세 유지)	Chart trend 확인	☐
3. 보안감사 (Audit)	Zellic·Spearbit·Trail of Bits 등 A급 감사 여부	공식 Docs / Github 링크	☐
	버그바운티 운영 여부	Immunefi, Code4rena 등	☐
4. 설립자· 팀 정보	실명·경력 공개 여부	Twitter, LinkedIn, Github	☐
	이전 프로젝트 이력 및 실패 사례 확인	Google 검색, 커뮤니티 내 피드백	☐
5. 커뮤니티 활동성	트위터 팔로워 수(1만 이상) 및 게시 빈도	X.com / Discord 확인	☐
	개발팀 AMA, 업데이트 주기	Medium / Blog / Announcement	☐
6. 프로토콜 구조	스마트 컨트랙트 공개 여부	Etherscan / Explorer	☐
	탈중앙화 거버넌스 도입 여부	Snapshot / Tally / Gov Docs	☐
7. 토큰 이코노미	토큰 배분·락업 기간 명시 여부	Whitepaper / Docs	☐
	인플레이션·보상 구조의 지속 가능성	분석 리포트 검토	☐
8. 법적·운영 리스크	실명 운영 법인 존재 여부	Terms / Company info	☐
	현지 규제 이슈 또는 제재 이력	뉴스·관공서 공시	☐

변화의 순간에는 늘 기회와 위기가 같이 옵니다 ————————

지난 시간을 복기해 보면, 필자는 운 좋게도 세상이 흘러가는 흐름에 잘 올라탔던 것 같습니다. 세 번의 직장 생활은 그런 흐름을 타고 내가 노력한 것 보다 더 많은 것을 얻을 수 있었습니다. 그러나 금융에 대한 관심과 이해가 부족해서 남들만큼의 부를 축적하지 못했습니다. 특히, 부동산은 아쉬운 부분입니다.

살면서 내 집을 살 수 있는 기회가 몇 번 있었지만 빚을 지는 것이 무서워 결국 타이밍을 놓쳤습니다. 아무리 저축을 해도 전세금 올라가는 속도를 따라가지 못했습니다. 주변의 자산가들에게 물어보면 "무리하게 대출을 받아 집을 살 필요가 있겠느냐. 좀 더 기다리라."는 충고를 들었습니다. 물론 이분들은 집이 여러 채 있었습니다. 결국 기다리는 사이에 집값은 100% 이상 상승했고 영끌(최대 한도의 대출)을 통해 겨우 집을 구입했습니다. 그 과정에서 블록체인을 경험하고 스테이블코인을 이용한 다양한 투자 방법을 배우면서 그동안 배워 왔던 금융과 경제 지식이 크게 잘못되었다는 것을 느꼈습니다.

　저축은 누구나 할 수 있지만 대출은 아무에게나 해 주는 게 아니었습니다. 우리는 대출을 받기 위해 은행을 찾아가야 하지만 자본가들에게는 은행이 찾아가 대출을 알선해 줍니다. 즉, 대출도 능력이 있어야만 받을 수 있는 것입니다.

　우리 같은 소시민은 한 푼이라도 아껴서 잘 살아 보려고 하지만 부자들은 더 벌어서 더 많이 쓰려고 합니다. 결국 시간이 흐르면 그 격차는 더 커지게 됩니다. 우리가 아무리 높은 이자를 받고 예금을 해도 돈이 풀리는 속도를 따라가지 못합니다. 최소한 그 속도 이상으로 돈을 벌어야 합니다.

　블록체인과 스테이블코인 투자를 하면서 배운 것은 수익이 보인다면 최대한의 감당할 수 있는 레버리지(대출)를 일으켜 투자하고 여기에서 발생하는 이자를 감당하라는 것입니다. 이것이 100% 안전할 수는 없지만 계속 배우고 모니터링하면 그 위험을 최소한으로 낮출 수 있습니다.

　가끔 뉴스에 특정 금융 상품을 투자했다가 손실을 보고 이에 대한 피해 보상을 요구하는 분들이 많습니다. 물론 위험 요소를 설명하지 않고 판매한 곳에 더 큰 책임이 있겠지만, 본인이 투자하는 상품이 무엇인지 알고 그에 대한 위험성을 파악했다면 그전에 탈출할 수 있는 기회는 여러 번 있었을 것입니다.

　블록체인에서의 투자는 본인이 판단해서 직접 투자를 해야 합니다. 해당 프로젝트나 상품에 대한 이해를 해야 하고 그에 대한 위험성까지도 판단해서 투자 결정을 하게 됩니다. 이를 통해 투자에 대한 지식과 스킬이 크게 상승합니다. 또한 블록체인에서의 투자는 창의적인 전략이 아주 중요합니다. 남들보다 빠르게 고수익을 찾아서 투자를 할 수 있습니다.

앞으로 남은 30년, 노동이 아닌 금융 소득으로 살아가기 ──────

50대 이상이 가장 걱정하는 것이 노년의 빈곤입니다. 젊었을 때야 노동으로 수익을 내서 살아갈 수 있지만 은퇴 시기가 오면 노동으로 돈을 벌어 현재를 유지하기도 힘들어집니다. 결국 적절한 수준의 노동과 금융 소득의 결합으로 100세 시대를 살아가야 합니다.

요즘처럼 예금 금리가 2%인 시대에 웬만큼 큰 금액이 아니고는 금융 소득으로 살아가기가 팍팍합니다. 그렇다고 원금 손실 가능성이 큰 주식이나 코인 투자도 부담스럽습니다. 성공률이 10%가 안되는 프렌차이즈 창업도 역시 마찬가지입니다. 블록체인 기반의 스테이블코인 투자를 제대로 배운다면 원금 손실을 최소화하면서 만족할 만한 수익으로 여러분의 미래에 큰 디딤돌이 될 것입니다.

새로운 생각으로 더 큰 수익을 통해 경제적 자유를 찾으시길 바랍니다.

주요 용어

[영문]

- **3Pool(3CRV)**: 커브 파이낸스의 USDT+USDC+DAI 묶음 풀(스테이블코인 유동성의 지표)
- **APR(연간 이율)**: 단리(원금에만 이자가 붙음)를 적용한 연이율
- **APY(연간 수익률)**: 복리(이자에 이자가 붙음)를 적용한 연수익률
- **DAI(다이)**: 메이커다오(MakerDAO)에서 운용하는 탈중앙화 암호화폐 담보형 스테이블코인
- **DApp(탈중앙화 앱)**: 블록체인 네트워크 위에서 작동하는 앱
- **DSR(DAI Savings Rate)**: DAI를 보유한 사람이 예치하면 받는 기준 금리 개념의 보상
- **ERC-20**: 이더리움 네트워크의 표준 토큰 규격
- **LP 토큰(Liquidity Provider Token)**: 유동성을 공급했다는 증표로 받는 토큰(이걸 다시 예치해 2차 수익 가능)
- **LTV(담보 인정 비율)**: 내 담보 가치 대비 최대 얼마까지 빌릴 수 있는지 나타내는 비율(Loan To Value)
- **MEV(최대 추출 가치)**: 봇이 거래 순서를 조작해 이익을 챙기는 행위(투자자에게는 손해)
- **PoS(지분 증명)**: 코인 보유량(지분)에 비례해 블록 검증 권한을 갖는 방식(예 이더리움)
- **PoW(작업 증명)**: 연산 능력으로 블록을 검증하는 방식(예 비트코인)
- **PSM(Peg Stability Module)**: 메이커다오에서 DAI 가격 유지를 위해 1:1 교환을 보장하는 모듈
- **ROI(Return on Investment, 투자 수익률)**: 투자 원금 대비 수익 비율
- **RWA(실물 연계 자산)**: 국채, 부동산 등 현실 자산을 블록체인에 연동한 개념으로, 최근 스테이블코인 담보로 많이 쓰임
- **TVL(총 예치 자산)**: 해당 플랫폼에 얼마나 많은 돈이 믿고 맡겨져 있는지 보여 주는 지표(클수록 안전)
- **USDC(USD Coin)**: 미국 규제를 준수하는 서클(Circle) 사가 발행한 투명성 높은 스테이블코인
- **USDe**: 에테나(Ethena) 랩스에서 발행, 파생 상품 헷징을 통해 수익을 내는 '합성 달러' 스테이블코인
- **USDT(Tether)**: 가장 널리 쓰이는 시가총액 1위 스테이블코인(테더 사 발행)

[국문]

- **가동률(Utilization Rate)**: 예치된 자금 중 실제로 대출해 간 자금의 비율(높을수록 이자율 상승)
- **가스 토큰**: 수수료 지불을 위해 필요한 해당 네트워크의 기축 통화(ETH, BNB, MATIC 등)
- **가스비(Gas Fee)**: 블록체인 이용(전송, 계약 실행 등) 시 지불하는 수수료
- **감사(Audit)**: 제3자 기관이 코드나 재무 상태의 안전성을 검증하는 것
- **개인 키(Private Key)**: 지갑에 접근하고 코인을 전송하기 위한 비밀번호
- **공개 키(Public Key)**: 개인 키에서 생성되며, 계좌번호처럼 남에게 알려 줘도 되는 주소
- **과담보(Over-collateralization)**: 발행한 코인 가치보다 더 많은 금액의 자산을 담보로 잡는 것(안정성 확보 장치)
- **교환비(Exchange Rate)**: 스테이블코인 간 교환 비율(1.0001 등 미세한 차이가 수익에 영향)
- **규제 리스크(Regulatory Risk)**: 정부 규제로 인해 스테이블코인 사용이 금지되거나 제약받는 위험
- **김프 매매**: 해외에서 스테이블코인을 사서 한국 거래소로 보낸 후 팔아 차익(김치 프리미엄)을 남기는 전략
- **노드(Node)**: 블록체인 네트워크에 참여하여 거래 내역을 저장하고 검증하는 컴퓨터
- **다중 서명(Multi-sig)**: 보안을 위해 여러 명의 키가 있어야 자금이 이동되는 지갑 방식
- **담보 비율(Collateral Ratio)**: 발행된 스테이블코인 대비 담보 자산의 비율
- **델타 뉴트럴(Delta Neutral)**: 현물 매수+선물 숏 포지션을 동시에 잡아 가격 변동 위험을 0으로 만들고 펀딩비만 먹는 전략
- **동결(Freeze)**: 규제나 해킹 방지를 위해 자산이 묶이는 것
- **디파이(DeFi)**: 아베(Aave), 컴파운드 등 탈중앙화 프로토콜을 이용한 금융 상품
- **디파이라마(DefiLlama)**: 모든 디파이의 TVL과 수익률 정보를 모아서 보여 주는 사이트
- **디페깅(Depegging)**: 1달러 고정이 깨져 가격이 급락하는 현상(가장 큰 리스크)
- **록업(Lock-up)**: 일정 기간 자금을 뺄 수 없도록 묶어 두는 조건(보통 이율이 더 높음)
- **랜딩(Lending)**: 거래소나 디파이 플랫폼에 코인을 빌려 주고 이자를 받는 것
- **러그 풀(Rug Pull)**: 운영진이 투자금을 들고 도망가는 먹튀 사기
- **레버리지 파밍(Leverage Farming)**: 돈을 빌려서 더 큰 규모로 이자 농사를 짓는 것(고수익 고위험)
- **레이어 2(Layer 2)**: 이더리움 가스비를 아끼기 위해 사용하는 확장 네트워크(아비트럼, 옵티미즘 등)
- **루핑(Looping, 풍차 돌리기)**: 예치한 돈을 담보로 또 빌려서 다시 예치하는 과정을 반복해 이자를 극대화하는 것
- **매도/숏(Short)**: 가격 하락을 예상하고 코인을 파는 것(혹은 하락에 배팅하는 것)
- **매수/롱(Long)**: 가격 상승을 예상하고 코인을 사는 것(혹은 포지션을 잡는 것)
- **메이커다오(MakerDAO)**: DAI를 발행하고 관리하는 가장 오래된 디파이 프로토콜
- **메인넷(Mainnet)**: 독립적인 블록체인 네트워크를 구축하여 운영하는 정식 시스템
- **메타마스크(MetaMask)**: 디파이 투자를 위해 가장 많이 쓰는 개인 지갑
- **무한 발행 공격**: 해커가 코인을 무한대로 찍어 내 가치를 0으로 만드는 공격
- **발행(Mint)**: 법정화폐나 담보를 넣고 새로운 스테이블코인을 생성하는 것
- **뱅크런(Bank Run)**: 불안감을 느낀 사용자들이 일시에 예치금을 인출하려 몰리는 사태
- **법정화폐 담보형(Fiat-Backed)**: 달러나 국채 등 실제 자산을 예치하고 그만큼 발행하는 방식(예 USDT, USDC)
- **베이스 APY**: 기본적으로 주는 이자(대출 이자 기반)
- **보상 토큰(Reward Token)**: 이자로 받는 코인을 말하며, 이 코인의 가격이 떨어지면 전체 수익률도 하락함
- **볼트(Vault)**: 자산을 보관하고 전략을 실행하는 금고 스마트 컨트랙트
- **부스트 APY**: 특정 조건을 만족하면(자체 코인 보유 등) 추가로 주는 보너스 이자

- 브릿지(Bridge): 이율이 더 높은 다른 블록체인 네트워크로 자산을 옮기는 것
- 블랙리스트(Blacklist): 발행사(테더 등)가 특정 지갑을 동결시켜 자금 이동을 막는 것(범죄 연루 시)
- 비영구적 손실(Impermanent Loss): 유동성 공급 시 한쪽 코인 가격이 변해, 단순히 들고 있는 것보다 손해 보는 현상(스테이블-스테이블 쌍은 리스크가 매우 적음)
- 비트코인(Bitcoin): 최초의 암호화폐이자 블록체인 기술의 시초(디지털 금으로 불림)
- 소각(Redemption/Burn): 스테이블코인을 반납하고 원래의 담보(달러 등)를 돌려받는 것
- 수수료(Fee): 입금(Deposit), 출금(Withdrawal), 스왑(Swap) 시 발생하는 비용
- 스마트 컨트랙트(Smart Contract): 조건이 충족되면 자동으로 계약이 실행되는 프로그램
- 스마트 컨트랙트 리스크: 코드의 오류나 해킹으로 자금을 탈취당할 위험
- 스캠 사이트: 공식 사이트와 똑같이 생긴 가짜 사이트(지갑 연결 시 털림)
- 스테이블 스왑(Stable Swap): 가격이 같은 스테이블코인끼리 교환하는 것에 특화된 거래소(예 커브 파이낸스)
- 스테이블코인(Stablecoin): 가격 변동성을 최소화하여 법정화폐(주로 1달러) 가치에 고정되도록 설계된 암호화폐
- 스프레드(Spread): 매수 가격과 매도 가격의 차이(스테이블코인 환전 시 중요)
- 슬리피지(Slippage): 큰 금액을 환전할 때 호가가 밀려 손해 보는 비율
- 승인 취소(Revoke): 해킹 방지를 위해 사용이 끝난 플랫폼의 접근 권한을 삭제하는 것
- 승인(Approve): 내 지갑의 코인을 플랫폼이 가져갈 수 있도록 권한을 주는 것
- 시드 구문(Seed Phrase): 지갑 복구를 위해 주어지는 12~24개의 영단어 조합(니모닉이라고도 함)
- 시장가(Market Order): 현재 거래 가능한 가격으로 즉시 체결하는 주문
- 시파이(CeFi): 바이낸스, 업비트 등 중앙화 거래소에서 제공하는 예금 상품
- 실질 수익률(Real Yield): 코인을 찍어내서 주는 가짜 이자가 아니라, 실제 수수료 수익을 나눠 주는 진짜 수익률
- 아베(Aave): 암호화폐 담보 대출 및 예금 업계 1위 플랫폼
- 알고리즘형(Algorithmic): 담보 없이 수요와 공급을 알고리즘으로 조절해 가격을 유지하는 방식(리스크 높음, 예 UST)
- 알트코인(Altcoin): 비트코인을 제외한 모든 암호화폐의 통칭(Alternative Coin)
- 암호화폐 담보형(Crypto-Backed): 이더리움 등 다른 암호화폐를 담보로 맡기고 발행하는 방식(예 DAI)
- 오라클 문제(Oracle Problem): 외부 가격 정보를 블록체인으로 가져올 때 오류가 발생해 청산 등이 잘못 일어나는 것
- 오토 컴파운더(Auto-Compounder): 발생한 이자를 자동으로 재투자하여 복리 효과를 만들어 주는 서비스(예 비프 파이낸스)
- 오프체인 담보(Off-chain Collateral): 블록체인 밖(실제 은행)에 보관된 담보(USDT, USDC)
- 온체인 담보(On-chain Collateral): 블록체인 안(스마트 컨트랙트)에 보관된 담보(DAI)
- 유니스왑(Uniswap): 가장 유명한 탈중앙화 거래소(V3에서 집중화된 유동성 제공)
- 유동성 고갈: 내가 팔고 싶을 때 받아줄 돈(유동성)이 없어 못 파는 상황
- 유동성 공급(Liquidity Provision): 거래소(DEX)에서 거래가 원활하도록 두 코인(예 USDT-USDC)을 예치하는 것
- 이더리움(Ethereum): 스마트 컨트랙트 기능을 구현하여 다양한 앱(DApp)을 만들 수 있는 플랫폼 코인
- 이더스캔(Etherscan): 거래 내역을 조회하고 검증할 수 있는 탐색기
- 인솔번시(Insolvency): 지급 불능 상태를 말하며 부채가 자산보다 많은 상태
- 인플레이션(Inflation): 보상 토큰의 발행량이 늘어나 가치가 희석되는 현상
- 일드 베어링(Yield Bearing): 지갑에 가지고만 있어도 이자가 자동으로 쌓이는 토큰(예 stUSDT)
- 일드 어그리게이터(Aggregator): 여러 투자처 중 가장 이율이 높은 곳을 찾아 주는 서비스(예 1inch)
- 일드 파밍(Yield Farming, 이자 농사): 유동성을 공급하고 그 대가로 코인 보상을 받는 행위
- 재정 거래(Arbitrage): 거래소 간의 가격 차이를 이용해 무위험 차익을 얻는 것(테더 김프 매매 등)
- 재핑(Zapping): 복잡한 과정을 한 번의 클릭으로(코인 교환+예치) 처리해 주는 기능
- 준비금 증명(Proof of Reserves, PoR): 발행사가 실제 준비금을 가지고 있는지 블록체인이나 감사로 증명하는 것
- 준비금(Reserves): 스테이블코인 발행사가 이용자의 환전 요청에 대비해 보유하고 있는 실제 자산
- 지정가(Limit Order): 원하는 가격을 설정해두고 그 가격이 오면 체결하는 주문
- 채굴(Mining): 컴퓨터 연산력을 제공하여 블록을 생성하고 그 보상으로 코인을 받는 행위
- 청산 가격(Liquidation Price): 담보 자산 가격이 이 가격까지 떨어지면 강제 청산당함
- 체인링크(Chainlink): 정확한 가격 정보를 제공해주는 오라클 솔루션
- 카운터파티 리스크: 거래 상대방(거래소, 대출자)이 의무를 이행하지 않을 위험
- 커브 파이낸스(Curve Finance): 스테이블코인 거래 효율이 가장 좋은 대표적인 DEX
- 커스터디 리스크(Custodial Risk): 중앙화 거래소나 운용사가 파산하거나 자금을 횡령할 위험
- 컴파운드(Compound): 알고리즘 기반 금리 시장을 연 디파이 대출 플랫폼
- 콜드 월렛: 해킹 위험 없이 거액의 스테이블코인을 장기 보관하는 하드웨어 지갑
- 클레임(Claim): 에어드롭이나 리워드를 청구하여 받는 것
- 트론(Tron/TRC-20): 전송 수수료가 저렴해 USDT 이동용으로 가장 많이 쓰이는 네트워크
- 펀딩비(Funding Rate): 선물 거래소에서 롱/숏 비율에 따라 한쪽이 지불하는 이자(스테이블코인으로 수령 가능)
- 페깅(Pegging): 코인의 가치를 특정 자산(1달러, 금 등)의 가치에 고정하는 것
- 프로토콜 수익(Protocol Revenue): 플랫폼 자체가 벌어들이는 수익
- 플래시 론 공격(Flash Loan Attack): 무담보 대출을 악용해 시세를 조작하고 자금을 빼가는 해킹
- 하베스트(Harvest): 농사지은 이자(보상 코인)를 수확하는(지갑으로 받는) 행위
- 하이브리드형(Hybrid): 담보와 알고리즘 방식을 혼합하여 안정성을 높인 방식(예 FRAX)
- 핫 월렛(Hot Wallet): 인터넷에 항시 연결된 지갑(메타마스크 등, 사용은 편리하나 해킹 위험이 있음)
- 헤어컷(Haircut): 손실을 메우기 위해 예금자의 자산 일부를 강제로 삭감하는 것
- 헬스 팩터(Health Factor): 대출의 건전성 지표로, 보통 1 미만이 되면 청산됨

출처 및 참고 자료

1부 스테이블코인 시작하기
1장 스테이블코인에 대한 이해

1. 금융의 산업 혁명: 블록체인, 스테이블코인, 디파이
- How Will Stablecoins Integrate with the Financial System?-Centre for International Governance Innovation(CIGI), 2025. 08.
- Rise of Decentralized Finance, DeFi-Global Fintech Series
- Why DeFi Will Reshape the Future of Finance-Netguru, 2025. 09.

2. 화폐의 진화: 법정화폐→암호화폐→스테이블코인
- What is money?, The British Museum
- What Was the Bretton Woods Agreement and System?, Investopedia, 2022. 08.
- How the 2008 Financial Crisis Created Bitcoin-Nasdaq, 2021. 01.
- Why Did Satoshi Nakamoto Create Bitcoin?-Investopedia, 2024. 02.
- Is Bitcoin A Store Of Value? Forbes Advisor, 2024. 08.
- What Are Stablecoins, and How Do They Work?, Morgan Stanley
- Stablecoins: The Good, the Bad and the Ugly-Moody's, 2024. 09.

3. 스테이블코인의 정의와 필요성
- What Are Stablecoins?, Crypto.com
- What Is the Purpose of a Stablecoin?, The Motley Fool, 2022. 05.
- The Role of Stablecoins in Crypto, a16z crypto, 2022. 10.
- Remittance Prices Worldwide-World Bank, 2025. 08.
- How Stablecoins Can Revolutionize Cross-Border Payments-Lightspark, 2024. 04.

4. 스테이블코인의 성장 추세
- Global stablecoin market cap falls to lowest level since August 2021, The Block, 2023. 08.
- The Stablecoin Wars: USDT vs. USDC, Medium, 2024. 03.
- CryptoQuant: USDT Dominance Rises While USDC's Declines, Coin Edition, 2024. 09.
- DeFi leads crypto adoption as stablecoin, Ethereum use booms: Chainalysis, Cointelegraph, 2021. 10.
- Latin America Is a Crypto Hot Spot. Here's Why, Time, 2022. 10.
- 변동성 있는 암호화폐 시장을 관리하기 위한 스테이블코인 생성 방법-Antier Solutions, 2025. 09.

5. 암호화폐의 변동성 문제 해결
- The stable door opens: How tokenized cash enables next-gen payments-McKinsey, 2025. 07.
- The expanding functions and uses of stablecoins-European Central Bank

6. 중앙은행 디지털 화폐와의 비교
- Central Bank Digital Currencies: a future for the financial system?-House of Lords Library, 2021. 11.
- What Are Central Bank Digital Currencies(CBDCs)?, IMF, 2023. 02.
- CBDC and stablecoins: The battle for the future of money-Atlantic Council, 2024. 02.
- CBDCs: A Privacy-Preserving Path Forward, Belfer Center for Science and International Affairs, 2022. 07.
- Fed governor says CBDCs could choke off private-sector innovation, Cointelegraph, 2022. 04.

7. 스테이블코인의 리스크

- Stablecoins: a primer on the different types, their risks, and the current regulatory landscape, Norton Rose Fulbright, 2022. 07.
- Tether's Reserve Now Holds More U.S. Treasury Bills Than Several Developed Nations, The Wall Street Journal, 2023. 05.
- Stablecoin Risks and Regulation, Congressional Research Service, 2023. 04.
- What are the risks of using stablecoins?, Swiss National Bank
- Beanstalk Stablecoin Protocol Robbed of $182 Million in Flash Loan Attack-CoinDesk, 2022. 04.
- The Risks of Stablecoins, Federal Reserve Bank of New York, 2023. 01.
- Regulatory Risks of Stablecoins, Duke Financial Economics Center, 2021. 11.
- Financial Stability Board reports on global stablecoin regulatory and supervisory challenges-FSB, 2020. 10.
- What is MiCA? A guide to the EU's crypto-asset regulation, Elliptic, 2024. 07
- Why Circle's USDC stablecoin lost its dollar peg, Reuters, 2023. 03.
- The Spectacular Crash of Terra(UST), CoinGecko, 2024. 05.

2장 스테이블코인의 주요 활용처

1. 거래소: 암호화폐 거래의 기준 통화

- Stablecoins' Role in Crypto Trading and Investing-Franklin Templeton, 2023. 04.
- Why Crypto Traders Use Stablecoins-Binance Academy
- What Is A Base Currency?, CoinMarketCap
- https://www.google.com/search?q=https://coinmarketcap.com/alexandria/glossary/base-currency
- Stablecoins are the 'bedrock' of crypto markets, driving 80% of all transactions-study, DL News, 2023. 10.
- What is crypto arbitrage?-Cointelegraph
- How stablecoins help exchanges and OTC desks mitigate risk-Coindesk, 2019. 07

2. 국경 간 송금, SWIFT도 스테이블코인 사용

- Remittance Prices Worldwide-World Bank, 2025. 08.
- Migration and Development Brief 39-World Bank, 2024. 06.
- How Stablecoins Can Revolutionize Cross-Border Payments-Lightspark, 2024. 04.
- What Is a Correspondent Bank?-Investopedia, 2022. 09.
- How Stablecoins are Revolutionizing Cross-Border Payments-Ivy, 2025. 06.
- MoneyGram Ramps: One Integration, Cash Access-Stellar
- Visa Direct pilots stablecoin prefunding in cross-border payments-The Paypers, 2025. 09.

3. 상거래 결제 수단, 제로 수수료 도전

- What Are Credit Card Processing Fees and How to Lower Them-NerdWallet, 2024. 07
- USDC Is Driving a New Era of Global Commerce-Circle, 2025. 09.
- Average Credit Card Processing Fees in 2024-Forbes, 2024. 07.
- What is chargeback fraud?-checkout.com, 2024. 04.
- The Future of Payments: How Stablecoins Are Revolutionizing Commerce-Cointelegraph, 2023. 12.
- Accepting Crypto Payments vs. Credit Cards: Which Is a Better Option for a Merchant?-coinspaid, 2023. 11.
- Digital dollar payments for internet businesses-Circle

4. 디파이: 대출, 예금, 유동성 공급

- DeFi(Decentralized Finance), ethereum.org
- How Do DeFi Lending and Borrowing Work?, Chainlink, 2023. 11.
- What Is Yield Farming? How to Earn Passive Income With Crypto-Decrypt, 2024. 07.

• What Is an Automated Market Maker(AMM)?, Decrypt, 2024. 02.
• What are liquidity pools?, ethereum.org

5. 신흥국 가치 저장 수단, 돈의 가치를 지켜라
• Argentina's annual inflation rate soared to 289.4% in April-Reuters, 2024. 05.
• The Role of Stablecoins in Emerging Markets-Moody's, 2025. 08.
• USDT is 'a tool for freedom,' says Tether CEO, amid use in protest movements-DL News, 2023. 10.
• 2024 Global Crypto Adoption Index-Chainalysis, 2024. 09.
• The Silent Revolution: How Stablecoins Are Empowering Developing Nations-a16z crypto, 2023. 10.

3장 스테이블코인의 종류

1. 법정화폐 담보형: USDT, USDC
• What Are Stablecoins?, Crypto.com
• The Stablecoin Wars: USDT vs USDC, Medium, 2024. 03.
• USDC Attestation Reports, Circle
• Once Viewed as a Fledgling Crypto Coin, Tether Now Powers a Vast Underground Economy, The Wall Street Journal, 2024. 02.
• Bitfinex, Tether owner pays $18.5 mln fine to settle NYAG cryptocurrency cover-up charges, Reuters, 2021. 02.
• Why Circle's USDC stablecoin lost its dollar peg, Reuters, 2023. 03.

2. 암호 자산 담보형: DAI, sUSD
• What Is Overcollateralization?, Chainlink, 2023. 11.
• What is DAI? An Introduction to the MakerDao Token, TransFi, 2024. 01.
• The Maker Protocol-MakerDAO
• How Synthetix Works-Synthetix Docs

3. 알고리즘 기반: UST, Frax
• Algorithmic Stablecoins: What They Are and How They Can Crash-Coindesk, 2023. 12.
• The Fall of Terra: A Timeline of the Meteoric Rise and Crash of UST and LUNA-Coindesk, 2023. 10.
• What Is a Crypto Death Spiral?, Binance Academy
• Protocol Design-Frax Finance Docs

4. RWA 기반: USDY, USDF
• What Are Real-World Assets(RWA) in Crypto?, Binance Academy, 2024. 05.
• Real-World Assets(RWA), ethereum.org,
• Meet the USDF Consortium: A new association of banks to build on blockchain-USDF, 2022. 01.
• What is USDY?-Ondo Finance Docs

5. 하이브리드(합성 스테이블코인) 타입: USDe, USDf
• The Stablecoin Trilemma-Volt Capital, 2022. 01.
• Peg Stability Module(PSM)-MakerDAO Manual
• RWA is now the largest collateral type in MakerDAO-Blockworks, 2023. 05.

6. 각 유형별 장단점 비교

7. 이자 지급형 스테이블코인 vs 이자 비지급형 스테이블코인
• CoinBureau, "What Are Yield-Bearing Stablecoins? A Beginners' Guide!"
• Cointelegraph, "Yield-bearing vs traditional stablecoins: Differences in 2025"
• Brookings Institution, "What are stablecoins, and how are they regulated?"

- OneSafe 블로그, "What are the Key Elements of Yield-Bearing Stablecoins?"
- NFTEvening, "The Rise of Yield-Bearing Stablecoins: Earning Passive Income."

4장 스테이블코인의 기술적 구조

1. 스테이브 코인이 운영되는 주요 블록체인
- Stablecoin Market Share by Chain Statistics 2025: Chains, Coins, & Winners Revealed
- TRON Network: 2025. CoinDesk
- GENIUS Act Fuels Stablecoin Boom on Solana? Is Ethereum Losing Ground? Beincrypto
- 2025 Q3 Crypto Industry Report, Coingecko

2. 스테이블코인 전용 블록체인 : 플라즈마, 스테이블
- Plasma – Stablecoin infrastructure for instant payments
- Stable's $825M Vault Fills in 22 Minutes, One Whale Alone … CryptoNinjas
- Tether and Circle continue to dominate as stablecoin market nears $300b – FNLondon

3. 1달러로 가치를 유지시키는 담보 관리와 오라클
- Chainlink: The Industry-Standard Oracle Platform
- MakerDAO | An Unbiased Global Financial System
- cozen.com,Key Developments in Stablecoin Regulation: GENIUS Act …

4. 스테이블코인의 위협 요소 : 디페깅
- CoinDesk, "Tether falls to $0.85 after bank uncertainty," 2018.
- Cointelegraph, "USDC drops to $0.88 due to SVB collapse," 2023.
- Chainalysis LATAM Crypto Report, 2025.
- 중앙은행 백스톱 필요 및 민간 발행 리스크 경고 ? 한국은행 디지털화폐연구실 발표, 2025.

5장 주요 스테이블코인

1. 테더(USDT): 스테이블코인 시가총액 1위
- Tether Limited, "Transparency Reports & Attestations." https://tether.io/en/transparency
- Tether Blog, "Tether Eliminates Commercial Paper Holdings," 2022년 10월 13일
- Office of the New York Attorney General (NYAG), "Settlement Announcement with Tether and Bitfinex," 2021년 2월 23일
- BDO Italia, "Tether Assurance Reports(2023~2025)" 정기 회계 검증 보고서
- CoinDesk, "Tether Expands on Tron and Plasma Chains," 2025년
- DeFiLlama, "Stablecoin Chain Distribution Dashboard," 2025년
- Federal Reserve Bank of St. Louis (FRED), "KRW/USD Exchange Rate (2020~2025 Data)."

2. USD Coin(USDC): 미국 금융권이 만든 스테이블코인
- Circle, "Transparency & Attestation Reports". https://www.circle.com/transparency
- Centre Consortium, "Centre Whitepaper", 2018
- Grant Thornton LLP, "Monthly Attestation Reports on USDC", 정기 검증 보고서
- Circle Blog, "Update on SVB Exposure", 2023년 3월 11일
- Cointelegraph, "USDC Briefly Depegs after Silicon Valley Bank Collapse", 2023
- Bloomberg, "USDC Expands to Solana and Base Networks", 2024

3. Ethena USDe(USDe): 합성 스테이블코인의 새로운 시도
- Ethena Labs Documentation, "Official Ethena Docs." https://docs.ethena.fi
- Ethena Labs, "Synthetic Dollar Mechanism and Delta-Neutral Design", Ethena Whitepaper
- Ethena Blog, "Introducing sUSDe: The Yield-Bearing Synthetic Dolla"r, 2024
- CoinDesk, "Ethena Launches Synthetic Dollar with Delta-Neutral Strategy", 2024

https://www.coindesk.com
• The Block, "USDe Hits $3B Supply: Inside Its Hedging Model", 2025, https://www.theblock.co

4. Dai(DAI): 코인 담보 스테이블코인
• MakerDAO Documentation, "Official MakerDAO Docs." https://docs.makerdao.com
• Maker Foundation, "The Dai Stablecoin System," Maker Whitepaper(최신 버전)
• Maker Governance Forum, "Governance Proposals and Records(2024~2025)." https://forum.makerdao.com
• Cointelegraph, "MakerDAO's PSM and USDC Collateral Ratio Updates", 2024 https://cointelegraph.com

5. Sky Dollar(USDS): 수익을 분배하는 스테이블코인
• DailyCoin, "What's Behind MakerDAO's Rebrand to Sky", 2024. 8. 27 https://dailycoin.com/whats-behind-makerdaos-rebrand-to-sky/
• Cointelegraph, "Sky (Maker) Launches USDS Stablecoin on Solana", 2024. 9, https://cointelegraph.com/news/sky-maker-launches-stablecoin-usds-solana
• CoinMarketCap, "Sky Dollar(USDS)? Price & Market Data", 2025. 10, https://coinmarketcap.com/currencies/usds/
• DeFiLlama, "Sky Dollar (USDS) Stablecoin Metrics and TVL Data", 2025. 10, https://defillama.com/stablecoin/sky-dollar

6. World Liberty Finance(USD1): 트럼프 일가가 만든 스테이블코인
• World Liberty Financial Inc., "World Liberty Financial Plans to Launch USD1, the Institutional-Ready Stablecoin," Business Wire, 2025. 3. 25, https://www.businesswire.com
• Loke Choon Khei, "What Is USD1? A US Stablecoin Launched by World Liberty Financial", CoinGecko, 2025. 5. 7, https://www.coingecko.com
• Reuters, "Trump's World Liberty Financial Crypto Venture Says It Will Launch Stablecoin", 2025. 3. 25, https://www.reuters.com

7. BlackRock USD(BUIDL): RWA 기반 스테이블코인
• BlackRock Launches Its First Tokenized Fund, BUIDL, on the Ethereum Network. Business Wire, 2024. 3. 20.
• Marcel Deer, "BlackRock's BUIDL Fund Explained: Why It Matters for Crypto and TradFi". Cointelegraph, 2025. 4. 5.
• BlackRock Launches New BUIDL Share Classes Across Multiple Blockchains to Expand Access and Potential of BUIDL Ecosystem, PR Newswire, 2024. 11. 13.

8. PayPal USD(PYUSD): 미국 규제를 따른 스테이블코인
• PayPal Holdings Inc., "Introducing PayPal USD (PYUSD): A U.S. Dollar-Denominated Stablecoin", PayPal Newsroom, 2023. 8. 7, https://newsroom.paypal-corp.com
• Paxos Trust Company, "Paxos to Issue PayPal USD (PYUSD)", Paxos Official Blog, 2023년 8월 7일. https://paxos.com/pyusd
• New York State Department of Financial Services (NYDFS), "Statement on Paxos Issuance of PayPal USD", 2023. 8.
• CoinDesk, "PayPal Launches PYUSD Stablecoin Issued by Paxos", 2023. 8. 7, https://www.coindesk.com
• Bloomberg, "PayPal's Stablecoin Aims to Bridge Traditional Finance and Crypto Payments", 2024
• DeFiLlama, "PYUSD Metrics and Adoption Dashboard", 2025, https://defillama.com

9. 루나(UST): 망해버린 알고리즘 스테이블코인
• Terra Money, "Terra Money: Stability and Adoption," Whitepaper, 2019, https://docs.terra.money

- CoinDesk, "Luna Foundation Guard to Inject $450 Million Into Anchor to Support Yields", 2022. 2, https://www.coindesk.com
- Nansen, "Demystifying TerraUSD De-peg: On-chain Forensics Report", 2022. 5, https://www.nansen.ai
- U.S. Securities and Exchange Commission (SEC), "SEC Charges Terraform Labs and Do Hyeong Kwon with Defrauding Investors in Crypto Schemes", Official Press Release, 2023. 2. 16, https://www.sec.gov/news/press-release/2023-32
- The Economic Times, "What Led to the Collapse of Terra-Luna?" 2022. 5, https://economictimes.indiatimes.com

2부 스테이블코인 전략

6장 주요 국가별 스테이블코인 정책

1. 전 세계 정부와 중앙은행은 왜 스테이블코인에 주목하는가?
- IMF, "Digital Currencies and Central Bank Policy", 2023
- BIS, "Stablecoins: Risks, Regulation, and the Role in the Financial System", 2024
- BIS, "Central Bank Digital Currencies and Financial Innovation", 2025
- IMF Working Paper, "Blockchain-Based Payments and Financial Inclusion", 2023

2. 미국: 기축통화 지위 유지와 미국 국채의 수요처
- BIS, "Stablecoins and Global Dollar Dominance", 2025
- U.S. Treasury, "Regulatory Approach to Stablecoins", 2024
- U.S. Congress, "GENIUS Act Summary", 2025
- GENIUS Act, 2025

3. 유럽연합: 포괄적 규제안 'MiCA'로 유로화 독립성과 시장 질서 확립
- European Commission, "Markets in Crypto-Assets(MiCA) Regulation", 2025
- European Banking Authority(EBA), "Classification of Crypto-Assets under MiCA", 2025
- European Commission, "MiCA: Issuer Requirements and Supervision", 2025

4. 일본: 빠른 제도화로 급격한 시장 영향력 제한
- Jpanese Ministry of Finance, "Stablecoin Legal Status and Payment Services", 2023
- Bank of Japan, "CBDC and Private Stablecoin Oversight", 2025
- Financial Services Agency (FSA), "Stablecoin Regulatory Framework Summary", 2025
- JPYC Official Documentation, "JPYC Stablecoin Issuer Information", 2025

5. 중국: '본토 통제'와 '홍콩 실험'의 이원화 전략
- Reuters, "China tells brokers to halt endorsements of stablecoins", 2025. 08. 08
- Hong Kong Monetary Authority (HKMA), Stablecoins Ordinance, 2025. 08 시행
- Alibaba Group & JD.com 내부 발표(SCMP 및 Caixin 보도, 2025.10.18.
- 주광야오 前 재정부 부부장 발언, China Development Forum, 2025. 06
- 저우샤오촨 前 인민은행 총재 발언, 비공개 금융 포럼, 2025. 08

6. 대한민국: 규제와 기술 사이의 고민, 핵심은 '안전성'
- 금융위원회·금융감독원, 「가상자산이용자보호법」 시행 보도 자료, 2024. 07. 19.
- 국회 정무위원회, 「가상 자산 2단계 법안」 검토 보고서, 2025. 10.
- 한국은행, 2025년 상반기 금융 안정 보고서
- 한국핀테크산업협회, "민간 중심 디지털화폐 인프라의 필요성" 세미나 발표자료, 2025. 08.

7장 주요 기업별 스테이블코인 전략

1. 기업들이 스테이블코인에 열광하는 이유
- J.P. Morgan Payments, "Stablecoins & Cross-Border Payments: What Banks Must Do",

2025. 03.
• Bloomberg, "JPM Coin Processes $1 Billion in Daily Transactions", 2023. 10. 26.
• Visa (press release), "Visa Expands Stablecoin Settlement Capabilities to Merchant Acquirers; adds Solana", 2023. 09. 05.

2. 네이버, 대한민국 인프라의 중심
• KED Global, "Naver set to bring Dunamu under wing in stablecoin drive", 2025. 09. 25.
• "네이버페이 'AI·스테이블코인 중심으로 한국 디지털 금융 미래로'", ZDNet Korea, 2025. 06. 26.
• "'韓 1위 빅테크·가상자산거래소 뭉친다…스테이블코인 '정조준'", 한국경제, 2025. 09. 25.

3. 카카오, 블록체인과 금융 인프라를 바탕으로 스테이블코인 사업
• ZDNet Korea, "카카오페이 'KKRW' 등 상표 출원…'스테이블코인 법안 지속적 모니터링'", 2025. 06. 23.
• 오피니언뉴스, "[돈, 디지털 시대로] ② 카카오페이, 스테이블코인 시장 선점 박차… '한국의 페이팔' 되나". 2025. 06. 23.
• 동아일보, "카카오뱅크도 스테이블코인 상표권 12건 출원", 2025. 06. 26.

4. 업비트, 네이버와 함께 원화 스테이블코인 준비
• "네이버, 업비트 운영 '두나무' 편입… 스테이블코인 진출", 조선비즈
• "업비트의 야심…블록체인 '기와' 직접 만드는 이유", 디일렉
• "업비트와 네이버페이, 원화 스테이블코인 사업으로 뭉친다", 디일렉

5. 빗썸, 생태계 육성과 글로벌 확장
• "빗썸 최대 300억 규모 지원, 2025 빗썸 스테이블코인 생태계 육성 지원 공모전 안내", 빗썸 공식 공지
• 가상 자산 거래소, 원화 스테이블코인 사업…", 디지털투데이

6. 국내 8개 은행 컨소시엄, 한국은행과 보조
• "주도권 놓칠라…8개 은행, 원화 코인 합작 법인 만든다", 한국경제
• "은행권, 스테이블코인 합작 법인 만든다", 금융 산업 소식(CIFC)
• "스테이블코인, 컨소시엄 방식으로 푸나…지분 구조 놓고 업권별 신경전도", 인베스트조선

7. 삼성전자, 전략적 투자와 파트너십을 통한 생태계 진출
• https://www.bastion.com/blog/bastion-surpasses-usd40-million-in-funding-amid-explosive-growth-in-the-stablecoin-market
• https://www.prnewswire.com/news-releases/rain-raises-58m-series-b-led-by-sapphire-ventures-to-become-the-enterprise-stablecoin-platform-of-record-302540587.html
• https://www.coinbase.com/blog/Samsung-taps-Coinbase-to-bring-crypto-to-more-than-75-million-Galaxy-users
• https://www.hankyung.com/article/202505280940B?utm_source=chatgpt.com

8. 쿠팡, 비용 절감과 운영 효율성
• https://blockworks.co/news/stripe-and-paradigm-incubate-tempo
• https://www.kedglobal.com/cryptocurrencies/newsView/ked202509170003
• https://bloomingbit.io/en/feed/news/96634

9. 구글, AI 에이전트와 결합
• https://cloud.google.com/blog/products/ai-machine-learning/announcing-agents-to-payments-ap2-protocol?hl=en
• https://www.fintechwrapup.com/p/deep-dive-is-x402-payments-protocol
• https://web3.bitget.com/en/academy/what-is-google-cloud-universal-ledger-gcul-enterprise-grade-layer-1-blockchain-for-financial-institutions
• https://www.ainvest.com/news/protocol-paves-ai-crypto-transact-2509/

10. 아마존, 신중하지만 강력한 움직임
- https://www.livewiremarkets.com/wires/can-stablecoins-break-visa-s-moat-are-amazon-walmart-for-real
- https://aws.amazon.com/ko/blogs/database/building-a-10-billion-wallet-crypto-intelligence-platform-elliptics-journey-with-amazon-dynamodb/
- https://www.bitget.com/news/detail/12560604338268
- https://www.kavout.com/market-lens/amazons-growth-engines-aws-and-ad-revenues-impact-on-stock-performance

11. 비자카드, 마스터카드, 새로운 환경에 살아남기
- https://investor.visa.com/news/news-details/2025/Visa-Direct-Taps-Stablecoins-to-Unlock-Faster-Funding-for-Businesses/default.aspx
- https://www.coindesk.com/business/2025/07/31/visa-expands-settlement-platform-to-stellar-avalanche-adds-support-for-3-stablecoins
- https://www.mastercard.com/news/media/5zmixdjy/unlocking-the-potential-of-digital-asset-innovation-building-a-mastercard-multi-token-network-1-1.pdf
- https://www.mastercard.com/news/press/2025/april/mastercard-unveils-end-to-end-capabilities-to-power-stablecoin-transactions-from-wallets-to-checkouts/

8장 스테이블코인 미래 전망

1. SWIFT 글로벌 결제, 송금 표준
- SWIFT의 블록체인 기반 디지털 장부 도입 발표(2025년 9월 29일, Sibos 2025 프랑크푸르트)
- 하비에르 페레스 타소 CEO 발표 관련 LinkedIn 포스팅
- https://www.mexc.co/en-IN/news/consensys-ceo-reveals-swift-is-leveraging-linea-for-payments/117867
- https://etherworld.co/2025/11/25/swift-chooses-ethereum-layer-2-linea-to-power-the-future-of-cross-border-payments/

3. RWA 시장과의 결합
- https://www.markets.com/news/rwa-stablecoin-market-analysis-2025-2554-en
- https://coinlaw.io/asset-tokenization-statistics/
- https://www.coindesk.com/ko/markets/2025/06/18/blackrocks-29b-tokenized-treasury-fund-now-accepted-as-collateral-on-cryptocom-de
- https://www.brickken.com/post/rwa-tokenization-trends-2025
- https://www.nansen.ai/post/onchain-metrics-crucial-indicators-for-assessing-blockchain-network-health

4. 기기 간 자동 결제(코인베이스 x402)
- https://fintechnews.sg/118928/e-commerce/the-rise-of-ai-agents-in-e-commerce-introduces-new-opportunities-and-challenges-for-product-leaders/
- https://www.coinbase.com/blog/coinbase-and-cloudflare-will-launch-x402-foundation
- https://agilie.com/blog/iot-payment-application-of-the-iot-technology-in-payment

5. AI와 스테이블코인의 결합 – 구글 A2A/AP2 프로토콜
- https://www.linkedin.com/pulse/ai-agents-stablecoins-lead-fintech-funding-surge-q3-2025-what-kkmyc
- https://www.ibm.com/think/news/will-biggest-user-of-stablecoins-be-agentic-ai
- https://cointelegraph.com/news/google-cloud-launches-web3-portal-with-node-hosting-testnet-info
- https://finance.yahoo.com/news/google-reveals-ai-agent-payments-171355151.html
- https://finance.yahoo.com/news/sundar-pichai-two-word-response-002424740.html

6. 기관 투자자 스테이블코인 투자 전망
• https://en.fnnews.com/news/202510261502377737
• https://www.fstech.co.uk/fst/Jp_morgan_rebrands_onyx_as_it_seeks_to_expand_blockchain_unit.php
• https://www.goldmansachs.com/pressroom/press-releases/2025/bny-goldman-sachs-launch-tokenized-money-market-funds-solution
• https://thomasmurray.com/insights/institutional-adoption-digital-assets-2025-factors-driving-industry-forward

7. CDBC와 경쟁 협력 구도
• https://www.coindesk.com/research/stablecoins-and-cbdcs-report-october-2025
• https://www.lw.com/en/insights/the-genius-act-of-2025-stablecoin-legislation-adopted-in-the-us
• https://www.ey.com/en_lu/insights/digital/micas-full-effect-drops-take-the-next-step-into-eu-financial-digitalization
• https://www.statista.com/statistics/1315474/biggest-stablecoin-in-the-world/
• https://thomasmurray.com/insights/institutional-adoption-digital-assets-2025-factors-driving-industry-forward

8. 금융 포용성과 경제적 불평등 완화
• https://www.imf.org/en/publications/fandd/issues/2025/09
• https://www.biia.com/financial-inclusion-at-record-high-but-1-3-billion-still-unbanked-world-bank-global-findex-2025-report/
• https://www.chainalysis.com/blog/subsaharan-africa-crypto-adoption-2025/
• https://www.transfi.com/blog/stablecoins-as-a-hedge-against-inflation-in-emerging-markets

3부 스테이블코인 투자로 수익 내기

9장 스테이블코인의 투자 방향성

1. 달러, 광의 통화량 분석
• https://www.ceicdata.com/en/indicator/korea/money-supply-m2
• https://fred.stlouisfed.org/series/M2SL
• https://wise.com/gb/currency-converter/usd-to-krw-rate/history
• https://www.kcmi.re.kr/en/publications/pub_detail_view?syear=2025&zcd=002001017&zno=1870&cno=6614

2. 미국의 글로벌 관세가 환율에 미치는 영향
• https://www.nytimes.com/2019/08/27/business/china-yuan.html
• https://www.mufgresearch.com/fx/asia-fx-the-impact-of-trump-s-potential-tariffs/
• https://www.ecb.europa.eu/press/key/date/2025/html/ecb.sp250930~c973459788.en.html

10장 스테이블코인 투자 준비

5. 트래블 룰 이해하기
• https://sumsub.com/blog/what-is-the-fatf-travel-rule/
• https://practiceguides.chambers.com/practice-guides/blockchain-2025/south-korea
• https://www.travala.com/blog/crypto-travel-rule-2025-booking-trips-with-digital-currency/
• https://www.kychub.com/blog/fatf-travel-rule/

11장 투자 전략(실전 초급)

4. 거래소 런치패드/런치풀 참여하기
• Binance: The World's Most Trusted Cryptocurrency Exchange to Buy, Trade & Invest in Crypto

12장 투자 전략(실전 중급)

1. 스테이블코인으로 미국 주식 구입하기
• Circle 공식 블로그, "Robinhood adds USDC deposits", 2024.09.
• Wall Street Journal, "Kraken to offer tokenized U.S. stocks and ETFs", 2024.12.
• Bybit 공식 발표, "xStock Tokenized Equities Launch", 2025.05.
• Gemini Exchange Blog, "Expanding into Regulated Digital Securities Infrastructure", 2025.03.
• Ondo Finance 공식 사이트, "Generalized Markets Launch: Tokenized Stocks & ETFs", 2025.08.
• Ondo GM 문서, "Each GM token tracks total return including reinvested dividends", 2025.09.

2. 탈중앙화 거래소 유동성 제공
• DeFiLlama, "Decentralized Exchange Overview(DEX Rankings)", 2025.10.12
• Uniswap Labs, "Uniswap Trading Volume & TVL Dashboard", 2025.09 기준
• Hayden Adams, "Automated Market Makers Explained", Uniswap Blog, 2020
• Uniswap V2 Whitepaper, "Constant Product Market Maker Model", 2020.05
• Uniswap V3 Core Documentation, "Concentrated Liquidity", 2021
• Trader Joe Blog, "Liquidity Book: Composable AMM Design", 2022. 09.; Meteora Docs, "DLMM: Dynamic Liquidity Market Maker", 2024. 01.
• CoinMarketCap Academy, "How Yield Farming Incentives Work in DeFi", 2023
• Curve Finance & PancakeSwap APR Dashboard, 2025. 09. 기준
• Chainalysis, "Crypto Crime Report: DeFi Hacks 2024", 2025.01.

3. 델타 중립 헤징을 이용한 수익 전략, 스테이킹 및 펀딩비
• CFA Institute, "Introduction to Delta Neutral Hedging Strategies", 2023
• Ethereum Foundation, "Proof of Stake Transition and Staking Economics", 2023
• Lido & Solana Foundation Staking Dashboard, 2025. 09. 기준
• Binance Futures, "Funding Rate History for BTC & ETH", 2025. 08
• Glassnode, "Delta Neutral Strategies: Combining Staking and Funding Yields", 2024.12
• Coindesk, "Crypto Derivatives Hit by Trump−China Tariff Shock", 2025. 10. 11
• Rocket Pool Docs, "Staking Risks and Slashing Events", 2024

4. 해외와 국내 가격 차이를 이용한 차익 거래
• Upbit & Bithumb Customer Policy, "Domestic Exchange Fiat Deposit Limitation", 2025
• CoinMarketCap, "USDT KRW Premium Index", 2025. 10. 기준
• Korea Economic Daily, "Kimchi Premium Hits 10% Amid Market Volatility, 2024. 12
• Glassnode, "Tracking Kimchi Premium Cycles", 2023
• 금융위원회, 「파생 상품 발전 방안」, 2019.05.30 ; 한국거래소 파생상품교육센터, 2025
• Binance Futures, "USD Perpetual Contracts Liquidity Report", 2025. 09

13장 투자 전략(실전 고급)

1. 펜들, 원금과 이자를 분리해서 투자
• Pendle Finance Docs, "Introduction to Pendle Protocol", 2025
• Messari, "Pendle: Tokenizing Future Yield in DeFi", 2024
• CoinGecko Research, "Why YT Tokens Became the Hottest Airdrop Play", 2024. 12

• DefiLlama, "Pendle Ecosystem Data: USDe & USD0++ YT ROI", 2025. 02.
• Pendle App Dashboard, "Stablecoin PT Pools Overview", 2025. 09. 기준
• Pendle Analytics, "LP Yield Volatility and Fee Distribution", 2025. 08.
• The Block Research, "The Rise of On-Chain Yield Markets", 2025. 07.

2. 스테이블코인과 펜들을 이용한 레버리지 파밍

• Binance Academy, "What Is Leverage in Crypto?", 2024
• DeFiLlama, "Lending Protocol Rankings", 2025. 10. 19
• Aave Docs, "Overview of Lending Markets", 2025
• Morpho Blue Docs, "Isolated Pool Architecture Explained", 2025
• Euler Finance Docs, "Permissionless Leverage Design", 2024
• Ethena Labs, "USDe Basis Trading and Airdrop Summary" ,2024. 12
• Aave Dashboard, "Collateral Distribution by Asset" , 2025.10
• ChainSecurity, "Audit Report: Aave, Morpho, Pendle Protocols", 2025

3. 유망 프로젝트 투자

• Electric Capital, "Developer Report (Methodology for Early-Stage Protocol Signals" , 2025
• a16z crypto, Paradigm, Coinbase Ventures, Binance Labs? Official Portfolio Pages , 2024~2025
• Bain & Co., "VC Due Diligence in Emerging Tech", 2024
• PitchBook & Crunchbase(general VC data); CryptoRank & Decentralized.co (token fundraising trackers), 2024~2025
• DeFiLlama, "TVL by Chain & Protocol", ongoing dashboard, 2025
• Trail of Bits / Zellic / Spearbit / Hacken? Public Audit Libraries; Immunefi, "Bug Bounty State of Web3", 2025
• Github & LinkedIn public profiles; X(Twitter) graph checks; community due-diligence playbooks by Messari, 2024~2025
• BanklessDAO, "Community Health Metrics for Protocol Risk", 2024; Project docs/ Discord announcements(various)
• Messari, "Yield-Bearing Stables & Basis Trades in DeFi", 2025; Tokenized T-Bills landscape(RWA reports, 2025
• Circle & Stripe case studies on USDC merchant settlement, 2024~2025
• RWA.xyz dashboards; Securitize & Ondo institutional notes, 2025
• Celestia/Modular reports on on-chain agents; "Crypto Neobank" case studies , 2024~2025

스테이블 코인 실전 투자

2025. 12. 17. 1판 1쇄 인쇄
2025. 12. 24. 1판 1쇄 발행

지은이 │ 이관헌, 파구정보, 어정규, 강기태
펴낸이 │ 이종춘
펴낸곳 │ **BM** (주)도서출판 **성안당**
주소 │ 04032 서울시 마포구 양화로 127 첨단빌딩 3층(출판기획 R&D 센터)
│ 10881 경기도 파주시 문발로 112 파주 출판 문화도시(제작 및 물류)
전화 │ 02) 3142-0036
│ 031) 950-6300
팩스 │ 031) 955-0510
등록 │ 1973. 2. 1. 제406-2005-000046호
출판사 홈페이지 │ **www.cyber.co.kr**
ISBN │ 978-89-315-0959-5 (03320)
정가 │ **25,000원**

이 책을 만든 사람들
책임 │ 최옥현
진행 │ 조혜란, 안종군
교정 · 교열 │ 안종군
본문 · 표지 디자인 │ 강희연
홍보 │ 김계향, 임진성, 김주승, 최정민
국제부 │ 이선민, 조혜란
마케팅 │ 구본철, 차정욱, 오영일, 나진호, 강호묵
마케팅 지원 │ 장상범
제작 │ 김유석

■ **도서 A/S 안내**

성안당에서 발행하는 모든 도서는 저자와 출판사, 그리고 독자가 함께 만들어 나갑니다.
좋은 책을 펴내기 위해 많은 노력을 기울이고 있습니다. 혹시라도 내용상의 오류나 오탈자 등이 발견되면 **"좋은 책은 나라의 보배"**로서 우리 모두가 함께 만들어 간다는 마음으로 연락주시기 바랍니다. 수정 보완하여 더 나은 책이 되도록 최선을 다하겠습니다.
성안당은 늘 독자 여러분들의 소중한 의견을 기다리고 있습니다. 좋은 의견을 보내주시는 분께는 성안당 쇼핑몰의 포인트(3,000포인트)를 적립해 드립니다.

잘못 만들어진 책이나 부록 등이 파손된 경우에는 교환해 드립니다.